AF496740

XIX 7

MARCUS AURELIUS
ANTONINUS.
ARMENIACUS. PAR.
THICUS MAXIMUS.

Des römischen Kaisers

Marcus Aurelius Antoninus

erbauliche

Betrachtungen

über sich selbst,

aus dem Griechischen übersetzt,
mit Anmerkungen

und

des Kaisers Leben

erläutert

von

Johann Adolph Hofmann.

Fünfte Ausgabe.

Mit Königl. Poln. und Churfl. Sächs. allergnädigster Freyheit.

Hamburg, bey Johann Carl Bohn. 1755.

Vorrede.

Die Sittenlehre überhaupt ist ein Ihbegriff solcher Regeln, welche uns zur Tugend, und
durch diese zum glükseeligen Leben führen
sollen. Nach dem itzigen Zustande der Wissenschaften wird dieselbige unter uns in die natürliche und
christliche eingeteilet. Jene soll sich bloß auf die
Wahrheiten der Vernunft; diese aber nebst denselben auf die Offenbahrung gründen.

Die Absichten Gottes und der Natur zielen von
allen Zeiten her unveränderlich auf das Wol aller
Geschöpfe ab. Wer anders denken wollte, würde
sich gegen beide höchstungerecht bezeigen, oder wenigstens eine grobe Unwissenheit der göttlichen Eigenschaften und der Wege dieser Welt verrahten.

Wir können also mit Recht den Schluß machen,
daß Gott und die Natur den edelsten Teil der irdischen Geschöpfe, worunter wir die Menschen zu begreifen pflegen, zu allen Zeiten wol und beglükket sehen wollen. Ist dieses, so muß es auch den Menschen
von je her möglich gewesen seyn, den Weg der Glük-
seeligkeit auf einige Art und Weise zu erkennen. Denn
wäre dieses nicht, so müßten wir Gott einer Unwahr-
haftigkeit, so müßten wir ihn in seinen Rahtschlüssen
einer Thorheit beschuldigen, weil er sein Geschöpfe
nach solchen Maaßregeln hervorgebracht hätte, zu
deren Erfüllung es nicht geschikkt wäre.

Der enge Raum, die Kürze der Zeit, mit welcher
ich umschränket bin, erlauben mir nicht, diese Gedanken voritzo deutlicher zu entwikkeln. Dennoch aber

 glaube

glaube ich bereits so viel gesaget zu haben, daß ein ver=
nünftiger Leser von selbst die Frage wird beantwor=
ten können: Ob es göttlich geeifert sey, wenn man,
ausser dem kleinen Haufen der Christen, allen Men=
schen, und insbesondere den so genannten Heiden, von
je her alle Erkentniß der wahren Glükkseeligkeit, oder,
welches einerlei ist, alle Begriffe der wahren Tugend
und einer gottgefälligen Sittenlehre absprechen will?

Ich meines Teils kann niemahls die Lehren der
göttlichen Schriftsteller, und besonders die Lebensre=
geln Christus lesen, ohne von ihrer Stärke u. Schön=
heit gerühret zu werden. Wie gründlich, feurig, sanft
und redlich weiset, reizet, leitet und führet nicht der
Heiland seine Schüler zum Guten an? Und wie
vollkommen und vollständig zeiget er ihnen nicht den
geöffneten Weg zur wahren und ewigen Glükkseelig=
keit? Ich bin daher gezwungen das Bekenntniß ab=
zulegen, und sage es ohne Heuchelei, daß nach meiner
Einsicht keine Sittenlehre jemahls so gut, und noch
viel weniger besser, als diese, seyn könne.

Man erlaube mir aber bei dem allen die freie Er=
innerung zu machen, daß man dennoch auch bei an=
dern, die nicht von Christus belehret sind, zum Teil
unverwerfliche Lebensregeln finden könne, ob sie
gleich nicht wie jene das Merkmahl der größten Voll=
kommenheit haben mögten. Ja mich dünket, daß ich,
vermöge der obigen Sätze, nicht zu viel behaupte,
wenn ich einen Heiden und jeden Menschen nicht we=
niger, als einen Christen, für fähig halte, die Tugend
zu erkennen, und auch, da es ihm nicht an Witz, Fleiß,
Nachdenken und Wolredenheit fehlet, eine vernünf=
tige

tige und nützliche Einsicht der Sittenlehre zu zeigen.

Viele werden diese Gedanken für ganz überflüssig halten, weil sie glauben, daß kein vernünftiger Mensch jemals an der Wahrheit meines Schlusses gezweifelt habe. Allein diese sind nur von der geringen Anzahl der edlen obwol unerfahrnen Gemühter, welche sich nicht einbilden, daß ein Mensch anders als menschlich denken könne. Die Geschichte, die tägliche Erfahrung lehret es, wie sehr das Gegenteil entweder mit einfältigem Ernst, oder aus scheinheiliger Verstellung, geglaubet und behauptet werde. Wie seufzet, wie eifert man nicht zuweilen über die eingebildete Blindheit der armen Heiden? Wie erbärmlich wird nicht öfters der natürliche Mensch auch in dieser Absicht vorgestellet? Und sollten wol nicht viele, bey ihrer wässerigten Catechismusmilch, ohne Empfindung der lebendigen Tugend, ohne Verstand der eingebläueten Gesetztafeln, voll von dummer Eigenliebe, den Zustand der ehrbarsten und klügsten Heiden als viehisch bedauren? Man gehe bei sich selbst auf die kindische Zeiten der Unwissenheit zurükk, oder sehe nur auf diejenigen, welche noch häufig vor unsern Augen im stolzen Aberglauben von dummen Lehrern erzogen werden; so wird man, leider! meine Vermuhtung mehr, als man bei diesen aufgeklärten Zeiten glauben sollte, bestätiget finden.

Jedoch dergleichen schwache Brüder verdienen, ihrer einfältigen Vorurteile wegen, mehr beklaget als getadelt zu werden. Sie können mit ihren Seufzern der guten Sache nicht leichtlich schaden, oder wenn es ja geschiehet, so ist es doch nur bey denen, wel-

chen

chen der gute Geschmakk eben so sehr, als ihnen selbst,
unnatürlich ist. Es wäre aber sehr zu wünschen, daß
Leute von Gelehrsamkeit, welche den Grund und die
Grenzen der Wissenschaften, der Natur und Gnade
sattsam kennen, in ihren Urteilen über die Heiden
etwas billiger verführen. Ihre Aussprüche überreden andere öfters mehr, als sie selbst davon überzeuget sind, und der gute Geschmakk wird dadurch bei
vielen erstikket, welche sonst dazu von Natur nicht
unfähig wären.

Wem ist es unbekannt, wie hart verschiedene Gelehrte mit den klügsten Sittenlehrern der alten Griechen und Römer verfahren? Wie verächtlich haben
viele von ihren ruhmwürdigsten Thaten, und wie geringschätzig von ihren auserlesensten Tugendsprü-
chen geschrieben? Ist jemand so unglükklich, daß er
nicht mit eigenen Augen sehen kann; so muß er wahr-
lich denken, daß diese seltenen Tugendbilder lauter
teuflische Larven gewesen seyen, und daß es weit besser
wäre, die wenigen Ueberbleibsel ihrer zierlichen Denk-
mahle mit muhammedischem Eifer ganz und gar zu
verbannen, als das geringste von denselben zur töd-
lichen Vergiftung der Nachwelt aufzubehalten.

Unter vielen andern können uns die Schikksahle der
Stoiker zum Beweise dienen. Es ist keineswegs
meine Absicht, denselben in allen Stükken das Wort
zu reden. Ich will es zugestehen, daß vielleicht die
mehresten unter ihnen strenger gelehret, als gelebet
haben. Ich will auch ihre Lehren selbst nicht von allen Irrthümern und Fehlern freisprechen. Horaz ¹,
Plu-

<hr>

¹ in der 3 Sat. des 2 B.

Plutarch [2] und **Lucian** [3] haben mir, unter andern, vorlängst die lächerliche Seite derselben nicht ohne Nachdrukk vorgestellet; und eine sorgfältige Prüfung ihres Lehrgebäudes hat mir allerdings, meinem Gesichte nach, hier und da ganz merkliche Lükken entdekket. Nichtsdestoweniger mögte ich doch wol mit aller Bescheidenheit sagen, daß vielen unter ihnen, und ihrer Sittenlehre hauptsächlich, in vielen Stükken zu nahe geschehen sey. Wenigstens glaube ich, daß man nach der Art, wie man zum Teil mit ihnen verfahren, fast alle Sittenlehrer der Heiden, ja viele von den Schülern Jesu selbst, verdächtig machen könne.

Die Stoiker waren schon unter den ersten Christen nicht sonderlich beliebt [4]. Unterdessen haben sich nicht nur **Clemens Alexandrinus** [5], **Origenes** [6]

* 4

und

[2] in s. Abhandlung περι ζωικων εναντιωματων, welche nach der Frankf. Ausg. von 1620 im andern B. s. Werke, von der 1033 S. an, zu finden ist.

[3] S. desselben **Hermotimus**, im 1 B. s. Werke, nach der Hemsterh. Ausgabe.

[4] Sextus Empiricus clare asserit, suo, i. e. M. Antonini ævo, plures fuisse, qui stoicam sectam sectarentur, quam qui aliam quamcunque. Neque interiorem ego causam arbitrer, quam hanc copiam, cur nostri Christiani jam invalescentes, minus æqui in istos fuisse videantur aut inclinati: quare? quia & multitudine urgebant: quare etiam? quia auctoritate & vita premebant, quæ apud alias sectas soluta aut & improba conspiciebantur. **Lipsius** in s. manud. ad stoicam philos. auf der 56 Seite.

[5] S. Biblioth. univers. X. B. 193 S. **Ittigs** sel. cap. hist. ecclef. S. II. auf der 232 Seite.

und andere Kirchenväter ihre Meinungen gefallen laſſen; ſondern der gelehrte **Hieronymus** [7] urteilet ſo gar von denſelben: Daß ſie mit der chriſtlichen Lehre in den meiſten Stükken übereinſtimmen.

Vielleicht hat **Omeis** [8] dieſen Ausſpruch, in Anſehung der Sittenlehre, gut erläutert. Meine Sache iſt es nicht, denſelbigen zu rechtfertigen. Ich weiß, mit welcher Behutſamkeit man in dergleichen Umſtänden verfahren müſſe [9]. Es kömmt mir aber doch bedenklich vor, daß zum Teil dieſelben Sätze, welche man den Stoikern beſonders übel ausgedeutet hat, bei unſern geheiligten Schriftſtellern zu finden ſeyen.

[10] Es ſoll unrecht u. gefährlich ſeyn, daß ſie nur die Tugend allein gut genennet haben, weil unter andern daraus

[7] S. J. **Thomaſius** diſſertat. ad ſtoicæ philoſ. hiſt. facientes, auf der 239 u. ſ. S.

[8] in ſ. Auslegung über das XI Cap. Eſaias. S. unten [11].

[8] *M. D. Omeiſii* diſp. qua ſtoicorum philoſophiam moralem ſobriam, eorumque placita cum chriſtianiſmo convenientia oſtendit. Altorf. 1699. 4.

[9] S. J. **Brukkers Abh.** de comparatione philoſophiæ gentilis cum ſcriptura S. & religionis chriſtianæ dogmatibus caute inſtituenda. Sie ſtehet in deſſ. otio vindel. von der 1 Seite an. Es verdienet auch das 2 meletema derſelb. Saml. in der Abſicht nachgeſehen zu werden.

[10] Wegen der angeführten Vorwürfe beziehe ich mich auf **Buddeus** diſſ. 4. de erroribus ſtoicorum in philoſophia morali, wie ſie in deſſ. analectis hiſt. philoſ. von der 89-204 S. ſtehen; **Roſſals** diſquiſ. de Epicteto philoſ. ſtoico,

daraus die Verachtung der übrigen Dinge fliesset.
Worauf aber dringet doch Christus mit seinen ächten Schülern mehr, als auf die Tugend? Wie öfters werden uns von eben demselben die Güter dieser Welt geringschätzig vorgestellet? Warum achtet doch Paulus alles für Schaden und Koht? Und ist es nicht merkwürdig, daß eben dieser Satz unsern heiligen Hieronymus hauptsächlich zu dem obigen Lobspruche veranlasset hat? II

Noch eins. Es wird für irrig, ja gar für gottlos gehalten, daß die Stoiker ihren Weisen, oder nach unserer Sprache, ihren vollkommenen Menschen,

* 5

Gott

stoico, qua probatur eum non fuisse christianum; Sluiters Ideam theologiæ stoicæ, ubi ostenditur, stoicos ex ratione & philosophia naturali, nec verum Deum cognovisse, nec veram coluisse virtutem &c.

II Ich will die Worte deß. hersetzen, wie ich sie in der Ausg. seiner Werke von Martianay im III B. auf der 101 S. finde. --- audiant a nobis, sagt er, nihil esse bonum nisi virtutem, & nihil malum nisi vitium, dicente Psalmista: "quis est homo qui vult vitam, & diligit dies vi-"dere bonos? compesce linguam tuam a malo, & la-"bia tua ne loquantur dolum. Declina a malo & fac "bonum.,, Pf. 33, 13. 14. 36, 27. Divitiæ autem & sanitas corporis & rerum omnium abundantia; & his contraria paupertas, infirmitas & inopia, etiam apud philosophos sæculi, nec inter bona reputantur, nec inter mala, sed appellantur indifferentia. Unde & stoici qui nostro dogmati in plerisque concordant, nihil appellant bonum, nisi solam honestatem atque virtutem, nihil malum, nisi turpitudinem.

Gott gleich machen wollen. Allein, will nicht Christus seine Schüler gleichfalls so vollkommen haben,
als Gott? Schuf nicht Gott den ersten Menschen
nach seinem Bilde? Und soll nicht der neue Mensch
wiederum nach Gott erschaffen seyn, in rechtschaffe-
ner Gerechtigkeit und Heiligkeit?

Man verzeihe es mir, wenn ich etwa in diesen Gedanken zu weit gehen sollte. Ich will nicht zanken,
sondern besänftigen. Nach der Gemühtsart, welche
mir Gott verliehen hat, wünsche ich jederzeit von Herzen, daß alle mit mir, auf alle Art und Weise, so in der
Liebe als in nützlicher Erkenntniß wachsen mögten.
Ich weiß aber nicht, ob es liebreich gehandelt sey, wenn
man mit allen Kräften etwas zum Bösen kehren will,
was sich doch mit andern untadelhaften Wahrheiten
füglich vergleichen lässet.

Und laß es seyn, daß einige Sätze der stoischen
Sittenlehre, nach einer strengen Prüfung, nicht bestehen können. Laß es seyn, daß besonders der allgemeine Grund ihrer Gedanken, ich meyne die Metaphysik, nicht die größte Richtigkeit habe. Hat man
deswegen Ursache genug, alles mit einander zu ver-
werfen? Kann nicht viel gutes Korn unter einem
Haufen von Unkraut seyn? Kann nicht ein Arzt öfters die schönsten Regeln geben, wenn er gleich nicht
das beste Lehrgebäude hat? Beziehen sich denn alle
Sittenlehren platterdings auf die Metaphysik? Können wir nicht ohne dieselbe aus den Folgen der freien
Handlungen vernünftig schliessen, wie weit sie gut
oder böse sind? Und können wir sagen, daß unsere
Metaphysik, welche jederzeit die fruchtbarste Mutter

der

der größten Zänkereien gewesen ist, bereits über alle
Schwierigkeiten hingesetzet, und vollkommen richtig
sey? Wo wird doch itzo der Weltweise gemeiniglich
mit prächtigen Beweisen mehr als hier berükket?
Aber sollten auch wol viele von unsern besten Lehr=
büchern die Probe halten, wenn man dieselben wie
die stoischen richten wollte? Und hier deuten wir al=
les zum besten; hier übersehen wir zuweilen ohne alle
Erinnerung ziemlich grobe Fehler, bloß weil sie mit
uns irren.

Genug, daß die Stoiker bey ihren Schwachheiten
dennoch reich von schönen Lehren sind. Wie genau
haben nicht einige von ihnen das Innerste des mensch=
lichen Herzens gekannt? Wie lebhaft, wie natürlich
sind nicht die Farben, womit sie es abgeschildert ha=
ben? Wer hat unter den Weltweisen den Ausbruch
der Affekten mehr als sie bestritten? und wer kann ihre
Lehren jemahls mit Aufmerksamkeit lesen, ohne von
der Thorheit der Ausschweifungen im Glükke, und
der Ungeduld in Unglüksfällen gerühret zu werden?
Wer hat die allgemeine Menschenliebe jemahls eifri=
ger und höher getrieben? die Güte ohne Wucher,
die Gerechtigkeit ohne Einschränkung, und die De=
muht ohne Niederträchtigkeit besser auszuüben ge=
lehret? Wo findet man das Eitele der Kunst ohne
Tugend, und die Raserei des Witzes ohne Redlichkeit
stärker, als bey ihnen vorgestellet? Wer wird nicht
begierig gemacht, zu dem Tempel der wahren Weis=
heit zu eilen, wenn er ihn im stoischen Glanze erblikket?
Und ist auch jemahls eine Sekte gewesen, welche die
Menschen mehr, als die stoische, in allen Ständen

und

und Veränderungen sittlich anzuführen gesuchet
hätte. [12]

Ich übergehe andere dergleichen Vorzüge mehr,
welche auch ihren Verächtern groß scheinen müssen.
Nur muß man bei diesen Lobsprüchen nicht so wol
auf die rauhen Lehrsätze eines Zeno und Chry=
sippus, als die gesäuberten Werke des Seneka,
Epiktetus und Antoninus sehen. [13]

In Ansehung der beiden erstern mögen itzo die
Zeugnisse angesehener Männer mein Urteil unter=
stützen;

[12] S. Barbayraks Vorr. zu s. franz. Uebers. des Puf. auf
der 108 Seite.   Nur Aristo ist hierinn ohne gnugsamen
Grund von seinen Vorgängern abgegangen.   S. Sext.
Empir. advers. Matth. VII. B. 12 §. G. Buchners
Arist. chium vita & doctrina notum Jenæ 1725.
X §. 30 Seite.

[13] Diese haben das Rauhe der alten Stoiker, nach aller Ge=
ständniß sehr gemildert. Ich weiß aber nicht, ob man mit
so vieler Gewißheit sagen könne, daß sie ihre Verbesserungen
von den Christen entlehnet haben, wie der berühmte Bruk=
ker in s. Abh. de stoicis subdolis christianorum imita-
toribus, welche in dem III B. der tempe helvet. von der
260 S. an befindlich ist, behaupten wollen.   Mögte man
doch zeigen, daß sie einige Achtung für die Christen geheget
hätten.   Die bloße Aehnlichkeit der Worte und Gedanken
scheinet mir von der Neyßlung keinen dringenden Beweis
zu geben.   Haben nicht die Stoiker zum Teil schon vor
dem Anfange des Christenthums dieselbe Sprache gehabt?
Und lassen sich nicht die Sätze, welche sie von den Christen
haben sollen, ohne Mühe aus ihren eigenthümlichen Lehren
begreifen? Wie gerne machen wir die Heiden armseeliger
an Gedanken, als sie wirklich sind!

ſtützen; [14] von dem leztern finde ich es überflüſſig zu
ſeyn. Sein vorgelegtes Werk kann von ihm ſelbſt am
allerbeſten zeugen. Und ich glaube, daß man nicht
leicht ein Blatt von demſelbigen aufſchlagen werde,
wo man nicht einige Spuhren von dem Grunde meiner Hochachtung gegen ihn finden ſollte.

Ich habe daher die Bemühung des berühmten
Ueberſetzers jederzeit für ſehr löblich gehalten. Mich
dünket auch, daß der gute Abgang des teutſchen Antoninus ein wahrſcheinlicher Beweis von dem Bei-
falle vieler andern ſey. Es tritt derſelbe nunmehro, in
einem Bezirk von wenigen Jahren, zum viertenmahl
an das Licht. Anfangs hatte der Hr. Hofmann die
Ueberſetzung zu ſeinem Vergnügen gemacht. Die
franzöſiſ. des Hn. Dacier war ihm ſo angenehm vor-
gekommen, daß er verſuchen wollte, ob das an ſich
dunkele und kurzgefaßte Griechiſche ſich mit gleichem
Erfolg in unſre teutſche Sprache ſchikken würde.
Nachgehends hatte er ſich ſeiner Arbeit in dem belieb-
ten Werke von der Zufriedenheit an vielen Orten mit
gutem Nachdrukke bedienet. Dieſes erwekkte die
Begierde der Teutſchen, den Antoninus ganz zu leſen.
Und ſo ließ er ſich überreden, ſeine Ueberſetzung mit
einigen Anmerkungen in den Drukk zu geben, ob er
gleich dazumahl keine Muſſe hatte, dieſelbe wiederum
mit Fleiß zu überſehen.

Jn

[14] Siehe die 18 und 19 Diſſ. in Lipſius man. ad phil. ſtoicam;
des ſo gelehrten als redlichen Stolle Hiſt. der heidn. Mor.
auf der 454. 512. 525 S. Epiktetus hat auch das Glükk
gehabt, dem großen Brukker beſonders zu gefallen, in des
II B. ſeiner hiſt. philoſ. 570 S.

In dieſer Geſtalt iſt ſie bis dato unverändert
geblieben.   Nunmehro aber hat der Hr. Verleger
dieſelbe aus Liebe zum guten Geſchmakk, durch
einen ſehr geſchikkten und berühmten Mann mit aller
Sorgfalt durchſehen, und, ſo gut als möglich, verbeſ-
ſern laſſen.   Die alte Schreibart iſt mit der neuen
verwechſelt, die unteutſchen oder dunklen Wörter
ſind gänzlich ausgemerzet, und der Verſtand ſelbſt
iſt nach dem Griechiſchen, wo es die Noht erfo-
dert hat, beſſer ausgedrukket worden.   Kurz, es
iſt weit mehreres geſchehen, als man von dergleichen Bemühungen gemeiniglich zu vermuhten
pfleget.

Geehrter Leſer! ſiehe dieſe wohlgemeynte Arbeit mit geneigten Augen an, und bediene dich derſel-
bigen zu deinem Nutzen.   Würdige das kluge und
tugendhafte Leben eines groſſen Kaiſers und Welt-
weiſen deiner Aufmerkſamkeit, und laß dich durch
ſeine Lehren zur unermüdeten Nachfolge ermun-
tern.   Du wirſt es ſchon ſehr weit in der wahren
Glükkſeeligkeit gebracht haben, wenn du dich dem
Antoninus gleichſchätzen kannſt.   Unterdeſſen will
ich dir von Herzen wünſchen, daß du ihn durch
höhere Gaben übertreffen mögeſt.   Lebe wol!
und deute meine Erinnerungen zum Beſten.

Des römischen Kaisers
Marcus Aurelius Antoninus
erbaulicher
Betrachtungen
Erstes Buch.

I.

Von meinem Großvater Verus [1] habe ich gelernet, leutselig zu seyn, und mich nicht zu erzürnen.

II.

[2] Der Nachruf und das Andenken meines Vaters hat mich gelehret, bescheiden und männlich zu werden.

III.

Von [3] meiner Mutter habe ich die Gottesfurcht samt

[1] Von meinem Großvater Verus] In des Annius Verus, als seines Großvaters, Hause ward Antoninus erzogen, weil er seinen Vater sehr frühe verlor. Davon siehe den Jul. Capitolinus. Der Kaiser war aus einem sehr alten Hause, und erwähnet doch seiner Ahnen keinen über seinen Großvater. So gar wenig Werks machte er von einem Dinge, darauf viele unserer Zeit so eitel trotzen.

[2] Der Nachruf und das Andenken] Er hatte seinen Vater zeitig verloren; darum redet er von ihm mehr aus dem Gerüchte, als aus der Erfahrung.

[3] Meiner Mutter] Sie hieß Domitia Cavilla Lucilla,

eine

samt der Freygebigkeit. Sie hat mich ermahnet, nicht nur nichts Böses zu thun; sondern es auch nicht einmal zu denken. Ueberdieses hat sie mich zur Mäßigkeit gewöhnet, und von dem verschwenderischen Ueberfluß der Reichen abgemahnet.

IV.

Mein 4 Aeltervater wollte nicht, daß ich die öffentlichen Schulen besuchen, sondern daß ich die geschicktesten Lehrmeister daheim haben sollte; weil man hierauf niemals zu viel verwenden könne.

V.

5 Mein Hofmeister hat mich gewöhnet, in den 6 Ritterspielen unparteyisch zu seyn, und den Fechtern keinem vor dem andern anzuhangen. Er hat mich zur Arbeit und zur Vergnüglichkeit mit wenigem

eine Tochter des Calvisius Lullus, davon in seinem Leben ein mehrers.

4 Aeltervater] Nach Daciers Muthmaßung redet er hier von seinem Aeltervater mütterlicher Seite, Catilius Severus, dessen Namen er in der Jugend führete, weil er von ihm an Kindes statt angenommen war.

5 Mein Hofmeister] Er nennet denselben nicht. Dacier meynet, daß er Charilaus geheissen habe; andere, daß es der Apollonius, dessen er im VIII § gedenket, gewesen sey.

6 Unparteyisch in den Ritterspielen] Dieses ist die Meynung. Nach dem Griechischen lautet es anders, und sind die Banden von den unterschiedlichen Farben, Völkern oder Uebungen genennet, welches in des Gatakers Anmerkungen weitläuftiger kann nachgelesen werden.

gem angehalten; imgleichen meine eigenen Hände
anzuſtrengen, mich nicht in fremde Händel zu miſchen, noch den Verläumdern Gehör zu geben.

VI.

7 Diognetus hat mich erinnert, keine Zeit oder
Mühe auf Lappereyen zu wenden, noch den Gauklern, Beſchwörern oder Wahrſagern Glauben beyzumeſſen.   Er hat mich überführet, daß ich keine
8 Wachteln unterhalten, noch durch dergleichen
Aberglauben mich bewegen laſſen müſſe.   Desgleichen habe ich von ihm gelernet, zu vertragen,
daß man frey von mir rede; nicht weniger, mich
der Weltweisheit ganz zu widmen.   So iſt er
auch die Urſache, daß ich erſtlich den Bacchius,
hernach den Tandaſis, und endlich den Marcianus gehöret habe; daß ich mich von Jugend auf
gewöhnet, 9 Geſpräche zu ſchreiben; daß ich
A 2

mit

7 Diognetus] Ob es der Diognetus ſey, von dem er
mahlen gelernet, oder ein anderer Weltweiſer, oder gar der
Chriſt, davon wir den ſchönen Brief beym Juſtino haben; iſt ungewiß.

8 Wachteln unterhalten] Die Römer füttterten dergleichen Vögel, damit dieſelben mit einander ſtreiten,
und durch ſolches ihr Gefechte von dem Ausgange zukünftiger Dinge, bey abergläubiſchen Gemüthern, eine
Muthmaßung erwecken ſollten. Dieſe Gewohnheit war
von den Griechen hergekommen, und kann davon, nebſt
dem Suidas, geleſen werden Pollur, lib. XI. c. 8.

9 Geſpräche zu ſchreiben] Darum nennet Dio unſern

mit einem 10 kleinen Bette und einer ledernen Ober=
decke mich begnüget, und mit dem, was der griechi=
schen Weisen Lebensart sonst mit sich bringet, vor=
lieb genommen habe.

VII.

11 Rusticus hat mir gezeiget, daß ich vonnöthen
hätte, mit Fleiß meine Sitten zu verbessern, und den
Stolz der Sophisten zu vermeiden; über keine
Wissenschaften etwas schriftlich zu verfassen; Lust
halber keine Rede zu halten, noch Gelegenheit zu
suchen, daß mein hartes und strenges Leben von
dem Volke möchte bewundert werden; weder der
Rede= noch der Dichtkunst mich zu befleißigen, noch
die Zierlichkeit der Sprache zu suchen; keinen lan=
gen Rock in meinem Hause zu tragen, und nichts
zu thun, das nach Hochmuth schmecke; meine Briefe
deutlich, und nicht gekünstelt, zu schreiben, nach der
Art des Briefes, den er an meine Mutter von
Sinuessa abgehen ließ; allezeit willig zu seyn,
denen zu verzeihen, die mich beleidiget hät=
ten;

fern Kaiser den Dialogisten. Dergleichen Uebung leitet
die Jugend von der gezwungenen zu einer natürlichen
und leichten Schreibart.

10 Kleinen Bette und einer ledernen Oberdecke] Nach
Gewohnheit der Stoiker, die durch dergleichen Härte ihre
Schüler von der zierlichen Leibespflege abzogen. Ca=
pitolinus berichtet, daß Antoninus im zwölften Jahre
sich dieser Lebensart der Weisen unterworfen habe.

11 Rusticus] war ein stoischer Weiser, den Antoninus
hoch hielte. Capitolinus.

ten; ¹² willfährig gegen sie zu seyn, so oft es ihnen gefälle, sich mit mir zu versöhnen; mit Aufmerksamkeit zu lesen, und mich nie zu begnügen, etwas nur obenhin zu wissen, noch den Schwätzern leicht zu glauben. Endlich bin ich ihm deswegen verbunden, daß er mir des ¹³ Epictetus Schriften bekannt gemacht, und mir davon ein Exemplar geschicket hat.

VIII.

Von ¹⁴ Apollonius habe ich gelernet, in meinen Vornehmen frey, gewiß und beständig zu seyn; auch sonst im geringsten keine andere Absicht zu haben, als der Vernunft zu folgen: desgleichen, in den heftigsten Schmerzen sowol, als bey Verlust

A 3   der

¹² Willfährig] So beweiset ein Heide mit seinen Thaten, daß die Gebote des Herrn einem Christen nicht unmöglich sind: Sei willfährig deinem Widersacher ꝛc. Matth. V. 25. Luc. XVII. 3. 4. Und wie bereit Antoninus gewesen, seinen ärgsten Feinden zu verzeihen; liegt aus seiner Aufführung gegen den rebellischen Cassius am Tage, wie solche in dessen Lebensbeschreibung weitläuftiger kann nachgeschlagen werden.

¹³ Epictetus] Seine Schrift ist ins Deutsche übersetzet.

¹⁴ Apollonius] Dieser war der chalcidische Apollonius, den Antoninus Pius von Athen verschrieb, um unsers Kaisers Lehrmeister zu seyn. Lucianus schreibet, daß Demonax über dessen Abreise von Athen dieses Scherzwort gesprochen habe: Da fähret Jason hin, und seine Argonauten. Womit er ihm aufrücken wollen, daß er nach Hofe reise, sich daselbst zu bereichern; wie Jason vorzeiten nach Cholchis, das güldene Vlies zu holen, reisete.

der Kinder, oder in langwierigen Krankheiten,
gleichmüthig zu seyn. Ich habe aus seinem le=
bendigen Exempel ersehen, wie man zugleich ernst=
haft und leutselig seyn könne; und er hat mir ge=
wiesen, wie man, indem man andere lehret, weder
verdrießlich seyn, noch sie erzürnen müsse: des=
gleichen, daß die Wissenschaft die geringste von al=
len Tugenden sey, und wie leicht man dieselbe an=
dern mittheilen könne. Weiter habe ich von ihm
gelernet, auf welche Weise man die Wohlthaten
von guten Freunden empfangen müsse, so daß man
weder undankbar, noch ihnen knechtisch unterwür=
sig werde.

IX.

15 Sextus hat mich mit seinem Beyspiele ge=
lehret, gelinde zu seyn; meinem Hause als ein Va=
ter vorzustehen; 16 der Natur gemäß zu leben;

unge=

15 Sextus] Dieses war nicht der Pyrrhonist, Sextus
Empiricus; sondern des Plutarchus Enkel, wie Capi=
tolinus und Eutropius bezeugen.

16 Der Natur=gemäß zu leben] Dieses heisset nicht,
der verderbten Natur und den Neigungen des Fleisches
nachhängen; sondern der gesunden Vernunft gemäß
leben, wie sie uns lehret, wann sie, ihrer Natur gemäß,
von der Tyranney der Paßionen befreyet ist. Denn
alsdann wird sie uns sagen, daß wir der menschlichen,
das ist, der vernünftigen Natur, gemäß leben, wann wir,
nach Cicero Erklärung, anständigen Tugenden nachtrach=
ten; und, wie Philo redet, wann wir uns in allen Din=
gen vernünftig aufführen, und unsern Willen dem Wil=
len des allmächtigen Gottes unterwerfen.

ungezwungen ernsthaft zu seyn; mich zu bemühen, das Verlangen meiner Freunde zu errathen, und ihrem Begehren zuvor zu kommen; die Unwissenden zu ertragen; an Dinge, die in der Einbildung bestehen, nicht viel zu denken; wie auch mich nach eines jeden Begriff zu richten. Dieses alles übete er selbst so glücklich aus, daß, ungeachtet er im Umgange liebreicher, als die Schmeichler selbst, war, er dennoch bey aller Gefälligkeit sein Ansehen also wahrnahme, daß er sich bey einem jeden die gebührende Hochachtung zuwege brachte. Niemand hat je die nöthigsten Lebensregeln ordentlicher vorgetragen, als er. Man hat an ihm nie das geringste Merkmaal des Zorns, oder einer andern Gemüthsbewegung, wahrgenommen. Doch unterließ er bey dieser gewöhnlichen Unbeweglichkeit nicht, der liebreichste Freund zu seyn. Er war dienstfertig, ohne Begierde, dafür angesehen zu seyn. Er besaß eine allgemeine Wissenschaft, und ließ sich es kaum merken.

X.

[17] **Alexander** der Grammaticus hat mich gelehret, im Disputiren mich aller Anzüglichkeit zu enthalten; auch niemanden einen Barbarism, Solöcism, oder andern wider die Sprache begangenen Fehler, aufzurücken; sondern die Frage ge

A 4

bührend

[17] Alexander] Er unterrichtete den Kaiser in der griechischen Sprache. Aristides hat ihm parentiret, und leget ihm wegen seiner Wissenschaft und seiner Verdienste ein großes Lob bey.

bührend vorzutragen, als wenn man antworten, oder das, was man saget, beweisen oder bestärken wollte; alles in der Absicht, die Sache selbst zu untersuchen, ohne sich an gewisse Worte zu binden, und dabey sorgfältiger, als bey der Sache selbst zu seyn.

XI.

Von dem [18] Fronto bin ich erinnert worden, daß mit der Regiersucht Neid, Arglistigkeit und Verstellung verknüpfet sey; auch daß diejenigen, die man Edelgeborne nennet, wenig Menschenliebe in ihren Herzen haben.

XII.

[19] Alexander der Platonist erinnerte mich, daß man ohne erheischende Noth niemals zu den Leuten sagen oder ihnen schreiben müsse: [20] Ich habe nicht Zeit, dieses oder jenes zu thun; auch, daß man

[18] Fronto] Dieses war der lateinische Redner, Cornelius Fronto.

[19] Alexander der Platonist] Ist ohne Zweifel der Alexander von Seleucia, der in Geschäfften seines Vaterlandes als ein berühmter Redner an den Antonius Pius abgeordnet, und hernach unsers Kaisers griechischer Secretarius ward, dessen Leben Philostratus beschrieben hat.

[20] Ich habe nicht Zeit ꝛc.] Wie viele Christen vergessen diese Pflicht, wann sie sich durch geringe Geschäffte abhalten lassen, ihrem Nächsten zu dienen, oder wol gar vorgeben: sie hätten nicht Zeit, damit sie noch dazu mit ihrer Unmenschlichkeit die Lügen verknüpfen. Dacier.

man keine Geschäffte vorschützen müsse, um dadurch eine Pflicht, dazu uns die menschliche Gesellschaft verbindet, von sich abzulehnen.

XIII.

21 Catulus hat mich gelehret, man müsse auch die unbilligsten Klagen seiner Freunde nicht in den Wind schlagen; sondern sich bemühen, ihnen ihren Argwohn auf alle Weise zu benehmen, und ihre Vertraulichkeit wieder zu gewinnen. Er sagt: man müsse seine Lehrmeister bey aller Gelegenheit rühmen, wie Domitius und Athenodotus gethan haben; auch, daß man seine Kinder rechtschaffen lieben müsse.

XIV.

Ich schreibe den Vermahnungen meines Bruders 22 Severus die Liebe zu, die ich gegen meine Freunde habe; imgleichen meine Neigung zur Wahrheit und Gerechtigkeit. Er ist es, der mich den 23 Thraseas, Helvidius,

A 5
Cato,

21 Catulus] Cinna Catulus, ein berühmter Stoiker, welchen Antoninus, nach Capitolini Bericht, gehöret hat.

22 Severus] Einige meynen, dieses sey der Luc. Verus; andere sagen: so schöne Lehren könnten keinen so lasterhaften Urheber haben. Ich weiß nicht, warum etliche auf den Weltweisen Claudius Severus gefallen sind, da doch einer von des Kaisers Anverwandten diesen Namen kann geführet haben.

23 Thraseas, Helvidius] Dieser Severus hatte dem Kaiser Anlaß gegeben, die Geschichte des Thraseas und

des

24 Cato, Dion und Brutus kennen gelehret, und der mir Anleitung gegeben hat, meinen Staat durch billige Gesetze und einförmige Rechte zu verwalten; auch also zu regieren, daß meine Unterthanen eine völlige Freyheit behalten möchten. Er hat mir beygebracht, der Weisheit ohne Sorge anzuhangen; gutthätig und freygebig zu seyn; allezeit das Beste zu hoffen, ohne zu argwohnen, daß meine Freunde ihre Pflicht gegen mich vergessen könnten; auch ihnen nie die Ursache zu verhehlen, die sie etwan gegeben, mit ihnen unzufrieden zu seyn; ja, mich so offenherzig gegen sie aufzuführen, daß sie leicht errathen können, was mir angenehm oder verdrießlich sey.

XV.

25 Maximus hat mich ermahnet, Meister von mir selbst zu seyn, auch mich nie von meinen Passionen übertäuben zu lassen; mitten in den Krankheiten und in den allerverdrießlichsten Zufällen getrost zu seyn; leutselig, angenehm und ernsthaft zu werden;

des Helvidius zu lesen; deren einer vom Nero ermordet, und der andere ins Elend verjaget ward, wie Tacitus im XVI seiner Jahrbücher meldet.

24 Cato, Dion, Brutus] Dieser Helden Leben hat Plutarchus weitläuftig beschrieben.

25 Maximus] Claudius Maximus, ein stoischer Weiser. Er lebte noch, als Antoninus dieses schriebe, wie aus der Folge, und besonders aus dem dritten Buche, erhellet, da es heisset: die Secunda hat ihren Ehemann, den Maximus, begraben.

werden; meine Geschäffte ohne Murren und Verdruß zu verrichten.   Er war von einer so bekannten Aufrichtigkeit, daß man versichert war, er meyne alles so, wie er es sagte, und thue alles ohne einige böse Absicht.   Er verwunderte sich und erstaunete nicht leicht; er that alles ohne Uebereilung und ohne Saumseligkeit.   Man sahe nie an ihm Merkmaale eines entstellten, zerrütteten, niedergeschlagenen, verdrießlichen, zornigen, oder argwöhnischen Gemüths.   Es war seine Lust, Gutes zu thun und zu verzeihen.   Er hassete die Lügen, und hatte ein Gemüth, das eben so wenig zu verführen war, als es einer Verbesserung bedurfte.   Niemals hat er andern den Argwohn verursachet, als wenn er sie entweder verachtete, oder sich selbst höher, als andere, schätzte.   Er liebte eine solche Lustigkeit, die weder unanständig noch anzüglich war.

XVI.

Das Leben 26 meines Vaters ist mir eine Schule der Sanftmuth gewesen, wie auch einer unverrückten Beständigkeit in allem, was ich nach vorhergegangener reifen Ueberlegung vorgenommen habe. Er war unempfindlich gegen allen eitlen Ruhm, der sonst dasjenige, was man Ehre nennet, zu begleiten pfleget.   In seiner Arbeit war er fleißig

und

26 Meines Vaters] Er stellet hier die Neigungen seines Pflegevaters Antoninus Pius und zugleich das Muster eines vollkommenen Fürsten vor. Die Schönheit desselben sollte jedermann zu öfterer Durchlesung reizen.

und unverdrossen. Er hörete diejenigen gerne, die etwas vorzubringen hatten, das dem gemeinen Wesen ersprießlich seyn konnte. Nichts hielte ihn ab, einem jeden nach dem Verdienste zu begegnen, das er an ihm erkannte. Er wußte zu rechter Zeit an sich zu halten oder nachzugeben, gelinde oder strenge zu seyn. Er hatte der unreinen Liebe bey=zeiten abgesaget. Er war dienstfertig, höflich, und ließ seinen Freunden die Freyheit, mit ihm zu spei=sen oder nicht. Er verlangte nicht, daß sie ihn auf den Reisen begleiteten; und diejenigen, die die Nothwendigkeit ihrer Verrichtungen abhielte, ihm zu folgen, fanden ihn bey seiner Rückkunft allezeit unverändert wieder. Er untersuchte bey den Rathschlägen die Umstände der Sachen mit großer Sorgfalt und unermüdeter Geduld, und ließ sich nicht durch den bloßen Schein blenden. Seine Freunde veränderte er nicht gerne, und ward ihrer weder müde, noch von ihnen unvernünftig einge=nommen. Er war mit allem zufrieden, und im=mer gutes Muthes. Er sahe von ferne, was ge=schehen konnte, und besorgte auch Kleinigkeiten; aber ohne Bekümmerniß. Die Lobsprüche des Volks, samt allen Schmeicheleyen, lehnete er von sich ab. Seine Einkünfte sparete er mit großer Sorgfalt, zum Besten des Reichs, und mäßigte seine Ausgaben nach Möglichkeit, ohne sich zu be=kümmern, was diese Sparsamkeit für Klagen oder Nachreden nach sich ziehen möchte.

In

In dem Gottesdienſte war er nicht aberglåu=
biſch, und die Gunſt der Menſchen ſuchte er weder
durch Geſchenke, noch durch Liebkoſungen. Allezeit
måßig; immer feſt und gleichmüthig; ein Freund
der Wohlanſtåndigkeit; ein Feind aller Neuerun=
gen. Die Bequemlichkeiten des Lebens, oder die
Früchte eines großen Glücks, brauchte er mit Frey=
heit, ohne Uebermuth, indem er das, was er hatte,
wohl anwendete, und das, was er nicht hatte, auch
nicht begehrete. Er war kein Heuchler, kein Pe=
dant, nicht låcherlich, noch knechtiſch; ſondern
mannhaft, feſt, vollkommen, eben ſo weit von der
Niederträchtigkeit, als von der Schmeicheley, ent=
fernet; ja fåhig, ſich ſelbſt und andere zu regieren.

Die wahren Liebhaber der Weisheit verehrete
er; beſchimpfte aber auch diejenigen nicht, die es
nicht waren. Sein Weſen war frey und ange=
nehm; ſein Umgang luſtig, ohne Verdrießlichkeit.
Seinen Leib wartete er mit Måßigkeit, als einer,
der weder zu leben wünſchet, noch das Leben ver=
achtet. Sowol von dem Putze, als von der Un=
reinlichkeit, war er gleich weit entfernet; hielte ſich
auch durch eigene Aufmerkſamkeit in dem Stande,
daß er der Aerzte entbehren konnte. Allen denen,
die ein Ding beſſer verſtunden, wich er ohne Neid,
es ſey in der Redekunſt, in den Geſchichten, in der
Sittenlehre, in den Rechten, oder in andern Wiſ=
ſenſchaften; war auch einem jeden behülflich, die
Belohnung ſeiner Verdienſte zu erlangen. Er
hielte

hielte sich so ferne an die alten Gewohnheiten, daß er dabey ungebunden blieb. Wankelmüthig oder ungeduldig war er nicht; ward auch eines Dinges nicht leicht müde.

So bald die Kopfschmerzen, damit er geplaget war, vorüber waren, griff er seine ordentlichen Geschäffte mit neuer Munterkeit an. Er hatte wenig Geheimnisse; und wo ja einige waren: so zieleten sie auf das gemeine Beste ab. In den Schauspielen, die er anstellete, ließ er große Klugheit und Mäßigung blicken; desgleichen auch in allen öffentlichen Gebäuden und Beschenkungen des Volks. In allen Dingen sahe er mehr darauf, was er thun müsse; als was er für Ehre davon haben werde. Er gieng nie zur Unzeit ins Bad. Er mochte nicht auf unnütze Weise bauen. Er war weder lecker für seinen Mund, noch eigen in seiner Kleidung, noch sorgfältig, schöne Sklaven zu halten. Die Röcke, die er ordentlich zu Lorium trug, waren in dem nächsten Dorfe gemacht. Zu Lanuvium gieng er mehrentheils in einem Unterkleide; und wann er etwan einen Mantelrock darüber hieng, um nach Tusculum zu gehen: so entschuldigte er sich zuvor deswegen.

Seine Lebensart war so beschaffen, daß er nichts hartes, nichts unanständiges, nichts heftiges, noch ungestümes an sich hatte; ja nichts, was die Schranken der Maaße überschritte, und davon man, wie sonst, hätte sagen können: Bis auf den Schweiß;

sondern

Andern er war dabey so ruhig, als wenn es ihn nicht
angienge; so freymüthig und ordentlich, so unverzagt
und standhaft, daß es schiene, als wenn er lange Zeit
sich zu bereiten gehabt hätte.   Man konnte billig
von ihm sagen, wie vom Socrates: daß er alle
Dinge zu besitzen und zu entbehren gewußt, deren
andere weder ohne Bekümmerniß entrathen, noch
ohne Uebermaaße sich bedienen können.   Dieses
ist aber das Kennzeichen einer großen und unüber-
windlichen Seele, sich bey jenen geduldig, und bey
diesen mäßig aufzuführen.   Endlich schwebet mir
noch ²⁷ sein Verhalten bey der Krankheit des
Maximus in Gedanken.

XVII.

²⁸ Ich danke den Göttern, daß sie mir ehrliche Voráltern gegeben haben, einen guten Vater,
eine fromme Mutter, eine gute Schwester, gute
Lehrmeister, gute Bedienten, gute Freunde, und was

man

²⁷ Sein Verhalten] Vielleicht war es dem gleich, was
Lucianus vom Demonax meldet.   Er konnte nur
allein durch seines Freundes Krankheit oder Tod bekümmert werden; weil er die Freundschaft für das höchste
Gut auf der Welt hielte.

²⁸ Ich danke den Göttern] Dieser Absatz ist desto merkwürdiger, weil er nicht allein das Zeugniß eines höchst-
dankbaren Gemüths mit sich führet; sondern einen Heiden
vorstellet, der, nach so vielmal wiederholten Geständnissen,
von demjenigen überzeuget ist, was Jacobus in seinem
Briefe im 1 Kapitel saget: Alle gute und alle vollkommene Gaben kommen von oben herab, von dem
Vater des Lichts.

man sonst Gutes wünschen kann; desgleichen, daß
sie mir die Gnade gegeben, nichts zu thun, was ih=
nen hätte zuwider seyn können; wiewol ich östers
geneigt gewesen bin, dergleichen bey vorfallender
Gelegenheit zu begehen.   Ich sehe es aber als
eine sonderbare Gnade der Götter an, daß derglei=
chen Gelegenheit, die mich in dieses Unglück hätte
stürzen können, hat verschwinden müssen.

Ich bin ihnen auch dafür Dank schuldig, daß ich
nicht länger bey dem Kebsweibe meines Großva=
ters erzogen worden bin, und daß ich meine Jugend
unbefleckt behalten, auch nach der Zeit keusch gelebet
habe; imgleichen, daß ich einem Fürsten und Vater
gehorchet, der mich von allem Hochmuth heilen, und
mir zeigen konnte: ein Kaiser könnte dergestalt leben,
daß er weder Leibwache, noch güldenes Stück, weder
29 Fackeln, noch Seulen, noch andere dergleichen
Zeugnisse des Uebermuths vonnöthen habe; son=
dern, er könne schlecht gekleidet gehen, und sich übri=
gens als eine Privatperson einschränken, ohne sein
Ansehen hintan zu setzen, so oft es das gemeine Beste
erfordere, sich als einen Kaiser aufzuführen.

Ferner danke ich Gott, daß ich einen Bruder ge=
habt, dessen Sitten mich gelehret, auf mich selber
Acht zu haben, und der mich durch seine Ehrer=
bietung und Liebe oft ergötzet hat.   Desgleichen,
daß

___

29 Fackeln rc.] Dieses waren Zeichen der königlichen Wür=
    de, wie Gataker in seinen Anmerkungen zeiget.

daß meine Kinder am Leibe nicht gebrechlich, und dem Gemüthe nach nicht 30 unartig sind.

Weiter bin ich den Göttern Dank schuldig, daß ich in die Redekunst und Poeterey mich nicht zu sehr vertiefet habe, noch auch in andere solche Wissenschaften, welche mich durch ihre Annehmlichkeiten und den guten Fortgang in denselben hätten aufhalten können; daß ich denen, die mich auferzogen haben, so bald es möglich war, zu allen selbstverlangten Ehrenstellen beförderlich gewesen bin; auch daß ich ihre Beförderung nicht unter dem Vorwande, sie wären noch jung genug, aufgeschoben habe. Endlich auch darum, daß ich den **Apollonius, Rusticus** und **Maximus** gekannt habe.

Es ist auch eine besondere Gnade der Götter, daß ich mich bestrebet habe, zu ergründen, wie man sein Leben der Natur am gemäßesten führen könne, daß es also nicht aus Ermangelung ihres Eingebens, Beystandes oder Raths geschehen ist, wenn ich nicht ein solches Leben geführet habe; sondern es ist meine eigene Schuld, wenn ich es noch bis auf den heutigen Tag nicht nach ihrer Vorschrift einrichte, und geschiehet daher, weil ich den göttlichen Erinnerungen nicht folge, noch ihren Lehren gehorche.

Der

30 **Unartig sind**] Sein Sohn **Commodus** ward hernach durch böse Gesellschaft der Schmeichler zum Unmenschen, da er sonst von Natur nicht unartig war, wie **Pollux** versichert.

B.

Der göttlichen Güte schreibe ich es auch zu, daß mein kränklicher Leib so viele Beschwerlichkeiten des Lebens hat ausdauern können: desgleichen, daß ich keine Gemeinschaft mit der **Benedicta**, oder mit dem **Theodotus** gepflogen; sondern daß ich beyzeiten von der unreinen Liebe genesen bin; nächst dem, daß, da ich mich oft über den **Rusticus** entrüstet, ich dennoch nichts gethan habe, dessen mich hernach gereuet hätte; daß meine Mutter, wiewol sie jung gestorben, dennoch die letzten Jahre ihres Lebens bey mir zugebracht hat; daß, so oft ich einem Armen und Nothdürftigen habe unter die Arme greifen wollen, man mir niemals geantwortet hat: ich hätte nicht Vorrath genug, es zu thun; daß ich nie in solche Noth gerathen bin, dergleichen Vorschub von andern zu erwarten; daß ich ein gehorsames, angenehmes und 31 gefälliges Weib habe, die voll der zärtlichsten Empfindungen gegen mich, auch schlecht und recht in ihrem Wesen ist; auch, daß ich für meine Kinder geschickte Lehrmeister angetroffen habe.

Es ist nicht weniger ein Merkmaal der Gewogenheit der Götter, daß sie mir in verschiedenen Träumen die Mittel gegen meine Krankheiten und Beschwerden geoffenbaret haben; sonderlich für meinen Schwindel und mein Blutspeyen, wie mir

dieses

---

31 **Gefälliges Weib**] Die arglistige Faustine mußte ihrem Gemahle zu schmeicheln, und Antoninus war so lange glücklich, als er glaubete, es sey ihr Ernst.

dieses zu ³² Cajeta widerfahren ist. Derselben Gnade ist es auch zuzuschreiben, daß ich, da ich eine so große Neigung zur Weltweisheit hatte, nicht in die Hände der Sophisten gerathen bin; daß ich mich auch nicht mit Lesung ihrer Schriften aufgehalten, noch mich jemals bemühet habe, ihre spitzfündigen Vernunftschlüsse aufzulösen, oder mich in die Wissenschaften von den himmlischen Erscheinungen zu vertiefen. Alles dieses nenne ich eine Gabe Gottes und ein Glück.

³³ Geschrieben in dem Feldlager wider die Quaden, am Ufer des Flusses Granua.

³² Cajeta.] Hier stehet noch im Griechischen etwas mehr; es ist aber ohne Verstand, wegen der verschriebenen Wörter, die vielleicht sagen wollen: daß ihm durch Schmieren oder gewisse Salben von diesen Beschwerden geholfen worden sey; ὡς περιχρῖσαι. Denn περίχρισις et περίχριστα werden beym Dioskorides Arzeneyen, die aus Salben bestunden, genannt. Sonst kann es auch ein verschriebener Name eines Ortes seyn, wie Cajeta; weil er doch verschiedene dergleichen Warnungen gehabt hat.

³³ Geschrieben ꝛc.] So wohl legte Antoninus seine Zeit an, auch mitten unter der Unruhe des gefährlichsten Krieges. Es war dieses in Jahre Christi 174, wie davon die Beschreibung seines Lebens dem Leser weitere Nachricht geben kann.

I.

Sage zu dir selbst, wenn du des Morgens auf=
stehest: Heute werde ich vielleicht mit einem
Unverschämten, mit einem Undankbaren oder
Spötter, mit einem Betrüger, Falschen, Misgün=
stigen, oder sonst mit andern bösen Menschen zu
thun bekommen. Doch diese Laster hängen sol=
chen Leuten wegen der Unwissenheit des Guten und
des Bösen an; das ist, weil sie nicht erwägen, was
Recht oder Unrecht ist. Ich aber habe die Natur
des Guten erwogen, und gefunden, daß es schön ist;
ich habe auch das Böse betrachtet, und erkannt,
daß es schändlich ist. Imgleichen ist mir die Na=
tur desjenigen bekannt, der sich wider mich versün=
diget. Ich weiß, er ist mein Nächster; er ist mir
verwandt, nicht sowol nach dem Geblüte, als nach
dem Gemüthe: wir sind beyde göttlicher Abkunft.
Darum kann ich von ihm ¹ nicht beschädiget wer=
den;

¹ Nicht beschädiget werden] Weil er meine Seele
nicht verletzen kann, als worinn des Menschen eigentlicher
Schade gegründet ist, nach Christi Ausspruch, Matth. X.
Fürchtet

den; denn es stehet nicht in seinem Vermögen,
mich in ein Laster zu stürzen. ² So kann ich auch
über diesen meinen Anverwandten nicht zürnen,
oder ihn hassen; denn wir sind zum gemeinschaft=
lichen Dienste geschaffen, wie die Füße, Hände, Au=
genlieder, oder wie die obern Zähne zu den untern.
Darum ist es wider die Natur, daß man einem
oder dem andern Schaden zufüge; ³ was ist aber
schädlicher, als sich hassen?

II.

Alles, was ich bin, ist ein wenig Fleisch, ein Geist
und eine vernünftige Seele.   Weg demnach mit
den unnützen Büchern! Was plagest du dich da=
mit? Du hast ja nicht Zeit dazu.   Erwäge, daß
du bereits anfängest zu sterben, und verachte die=
ses Fleisch, das nichts anders ist, als ein wenig
Blut, untermengt mit Staub, Knochen, Haut;
ein Gewebe von Adern und von Nerven.   Hier=
nächst betrachte, was deine Lebensgeister sind: ein
unbeständiger Wind, den du an dich zeuchst, und
B 3   wieder

---

¹ Fürchtet euch nicht vor denen, die den Leib tödten;
die Seele aber nicht tödten mögen.

² So kann ich auch über diesen meinen Anverwand=
ten] Hier entdecket Antoninus den Grund der wahr=
haftigen Brüderliebe, weil wir nämlich unter einander
Glieder sind, Röm. XII. 4. 5. 1 Cor. XII. Ephes. IV.

³ Was ist schädlicher, als sich hassen] Kömmt über=
ein mit dem, was Johannes sagt 1 Epist. III. 15. Wer
seinen Bruder hasset, der ist ein Todtschläger.

wieder aushauchest, so oft du athemest.   Nun ist
dein dritter Theil noch übrig, die vernünftige Seele.
Denke demnach: Ich werde alt; ich will nicht zu=
geben, daß sie länger eine Sklavinn sey.   Leide es
nicht, daß die unvernünftigen Bewegungen sie, der
menschlichen Natur zuwider, dahin reissen; oder daß
sie sich, 4 wie die Puppen durch fremde Stricke,
lenken lasse.   Dulde es nicht länger, daß sie sich
über dasjenige, was ihr die Schickung widerfah=
ren läßt, entrüste; oder daß sie sich scheue, dasje=
nige zu ertragen, was die Vorsehung ihr noch künf=
tig zubereitet hat.

5 Alles, was von Gott kömmt, träget die Merk=
maale seiner Vorsehung an sich.   Ja, was man
sonst

4 Wie die Puppen]   Dieses Gleichniß ist aus dem
erften Buche der Gesetze des Plato genommen, da ein
gewisser Athenienser spricht, daß die Paßionen eben dieselbe
Wirkung in unsern Leibern thun, als die Fäden an den
Marionetten, dadurch diese unterschiedlich=gezogen und
beweget werden.

5 Der kluge Kaiser führet allhier drey Ursachen an, die ei=
nen Menschen vermögen sollen, alles, was ihm widerfäh=
ret, geduldig zu ertragen.   1. Weil eine göttliche Vorse=
hung ist, dadurch alle Dinge regieret werden.   2. Weil
man die Schickungen und Verordnungen dieser göttli=
chen Vorsehung mit geduldigem Gemüthe ertragen muß.
3. Weil alles, was uns begegnet, zum allgemeinen Nutzen
der ganzen Welt abzielet, davon ein jeglicher ein Theil ist.
Alle diese Trostgründe sind gut für einen Heiden; aber,
Gott Lob! wir Christen haben in allem uns zustoßenden
Kreuz

sonst dem blinden Glücke zuschreibet, das wird entweder durch die Natur verursachet, oder auch durch die Kette derer Ursachen, die die Vorsicht durch einander geschlungen hat, ausgerichtet. Alle Dinge fließen aus derselben. So giebt es auch eine Nothwendigkeit, die zum allgemeinen Nutzen der Welt abzielet, davon du selbst ein Theil bist. Was demnach dem Ganzen ersprießlich ist, und zu seiner Erhaltung etwas beyträgt, ist zugleich einem jeden Theile der Welt zuträglich. Denn diese wird nicht weniger durch die veränderlichen Zufälle, als durch die Verwandlung der Elemente, erhalten. Laß dir demnach dieses genug seyn, und halte dich an diese allgemeine Regel. Allein entschlage dich der 6 unersättlichen Bücherliebe; damit du nicht murrend, sondern mit einer wahren Gelassenheit, und mit einer vergnügten Danksagung gegen die Götter, aus diesem Leben scheidest.

B 4

IV.

Kreuz einen weit kräftigern Trost: Daß dieser Zeit Leiden der Herrlichkeit nicht werth ist, die an uns soll offenbaret werden, Röm. VIII. 18.

6 Unersättlichen Bücherliebe] Diejenigen, die mit unersättlicher Begierde den Wissenschaften nachhängen, sagen niemals: es ist genug. Daher können sie nicht ohne Murren aus diesem Leben scheiden, weil der Tod sie gemeiniglich bey einem Werke, das sie sich vorgesetzet hatten hinauszuführen, überraschet.

IV.

7 Erinnere dich, wie lange du diese Betrachtungen anzustellen verweilet, und wie oft du verabsäumet hast, diejenige Gelegenheit, die dir die Götter an die Hand gegeben haben, nützlich anzuwenden. Nunmehr ist es Zeit, daß du erkennest, zu welcher Welt du gehörest, und daß du bedenkest, daß du von einem Geiste, der die gantze Welt regieret, deinen Ursprung hast. Erwäge anbey, daß dein Leben ein Ziel hat; und wenn du dich desselben nicht bedienest, dich selbst zu beruhigen: so wisse, daß es davon fliegen, dich mit sich hinwegreissen und nimmermehr wiederkehren wird.

V.

Befleißige dich, alles, was du thust, wacker, wie es einem Römer ansteht, auszurichten; männlich und ernsthaft, fleißig ohne Zwang, liebreich, frey und gerecht. Entschlage dich dabey aller Gedanken, welche dir daran hinderlich seyn können. Das beste Mittel aber, dieselben abzuwehren, ist: daß du jedes Ding also verrichtest, als wenn es das letzte Geschäffte deines Lebens seyn sollte; jedoch ohne Verwegenheit oder Unvernunft, ohne Verstellung

---

7 Diese Betrachtung des Antoninus ist der Vermahnung Sirachs nicht ungleich: Spare deine Buße nicht, bis du krank wirst. Und wir Christen finden hier Gelegenheit, an die Erinnerung des Apostels zu denken: Weißt du nicht, daß dich Gottes Güte zur Buße leitet? Röm. II. 4.

lung oder Eigenliebe, mit einer völligen Gelassenheit gegen die Verordnung der Götter. Da siehest du, wie wenig derjenige zu beobachten hat, der ein geruhiges, beglücktes und göttliches Leben führen will; ja die Götter selbst werden nichts weiter, als die Beobachtung dieser Lehren, von dir fordern.

VI.

8 Du beschimpfest dich, meine Seele, du beschimpfest dich, und du wirst nicht immer Zeit haben, dich zu ehren. Denn unser Leben fleugt davon, und das deinige ist beynahe verstrichen, indem du versäumet hast, Ehrerbietung für dich selbst zu haben, und indem du deine Glückseligkeit auf das Urtheil anderer Leute gegründet hast.

VII.

Warum lässet du dich durch die Dinge, die ausser dir sind, so sehr zerrütten? Nimm dir Zeit, etwas Gutes zu lernen, und höre auf, mit deinen Gedanken umher zu schweifen, als wenn dich ein Wirbelwind umtriebe. Doch es ist noch ein Mistritt zu vermeiden. Die meisten Verrichtungen derer, die sich viel zu thun machen, sind ein arbeitsamer Müßiggang, oder auch ernsthafte Kindereyen; denn die wenigsten haben 9 einen Zweck,

B 5

dahin

---

8 Die Seele beschimpfet sich, wann sie dasjenige, was unedler ist, als sie, mehr liebet, als sich selbst. Er redet hiervon weitläuftiger unten im XVI Kapitel.

9 Einen Zweck] Der Zweck dieses großen Kaisers war

allezeit

dahin sie alles ihr Thun und ihre Gedanken richten.

VIII.

10 Man kann wol glücklich seyn, ohne zu wissen, was andere Leute im Herzen haben; aber der ist höchstunglücklich, der nicht weiß, was in seinem eigenen Herzen vorgeht.

IX.

11 Habe allezeit vor Augen, wie die Natur der ganzen Welt sowol, als deine eigene, beschaffen sey; was für eine Uebereinstimmung diese mit jener habe; von was für einem Ganzen du ein Stück seyst: und bedenke, daß niemand es dir verwehren könne, dasjenige zu sagen oder zu thun, was mit der Natur, davon du selbst ein Theil bist, übereinstimmet.

X.

Wann Theophrast eine Vergleichung zwischen den Sünden anstellet: so giebt er den Ausschlag als ein weiser Mann, indem er saget: daß die Sünden, die

allezeit das gemeine Beste. Wer aber nichts, als sich selbst, zum Zwecke seiner Werke hat, dessen Thaten gehören unter die eigensinnigen Kindereyen.

10 Der Vorwitz ziehet den armen Menschen ausser sich; und wer gerne unter Freunden herumgaffet, verlieret Zeit, Lust und Gelegenheit, sich selbst zu erkennen.

11 Er redet hier allermals als ein Stoiker. Der vernünftige Christ aber erinnert sich hierbey seiner edlen und göttlichen Verwandtschaft, sowol durch die Schöpfung, Erlösung, als Heiligung Gottes.

die aus der Luſt entſtehen, gröſſer ſeyn, als diejeni=
gen, die aus dem Zorne herkommen. Denn der
Zornige ſcheinet ſeiner Vernunft wider Willen, und
mit einem heimlichen Verdruſſe, entgegen zu han=
deln; dahingegen derjenige, der den Lüſten nach=
hänget, und ſich von der Wolluſt überwinden läſſet,
weit unmäßiger und weibiſcher in ſeinen Fehlern
wird. Daher geſtehet er mit Recht, und der
Weisheit zu Ehren, daß eine Sünde, mit Luſt be=
gangen, gröſſer und ſtrafbarer ſey, als diejenige, die
mit Schmerzen oder Traurigkeit vergeſellſchaftet iſt.
Gewiß, ein Zorniger giebt zu verſtehen, daß er belei=
diget worden ſey, und daß der erlittene Schmerz
ihm die Gemüthsbewegung abzwinge; hingegen
neiget ſich der Wollüſtige von freyen Stücken zur
Ungerechtigkeit, um ſeine Begierden zu vergnügen.

XI.

Thue und bedenke ein jedes Ding alſo, daß du
alle Augenblicke geſchickſt ſeyſt, aus dieſem Leben
zu ſcheiden. Iſt ein Gott: ſo iſt es nichts Böſes,
dieſes Leben zu verlaſſen, denn er wird dir nichts
Böſes thun; iſt keiner, oder bekümmert er ſich
nicht um die Menſchen: was ſoll ich denn länger
in einer Welt machen, darinne weder ein Gott,
noch eine Vorſehung iſt? Aber es iſt wahrhaftig
ein Gott, und er träget Sorge für die Men=
ſchen; [12] er hat auch einem jeden das Vermögen

und

---

[12] Er hat auch einem jeden das Vermögen gegeben ꝛc.]

Dieſes

und die Freyheit gegeben, zu verhindern, daß er nicht
in ein wahres Uebel falle. Und wenn in den
übrigen Begebenheiten unseres Lebens dergleichen
wirkliches Uebel anzutreffen wäre: so würden die
Götter nicht weniger dagegen sorgfältig gewesen
seyn, und uns die Mittel an die Hand gegeben ha=
ben, das zu vermeiden. Wie kann aber ein Ding
des Menschen Leben unglücklich machen, das den
Menschen an und für sich nicht ärger machet?
Hätte die Natur diese Unordnung verstattet: so
müßte es geschehen seyn, entweder, weil sie es nicht
erkannt; oder weil sie es nicht hätte ändern können.
Nun aber ist es abgeschmackt, zu denken, daß [13] die
Natur, die die Welt regieret, einen so groben Feh=
ler aus Unwissenheit oder aus Unvermögen began=
gen habe, indem sie zugelassen hätte, daß den From=
men und Gottlosen Gutes und Böses, Tod und
Leben, Ehre und Schande, Schmerz und Lust, Ar=
muth und Reichthum, ohne Unterschied begegneten.
Diese Dinge sind an sich weder gut noch böse, weder
schändlich, noch ehrbar; daher treffen sie ohne Un=
terschied

Dieses Vermögen schreibet Antoninus anderwärts der be=
sondern Gnade Gottes zu. Er hält auch nichts für ein
wahres Uebel, als was die Seele des Menschen durch
lasterhafte Neigungen verschlimmert, wie dieses aus dem
Folgenden zu ersehen ist.

[13] Die Natur, die die Welt regieret] Er verstehet
durch diese Benennung den weisen und mächtigen
Schöpfer und Erhalter aller Dinge.

terschied. die Guten und Bösen, und können also
kein wahrhaftiges Gut und kein wahres Uebel seyn.

XII.

14 Es kömmt einer verständigen Natur zu, zu
betrachten, wie schnell alles verschwindet; daß die
Welt in kurzer Frist alle Leiber verschlinget; daß
die Zeit das Andenken derselben vertilget: ferner,
was alle Gegenstände unserer Sinne sind, diejeni=
nigen insonderheit, die uns durch Wollust reizen,
oder durch Schmerzen erschrecken; imgleichen die=
jenigen, denen der Hochmuth eine so beschriene Ho=
heit angedichtet hat; wie eitel, nichtig, verächtlich,
schändlich alle diese Dinge, und daß sie dem Tode
und der Verwesung unterworfen sind. Diese
Vernunft muß ferner erwägen, 15 welche diejeni=
gen sind, die nach ihrem Gutdünken den Ruhm
austheilen, und auf deren Gutbefinden die Ehre
ankömmt: was der Tod ist. Ja, sie muß sich be=
sinnen, daß, wenn man den Tod von der falschen
Einbildung und Vorstellung, die man sich selber
davon

14 Es kömmt einer verständigen Natur zu] Ach wie
wenig findet man solcher verständigen Naturen! und
gleichwol sind diese Betrachtungen ein so nöthiges Mittel,
zu einer wahren Freyheit des Gemüths zu gelangen.

15 Wer diejenigen sind, deren Meynungen den Ruhm
austheilen] Bedächten dieses die Ehrbegierigen: sie
würden sich schämen, von solchen Leuten einen Ruhm
zu erbetteln, welche weder wissen, worinnen die wahre Ehre
bestehet; noch in sich selbst zufrieden sind.

davon machet, trennet, derselbe nichts anderes sey,
als ein Werk der Natur.   Ein Werk der Natur
aber scheuen, heisset ein Kind seyn.   Der Tod aber
ist nicht nur ein Werk der Natur; sondern auch
eine Sache, die [16] der Natur nützlich ist.   Absonderlich muß dein Verstand [17] beherzigen, auf welche
Weise der Mensch mit der Gottheit vereiniget sey;
wie weit er an derselben Theil habe; und endlich,
wohin dieses Ebenbild der Gottheit, wenn es von
diesem Leibe scheidet, gelangen werde.

XIII.

Nichts ist elender, als ein Mensch, der alles ergründen will: der nicht zufrieden, daß er den Abgrund der Erde untersuchet; sondern mit seinem
Forschen bis in den Geist anderer Menschen ein-
dringet, ohne zu bedenken, daß er sich begnügen
lassen sollte, [18] mit der Göttlichkeit, die er in sich
hat,

[16] Der Natur nützlich]   Er redet hier von der Natur,
wie sie nach dem Sündenfall ist.   Da ist es gut, daß
das Abgelebte dem Frischen und Jungen Raum mache.

[17] Beherzigen rc.]   Er will, daß wir an die Unsterblichkeit der Seele denken und erwägen sollen, ob es nicht zu
ihrer Verbesserung diene, daß sie durch den Tod von dem
sterblichen Leibe und von aller Unvollkommenheit geschieden wird?

[18] Mit der Göttlichkeit]   Er verstehet darunter die
Seele des Menschen.   Wir Christen aber haben hiezu
noch eine wichtigere Ursache, weil unsere Leiber durch Gottes Gnade Tempel des heiligen Geistes und Christi Glieder sind.

hat, umzugehen, und derselben den gebührenden
Dienst zu leisten. Der Dienst aber, der deine
Seele erheischet, bestehet darinne: daß du sie von
den Leidenschaften befreyest, sie gegen alle Vermes-
senheit verwahrest, und nicht duldest, daß sie mit
demjenigen, was Gott oder die Menschen thun,
unzufrieden sey. Denn was Gott thut, verdienet
unsere Ehrerbietung, wegen seiner Vortrefflichkeit;
und was die Menschen thun, verdienet unsere Liebe,
wegen der Verwandtschaft, die zwischen uns ist:
zuweilen ist es mitleidenswürdig, wegen der Unwissenheit des Guten oder Bösen, darinne solche
Menschen stehen. Die Unwissenheit ist eine Verblendung, und eben so sehr zu bejammern, als die
Blinden, die weder schwarz noch weiß unterscheiden können.

XIV.

„ Wenn du auch drey tausend Jahre, und noch
dreyßig

„ Eigentlich zu reden, giebt es weder eine vergangene, noch
zukünftige Zeit; sondern nur diejenige, die gegenwärtig
ist. Sprichst du: Ein junger Mensch, der in zwanzig
Jahren stirbet, verlieret mehr Zeit, als derjenige, der
achtzig Jahre alt aus diesem Leben scheidet; denn er verlieret die Hoffnung einer längern zukünftigen Zeit. Ar-
tiger Einwurf! Gerade, als wenn unser Leben nach der
Hoffnung abgemessen würde. Besser schreibt Hieronymus in seinem dritten Briefe: Denen, die zehen Jahre,
und denen, die hundert Jahre gelebet haben, ist die vergangene Zeit allen beyden gleich, und es ist hier kein
anderer Unterschied, als daß der Alte mit mehrern Sünden überhäufet stirbet, als der Junge.

dreyßig tauſend dazu, leben könnteſt: ſo bedenke,
daß niemand mehr Leben verlieret, als dasjenige,
das er den Augenblick, da er es verlor, hatte;
imgleichen, daß man kein anderes Leben hat, als
dasjenige, das man alle Augenblicke verlieret.
Daher iſt kein Unterſchied zwiſchen dem längſten
und dem kürzeſten Leben; denn die gegenwärtige
Zeit iſt bey allen eben dieſelbe, obgleich das, was
ein jeder verloren hat, nicht gleich iſt. Die Zeit
aber, die wir verlieren, indem wir das Leben verlieren, iſt nur ein Augenblick; denn niemand kann
das Vergangene oder das Zukünftige verlieren.
Wer kann einem nehmen, was er nicht hat?
Merke demnach dieſe zwey Dinge: Einmal, daß
alle Dinge von Anfang her eine Gleichheit haben;
daß ſie in einem ſteten Kreiſe umlaufen, und daß
kein Unterſchied iſt, dieſelben Dinge hundert oder
zwey hundert Jahre, oder eine unendliche Zeit, zu
ſehen. Zum andern, daß von zweyen, unter
denen der eine jung, und der andere alt ſtirbet,
einer ſo viel Leben verlieret, als der andere; denn
ſie verlieren beyde nichts, als einen gegenwärtigen
Augenblick, weil niemand, wie ich bereits erwähnet, was er nicht hat, verlieren kann.

XV.

Alles beſtehet in der Einbildung. Dieſes wird
deutlich bewieſen durch das, was [20] Monimus,

der

____

[20] Monimus] Ein Schüler des Diogenes und Crates,

bey

der cynische Weise, in seinen Werken davon geschrieben hat. Seine Schriften können mit Nutzen gelesen werden, wenn man dasjenige daraus nimmt, was mit der Wahrheit übereinstimmet.

XVI.

Die Seele der Menschen beschimpfet sich auf mancherley Weise; vornehmlich aber, wenn sie aus eigener Schuld gleichsam [21] eine Drüse oder ein Geschwür in dem Leibe dieser Welt wird. Denn sich über Dinge, die uns begegnen, erzürnen, das ist so viel, als sich von der allgemeinen Natur, die die Naturen aller besondern Wesen in sich fasset, abziehen. Sie verunehren sich, indem sie einen Abscheu vor einem Menschen trägt, und sich ihm zu schaden rüstet, wie dieses sich bey dem Zorne eräuget. Sie verunehret sich ferner, wenn sie sich von der Lust oder von dem Schmerze übermeistern lässet. Sie verunehret sich, wenn sie sich verstellet, und in ihrem Thun oder ihren Reden zur Lügnerinn

bey dem Laertius. Seine Schriften sind verloren gegangen, und der kluge Antoninus billiget in demselben nichts, als die Wahrheit.

[21] Eine Drüse] Er nennet sich also, wegen der innerlichen Unzufriedenheit, darinnen ein solches eigensinniges Gemüth, gleichsam wie eine Drüse, sich entzündet, und mit Schmerzen und Verdrüßlichkeit sich und andern wehe thut.

C

Lügnerinn wird.   Sie verunehret sich, wenn sie ih=
re Thaten nicht auf ein gewisses Ziel richtet, sondern
in den Wind hinein, ohne Absicht und Vorsatz, etwas
verrichtet; denn auch die allergeringsten Dinge
müssen einen Zweck haben.   Der Zweck eines ver=
nünftigen Geschöpfes aber ist, sich nach den Ver=
ordnungen und Weisen der allerältesten [22] Stadt
zu richten: und diese sind das Gesetz der Natur.

XVII.

Die Zeit des menschlichen Lebens ist ein Punkt;
sein Wesen vorbeyfliessend; seine Empfindung
stumpf; sein Leib Verwesung; seine Seele ein um=
laufendes Rad; sein Verhängniß unerforschlich;
sein Ruhm Ungewißheit. Kurz: sein Leibliches ist
ein schneller Fluß; seine Seele ein träumender
Dunst; sein Leben ein Streit, oder eine Wallfahrt
in der Fremde; sein Nachruf die Vergessenheit.
Was kann nun ihn durch so viele Nichtigkeiten
glücklich hindurch führen? Nichts, als die wahre
Weisheitsliebe. Diese besteht hauptsächlich dar=
innen: daß er seine Seele unbefleckt und unbeschä=
digt erhalte; erhaben über Lust und Schmerz; ohne
Verwirrung, ohne Falschheit und Verstellung; sich
selbst gelassen, fremder Hülfe unbedürftig; willig
alles anzunehmen, was von demjenigen Orte kömt,
daher

____

[22] Stadt]   Die alten Weisen sahen die ganze Welt als
eine einzige große Stadt an.

wer sie selbst ihren Ursprung hat.   Ja, daß sie
den Tod selbst mit stiller Gelassenheit erwarte, als
eine Auflösung derjenigen Elemente, daraus aller
Thiere Leiber zusammen gesetzet sind.

Denn widerfähret den Elementen nichts Böses,
indem sie diese Verwandlung beständig erdulden,
und von dem einen in das andere fließen: warum
wollte man sich über die Auflösung aller Dinge
entsetzen?   Geschiehet es doch alles der Natur ge=
mäß.   Was aber der Natur gemäß geschieht, das
ist nicht böse.

Geschrieben zu *) Carnunt.

*) Carnunt] War ein Städtchen in Pannonien, und
scheinet dieses um die Zeit des Feldzugs gegen die Mar=
comannen rc. geschrieben zu seyn.

C 2

Des

Des römischen Kaisers
Marcus Aurelius Antoninus
erbaulicher
Betrachtungen
Drittes Buch.

I.

Es [1] ist nicht genug, daß man bedenket, wie
unser Leben sich täglich verzehret und ab-
nimmt; sondern man muß auch erwägen, daß,
wenn wir gleich länger leben, wir dennoch nicht
versichert sind, dieselben Kräfte des Verstandes
und dieselbe Fähigkeit, göttliche und menschliche
Dinge zu begreifen oder zu beurtheilen, beyzube-
halten.

Denn sollte mann etwan in eine Raserey oder
Kindheit verfallen: so behält man zwar die Kraft
zu athmen, fett zu werden, zu phantasiren, zu verlangen, und dergleichen Wirkungen mehr; aber
seiner selbst mächtig seyn, seine Pflicht zu erforschen,
die Scheingüter von den wahren zu unterscheiden,

zu

[1] Der Aufschub unserer Besserung ist so gefährlich, daß
Antoninus demselben solche Gründe entgegen setzet,
welche einen jeden Vernünftigen überzeugen werden, wie
nützlich abermals Sirachs-Ermahnung sey: Verzeuch
nicht, fromm zu werden, und harre nicht mit Besserung deines Lebens biß an den Tod.

zu wissen, [2] wenn es Zeit sey, aus diesem Leben zu scheiden; kurz, alles, was eine männliche und wohlgeübte Vernunft erfordert: alles dieses, sage ich, ist alsdenn in uns verloschen. Darum muß man eilen, theils, wenn man sich täglich dem Tode nähert, theils, weil uns der Verstand oft verläßt, ehe wir sterben.

II.

[3] Man muß betrachten, daß alles, was sich in der ganzen Natur zuträgt, eine Annehmlichkeit bey

C 3 sich

[2] Der christliche Leser muß sich nicht an dieser stoischen Lehre des Antoninus stoßen: daß es einem Menschen vergönnet sey, bey erheischender Noth aus diesem Leben zu scheiden. Vielmehr muß man sich verwundern, daß dieser sonst so vernünftige Kaiser die Unmenschlichkeit dieser Meynung nicht eingesehen hat; absonderlich, da er von dem heidnischen Sokrates hätte lernen können, daß uns Gott in diesem Leben, wie die Soldaten, gleichsam auf einen Posten gestellet habe, den wir nicht eher verlassen müssen, bis er uns selber ruft. Ein mehrers hiewider siehe im 5 Buche 30 Hauptstück

[3] Mit diesen Betrachtungen will Antoninus den Einwürfen der Atheisten vorbeugen, die, weil sie in der Natur nach ihrer Meynung solche Dinge finden, welche ihnen häßlich, unnütz, oder wohl gar schädlich vorkommen, den unvernünftigen Schluß machen: Es sey kein Gott; oder, wenn ja einer sey: so bekümmere er sich doch nicht um die Menschen und um dasjenige, was auf Erden geschiehet.

Diesen Leuten nun zu zeigen, wie sehr sie sich in ihrem Urtheile betrügen; weiset ihnen Antoninus: daß kein

Ding

sich führet, wie das frische Brodt, das sich im
Backofen abgelöset hat; denn eben diese Rinde,
die die Hitze des Feuers, wider des Beckers Absicht,
gespalten hat, giebt dem Brodte nichts desto weni=
ger eine Annehmlichkeit, und reizet den Anschauer,
es zu kosten.   Die reifen Feigen bersten, und die
Fäulung giebt den Oliven einen Geschmack; die
vollen Aehren neigen das Haupt. Die Grausam=
keit des Löwen, der Schaum an der Schnautze des
wilden Schweines, und dergleichen Dinge mehr,
haben nichts schönes, wenn du sie besonders ansie=
hest; aber sie zieren nichts desto weniger diejenigen
Dinge, denen sie angeheftet sind, und ergötzen ihre
Anschauer.

Wer demnach tiefsinnig genug ist, alle Begeben=
heiten der Welt zu beobachten; der wird finden,
daß eine jede ihre besondere Annehmlichkeit besitzet,
die zur Erhöhung der Schönheit der ganzen Natur
etwas beyträgt. Er wird sich demnach nicht weni=
ger

Ding in der Welt sey, das nicht seinen Nutzen oder seine
Schönheit habe; theils an und für sich selbst; theils in
Absicht auf andere Dinge, deren nothwendiger Anhang
oder Folgen sie sind. Er will das Murren der Unzufrie=
denen durch diese Betrachtung unterbrechen: daß man
keinen Zufall allein für sich ansehen müsse; sondern in
seinem Zusammenhange mit andern. Denn da wird sich
die Wahrheit des alten Sprichworts äussern: Kein Ding
ist so böse, es ist zu etwas gut.

ger erlustigen, 4 die wilden Thiere lebendig, als in Steinen gehauen, oder im Gemälde, zu erblicken. Er wird finden, daß die betagten Matronen und alten Männer eben sowohl ihre Schönheit haben, als die jungen Leute. Er wird alles, was ihn reizen kann, mit keuschen Augen ansehen. Kurz: er wird in allen Dingen tausend Schönheiten finden, die ein anderer nicht leicht, sondern nur diejenigen wahrnehmen, die gewohnt sind, die Natur und ihre Werke recht zu beherzigen.

III.

Nachdem **Hippocrates** viele Krankheiten geheilet hatte, ist er endlich selbst an einer Krankheit gestorben. Die **Chaldäer**, die andern den Tod verkündiget, haben sich endlich dem Tode unterwerfen müssen. **Alexander**, **Pompejus**, **Cäsar** sind, nachdem sie viele Städte geschleifet, und viele Menschen getödtet hatten, endlich selbst getödtet worden. Als 5 **Heraclitus** lange von der Feuersbrunst, die die ganze Welt verzehren sollte, geredet hatte, füllet die Wassersucht sein Eingeweide, und er stirbt in einem Misthaufen. Die Läuse

C 4

haben

---

4 Die wilden Thiere] Er will sagen: es wird ihm eben so angenehm seyn, die Bosheit der Menschen aus der Erfahrung, als aus Büchern, zu bemerken.

5 Heraclitus] Er wollte durch die Hitze des Mists sich von der Wassersucht befreyen, und beförderte damit seinen Tod. Laertius erzählet es umständlicher.

haben den **Democritus**, und eben dergleichen Art 6 Ungeziefer den **Sokrates** gefressen.

Warum schreibe ich dieses? Du bist zu Schiffe gegangen, du bist fortgesegelt, du bist angelandet; steige nun aus dem Schiffe. Gehest du heraus, ein anderes Leben anzutreten: so wirst du Gott allenthalben finden. Wirst du aber aller Empfindungen beraubet: so hörest du auf, unter dem Joche der Schmerzen oder der Lust zu seyn. Du wirst ablassen, diesem Gefäße zu dienen, das geringschätziger ist, als du selber bist. 7 Denn dein edelster Theil, nämlich dein Geist, dieses göttliche, das in dir wohnet, war dienstbar geworden; dahingegen das Gefäß deines Leibes nichts anders, als Verwesung und Erde, ist.

IV.

Verschwende den Rest deines Lebens nicht damit, daß du an andere Leute denkest, 8 wenn es nicht zum gemeinen Besten abzielet; denn diese Gedan-

6 Ungeziefer] Sokrates mußte auf Anstiften seiner Feinde Gift trinken; und Antoninus nennet seine Ankläger scherzweise Ungeziefer.

7 Denn dein edelster Theil] Dieses ist zum Theil die Knechtschaft der Sünde, davon Paulus redet, Röm. VI. und so erkennen auch die Heiden, daß die fleischlichen Lüste wider die Seele streiten.

8 Wir müssen unser Pfund zum gemeinen Besten anwenden. Denn es erzeigen sich in einem jeglichen die Gaben des Geistes zum gemeinen Nutzen, 1 Cor. XII, 7. und in dieser Absicht muß man die Wahrheit nicht verhehlen.

Gedanken werden dich von wichtigern Dingen abziehen. Ja, indem dein Gemüth damit beschäfftiget ist, was dieser oder jener thut; warum er es thut; was er saget; was er denket; was er vor hat: so wird dich diese Aufmerksamkeit ausser dich selbst ziehen, und dich verhindern, auf dich selbst und auf deine Vernunft Acht zu haben.

Entschlage dich demnach aller eiteln und unnützen Gedanken; sonderlich aber derer, die dir der Vorwitz oder die Bosheit eingeben. 9 Auch sollst du dich gewöhnen, nichts zu denken, davon du nicht, wenn dich jemand fraget: Was gedenkest du? alsobald sagen könnest: Ich dachte dieses oder das. Damit wirst du an den Tag legen, daß du nichts in deinem Herzen habest, was nicht einfältig, lauter, gut, und einem Menschen, der zur Gesellschaft gebohren, anständig ist; der die wollüstigen und üppigen Gedanken gänzlich von sich entfernet; der das eitele Gezänk, den Neid, den Argwohn, ja alles, was man frey zu gestehen Bedenken trägt, verabscheuet.

Ein Mensch, der sich immer bestrebet besser zu werden, ist anzusehen 10 als ein Priester des Höchsten,

C 5

sten,

9 Auch sollst du dich gewöhnen] Verwundert euch, lieben Christen, über die Aufrichtigkeit eines Heiden, und verfluchet die Falschheit und Heucheley.

10 Als ein Priester des Höchsten] Dieser edlen Betrachtung würden sich die Christen mit Nutzen bedienen;

wenn

ften; weil er allezeit in dem Dienste derjenigen Göttlichkeit begriffen ist, die in ihm als in einem Tempel wohnet. Daher er sich auch unbeflecket von der Wollust, unverwundet in dem Schmerzen, unempfindlich bey dem Unrechte, unüberwindlich gegen die Laster und alle Lüste finden lässet: unaufhörlich in dem schönen Kampfe wider seine eigenen Begierden begriffen; durchdrungen von der Tiefe der Gerechtigkeit; willig anzunehmen, was ihm die Vorsehung zuschicket; der sich, außer in Absicht auf das gemeine Beste, nicht die Zeit giebt, zu denken, was andere reden oder thun; der sich vornehmlich um seine Sachen und um dasjenige bekümmert, was ihm Gott zugedacht hat: jene verrichtet er, so gut er kann; und von diesen hoffet er das Beste.

Aus eines andern Verhängnisse ziehet er seinen Nutzen: wohl wissend, daß alles zu einem Zwecke abzielet. Daher erinnert er sich der genauen Verwandtschaft unter allen Vernünftigen, und weiß, daß es des Menschen Natur gemäß ist, für alle Menschen Sorge zu tragen. Er begehret nicht ohne Unterschied die Hochachtung aller; sondern nur derer, die der Natur gemäß leben: die sich aber derselben zuwider aufführen, stellet er sich vor,

wenn sie sich selber ansehen wollten als Priester des heiligen Gottes, der in ihren Herzen als in einem Tempel wohnet, 1 Cor. VI, 19. dem sie als ein heiliges Priesterthum opfern sollen geistliche Opfer, die Gott wohlgefällig sind in Christo Jesu, 1 Petr. II, 5.

vor, wie sie im Hause, oder in öffentlichen Geschäff=
ten des Tages oder des Nachts beschaffen sind;
wie auch, in was für Gesellschaft sie verwickelt
leben. Kurz: er achtet es für nichts, solchen Leu=
ten zu gefallen, welche mit sich selber nicht zufrieden
seyn können.

V.

Thue nichts mit Unwillen; nichts, was nicht
zum gemeinen Nutzen abzielet; nichts, was du
nicht vorher wohl erwogen hast; nichts endlich
aus Vorurtheil oder Paßion. Suche keine zier=
lichen Worte; hüte dich, daß du nicht viel redest;
noch dich in viele Dinge mischest; laß dich den Gott,
der in dir ist, regieren als einen Mann; als einen
ehrlichen Alten, als einen Bürger, als einen Römer,
als einen Fürsten, der sich in den Stand gesetzet hat,
so bald die Losung gegeben wird, ohne Verzug aus
diesem Leben zu scheiden. Verhalte dich also, daß
du weder deines ¹¹ Eides, noch des Zeugnisses an=
derer Leute bedürfest. Laß allezeit in deinem An=
gesichte eine Munterkeit blicken. Gewöhne dich, so
viel möglich, Hülfe zu entbehren, und richte dich
also ein, daß du anderer Leute Dienst zu deiner
Ruhe nicht bedürfest. Mit einem Worte: sey
von selbst rechtschaffen und aufrichtig, ohne zu war=
ten, bis dich andere dazu anhalten.

VI.

¹¹ Eides] Er redet nicht von dem öffentlichen Eide in
dunkeln Sachen; sondern von der Aufrichtigkeit und
Lauterkeit im Privatleben.

VI.

Wenn du in dem menschlichen Leben etwas fin=
dest, das besser ist, als die Gerechtigkeit, als die
Wahrheit, als die Mäßigkeit und die Tapferkeit;
kurz, weißt du etwas, das vortrefflicher ist, als ein
Gemüth, das in allem dem, was du den Regeln der
Vernunft gemäß verrichtest, mit sich selbst zufrie=
den ist, das sich mit allem, was die Schickung dir
auch wider deinen Willen begegnen lässet, begnüget;
findest du, sage ich, etwas besseres: so trachte diesem
unschätzbaren Gute von ganzem Herzen nach, und
ergötze dich an dem schönen Schatze, den du gefun=
den hast.   Siehest du aber nichts bessers, als
wenn der Theil der Göttlichkeit, der seinen Tempel
in dir hat, sich Meister von sich selber machet, und
sich, wie Sokrates sagt, von der Tyranney der Be=
gierden losreißet; hingegen aber sich der Regie=
rung der Götter anvertrauet, und eine allgemeine
Vorsorge für die Menschen trägt; siehest du, sage
ich, nichts bessers: so laß dich von keinen andern
Dingen einnehmen, die in Vergleichung mit jenem
Zustande klein, gering und verächtlich sind.

Denn unterwirfst du dich ihnen einmal: so ist es
nicht mehr in deiner Macht, dich wieder los zu ma=
chen, und dem einzigen Gute anzuhangen, das wahr=
haftig dein eigen ist.   Es ist nicht recht, daß du diesem
wahren eigenthümlichen Gute ein fremdes vorziehst.

Ich nenne aber fremde Güter: den Ruhm des
Volks, die Gewalt, den Reichthum, die Wollust.

Ver=

Verstatten wir diesen Dingen nur den geringsten Eingang, und achten es der Mühe werth, uns darum zu bekümmern: so bekommen sie die Oberhand, sie werden Meister von uns, und reissen uns dahin, ehe wir es denken. Darum wähle dir ungezwungen das Beste, und hänge demselben aus allen Kräften nach. Das Beste aber ist das Nützlichste; und hier hast du eine Regel, wie dieses zu entscheiden sey.

Alles, was dir nützlich ist, in so weit du ein vernünftiges Geschöpfe bist, dem jage nach; was dir aber in keiner andern Absicht dienet, als in so weit du ein lebendiges Geschöpfe oder ein Thier bist, das verwirf. Erhalte aber deinen Verstand frey von allen Vorurtheilen, damit er fähig sey, diesen Unterschied zu machen.

VII.

Hüte dich, dasjenige als nützlich anzusehen, was dich zwingen kann, Treue und Glauben zu verletzen, unbescheiden zu werden, zu hassen, zu argwohnen, zu schelten, zu heucheln, dich zu verstellen, oder sonst etwas zu begehen, das Mauren und Vorhänge erheischet, sich zu verbergen.

Wer nichts seiner eigenen Seele und der Ehrerbietung, die man für die Tugend haben muß, vorziehet, der begehet nichts, was einem Trauerspiele ähnlich wäre. Er seufzet nicht; er sehnet sich weder nach der Einsamkeit, noch nach der Gesellschaft; und, was noch merkwürdiger ist, er lebet sowohl ohne

Furcht,

Furcht, als ohne Verlangen. Es bekümmert ihn
wenig, wie lange er noch zu leben hat; denn er ist
alle Augenblicke fertig, das Leben zu verlassen, und
dieses mit eben der Munterkeit, als wenn er etwan
sonst eine gewohnte Tugend ausübet. Seine
größte Sorgfalt auf Erden ist, seine Seele in solchem
Stande zu unterhalten, daß sie nichts, was einem
Menschen anständig und dem gemeinen Wesen
zuträglich ist, unterlassen möge.

VIII.

In dem Herzen eines mäßigen und von allen
Paßionen gereinigten Menschen findet sich keine
heimliche Fäulniß, Unreinigkeit, noch Falschheit.
Das Verhängniß überfällt ihn nicht, sein Leben
abzubrechen, ehe es vollkommen geworden ist. Er
ist nicht wie ein Comödiant, der von der Schaubühne abtritt, ehe und bevor er seine Rolle ausge-
spielet hat. Es findet sich an ihm weder etwas
knechtisches, noch gezwungenes; nichts zu viel,
noch zu wenig; nichts, was entweder den Tadel
scheuet, oder Schlupfwinkel nöthig hat.

IX.

Nimm deine [12] Einbildungskraft wohl in Acht,
und verhalte dich ehrerbietig gegen sie; denn alles
kömmt auf dieselbe an, daß sie in deinem Verstande
nicht Meynungen zeuge, die der Natur entgegen,

und

---

[12] Einbildungskraft] Die Einbildung zeuget die Meynungen; die Meynungen aber regieren das ganze Leben.

und einem vernünftigen Geschöpfe unanständig
sind.   Die vernünftige Natur aber erheischet,
daß du dich in deiner Meynung nicht übereilest;
daß du die Menschen liebest; daß du den Göttern
gehorsam seyst.

Laß daher alles andere liegen, und trachte nur
dieses Wenige auszuüben.   Erinnere dich, daß
wir nur die gegenwärtige Zeit leben, die gleichsam
wie ein Punkt anzusehen ist. Denn alle die übrige
ist entweder schon vergangen und überlebet, oder
noch zukünftig und ungewiß.   So ist dann eines
jeden Leben nur ein Augenblick; der Ort aber, da
er dasselbe zubringet, ist ein kleiner Winkel der Erde,
und auch der allerdauerhafteste Nachruhm nur ein
geringer Schall, der durch Sterbliche fortgepflanzet
wird auf solche Menschen, die in kurzem sterben,
und nicht die Zeit haben, sich selber, vielweniger
aber diejenigen, die vor ihnen gewesen sind, recht
zu erkennen.

X.

Setze zu allen heilsamen Lehren, die ich dir gegeben habe, noch diese hinzu: daß du dir von allen
Dingen, die dir vor oder in den Sinn kommen,
einen eigentlichen und genauen Begriff machest;
so, daß du es dir ganz nacket und bloß vorstellest,
und erwägest, woraus es bestehe, aus welcher Materie es zusammen gesetzet, und welches sein eigentlicher Name sey; imgleichen, wie diejenigen Dinge,
daraus er entstanden ist, heissen, und darein es wie-

derum

derum wird aufgelöset werden. Nichts macht die
Seele so groß, als wenn man mit Ordnung und
Wahrheit alles, was dieses Leben mit sich bringet,
untersuchet; wenn man weiß, zu welchem Theile
der Welt es gehöret; zu welchem Nutzen es bestimmet ist; wie es anzusehen ist in Absicht auf die
ganze Welt, oder in Absicht auf den Menschen, der
ein Bürger dieser vortrefflichen Stadt ist, darinnen
alle die übrigen Städte gleichsam nur wie Wirths-
häuser, oder wie Hütten, anzusehen sind.

Lieber! was ist es denn, das mir itzo in den
Sinn kömmt? woraus bestehet es? wie lange
pfleget es zu dauren? welche Tugend muß ich diesem Dinge entgegen setzen? die Sanftmuth? die
Tapferkeit? die Wahrheit? die Treue? die Aufrichtigkeit? die Vergnüglichkeit? und so weiter. Darum sollst du bey allen Begebenheiten sprechen: Das
kömmt von Gott! das ist eine Folge der von der
Vorsehung verordneten Ursachen! oder es ist ein
blinder Zufall! es ist die Handlung eines Menschen,
der mit mir gleiches Geschlechts und Wesens ist;
der aber nicht weiß, was seiner eigenen Natur gemäß und seinem Wesen anständig ist. Aber ich
weiß es; darum betrage ich mich gegen ihn billig
und gelinde, wie es die Gesetze der Natur und der
Gesellschaft erfordern. Auf diesen Schlag nun
beurtheile ich alle Mitteldinge, und lege einem jeden seinen wahren Werth bey.

XI.

XI.

Du wirst glücklich und wohl leben, wenn du in deinem Thun der gesunden Vernunft folgest; wenn du alles, was du vornimmst, thust mit Sorgfalt, mit Gelindigkeit, mit Tapferkeit, mit stillem und festem Muthe, nichts nachläßig; sondern deine Seele rein behältst, als wenn du sie diesen Augenblick aufgeben solltest: wenn du, sage ich, dieses deines Geistes recht wahrnimmst, ohne etwas zu verlangen oder zu fürchten, sondern damit zufrieden bist, daß du der Natur gemäß handelst, und die Wahrheit allezeit frey sagest. Wer ist aber, der dir es verwehren kann, dieses alles zu thun?

XII.

Wie die Wundärzte alle Werkzeuge bey der Hand haben, die zu einer unvermutheten Operation erfordert werden: also habe du diejenigen Lehren in Bereitschaft, die dich zur Erkenntniß göttlicher und menschlicher Dinge führen. Vergiß auch nicht, das Band zu beobachten, dadurch sie unter einander verknüpfet sind. Denn du wirst kein menschliches Geschäffte wohl ausrichten, ohne die Verbindung zu wissen, dadurch es mit den göttlichen zusammen hanget; desgleichen wirst du auch in göttlichen zu kurz kommen, wenn du nicht weißt, wie sie mit den menschlichen Sachen verbunden sind.

XIII.

Schweife hinfort nicht aus. Denn du wirst

weder

weder Zeit haben, 13 das Tagebuch deines Lebens,
noch die Geschichte der Römer und der Griechen,
durchzulesen, noch auch deine Anmerkungen, die du
in ein Buch getragen hast, dich derselben in deinem
Alter zu bedienen. 14 Eile demnach zu deinem
Zwecke, und speise dich nicht ferner mit leerer Hoff=
nung; sondern sey dir selber zu deinem Besten beför=
derlich, daferne du so viele Sorgfalt für dich selber
trägest, als dir zu haben möglich ist.

XIV.

Die Menschen wissen nicht 15 alle die verschiede=
nen Bedeutungen dieser Wörter: stehlen; säen;
kaufen; ruhen; sehen, was zu thun ist: weil man
dieselben nicht mit den Augen des Leibes, sondern mit
einer andern Art des Gesichts sehen muß.

XV.

13 Das Tagebuch deines Lebens] Antoninus hatte
seinen Lebenslauf selber beschrieben, um denselben seinem
Sohne als ein Muster zu hinterlassen; wie bereits in sei=
nem Leben gemeldet worden ist. Vielleicht verstehet er
hier diese zwölf Bücher seiner Betrachtungen, wie man
aus dem Suidas fast urtheilen sollte.

14 Eile demnach zu deinem Zwecke] Der Zweck des
Menschen ist, das gemeine Beste befördern, und so viel
Gutes thun, als man Gelegenheit hat. Wiewol der meh=
reste Theil in diesem Stücke verfähret, wie die Geizigen
mit dem Gelde: sie häufen schöne Lehren auf, und wen=
den sie nicht an.

15 Alle die verschiedenen Bedeutungen] So schwer
auch dieser Artikel scheinet: so ist er doch leicht zu verste=
hen,

XV.

Wir haben einen Leib, eine lebendige Seele
einen verständigen Geist: die Sinne sind für
den Leib, die Begierden für die Seele, und die Gedanken für den Geist.   Sich von einem Dinge
ein Bild machen, haben wir mit dem Viehe gemein; durch leitende Bewegungen, wie die Marionetten durch Fäden, gezogen werden, haben wir
mit den wilden Thieren und mit allen weibischen
Gemüthern gemein, ja so gar mit den Misgeburten, [16] Phalaris und Nero.   Seinem Geiste
als Wegweiser in solchen Dingen folgen, welche uns
nützlich vorkommen; haben wir gemein mit den
Gottlosesten, mit den Verräthern des Vaterlandes,
und mit solchen, welche in ihren verschlossenen
Zimmern allerhand Schandthaten verüben. Weil
wir demnach diese Dinge mit itztgedachten gemein
haben: so ist dieses noch als das Eigenthum eines

D 2

recht-

---

ten, wenn man den Unterschied weiß zwischen der eigentlichen und der figürlichen oder verblümten Bedeutung der
Wörter. Denn eigentlich heisset das Wort Stehlen, einem
das Seinige rauben. Im verblümten Verstande aber stieh-
let auch derjenige, der sich selbst die Gelegenheit raubet,
Gutes zu thun, oder der seinen Nächsten an seinem ehrlichen Namen angreifet, u. s. w.

[16] Phalaris und Nero] Waren zween Menschenplager
oder Tyrannen, die der fromme Kaiser als Misgeburten
verabscheuet.

rechtschaffenen Menschen übrig: daß wir alles, was uns widerfähret und zugetheilet ist, willigst annehmen, ohne den Geist, der in unserm Herzen als in einem Tempel wohnet, zu beflecken, oder durch vorgefaßte Einbildungen zu beunruhigen; sondern denselben unbefleckt erhalten, ihm als einem Gott gehorchet, indem man nichts saget, als was wahr, und nichts thut, als was recht ist. Und gesetzt, kein Mensch wollte es alsdann glauben, daß du schlecht und recht, ehrbar und höchst ruhig lebetest: so wirst du dich gegen solche Leute weder entrüsten, noch ablassen, den Weg fortzugehen, der dich an das Ende deiner Tage führet, als dahin du unbefleckt, ruhig, frey und in einer völligen Verleugnung zu gelangen willens bist; und zwar ohne Zwang und Gewaltthätigkeit, sondern in gelassener Zufriedenheit, als einer, der sich willig in Gottes Fügung schicket.

Des

Marcus Aurelius Antoninus
erbaulicher
Betrachtungen
Viertes Buch.

I.

Ist * die Seele, die in uns die Herrschaft führet, beschaffen, wie ihre Natur mit sich bringet: so verhält sie sich gegen alle Zufälle solchergestalt, daß sie dieselben durch ihre Kräfte in sich selbst verwandelt. Denn weil sie an und für sich keiner materialischen Vergänglichkeit nachhänget, sondern sich über alles zu dem Regierer aller Welt empor schwinget: so verwandelt sie alle Zufälle leicht in sich selbst; wie ein starkes Feuer, das alles, was hineingeworfen wird, ergreifet, verzehret, in sich selbst verwandelt, und dadurch größer wird; da hingegen eine schwache Lampe von dem hineingeworfenen leicht verlöschet.

II.

Thue nie etwas obenhin, und ohne die vollkommensten Regeln der Kunst dabey in Acht zu nehmen.

III.

* Dieses Hauptstück dienet zur Erläuterung der Worte Christi: So dein Auge Licht ist: so wird dein ganzer Leib Licht seyn; so aber dein Auge ein Schalk ist, wird ••• Finsterniß seyn. Antoninus erkläret diesen Satz im nachfolgenden dritten Hauptstücke durch eine deutliche Anwendung.

III.

Die Menſchen ſuchen die Einſamkeit auf dem Lande, an den Flüſſen, auf den Bergen; du ſelbſt wünſcheſt dir einen ſolchen Ort. Dieſer Wunſch iſt unverſtändig. Iſt es dir nicht alle Augenblicke erlaubt, in ſich ſelbſt zu gehen? Keine Einſamkeit iſt ruhiger oder anmuthiger, als die man in ſeiner Seele ſuchet; abſonderlich, wenn der ſchätzbare Vorrath, aus deſſen Anſchauung die augenblickliche Ruhe der Seele entſtehet, darinnen anzutreffen iſt. Ich nenne aber die Ruhe die gute Ordnung und Beſchaffenheit der Seele. Begieb dich demnach oft in dieſe anmuthige Einſiedeley. Erneure dich daſelbſt, erhole dich, und ſey bemühet, dich allda zu verjüngen. Du mußt aber etliche kurze Haupt=regeln oder Lehrſätze im Vorrathe haben, vermöge deren du alle Bekümmerniſſe zerſtreuen, und dich gegen alle Zufälle wapnen könneſt.

Denn, Lieber! worüber wollteſt du unwillig werden? Ueber die Bosheit der Menſchen? Erin=nere dich dieſer Wahrheit: Daß die Menſchen ein=ander zu gut geboren ſind, und daß es die Gerech=tigkeit erfordert, ſie zu vertragen; weil es wider ihren Willen geſchiehet, wann ſie ſündigen. Du wirſt aufhören, dich zu quälen, wann du erwägeſt, wie viele Leute endlich geſtorben und zu Aſche geworden ſind, nachdem ſie, ſo lange ſie lebeten, Feindſchaft, Argwohn, Haß und Zank geheget hatten. Ent=rüſten dich dieſe Dinge, die nach der Ordnung der

allge=

gemeinen Natur geschehen? Stelle dir alsobald diesen Satz vor: Entweder wird alles durch die Vorsehung, oder durch einen 2 blinden Zufall, re=gieret? Besinne dich hieben auf die Gründe, damit wir bewiesen haben, daß die ganze Welt wie eine Stadt anzusehen sey. Kränken dich die Zufälle des Leibes? Bedenke, wenn die Seele sich recht in sich selbst fasset, und ihre Kräfte merket, vermischet sie sich nicht mit den Lebensgeistern, die entweder durch den Schmerzen gemartert, oder durch die Wollust gekitzelt werden. Zu diesem füge alles, was du von diesen beyden Leidenschaften des Ge=müths, nämlich dem Schmerze und der Wollust, gehöret und als wahr erkannt hast.

Reizet dich die Ehrbegierde? Bedenke, mit wel=cher Geschwindigkeit alle Dinge in die Vergessenheit gerathen. Stelle dir vor den wüsten Abgrund der unendlichen Zeit, die vor dir gewesen ist und nach dir kommen wird; die Nichtigkeit des Lobes; die Unbeständigkeit und den Unverstand des Pö=bels, der von dir ein Urtheil fället; die Enge des Orts, dadurch dein Ruhm umschränket wird, denn die ganze Erde ist nur ein Punct, und welch ein kleiner Winkel wird nicht davon bewohnet? Wie

D 4

viele

2 Blinden Zufall] Antoninus lehret anderwärts, daß Gottes Vorsehung die Welt regiere. Hier aber will er zeigen, daß die Menschen thöricht handeln, wenn sie sich über Dinge quälen, die, man sehe sie gleich an wie man wolle, nicht zu ändern sind.

viele Leute werden wol in dieser kleinen Ecke der Erde seyn, die dich loben? Was für Art Leute sind es? Alles demnach, was dir zu thun oblieget, ist, in dich selbst zu gehen, und in diesem deinem kleinen Eigenthume zu wohnen.

Vor allen Dingen aber höre auf, dich zu zerstreuen, oder zu widerstreben. Sey frey, und siehe alle Dinge an, als ein Mann, als ein Bürger, ja als ein Sterblicher. Unter allen Regeln aber, die du stets vor Augen haben sollst, mußt du sonderlich diese beyden nicht vergessen. Einmal, daß kein Ding an und für sich selbst unsere Seele berühret; sondern ausserhalb derselben unbeweglich für sich bleibet. Die Unruhe aber, die uns ihrentwegen einnimmt, kommt von dem Urtheile, das wir von diesen Dingen fällen. Zum andern, daß alles, was du siehest, in einem Augenblicke verwandelt werden, und hernach nicht mehr seyn wird. Um dich davon zu überzeugen: so bedenke, wie viele Abwechselungen du bereits gesehen oder erlebet hast. Mit einem Worte: die Welt ist lauter Veränderung, und das Leben weiter nichts, als Einbildung.

IV.

¹ Haben wir Menschen den Verstand mit einander gemein: so haben wir auch die Vernunft gemein,

---

¹ Wer die Folge aller dieser Beweisthümer recht überleget, der wird daraus zweyerley deutlich ersehen: 1) daß ein allgemeines Gesetz der Natur vorhanden sey; 2) daß die Seele der Menschen unsterblich sey.

gemein, die uns zu vernünftigen Geschöpfen machet. Haben wir diese gemein: so haben wir auch
die Urtheilskraft mit einander gemein, die lehret,
was zu thun oder zu lassen ist. Ist dem also: so
haben wir * ein gemeines Gesetz. Haben wir ein
gemeinschaftliches Gesetz: so sind wir Mitbürger
unter einander. Sind wir Mitbürger: so haben
wir ein gleiches Bürgerrecht. Haben wir einerley
Bürgerrecht: so ist die Welt unsere Stadt. Es
giebt kein anderweites gemeines Wesen mehr,
dessen alle Menschen theilhaftig sind.

Nun fragt sichs: Woher kommt es, daß wir
verständig, vernünftig und gesetzmäßig handeln
können? Kommt es aus dieser Stadt, oder kommt
es anderswo her? Denn wie das Irdische, das
ich an mir habe, mir von einem gewissen Stücke der
Erde zu Theil geworden ist; wie die Feuchtigkeit, die
sich bey mir befindet, von einem andern Elemente
ihren Ursprung hat; wie der luftige Theil in mir
aus einer besondern, und der warme oder feurige
noch aus einer andern Quelle fließet; und da nichts
von nichts kommt, noch zu nichts werden kann: so
ist es nothwendig, daß dieser vernünftige und verständige Theil in mir auch irgend woher geflossen sey.

V.

Der Tod ist, eben wie die Geburt, ein Geheimniß der Natur. Diese entstehet aus der Vermi-

D 5   schung

* Ein gemeines Gesetz] Er redet von dem Gesetze der
Natur.

schung und Vereinigung; jener aus der Auflösung und Zertrennung der Elementen. So ist demnach an keinem etwas schändliches. Keines ist dem vernünftigen Geschöpfe entgegen; keines streitet mit der Ordnung 5 oder Beschaffenheit aller Dinge.

VI.

Wie die Leute: so sind auch ihre Thaten. 6 Sie können nicht anders handeln. Wer sich eines andern zu ihnen versiehet: der will Trauben von den Dornen lesen; der will, daß der Feigenbaum keinen bittern Saft haben solle. Hiebey erinnere dich, daß in kurzer Zeit ihr beyde, ein solcher Mensch und du, werdet gestorben seyn; und daß über ein kleines sowol dein, als sein Angedenken, aus dem Gedächtnisse der Menschen vertilget seyn wird.

VII.

Laß die Einbildung fahren; so fällt die Klage weg: ich bin beleidiget. Klagest du nicht: ich bin beleidiget; so ist auch keine Beleidigung vorhanden.

VIII.

Was den Menschen nicht ärger machet, als er für sich selbst ist: das kann auch sein Leben nicht ärger

5 Beschaffenheit] Was ist es Wunder, sagt Plutarchus, daß das Hinfällige abfällt, das Verbrennliche verbrennet und das Verwesliche stirbet?

6 Sie können nicht anders handeln] Er redet von den natürlichen Menschen.

ärger machen, und schadet ihm also weder äusserlich, noch innerlich.

IX.

Die Natur wird gezwungen, das, was sie thut, ihrer eigenen Erhaltung wegen zu thun.

X.

Wenn du alle Dinge wohl untersuchest: so wirst du finden, daß alles, was sich zuträget, nach Billigkeit geschiehet: nicht sowol in Absicht auf die Ursachen, die nothwendig eine solche Folge haben; sondern, weil es geschiehet nach Verordnung der wahrhaften Gerechtigkeit des allerweisesten Wesens, das einem jeden dasjenige zutheilet, was ihm zukommt. Fahre fort, dieses zu beobachten, und verrichte alle deine Thaten als ein guter Mensch. Ich rede aber von einer wahrhaften Güte. Gedenke hieran in allem, was du thust.

XI.

Urtheile nicht also von Dingen, wie dein Widersacher, auch nicht also, wie er gerne wollte, daß du urtheilen solltest; sondern untersuche die Sache zuvor selbst, und siehe, was ein Ding in der That sey.

XII.

Nimm diese beyden Regeln wol in Acht: Einmal, daß du, als König und Gesetzgeber, alles zum gemeinen Nutzen der Menschen verordnest: Zum andern, daß du deine Meynung änderst, so oft geschicktere Leute dir einen bessern Grund anzeigen.

Diese

Diese Veränderung aber muß von der Ueberzeugung herrühren, daß etwas gerecht, und für das gemeine Beste erfprießlich fey; niemals aber deine Luft, deinen Vortheil, oder deine eigene Ehre zur Abficht haben.

XIII.

Haft du eine Vernunft? Ja, fprichft du, ich habe eine. Warum braucheft du fie denn nicht? Braucheft du fie aber, und fie thut ihre Pflicht; was verlangeft du weiter?

XIV.

7 Du bift ein Theil diefer Welt, und wirft einmal in das, daraus du gemacht bift, aufgelöfet werden; oder vielmehr, du wirft durch eine Verwandlung wieder in die allgemeine Vernunft, die der Ufprung aller Dinge ift, aufgenommen werden.

XV.

8 Es liegen viele Stücklein Weihrauch auf demfelben Altare; eines fället eher ins Feuer, als das andere: daran ift aber nichts gelegen.

XVI.

In weniger denn zehen Tagen werden diejenigen,

---

7 Antoninus redet hier als ein Stoiker. Die heilige Schrift faget; Der gerechten Seelen find in Gottes Hand.

8 Es liegen viele Stücklein Weihrauch] Wir Menfchen find diefer Weihrauch. Wir müffen alle ein Opfer des Todes werden.

gen, die dich itzo als ein wildes Thier, oder wie
einen Affen ansehen, dich als einen Gott verehren,
wenn du wieder zur Ausübung deiner Lehrsätze
und zum Gebrauch deiner Vernunft umkehrest.

XVII.

Richte deine Sachen also ein, als wenn du noch
etliche tausend Jahre zu leben hättest. Das Ende
hänget über deinem Kopfe; darum sey fromm,
weil du noch lebest, und weil du kannst.

XVIII.

Wie viele Ruhe gewinnet nicht derjenige, der
sich nicht darum bekümmert, was sein Nächster saget, thut oder denket; sondern nur allein darauf
Acht hat, daß dasjenige, was er selber thut, gerecht
und heilig sey! Er siehet nicht, wie Agatho redet,
auf anderer Leute schwarze Sitten; sondern bleibet auf seinem Wege, und wandelt auf demselben
gerade fort, ohne sich umzusehen.

XIX.

Wer um den Nachruhm nach seinem Tode bekümmert ist: der bedenket nicht, daß diejenigen,
die seiner nach seinem Ableben erwähnen, selber mit
dem ehesten sterben müssen; daß ihre Nachkömmlinge eben dieses zu gewarten haben; und so weiter fort, bis endlich sein Andenken, das durch etliche dumme und hinfällige Menschen fortgepflanzet worden, selbst verlösche. Doch gesetzt, daß diejenigen, die dich loben, unsterblich wären; und dein

Ruhm

Ruhm desgleichen: was hilft dir dieses, wann du todt bist? oder (daß ich mehr sage) auch selbst, weil du noch lebest? Denn was ist das bloße Lob ohne nützliche Absicht? Indem wir anderer Lobsprüchen nachhängen: so versäumen wir unbedachtsamer Weise, was die Natur in uns selbst geleget hat.

XX.

Alle gute Dinge sind schon an sich selber gut; sie fassen solche Vortrefflichkeiten in sich, die durch das Lob nicht vergrößert werden können: denn das Lob machet das Gelöbte weder besser noch schlimmer. Was ich hier sage, das ist zu verstehen von allem, was man schön nennet, es sey also von Natur, oder durch die Kunst. In der That, alles, was wahrhaftig gut ist, hat so wenig eines fremden Lobes vonnöthen, als der Glaube, die Wahrheit, die Gütigkeit, die Ehrbarkeit. Denn was ist wol in diesen Tugenden, das entweder durch Loben könnte verbessert oder durch Tabeln verschlimmert werden? Ein Smaragd ist ein Smaragd, er mag gepriesen werden oder nicht. Ist es nicht eben so mit dem Golde, Elfenbein, Purpur, einem Degen, einer Blume, oder einem Baume?

XXI.

9 Wenn die Seelen nach dem Tode übrig blei=ben: wie kann die Luft dieselben alle, nach Verlauf

so

---

9 Antoninus beantwortet hier einen Einwurf der Epikurer gegen die Unsterblichkeit der Seelen, und zeiget, daß sie

Raum

so vieler hundert Jahre, fassen? Ich antworte: Wie kann die Erde alle Leiber fassen, die darinnen begraben worden? Denn wie die Leiber, nachdem sie eine Zeitlang im Schoße der Erden gewesen, endlich verwesen und andern Platz machen: [20] also werden auch die in die Luft geführten Seelen, nach Verlauf einiger Zeit, verwandelt, entflammet, und in die Quelle der allgemeinen Vernunft versetzet; und also machen sie ebenfalls denen Raum, die ihnen nachfolgen.   Mit dieser Antwort kann man die Meynung von der Unsterblichkeit der Seelen noch ferner bestärken: wenn man das, was ich bereits angeführet habe, nicht nur durch die Menge der begrabenen Leiber; sondern auch durch die unsägliche Anzahl Thiere erläutert, die täglich von andern Thieren, und zum Theil von uns selbst, verzehret werden.   Die Menge, die in dem Eingeweide derjenigen, die sich davon nähren, begraben wird,

ist

Raum genug in der Natur haben.   Doch ist zu wissen, daß er als ein Stoiker und Heide redet, welches rechtschaffene Christen nicht irren wird.   Genug, daß er die Unsterblichkeit der Seelen deutlich bekräftiget.

[20] Also werden auch die in die Luft geführten Seelen] Dieses ist der Ursprung des vorigen Irrthums. Etliche der alten Weltweisen hielten dafür, daß die Seelen nach ihrem Abschiede sich eine Zeitlang in der Luft aufhielten, bis sie daselbst von den ihr aus der Vereinigung mit den Leibern anklebenden Unreinigkeiten gesäubert, endlich in den Himmel aufgenommen und mit Gott vereiniget würden.

ist sehr groß: und gleichwol ist es allezeit derselbe Ort, der sie aufnimmt; denn sie werden theils in Blut verwandelt, theils aber in Feuer und Luft aufgelöset.

XXII.

Das einzige Mittel, die wahre Beschaffenheit eines Dinges zu erkennen, ist dieses: dasselbe in seiner [11] Materie und Form zu unterscheiden.

XXIII.

Man muß nicht ausschweifen, noch sich durch den Strohm der Begierden hinreissen lassen; sondern unsere Neigungen müssen die Gerechtigkeit zur Richtschur, und unsere Gedanken die Vernunft zum Grunde haben.

XXIV.

O du großes Weltgebäude! alles, was dir zuträglich ist, das dienet mir auch. Was dir gelegen kommt, das ist für mich weder zu frühe, noch zu spät. [12] O Natur! alles, was mir deine Zeiten bringen, ist mir wie eine zeitige Frucht. Alles kommt von dir, alles ist in dir, alles kehret wieder

zu

---

[11] Das ist, zu betrachten die Materie, oder den Zeug, daraus ein Ding zusammen gesetzet ist; und die Form, das ist, seine eigentliche Beschaffenheit an und für sich selbst, nach der ein Ding von allen andern Dingen entschieden ist.

[12] O Natur! alles, was mir deine Zeiten bringen] Die Natur hat eben sowol ihre unterschiedlichen Zeiten, als das Jahr. Die Zeiten der Natur sind: Kindheit, Jugend, Alter.

zu dir. Jener schreibt in einem Trauerspiele: O du theure Stadt Cecrops! Sollte ich denn nicht vielmehr zu dir sagen: [13] O du theure Stadt Gottes!

XXV.

[14] Democritus hat gesagt: Thue wenig, wenn du ruhig seyn willst. Aber wäre es nicht besser gewesen, zu sagen: Thue alles, was nothwendig ist, und was die Vernunft von einem Menschen, der zur Gesellschaft geboren ist, erfordert? Denn dieses bringet sowol die Zufriedenheit, daß man Gutes thut; als die Ruhe. daß man wenig thut, zuwege. Gewiß, wenn wir von unsern Thaten und Worten das Unnöthige abschnitten: so würden wir mehr Zeit übrig, und weniger Bekümmerniß haben. Darum soll man sich bey jedem Dinge fragen: Ist dieses oder jenes nicht von der Zahl der unnöthigen Dinge? Man sollte aber nicht allein die unnützen Werke, sondern auch die unnöthigen Gedanken, wegschaffen; denn indem ich mich

[13] O du theure Stadt Gottes] Denn wer überzeuget ist, daß diese Welt die Stadt Gottes und er derselben Bürger ist, der ist versichert, daß alles, was ihm begegnet, zu seinem Besten dienet; und daher nimmt er es ohne Murren an.

[14] Dieses ist ein unvergleichliches Stück, darinnen gelehret wird, wie man seine Gedanken, Worte und Werke einrichten solle.

mich der unnöthigen Gedanken entschlage: so beuge ich damit allen unnöthigen Werken vor.

XXVI.

Versuche es, wie es dir von statten geht, zu leben als ein frommer Mann; ich will sagen, als ein Mensch, der alles für gut annimmt, was ihm die Schickung widerfahren lässet; der ein Vergnügen daraus schöpfet, zu thun, was recht ist, und seinen Geist dadurch in Friede und Ruhe setzet.

XXVII.

15 Du hast jenes gesehen; siehe auch dieses an. Beunruhige dich dabey nicht; sondern sey schlecht und recht. Hat sich jemand wider dich versündiget? Er beleidiget dadurch sich selbst! Ist dir etwas widerfahren? Wohl! so war es dir von der allgemeinen Natur bestimmet. Mit einem Worte: das Leben ist kurz. Man muß es nach den Regeln der Gerechtigkeit und der Vernunft zubringen. Doch sey mäßig bey der Pflege deines Leibes und bey aller Erquickung des Gemüths.

XXVIII.

16 Es sey die Welt gleich Unordnung oder Ordnung;

15 Du hast jenes gesehen] Antoninus stellet sich alles Unglück vor, was ihm jemals zugestoßen ist, um aus dem Andenken des Vergangenen eine Arzeney wider das Künftige zu bereiten. Dieses geduldig zu empfangen, bereitet er sich mit dieser Betrachtung zu: Es ist nichts Neues. Du hast jenes schon erfahren; ertrage dieses auch.

16 Es sey die Welt] Antoninus widerleget hier den
thörichten

nung; es ist doch die Welt. Aber wie kannst du dir einbilden, daß in dir selber eine gewisse Ordnung und Zierde sey; und daß hingegen in der großen Welt, davon du ein kleines Stück bist, nichts als Unordnung und Zerrüttung gefunden werde? zumal, da in derselben auch die Dinge, die am meisten mit einander zu streiten scheinen, in der vollkommensten Uebereinstimmung und Verbindung stehen.

XXIX.

Böse Sitten; weibisch seyn; hartnäckig seyn; viehisch seyn; kindisch seyn; thöricht seyn; falsch seyn; läppisch seyn; betrügerisch seyn; tyrannisch seyn.

XXX.

[17] Wenn derjenige ein Fremdling in der Welt zu nennen ist, der das, was in der Welt ist, nicht kennet: so muß auch derjenige ein Fremdling darinnen zu nennen seyn, der nicht weiß, was in der Welt vorgehet.

E 2

thörichten Wahn der Epikurer, als wenn die Welt nicht durch Gottes Vorsehung regieret würde; und beweiset aus der ordentlichen und wundernswürdigen Beschaffenheit des menschlichen Leibes, als der kleinen Welt, wie gewiß und unfehlbar die göttliche Vorsehung die große Welt regiere.

[17] Antoninus will in diesem Abschnitte lehren, wie thöricht es sey, sich derjenigen Natur zu widersetzen, die so lange Zeit her die Welt regieret hat; das ist Gott: oder sich der allgemeinen Pflicht zu entziehen; das ist die Liebe der Menschen.

gehet.   Der ist ein Flüchtling, der sich dem bürger=
lichen Rechte entziehet; der ist blind, dem die Augen
des Gemüths verschlossen sind; der ist arm, der
eines andern bedürftig ist, und der keinen Vorrath
bey der Nothdurft dieses Lebens in Bereitschaft
hat.   Derjenige macht sich selbst zum Eiterge=
schwüre der Welt, der sich von der gemeinen Art
der Natur abziehet, so, daß er sich bey dem was ihm
begegnet, beleidigt findet.   Eben dieselbe Natur,
die dieses hervorbringt, hat dich auch gemacht.
Derjenige wird ein abgerissenes Glied der Stadt,
der seine Seele von der Seele der übrigen Bürger
absondert, da sie doch gemeinschaftlich seyn sollte.
Ein solcher, sage ich, wird in dieser großen Stadt
ein unnützes Glied, und löset das Band der mensch=
lichen Gesellschaft auf.

XXXI.

¹⁸ Dieser philosophiret ohne Rock; jener philo=
sophiret ohne Bücher; dieser ist halb nacket, und
spricht: Ich habe zwar kein Brodt, aber ich philo=
sophire doch.   Ein anderer: Es fehlt mir an allem;
aber ich höre dennoch nicht auf zu philosophiren.

XXXII.

¹⁹ Bleibe bey dem, was du gelernet hast, und
bekümmere

---

18. Dieser Abschnitt zeiget, wie natürlich dem Menschen die
   Liebe der Wissenschaften und der Wahrheit sey.

19. Bleibe bey dem] Dieses ist der Rath des Apostels,
   1 Cor. VII. 24.   Ein jeder bleibe in dem, worinnen er
   berufen ist.

bekümmere dich um nichts anderes; sondern bringe dein Leben in guter Ruhe zu, als einer, der alle seine Sachen den Händen Gottes befohlen hat. 20 Sey auch weder ein Sklave, noch ein Thrann der Menschen.

XXXIII.

Zum Exempel. Stelle dir die Zeiten Vespasianus vor; da wirst du eben dasselbe sehen, was heut zu Tage geschieht. Menschen, die sich verheirathen; die Kinder zeugen; krank werden; sterben; kriegen; feyern; handeln; die ackern; schmeicheln; hochmüthig sind; argwohnen; die andern nachstellen; die des Nächsten Tod wünschen; die unzufrieden sind und murren; die lieben; Schätze sammeln; nach der bürgermeisterlichen oder königlichen Würde streben; u. s. w. Wo sind alle diese Leute geblieben? Sie sind nicht mehr vorhanden. Steige herunter auf die Zeiten Trajanus; da wirst du abermals dasselbe sehen. Die Menschen selbiger Zeit sind auch gestorben. Durchlaufe die übrigen Zeitbegriffe, samt aller Völker Geschichte, und siehe, wie viel Menschen, nachdem sie ihrem Verlangen hitzig nachgejaget, plötzlich gestorben, und in die Elemente, daraus sie entstanden waren, aufgelöset worden sind. Sonderlich mußt du deinem Gedächtnisse

E 3 diejenigen

20 **Sey auch weder ein Sklave**] Dieses kommt abermals mit der Erinnerung Pauli überein, 1 Cor. VII. 23. Ihr seyd theuer erkaufet; werdet nicht der Menschen Knechte.

diejenigen vorstellen, die du selbst gekannt, und von denen du gesehen hast, wie sie solchen Dingen, welche doch eitel waren, nachgehänget sind: und wie sie hingegen dasjenige, was ihnen eigentlich zukam, zu thun versäumet haben; da sie sich doch hierauf vornehmlich hätten befleißigen, und ihr einziges Vergnügen darinnen suchen sollen. Es ist auch nöthig zu bedenken, daß die Zeit und Mühe, die man auf ein Ding wendet, nach dem Werthe der Sachen abgemessen werden muß: denn daraus wird dieser Vortheil und Trost erwachsen, daß dich niemals eines Dinges gereue; weil du weißt, daß du auf geringe und nichtswürdige Dinge nicht mehr Zeit gewendet habest, als sie verdieneten.

XXXIV.

Die vor Alters gebräuchlichsten Wörter haben itzo einer Erklärung vonnöthen. So gehet es auch mit den Namen der vormals berühmtesten Leute. 21 **Camillus**, **Ceson**, **Volesus**, **Leonatus**; und kurz hernach: **Scipio**, **Cato**; ferner Augustus, und endlich **Hadrianus** und **Antonin**. Sie haben alle eine Beschreibung vonnöthen, die uns

21 **Camillus ꝛc.**] Gewiß, diese Namen haben itzo einer Erklärung vonnöthen. Camillus war es gleichwol, der die Gallier aus Rom jagete. Ceson war eine Stütze derselben Republik. Den Volesus kenne ich nicht. Leonatus aber war einer der Helden Alexanders. Können solche berühmte Leute vergessen werden? wie eitel ist nun nicht alle Ruhmbegierde?

uns sage, wer sie gewesen sind: denn alles ist hinfällig und vergänglich; alles wird mit der Zeit
fabelhaft, und in die Tiefe der Vergessenheit begraben. Indem ich aber dieses sage: so rede ich von
berühmten Leuten, deren Thaten die Augen der
ganzen Welt auf sich gezogen hatten. Denn der
übrigen vergißt man fast, so bald sie gestorben sind,
und redet gar nicht mehr von ihnen. Aber gesetzt,
der Nachruhm wäre unsterblich: was wäre es denn?
Lauter Eitelkeit! Lieber! was ist es denn, das
unsere Bemühung verdienet? Bloß allein dieses:
eine gerechte Seele zu besitzen, und Gutes zu thun;
das ist, solche Dinge, welche dem menschlichen Geschlechte ersprießlich sind; nichts zu reden, als die
Wahrheit; alles, was uns begegnet, willig anzunehmen, und es anzusehen, als eine Nothwendigkeit, als eine bekannte Sache, die mit uns einerley
Quelle und Ursprung hat.

XXXV.

Uebergieb dich dem Geschicke gerne und willig,
und laß es mit dir handeln, wie es immnr will.

XXXVI.

Alles wäret kaum einen Tag lang; sowol derjenige, der es saget, als das, was er saget.

XXXVII.

Bedenke, daß alles nach einer Veränderung geschiehet; und gewöhne dich zu erwägen, daß die
Natur ihre Lust an der Verwandlung aller Dinge
habe, damit sie aus den verwandelten ihres glei-
E 4
chen

chen von neuem hervorbringe.   Alles Gegenwär=
tige ist gleichsam der Saame des Zukünftigen.   Der
gemeine Mann aber begreifet dieses nicht; sondern
nennet das nur allein Saamen, was in die Erde
oder in die Bärmutter geworfen wird.

XXXVIII.

Du fängest schon an zu sterben, und besitzest noch
nicht die Einfalt des Herzens? und bist noch nicht
ohne Unruhe? und hast dich der Einbildung noch
nicht entschüttet, als ob du von den Dingen, die
ausser dir sind, verletzet werden könnest? und bist
noch nicht sanftmüthig und gütig gegen alle Men=
schen? ja endlich, und suchest die wahre Weisheit
noch nicht in gerechten Thaten?

XXXIX.

[22] Dringe bis in die Gedanken der Klugen, und
siehe zu, was es sey, das dieselben verlangen oder
fürchten.

XL.

Dein Uebel stecket nicht in dem Gemüthe eines
andern; es rühret auch nicht von den Verände=
rungen her, denen dein Leib, der dich umgiebet,
unterworfen ist.   Woher kommt es denn? Von
dem Orte, da der Sitz deiner Einbildung ist.   Laß
diese

[22] Dieses ist kein Gebot, das zum Vorwitz leitet; sondern
zur Freyheit und Ruhe des Gemüths.   Wir sollen die
Nichtigkeit der Dinge erwägen, die andere Menschen hoch
achten; damit wir uns schämen lernen, dieselben zu su=
chen, oder zu lieben.

diese sich nichts Böses vorstellen: so wird alles
gut gehen.   Gesetzt, der Leib, der dieser urtheilen=
den Kraft in dir so nahe verwandt ist, würde zer=
hauen, verbrannt, verwundet, oder er verwese:
so muß jene stille schweigen, und für gewiß halten,
daß alles, was sowol einem guten, als einem bö=
sen Menschen begegnen kann,   an sich selber weder
gut noch böse seyn müsse.   Denn alles, was ohne
Unterschied sowol dem widerfähret, der der Natur
gemäß lebet, als auch dem, der ihre Gesetze über=
tritt, das kann weder der Natur gemäß, noch wi=
der die Natur seyn.

XLI.

23 Erwäge beständig, daß die ganze Welt gleich=
sam wie ein einziges Thier ist, das aus einerley
Materie bestehet, und von einem Geiste belebet
wird.   Siehe, wie sich alles nach einem allgemei=
nen Sinn richtet; wie alles durch einen allgemei=
nen Trieb beweget wird; und wie die ganze Na=
tur von allem dem, was geschiehet, die Ursache wird.
Endlich betrachte, wie alle Dinge gleichsam wie
ein Gewebe durch einander laufen.

XLII.

Du bist, wie Epictetus sagt, eine Seele, die
einen todten Körper umherträget.

E 5

XLIII.

23 Dieses ist die alte Meynung der Pythagoreer und
Platonisten. Und Antoninus schreibet dieses als
ein weiser Heide; um die Beschwerden gegen die Werke
der Natur wegzuräumen, wie der XLIII Absatz zeiget.

XLIII.

24 Es ist eben so wenig Böses in den Dingen,
die durch eine Veränderung geschehen, als etwas
Gutes bey denen, die kraft einer Veränderung
bestehen.

XLIV.

Die Zeit ist ein Fluß und schneller Strom;
so bald sie uns ein Ding zuführet: so reisset sie es
auch wieder dahin. Es kömmt ein anderes in
dessen Platz, das mit gleicher Geschwindigkeit ver=
fliessen wird.

XLV.

Alles, was geschiehet, ist so gewöhnlich und gemein, als die Rosen im Frühlinge und die Früchte
im Sommer. Eben so sind auch die Krankheit,
der Tod, die Verleumdung, die Arglistigkeit, samt
allen andern Dingen, die die Thoren entweder
ergötzen oder kränken.

XLVI.

Alles, was itzo in der Welt geschieht, ist mit
dem, was vorher geschehen ist, verknüpfet. 25 Es
ist

---

24 Es ist nichts Böses] Er will sagen, daß der Tod
nicht böse, und auch das Leben kein so gar großes Gut
sey; nämlich an sich selber, weil eines des andern Ursa=
che ist. Denn der Tod des einen wirket die Geburt
des andern; und die Geburt bringet endlich den Tod
hervor.

25 Die Ziefern hängen nicht an einander. Man trenne sie:
so hat eine jede ihren Werth für sich. So ist es nicht
mit

ist hiermit nicht, wie mit den Ziefern oder Zahlen, deren jede für sich vollkommen ist, und die durch eine gewisse Nothwendigkeit zusammen verbunden werden; sondern hier ist ein vernünftiger Zusammenhang. Und gleichwie alle Dinge, die in der Welt sind, durch eine ordentliche Zusammenfügung verknüpfet werden: also findet man auch in allen Dingen, die noch geschehen, nicht etwan eine bloße Folge; sondern eine wundernswürdige Uebereinstimmung und ordentliche Verknüpfung.

XLVII.

Denke allezeit daran, was **Heraclitus** saget: Der Erde Tod ist, zu Wasser werden; des Wassers Tod, zu Luft werden; der Luft Tod, zu Feuer werden: und so auch umgekehrt. Du mußt dich auch des Menschen öfters erinnern, der vergessen hatte, wohin ihn [26] sein Weg führete.

XLVIII.

Desgleichen mußt du betrachten, wie viele der Vernunft widerstreben, mit der sie doch täglich umgehen, und die alles regieret; wie auch, daß manchem

mit den Dingen, die in der Welt geschehen. Sie hängen mit dem, was vorhergehet, oder nachfolget, zusammen; denn die Vorsehung brauchet das eine als eine Ursache des andern. Sie hat ihre verborgenen Absichten, und dieses giebt uns den Trost, daß uns nichts schädliches widerfahren kann.

[26] **Sein Weg**] Wer nicht an den Hafen denket, dahin er segeln will, dem ist kein Wind recht.

manchem diejenigen Dinge am ungewöhnlichsten vorkommen, die doch täglich geschehen.

XLIX.

Ferner mußt du nichts reden oder thun, als im Schlafe; denn im Schlafe scheinen wir auch vieles zu reden und zu thun.

L.

Wir müssen auch nichts thun als Kinder; das ist, darum allein, weil wir es so von unsern Aeltern gelernet haben.

LI.

Wenn ein Gott zu dir sagte: Morgen sollst du sterben, oder aufs höchste übermorgen: so würdest du eben nicht viel nach diesem kleinen Aufschube fragen, und es würde dir gleich viel seyn, ob es morgen oder übermorgen geschähe. Denn was wäre diese kurze Frist? Denke demnach itzt eben so, und achte es für gleich viel, lange Jahre zu leben, oder morgen zu sterben.

LII.

Bedenke, wie viele Aerzte gestorben sind, nachdem sie das Ende ihrer Kranken mit niedergeschlagenem Angesichte verkündiget hatten. Wie viele Sternseher sind dahin, nachdem sie andern ihren Tod, als etwas sonderliches, vorhergesaget; wie viele Weltweise, nachdem sie vom Tode und von der Unsterblichkeit geschrieben und gestritten hatten! Wie viele Helden, die andere ums Leben gebracht! Wie viele Tyrannen, nachdem sie mit hochmüthigem

Getöse

Getöse das Recht des Lebens und Todes an vie=
len Seelen misbrauchet hatten; gerade, als wenn
sie selbst unsterblich wären! Wie viele Städte sind
gestorben! (daß ich mich dieser Redensart bediene)
Helice, Pompeja, Heracla, nebst unendlich vie=
len andern.

Gehe hiernächst alle Menschen durch, die du
nach und nach selber gekannt hast; nachdem sie
ihre Freunde zur Erde bestätiget hatten: so sind
sie endlich selber begraben worden. Diejenigen,
die ihnen den letzten Dienst geleistet, haben densel=
ben in kurzer Zeit von andern wieder empfangen.
Mit einem Worte: es ist nützlich, daß man sich die
menschlichen Dinge fleißig vorstelle, um zu sehen,
wie verächtlich und wie nichtig sie sind. Was
gestern geboren wurde, ist heute eine Leiche, oder
eine Hand voll Asche. Daher muß man die übrige
wenige Zeit des Lebens der Natur gemäß zubrin=
gen, und sich mit gutem und zufriedenem Muthe
davon begeben; eben wie die reifen Oliven, die,
wann sie abfallen, die Erde, die sie gezeuget hat,
preisen, und dem Baume, der sie geboren hat, danken.

LIII.

Sey einem Felsen gleich, an den die Meeres=
wellen unaufhörlich schlagen. Er stehet immer
fest, und verachtet die Wut des Wassers. O ich
Unglückseliger, saget jemand, daß mir dieses oder
jenes begegnet ist! Sprich vielmehr: Wie glück=
lich bin ich, daß, da mir dieses wiederfahren ist, ich
dennoch

dennoch unbekümmert bleibe; daß mich dieſer Zu=
fall nicht verwundet; und daß mich deren keines
ſchrecket, was allen widerfahren könnte! Vielleicht
wäre ein anderer nicht ſo unbekümmert dabey ge=
weſen, als ich. Warum nenneſt du denn dieſen
Zufall vielmehr ein Unglück, als ein Glück? Heiſ=
ſet dir etwan das ein Unglück, was den Endzweck
der Natur des Menſchen nicht umſtößet? Oder
meyneſt du, es könne etwas den Endzweck der
menſchlichen Natur umſtoßen, was nicht mit dem
Willen ihrer Natur ſtreitet? Welches aber iſt dieſer
Wille? Du haſt es zur Genüge vernommen.
Kann die Begebenheit, die dir zuſtößet, dich ver=
hindern, gerecht, großmüthig, mäßig, weiſe, vor=
ſichtig, aufrichtig, ehrbar, frey, oder ſonſt der
Natur gemäß und tugendhaft zu ſeyn? Darum
gedenke bey allen Zufällen, die dich betrüben kön=
nen, an dieſe Wahrheit: daß alles, was dir
zuſtößet, kein Unglück iſt; ſondern, daß es ein
großes Glück iſt, wann man es ſtandhaft ertra=
gen kann.

LIV.

Eine zwar gemeine, aber doch hinlängliche, Hülfe
zur Verachtung des Todes iſt, daß man mit ſeinen
Gedanken die Anzahl aller derer durchlaufe, die
dieſem Leben eifrigſt nachgehangen, und daſſelbe vor
allen andern genoſſen haben. Lieber! was ha=
ben ſie vor denen, die durch einen frühzeitigen
Tod

Tod hingerücket worden sind, voraus? Cadicia= nus, Fabius, Julianus, Lepidus, und viele andere, sind, nachdem sie vielen Leichbegäng= nissen beygewohnet, endlich selbst begraben wor= den. Die Zeit zwischen anderer und ihr eigenen Beerdigung war kurz. Ja, unter wie manchem Elende, mit welchen Leuten und in was für einem Leibe haben sie diese kurze Zeit zugebracht? Mache demnach nicht so viel Werks von deinem Leben; denn wenn du die unend= liche Zeit, die vor dir gewesen ist, und nach dir kommen wird, erwägest: was für ein Un= terschied ist in diesem Abgrunde zwischen einem, der drey Tage, und einem, der drey hundert Jahre gelebet hat?

LV.

Gehe allezeit den kürzesten Weg. Dieser ist der Weg der Natur. Derselbe ist: in allen Dingen reden, was vernünftig, und thun, was recht ist. Ein solcher Vorsatz wird dir tau= send Mühe und Verdruß ersparen; denn er ist ohne Bekümmerniß, ohne Streit, ohne Unruhe, ohne Hochmuth und Verstellung.

Marcus Aurelius Antoninus

erbaulicher

Betrachtungen

Fünftes Buch.

I.

Wann du des Morgens nicht gerne aufstehen magst; so denke bey dir selbst: Ich soll itzo aufstehen, menschliche Geschäffte zu verrichten. Kann ich mich denn weigern, etwas zu thun, dazu ich geboren und in diese Welt gekommen bin? Bin ich denn nur dazu gemacht, mich in einem warmen Bette auszustrecken? Zwar dieses ist angenehm. Bist du aber denn zur Wollust, und nicht vielmehr zur Arbeit, geboren? Siehest du nicht die Pflanzen, die Vögel, die Ameisen die Spinnen, die Bienen, wie sie arbeiten, die Welt nach ihrer Art zu zieren? und du willst verabsäumen, zu thun, was menschlich ist? Warum trachtest du nicht den Dingen nach, dazu dich [1] die Natur bestimmet hat?

Aber

---

[1] Die Natur bestimmet] Der Mensch ist zur Arbeit geboren, wie der Vogel zum Fliegen. Er ist auch niemals ruhiger, als wann er arbeitet. Die Müßiggänger selbst zerarbeiten sich, ihr eigenes Herzeleid zu verfertigen.

Aber sprichst du: man muß gleichwol Ruhe haben. Es ist wahr. Allein die Natur hat dieser Ruhe gewisse Schranken gesetzt, gleichwie Essen und Trinken seine Zeit hat. Diese Grenzen überschreitest du; du thust in Ansehung der Ruhe zu viel, und in Ansehung der Arbeit zu wenig. Alles kömmt daher, weil du dich selbst nicht recht liebest. Thätest du dieses: so würdest du deine eigene Natur hoch achten, und ihrem Triebe gehorchen.

Andere Handwerker sind bey ihrer Arbeit so ämsig, daß sie darüber dürre und hager werden; sie vergessen Essen und Trinken, und bringen ihr Leben zu, ohne sich zu baden. [2] Und du machest weniger Werks von deiner Natur, als ein Drechsler von seiner Kunst, als ein Tänzer vom Tanze, als ein Geizhals vom Gelde, als ein Ehrbegieriger von dem eiteln Ruhme? Diese Menschen wollen lieber ausführen, was sie unter Händen haben, als essen oder schlafen. Meynest du etwan, daß die Verrichtungen, die zum gemeinen Besten erfordert werden, weniger Mühe und Fleiß verdienen?

II.

Wie leicht ist es nicht, daß du dich aller verdrießlichen Einbildung entschüttest, und also in eine völlige Zufriedenheit versetzest.

III.

[2] Und du machest weniger Werks rc.] Der Kaiser meynet, es sey vernünftig, wenigstens so viel Mühe auf unsere wahre Glückseligkeit, als jene zum Theil auf ihre Unglückseligkeit, zu verwenden.

F

III.

Glaube, daß du alles sagen und thun müssest, was deiner Natur anständig ist, 3 ohne dich um die Nachreden, die dieses dir zuziehen kann, zu bekümmern. Ist etwas, das du zu reden oder zu thun vermagst, gut: so laß dich nichts davon abhalten. Deine Tadler haben ihre Absicht; sie folgen ihren Bewegungen. Darauf aber mußt du nicht achten; sondern den geraden Weg fortgehen, deiner und der ganzen Natur zu Folge. Beyde aber haben einerley Weg.

IV.

4 Ich laufe den Weg der Natur, bis ich mich zur Ruhe niederlege; da werde ich meinen Geist in die Hände dessen aufgeben, von dem ich ihn empfangen habe. Da wird mein Leib alsdann wieder an den Ort kehren, daraus mein Vater und meine Mutter die Blutstropfen, aus denen ich gezeuget bin, gezogen haben, und daher meine Amme die Milch, damit sie mich gesäuget, empfangen

3 Ohne dich um die Nachreden zu bekümmern] Dergleichen Standhaftigkeit fordert noch vielmehr das Christenthum. 2 Cor. VI. 4=8. Durch böse Gerüchte und gute Gerüchte 2c.

4 Wie anmuthig führet sich Antoninus hier seinen Ursprung zu Gemüthe: Du bist Erde, und sollst zur Erde werden! Und wie demüthig erweiset sich hier ein mächtiger Kaiser, indem er sich fast unwürdig erkennet, die Erde, als seine gütige Wohlthäterinn, mit Füßen zu treten.

gen hat: an den Ort, sage ich, der mir von Jahr zu Jahre meinen Unterhalt gereichet, und den ich doch mit Füßen trete, und seine Gaben oft gemißbrauchet habe.

V.

Kannst du dich durch deine Scharffinnigkeit nicht in Hochachtung setzen? Gut. Es sind ja viele andere Dinge, davon du nicht sagen kannst, daß du dazu nicht geschickt wäreft. Zeige demnach alles, was in deinem Vermögen stehet: Aufrichtigkeit, Ernsthaftigkeit, Arbeitsamkeit, Haß der Wolluft. Tadele das Schickfal nicht; begnüge dich mit wenigem; sey sanftmüthig und frey; fliehe den Ueberfluß und die Pralereyen: sey aber in der That großmüthig. Siehest du nun, wie vieles du leisten kannst, ohne dein natürliches Unvermögen vorschützen zu dürfen? Und du beharrest doch mit Willen bey der Niederträchtigkeit? Werden auch jemals deine natürlichen Mängel dich zwingen zu murren, eigennützig zu seyn, zu schmeicheln, die Schuld auf die Beschaffenheit deines Leibes zu schieben, zu heucheln, groß zu thun, oder dir so viel einzubilden? Keinesweges. Vielmehr hättest du dich längst von diesen Schwachheiten losmachen können. Wenn du aber an dir selbst befunden hättest, daß du von einem langsamen und stumpfen Kopf seyest: so hättest du diesen Mangel durch arbeitsame Uebung verbessern, und ihn nicht durch Nachläßigkeit vergrößern sollen.

F 2   VI.

VI.

5 Es giebt Leute, die, so bald sie jemandem einen Dienst bewiesen haben, gleich geneigt sind, ihre Wohlthat dem andern anzurechnen. Andere wollen zwar ihre Gutthaten nicht eben so genau in die Rechnung bringen; aber sie sehen doch die andern als ihre Schuldner an, und gedenken es, was sie ihnen geleistet haben. Endlich findet sich noch eine dritte Art derer, die es vergessen und nichts mehr davon wissen wollen, was sie gethan haben; eben wie der Weinstock, der Trauben träget, und hernach nichts für seine Frucht fordert. Das Pferd laufet, der Hund jaget, die Biene machet Honig; und sie sagen nicht: ich habe Honig gemacht; ich bin gelaufen; ich habe gejaget. Wann ein Mensch Gutes gethan hat: so muß er es nicht mit Posaunen ausblasen; sondern er muß gleich zu einem andern guten Werke schreiten; wie der Weinstock, der, so bald er seine Frucht getragen hat, sich von neuem bereitet, dergleichen zu bestimmter Zeit wieder hervorzubringen.

Soll man also von der Zahl derer seyn, die Gutes thun, ohne es einmal zu wissen? Allerdings. Aber

---

5 Dieser schöne Absatz kann viele eigennützige Christen beschämen, und ihnen zur Erklärung der Worte unsers Heilandes dienen, Matth. VI, 2. Wann du Almosen giebest: sollst du nicht lassen vor dir her posaunen; sondern deine linke Hand soll nicht wissen, was die rechte thut. Das eigene Gesuch, und die Absicht auf uns selber, verunreiniget die schönsten Thaten.

Aber, sprichst du, ich muß ja wissen, was ich thue. Ist es nicht billig, daß derjenige, der den Gesetzen der Gesellschaft nachlebet, wisse, daß er sich den Gesetzen gemäß verhalte? imgleichen, daß derjenige, mit dem ich nach Recht verfahren, davon empfindlich sey, daß ich recht gethan habe? Du hast recht. Allein, wenn du das, was ich sage, unrecht auslegest: so kannst du gar leicht unter diejenigen gerathen, deren ich zuerst gedacht; weil jene auch wahrscheinliche Ursachen zu ihrem Verfahren haben. Im Falle aber, daß es dir ein Ernst ist, dasjenige, was ich erwehnet habe, recht zu begreifen; darfst du nicht befürchten, daß dir dieses die Gelegenheit Gutes zu thun rauben werde.

VII.

6 Das Gebet der Athenienser lautete also: Laß es regnen, liebster Jupiter! Laß es regnen auf die Felder und Wiesen der Athenienser! Entweder muß man gar nicht beten; oder man muß mit solcher freyen Einfalt beten.

VIII.

7 So wie man insgemein saget: Aesculapius verordnet den Kranken das Reiten, das Baden,

F 3

das

6 Christus saget: Wann ihr betet, sollt ihr nicht viel plappern, Matth. VI.

7 So wie man insgemein] Antoninus will in diesem sehr schönen Absatze zeigen, daß alles Uebel, das Gott den Menschen widerfahren lässet, eine Arzeney sey,

sie

das Barfußgehen: eben so muß man sich vorstellen, daß die Natur ihren Kindern verordne, krank zu seyn; ein Glied zu verlieren; oder andern dergleichen Schaden zu leiden. Denn wie in dem ersten Satze das Wort verordnen so viel heisset, als, die zur Gesundheit dienlichen Mittel veranstalten: also bedeutet es in dem andern Satze eben dasselbe, und heisset so viel, als: die Natur wählet und veranstaltet, was einem jeglichen dienlich ist, den Lauf seines Schicksals zu vollenden. Indem ich aber sage, was dienlich ist: so rede ich wie die Mäurer, die von einem viereckichten Steine sagen, daß er hie= oder dazu diene, und sich entweder in die Mauer, oder an die Seule schicke, das Gebäude füglich an einander zu schliessen. Alles bestehet aus solchen Fugen. Die Zusammenfügung unterschiedlicher Körper machet eine Welt; und die Verbindung unterschiedlicher Ursachen machet ein Schicksal. Die einfältigsten Leute scheinen dieses zu begreifen, wann sie sagen: **Er war ihm so bescheret.** Ist dem also: so war es ja verordnet.

Ey so lasset uns dann alle Zufälle als eine Verordnung der Aerzte ansehen. Es giebt unter andern auch bittere Arzeneyen; aber die Hoffnung der

sie zu heilen. Und die christliche Religion lehret uns noch vollkommener, daß denen, die Gott lieben, alle Dinge zum Besten dienen; und also alle Zufälle entweder eine Arzeney für die Kranken, oder eine Uebung für die gesunden Seelen seyn.

der Genesung hilft sie verschlucken. Lasset uns
die Verordnungen der allgemeinen Natur für
Hülfsmittel zur Beförderung unserer Gesundheit
halten: Lasset uns auch die bitteren Zufälle des
Lebens erdulden; weil sie zum Wohlstande der
Welt und zur Ehre Gottes abzielen. Er hätte sie
nicht gesandt, wenn er sie nicht überhaupt für
zuträglich gehalten hätte. Die allwaltende Natur
verordnet nichts, als was den von ihr verwalteten
Naturen ersprießlich ist.

Du hast also eine doppelte Ursache, mit dem,
was dir widerfähret, zufrieden zu seyn. Einmal,
weil dir dasselbe bestimmet, zugetheilet und von
der ältesten Ursache aller Dinge verordnet war.
⁸ Zum andern, weil es zu der Vollkommenheit,
Seligkeit, und, so zu reden, zu der Dauerhaftigkeit
des Allwaltenden etwas beyträget. Ein vollstän=
diges Wesen wird durch die Abschneidung oder
Einschränkung seines Zusammenhangs verstüm=
melt. Du schränkest es aber ein, und verstüm=
melst es: wann du seine Fügungen mit Unwillen
erträgest, oder wünschest, daß sie anders seyn
möchten.

IX.

Werde nicht überdrüßig, zaghaft oder ungedul=
dig, wann es dir nicht immer gelinget, alles nach

F 4

den

⁸ **Zum andern**] Er redet von Gott nach der Weise der
Stoiker, und dieses wird einen verständigen Christen
nicht ärgern; sondern er wird den Zweck daraus zu
Herzen nehmen, der die Zufriedenheit ist.

den Regeln richtiger Grundsätze zu verrichten; son=
dern fange von neuem an, wann dir etwas mißlun=
gen ist. Bist du von der Bahn abgewichen?
kehre wieder, und tröste dich damit, daß du doch
etwas verrichtet hast, das der Menschlichkeit an=
ständig ist. Habe deine Lust an diesem guten
Vorsatze, und wende dich nicht wieder zu der
Weisheit, wie die Schüler zu ihrem Lehrmeister:
sondern wie diejenigen, die böse Augen haben, zu
dem Schwamme und den Eyern; oder, wie andere
das Pflaster und die Arzeneyen zur Hand nehmen.
Alsdann wirst du der Vernunft willig und ohne
Zwang gehorchen. Bedenke, daß die Weisheit
nichts anders von dir erheischet, als was der Na=
tur gemäß ist. Solltest du nun selbst etwas an=
deres begehren, als was die Natur erfordert?
Welche Annehmlichkeit ist nicht dabey? Wodurch
betrieget uns die Wollust anders, als daß sie sich
so natürlich stellet? Gieb Acht, ob die Großmü=
thigkeit, die Freyheit, die Einfalt, die Geduld, die
Heiligkeit, nicht viel angenehmer sind, als die Wol=
lust? Ja, was kann dir angenehmer, als die Klug=
heit, seyn: wenn du bedenkest, daß sie dich vom
Irrthume befreyet, und zugleich, was mit ihr noth=
wendig verknüpfet ist, dir ein ruhiges Leben ver=
schaffet?

.X.

Alle Dinge sind dergestalt versteckt und dunkel,
daß auch viele der geschicktesten Weltweisen bekannt

haben,

haben, man könne dieselben nicht begreifen; wie dann auch die Stoiker selber gestanden, daß es schwer sey, sie zu ergründen. Ueberdem sind auch alle unsere Empfindungen dem Irrthume unterworfen. Wer ist, der sagen kann, er betriege sich nicht?

Weiter, alles, was in irdischen Dingen der Gegenstand unserer Untersuchung oder unseres Verlangens ist, dauert einen Augenblick, und ist an sich nicht hoch zu schätzen; es kann auch von liederlichen Menschen, von einer Hure oder einem Diebe erlanget und besessen werden.

Hiernächst überlege die Sitten derer, mit denen wir leben: so wirst du finden, daß man auch den allerfreundlichsten Menschen nicht allezeit vertragen kann. Zu geschweigen, daß wir öfters mit uns selber nicht zufrieden sind. So sehe ich dann mitten in dieser Finsterniß, unter so vielem Unflate, in diesem Strome der Materie, der Zeit und ihrer Bewegung, nichts, was meine Sorgfalt oder Hochachtung verdienete: sondern ich tröste mich damit, daß sich meine Auflösung nähert; jedoch ohne Ungeduld.

Zu solcher Gelassenheit aber veranlasset mich eine zwiefache Betrachtung. Einmal, weil mir nichts widerfähret, was nicht mit der Natur aller Dinge übereinstimmet. Zum andern, weil es in meinem Vermögen stehet, nichts wider meinen

 Gott

Gott oder Schutzengel zu thun; denn 9 wer kann mich zwingen, desselben Befehl zu übertreten?

XI.

Alle Stunden und Augenblicke soll man bey sich selbst die Frage anstellen: Wozu dienet mir itzo meine Seele? was gehet itzo in meinem Gemüthe vor? was habe ich itzo für meine Seele? Ist es die Seele eines Kindes? eines Jünglings? eines Weibes? eines Tyrannen? oder ist es die Seele eines Viehes und eines andern wilden Thieres?

XII.

10 Wer eine Erkenntniß von dem wahren Gute hat, der kann die falsch benennten Güter leicht davon

unter=

9 **Wer kann mich zwingen**] Wir fühlen zwar in uns das Gesetz der Glieder, das dem Gesetze Gottes widerstrebet. Dieses reizet uns zum Bösen; aber es zwinget uns nicht. Daher sündiget keiner vorsetzlich aus Schwachheit.

10 **Wer eine Erkenntniß von dem wahren Gute hat**] Hier giebt Antoninus eine unvergleichliche Regel, das wahre Gute von dem falschen zu unterscheiden. Ueber diejenigen Dinge, die der Pöbel als wahre Güter ansiehet, kann man öfters ohne Anstoß scherzen, wie dieses Antoninus, über die Sauberkeit eines gewissen Reichen, mit Aristophanes Worten thut. Wollte man aber dergleichen Scherz auf die wahre Tugend, Frömmigkeit, Klugheit u. s. w. wenden: so würde kein vernünftiger Mensch dergleichen Frechheit billigen. Daraus dann erhellet, daß die Natur einen jeden von selbsten neiget, eine Hochachtung, auch oft wider seinen Willen, gegen das wahre Gute zu haben.

unterſcheiden. Denn ſo bald er einen rechten Be=
griff von den wahren Gütern hat; als von der
Klugheit, von der Weisheit, von der Tapferkeit,
von der Gerechtigkeit: ſo wird er nicht vertragen
können, daß man dieſer Tugenden in Unehren ge=
denke, oder von dieſen wahren Gütern unehrerbie=
tig ſpreche. Hingegen, ob er gleich eine Neigung
zu den Dingen träget, die der Pöbel als Güter an=
zuſehen pfleget: ſo wird er doch mit Luſt anhören
können, wann jemand von denſelben Gütern ſpötti=
ſche Reden führet. (Als wie etwan jener Co=
mödienſchreiber mit dem Ueberfluſſe eines Reichen
ſcherzet: „ Sein ganzes Haus ſey allenthal=
ben von einem reichen Vorrathe ſo ſtark an=
gefüllet, daß auch nicht ein Räumchen übrig
ſey, da man hingehen könnte, ſeine Nothdurft
zu verrichten. So gar lehret die Natur einen
jeden dieſen Unterſchied des wahren und falſchen
Gutes, ohne es oft ſelbſt zu wiſſen. Denn ſonſt
würde man ſich über dergleichen wider die wahren
Güter ausgelaſſenen ungeziemenden Reden nicht
ärgern; ſondern dieſelben eben ſo gerne vertragen,
als wenn einer kurzweilige Einfälle über den Reich=
thum, über die Wolluſt und die Ehre vorbringet,
daran man ſich zu ergötzen pfleget; weil es ein
witziger Scherz iſt, voll Salzes und Verſtandes, und
der ſich zu der Sache überaus wohl ſchicket. Gehe
demnach

„ Sein ganzes Haus ꝛc.] Dieſe Worte ſtehen im
Griechiſchen zuletzt, und ſind der Deutlichkeit halben
hier eingerücket.

demnach hin, und frage, ob man solche Dinge für
wahre Güter erkennen solle, von welchen man so
etwas scherzweise sagen und mit Lust anhören kann,
als ich vorhin von dem Vorrathe jenes Reichen
erwehnet habe.

XIII.

Ich bestehe aus einer [12] Materie und Form.
Wie nun weder das eine noch das andere aus
Nichts entstanden ist: also kann es auch nicht wieder
zu Nichts werden. Vielmehr werden die Theile,
daraus ich zusammengesetzet bin, durch eine dazu-
kommende Veränderung oder Auflösung, ein jedes
von seiner Art Theilen der großen Welt verschlungen werden; und so weiter fort, bis ins Unendliche
hinaus. Eben dieselbe Veränderung ist es, die
mich selbst und meine Vorältern ans Licht gebracht
hat; und so auch weiter vorwärts. Ich kann
wol auf solche Weise davon reden; obgleich die
Welt selber ihre bestimmten Abwechselungen und
abgemessenen Grenzen hat.

XIV.

[13] Die Vernunft ist sowol für sich, als für alle
ihre

[12] **Materie und Form**] Das ist, aus Leib und Seele.
Antoninus redet hier abermals als ein Heide. Doch
muß man nicht vergessen, zu erwägen, daß er auf zwei-
felhafte Weise redet; wie aus dem Schlusse erhellet.
Denn die Heiden selbst glaubten, daß die Welt durchs
Feuer vergehen würde.

[13] Antoninus redet in diesem dunkeln Absatze von den
guten

ihre Werke zulänglich. Sie entsteht aus ihrer eigenen Quelle, und geht gerades Weges auf eine gewisse Absicht. Daher werden solche ihre Werke, die sie hervorbringt, Recht genannt, um dadurch die Richtigkeit ihrer Wege zu bezeichnen.

XV.

14 Man muß nichts für des Menschen Eigenthum ansehen, als was ihm zugehöret, in so weit er ein Mensch ist. Der Mensch erfordert es nicht; die menschliche Natur verspricht es nicht; sie wird dadurch nicht zur Besserung geleitet; es bestehet auch darinnen der Endzweck der Menschheit nicht, oder das Gute, das den Menschen zu seinem Zwecke bringen

guten Menschen und ihren guten Thaten. So wie man sich mit dem Zeugnisse seines Gewissens tröstet; wann man ohne krumme Absicht thut, was vernünftig und recht ist.

14 Es ist zu verwundern, daß wir so gewisse Kennzeichen haben, die wahren Güter von den falschen zu unterscheiden; und doch so wenige gefunden werden, die sich darnach richten. Hier giebt Antoninus abermal ein doppeltes Kennzeichen derselben an. Nämlich, diejenigen als falsche Güter anzusehen, die die menschliche Natur, das ist, die Seele, nicht bessern; imgleichen, bey welchen man sich mit Recht eine Ehre daraus machen kann, dieselben großmüthig zu verachten. Keines von beyden kann von der Tugend gesaget werden; darum ist diese ein wahres Gut. Beydes aber wird von Wollust, Reichthum oder Ehre mit gutem Fuge geurtheilet; darum sind diese keine wahren Güter.

bringen kann.   Wäre aber darinnen etwas, das
den Menschen als Menschen angienge: so dürfte er
daſſelbe nicht verachten, noch ſich dafür in Acht
nehmen. Wären es wahre Güter: so könnte man
diejenigen nicht loben, die beweisen, daß ſie derſelben
nicht bedürftig ſind, und ſich ihrer freywillig bege=
ben.   Nun aber ſehen wir im Gegentheil diejeni=
gen für die Tugendhafteſten an, die ſich dieſer Art
Güter freymüthig entſchlagen, und willig ſind zu
leiden, daß andere ihnen dieſelben rauben.

<h1 style="text-align:center">XVI.</h1>

Wie deine meiſten Gedanken ſind: so wird auch
dein Gemüth beſchaffen ſeyn; denn die Seele
nimmt die Art der Gedanken an. Darum bilde
dieſelbe beſtändig durch dieſe Vorſtellungen. Al=
lenthalben, wo man leben kann, da kann man auch
glücklich leben. Nun aber lebe ich am Hofe:
daher kann ich auch am Hofe glücklich leben. Im=
gleichen, daß jedes Ding geneigt ſey, dasjenige zu
thun, dazu es geſchaffen iſt. Wozu es aber geneigt
iſt, das iſt ſein Endzweck. Worinn ſein Endzweck
beſtehet; darinn beſtehet auch ſein Nutzen und ſein
Gutes. Der Vortheil der vernünftigen Creatur
iſt alſo die Geſellſchaft; denn oben iſt bewieſen
worden, daß wir zur Gemeinſchaft mit einander
geboren ſind. Es iſt deutlich zu erkennen, ¹⁵ daß
das

¹⁵ Daß das Unvollkommene] Antoninus will hiemit
sagen, daß die Menſchenliebe beſſer ſey, als die Geldluſt
oder

das Unvollkommene um des Vollkommneren willen, und unter den Vollkommneren eines zu des andern Besten gemacht sey. Die lebendigen Geschöpfe sind besser, als die leblosen; unter den lebendigen aber haben die vernünftigen den Vorzug.

XVII.

16 Es ist thöricht, unmögliche Dinge zu verlangen. Nun ist es aber unmöglich, daß die Bösen nicht thun sollten, was sie thun.

XVIII.

Es begegnet keinem nichts, das er nicht sollte ertragen können. Einem andern befällt eben dasselbe Unglück; und er weiß nicht einmal, daß ihm dasselbe begegnet ist: ein anderer bleibt unempfindlich, weil er seinen Muth und seine Standhaftigkeit will sehen lassen. O Schande, wann Unwissenheit und Hochmuth stärker sind, als die Klugheit!

XIX.

Kein Ding hat an und für sich die Macht, unsere Seele zu rühren. Es findet sich kein Eingang in die Seele. Sie kann auch von den Dingen weder verändert noch beweget werden. Denn sie ist es allein, die sich selbst beweget und verändert.

Die

---

oder Ehrliebe; imgleichen, daß man unter allen Menschen die vernünftigsten am höchsten halten müsse.

16 Man kann nicht Trauben lesen von den Dornen, noch Feigen von den Disteln.

Die Zufälle aber sind für sie gut oder böse, nachdem sie selber ein Urtheil davon fället.

XX.

In einer Absicht sollen uns die Menschen lieb und angenehm seyn; in so weit wir nämlich verbunden sind, ihnen zu dienen, und sie zu ertragen. In so weit sie aber mir an meiner Pflicht hinderlich sind, sehe ich die Menschen wie andere [17] Mittelbinge an: wie die Sonne, den Wind, das Vieh; die zwar die Macht haben, der Vollbringung einer Sache zu widerstehen, aber dennoch mein Verlangen oder meinen Vorsatz niemals hintertreiben können, weil dieses auf mich selbst ankömmt. [18] Denn unsere Gedanken verwandeln die Verhinderung selbst in den Vorsatz, ein Ding so gut zu verrichten, als wir können. Auf solche Art wird die Hinderniß so gar eine Beförderung unserer Werke, und was uns den Weg versperrete, das öffnet uns die Bahn.

XXI.

[17] Mittelbinge] Das ist, ohne sie deswegen zu haffen. Denn es wäre unsinnig, die Sonne zu haffen, weil sie im Sommer sticht; den Wind, weil er wehet; und den Wolf, weil er die Schafe frißt. Die Vernunft schicket sich in diese Weise, und beuget dem Schaden mit Glimpfe vor.

[18] Denn unsere Gedanken] Die Vernünftigen machen aus den Zufällen ihres Lebens, was die Liebe der Selbsterhaltung ihnen an die Hand giebet. Geschieht nicht allezeit dasjenige, was sie wollen: so bemühen sie sich, allezeit dasjenige zu wollen, was geschieht. Damit befördern sie sowol ihre Ruhe, als andere nützliche Werke.

XXI.

19 Verehre das Allervortrefflichste in der Welt. Dieses aber ist dasjenige Wesen, das alles brauchet und alles regieret. Verehre dabey das Alleredelste in dir, das mit dem erstern eine Verwandtniß hat; denn es bedienet sich aller derer Stücke, daraus du zusammen gesetzt bist, und regieret dein Leben.

XXII.

Was 20 der ganzen Stadt nicht schädlich ist, das schadet auch den Bürgern nicht. Wenn du demnach meyntest, es geschehe dir unrecht: so bediene dich, um es zu erkennen, folgender Regel. Ist die Stadt dadurch nicht beschädiget worden: so bin ichs auch nicht. Ist sie beschädiget worden: so muß ich mich nicht gegen den entrüsten, der dieselbe beschädiget hat; sondern ich muß 21 darthun, worinn diese Beschädigung bestehet.

XXIII.

19 Er will, wir sollen sowol für Gott, als für unsere Seele, eine gebührende Liebe und Hochachtung hegen.

20 Der ganzen Stadt] Durch diese Stadt verstehet Antoninus die Welt, zu deren Nutzen alles geschiehet; so, daß diejenigen Dinge, die einem Theile derselben schädlich zu seyn scheinen, der ganzen Welt nützlich sind.

21 Darthun] Ich muß die unartigen Menschen in der großen Weltstadt nicht hassen; sondern ich muß ihnen vernünftig zu Gemüthe führen, daß sie durch ihre Bosheit sowol wider ihre eigene Glückseligkeit, als wider die Natur aller Dinge, streiten; das ist, daß die Welt zu

XXIII.

22 Erwäge zum öftern die Geschwindigkeit, mit welcher alle Dinge hingerissen werden. Sowol was itzo ist, als was noch geschehen soll, ist wie ein fliessender Strohm. Alle Begebenheiten sind ein steter Wechsel, und ihre Ursachen sind die Veränderung. Du hast nichts Dauerhaftes um und neben dir. Das Vergangene auf dieser, das Zukünftige auf jener Seite, ist ein unergründlicher Strudel, durch den alles verschlungen wird. Ist nun derjenige nicht ein Narr, der sich bey solchen vergänglichen Dingen blähet, oder sich deswegen bekümmert? Klaget man auch über eine leichte Ungemächlichkeit, die nicht länger als einen Augenblick dauern soll?

XXIV.

23 Betrachte die ganze Natur, davon du ein kleines Stücklein bist; die ganze Zeit, davon dir ein Augenblick zugetheilet ist; und das Verhängniß, daran du einen ganz geringen Antheil hast.

XXV.

Trümmern gehen müsse, daferne das Böse gänzlich überhand nähme.

22 Wir Christen haben nicht allein den Trost, daß unsere Trübsal zeitlich und leicht, oder hinfliessend ist; sondern wir wissen auch, daß sie eine unendliche und über die Maße wichtige Herrlichkeit wirket.

23 Antoninus will die Menschen durch diese Betrachtung zur Erkenntniß ihrer Nichtigkeit, und folglich zur Demuth leiten.

XXV.

Es hat sich jemand gegen mich versündiget. Da sehe er zu. Er thut nach seiner Art und nach seinem Sinne. Ich aber habe empfangen, was die allgemeine Natur mir zufügen wollen; und handle nach dem, was itzo meine eigene Natur erfordert, das ich thun soll.

XXVI.

Laß den besten Theil deiner selbst, das ist, die vornehmste und edelste Eigenschaft deiner Seele, gegen alle Bewegungen des Fleisches, sie mögen angenehm oder schmerzhaft scheinen, unempfindlich seyn. Laß dieselbe sich nicht mit dem Leibe vermischen; sondern sich in sich selber einschränken, und den Gemüthsbewegungen wehren, daß sie nicht über ihre Schranken treten, oder aus ihrem Sitze in den Gliedmaßen weichen. Dringen sie aber, vermöge einer heimlichen Verwandtschaft und wegen der genauen Vereinigung der Seele und des Leibes, bis an deinen Geist: so kannst du zwar ihren Empfindungen, weil sie natürlich sind, nicht widerstehen; du must aber doch verhindern, daß die Seele nicht die Meynung fasse, als wenn dergleichen Empfindungen etwas Gutes oder etwas Böses wären.

XXVII.

1 Man muß in Gemeinschaft mit den Göttern

leben.

1 Antoninus redet von diesen Dingen nach Art der Heiden. Wir Christen wissen, daß sowol die Gnade Gottes, als seine Engel, unsere Hüter sind.

leben.   Derjenige aber lebet in Gemeinschaft mit ihnen, der ihnen seine Seele beständig darstellet, theils zufrieden mit demjenigen, was ihm widerfähret; theils willig, dasjenige zu vollbringen, was der Schutzengel, den Gott einem jeglichen zum Geleitsmanne zugeordnet hat, haben will.   Dieser Ausfluß Gottes ist dein Gemüth oder deine Vernunft.

XXVIII.

2 Wirst du wol zürnen über einen, der wie ein Bock stinket, oder der aus dem Munde riechet? Was kann er dafür? Sein Hals und seine Achselhöhlen sind so beschaffen, daß sie dergleichen Geruch von sich geben.   Du sprichst: Er ist gleichwol ein vernünftiger Mensch, und könnte es verhüten. Es ist alles recht und gut.   Du bist aber auch vernünftig: darum bemühe dich, seine Vernunft durch die deinige aufzuwecken.   Führe ihm seine Fehler zu Gemüthe; gieb ihm einen Rath.   Höret er dich: so wirst du ihn so gesund machen, daß du hinfort nicht Ursache hast, dich über ihn zu beschweren.

XXIX.

2 Der Inhalt dieses Absatzes steckt in den Worten des Apostels: So jemand von einem Fehl übereilet wird: so helfet ihm zurecht mit sanftmüthigem Geiste.   Imgleichen: Ihr, die ihr stark seyd, sollet der schwachen Gebrechen ertragen, und nicht Gefallen an euch selber haben.

XXIV.

3 Nimm weder die Sitten der Buhlerinnen, noch der Comödianten an dich.

XXX.

Du kannst anitzo eben so leben, wie du wünschest gelebt zu haben, wann du dem Sterben nahe bist. Hindert man dich daran: 4 so ist dir vergönnet,

G 3

daß

3 Die Sitten der Huren sind falsch, leichtsinnig, liederlich schmeichelhaft. Die Comödianten aber blähen sich bey ihrer Rolle mit Einbildung. Beyde aber sind voll Verstellung. Sonst ziehet Gataker diese Worte noch zu dem vorigen Absatze, dahin sie auch durch gute Auslegung gedeutet werden können.

4 So ist dir vergönnet] Dieses war ein unmenschlicher Irrthum der Stoiker und der Epikurer. Man kann auch die Schwäche dieser Meynung aus des Antoninus eigenen Worten merken. Seine Menschlichkeit hat unter denselben einen heimlichen Streit und Kampf erreget. Der Kaiser saget: man könne durch Selbstmord aus dem Leben scheiden, als einer, dem kein Leid geschiehet; und gleichwol setzet er alsobald: wie aus einem rauchenden Zimmer. Warum aber gehet man aus dem Rauche? Darum, weil der Rauch beisset, und den Augen wehe thut. Keiner wird ohne Unsinnigkeit oder Verdrießlichkeit auf diese unmenschliche Entschliessung verfallen. Ist es denn eine große Sache? spricht Antoninus. Lieber! ist es denn eine kleine Sache, ohne Gottes Befehl und vor der Zeit sich das Leben nehmen? Ich bleibe ja frey. Nein, Antoninus; der Rauch des Unmuths zwinget dich, davon zu gehen.

daß du zu leben aufhörest. Doch stirb nicht als einer, dem Unrecht oder Leid geschiehet; vielmehr scheide aus dem Leben, wie man aus einem Zimmer gehet, darinn es rauchet. Es rauchet: darum gehe ich von dannen. Ist denn dieses etwan eine große Sache? Ich bleibe ja frey, indem mich nichts zwinget, mich von hinnen zu begeben. Wer kann mir verwehren, zu thun, was ich will? Nun aber will ich nichts, als was die Natur von einem vernünftigen Geschöpfe, das zur Gesellschaft geboren ist, erheischet.

XXXI.

5 Der allgemeine Geist theilet sich gerne andern mit. Daher hat er die unvollkommenen Dinge zum Dienste der vollkommenen verordnet, und die vollkommenen unter sich selbst vereiniget und verbunden. Siehe doch, wie er, ein jedes nach seinem Werthe, eines dem andern unterworfen, und wie er die trefflichsten unter ihnen durch das Band einer gemeinschaftlichen Gefälligkeit vereiniget hat!

XXXII.

gehen. Ist derjenige vernünftig, den der Wahnwitz übernimmt? Du willst nichts, als was die Natur will. Diese aber will, daß du leben sollst, so lange du leben kannst. Du sagest: die Natur habe dich zur Geselligkeit hervorgebracht. Wer hat es dir denn vergönnet, dich von dieser Gesellschaft zu verlaufen?

5 Dieser Absatz will so viel sagen: Der Mensch ist zu Gottes Ehre und zu des Nebenmenschen Liebe und Dienst erschaffen; so wie die übrigen geringern Geschöpfe alle zu des Menschen Nutzen gemacht sind.

XXXII.

6 Wie hast du dich bisher gegen die Götter, gegen Vater und Mutter, gegen deine Brüder, Weib, Kinder, Lehrmeister, Vormünder, Freunde, gegen deine Bedienten und Hausgenossen betragen? Hast du ihnen bis hieher einige Ungebühr, es sey in Worten oder in Werken, zugefüget? Erinnere dich aller Arbeit, die du verrichtet, und aller Mühe, die du ausgestanden hast. Gedenke, daß der Lauf deines Lebens bald vollendet, und deine Amtsver=richtung zu Ende sey. Besinne dich, wie viel Schönes du gesehen; wie manche Lust oder Schmer=zen du überwunden; wie viele eitle Herrlichkeiten du verachtet; und wie vielen Uebelgesinneten du Gutes gethan hast!

XXXIII.

7 Warum sollten die unwissenden und unge=lehrten Gemüther eine geschickte und weise Seele beunruhigen? Welche ist aber eine geschickte und weise Seele? Diejenige, die den Anfang und das Ende kennet, samt jener alles durchdringenden Vernunft, die die ganze Welt durch gewisse Ab=theilungen zu allen Zeiten regieret.

G 4

XXXIV.

6 Diese schöne Prüfung ist zum Theil nach den unterschiedli=chen Stuffen der Pflicht, deren er im vorhergehenden Absatze gedacht hat, eingerichtet.

7 So entstellet dort der scheltende Simei einen David nicht. Denn er wußte sowol, aus welchen Ursachen ihm diese Schmach zufliesse, als was sie, samt ihrem Meister, für ein Ende nehmen würde.

XXXIV.

In kurzem wirst du eine Hand voll Asche, ein Todtengerippe, ein bloßer Name, und vielleicht nicht einmal ein Name seyn. Was ist aber ein Name? Ein Laut, ein Ton. Ja, die Dinge, die in der Welt am meisten geachtet werden, was sind sie anders, als Verwesung und Eitelkeit; beissende Hunde; spielende Kinder, die bald weinen, bald wieder lachen?

Treue aber und Schamhaftigkeit, Gerechtigkeit und Wahrheit haben die Erde verlassen, und sich in den Himmel zu wohnen begeben. Was ist es denn, das dich noch hier zurücke hält? Sind es die Ergötzlichkeiten? Ach! diese sind wandelbar, und haben nichts beständiges an sich. Deine Sinne aber sind stumpf, und geneigt, dir eine falsche Vorstellung zu machen. Ist es die Seele? Ihre Lebensgeister sind nur ein Dampf und Ausdusten deines Bluts. Ist es das Vergnügen, unter deines Gleichen hoch angesehen zu seyn? Dieses ist bloße Eitelkeit.

Warum erwartest du denn nicht vielmehr entweder deine Auflösung, oder deine Verwandlung in stiller Ruhe? Und was hast du indessen, bis dieser glückselige Augenblick kommt, anderes zu verrichten, als die Götter zu verehren, und den Menschen Gutes zu thun; sie zu vertragen, oder dich ihrer zu enthalten? Alles aber, was sich ausser den Grenzen deines Leibes und Geistes befindet, gehöret dir nicht an, und ist nicht unter deiner Gewalt.

XXXV.

XXXV.

Du kannst beständig glücklich seyn, daferne du in allem deinem Thun und Denken der Vernunft zu folgen weißt. Denn siehe, hier hast du zwey Dinge, die die menschliche und vernünftige Natur mit Gott gemein hat. Das **erste**, daß sie durch nichts, als sich selbst, kann gestöret werden: das **andere**, daß sie ihr Glück in der Neigung des Gemüths zum Guten und in der Ausübung desselben findet; und daß sie dieses das einzige Ziel ihres Verlangens kann seyn lassen.

XXXVI.

² Ist weder meine Bosheit, noch eine Wirkung derselben, daran schuld, daß dieses oder jenes geschiehet; wird auch das allgemeine Beste dadurch nicht verletzet: was bekümmere ich mich denn darum? oder was kann wol das allgemeine Wesen der Dinge beschädigen?

XXXVII.

Laß dich nicht leicht durch eine Einbildung, einnehmen; sondern erweise deinem Nächsten alle mögliche und schuldige Hülfe. Hat er etwan in

G 5

Mittel=

---

² Wir leben gleich, oder sterben: so bleibet die Welt Welt; und die Natur bleibet Natur. Die Bosheit allein bemühet sich, die Natur zu verletzen, wann sie das Böse gut und das Gute bös heisset. Dieses beschädiget das gemeine Wesen.

Mittelbingen einen Verlust erlitten: so hüte dich,
zu glauben, daß ihm ein großes Leid widerfahren
sey; denn das ist eine übele Gewohnheit. Mache
es vielmehr bey solcher Gelegenheit, wie jener Alte,
der im Vorübergehen 9 einem Knaben seinen
Kräusel wegnahm, ungeachtet er wohl wußte, daß
es nur ein Kräusel sey.

Mache du es auch also. Willst du dir mit
deiner Rednerkunst ein Ansehen machen, mein
Mensch? Gedenke, was du thust. Ja, sprichst
du, ich weiß es wol. Aber die Leute wollen es
doch so fein zierlich haben. Mußt du denn darum
ein Naar seyn, weil andere thöricht sind?

XXXVIII.

Ein Mensch kann an allen Orten glücklich seyn.
Derjenige aber heißt glücklich, der für sich selbst
das beste Theil erwählet. Das beste Theil aber
ist: ein gutes Gemüth, gute Sitten, gute Neigun=
gen, gute Thaten.

---

9 Einem Knaben] Wenn gleich die Kinder über ihren
verlornen Kräusel weinen: so weiß der Vater doch, daß
sie sich nur vergeblich über einen Kräusel grämen. Die
meisten Dinge, darüber sich die Menschen bekümmern,
sind wie jener Kräusel, und nur ein ernstliches Kinder=
spiel.

Des

Marcus Aurelius Antoninus
erbaulicher
Betrachtungen
Sechstes Buch.

I.

Dasjenige, daraus die Welt bestehet, ist gehorsam, und läßt sich lenken. Auch die Vernunft, die alles regieret, hält keine Ursachen in sich, Böses zu thun: denn sie hat selbst nichts Böses in sich; so thut sie auch nichts Böses, und niemand wird durch sie verletzet. Vielmehr ist sie es, die alles hervorbringet, anfänget und vollendet.

II.

Wann du thust, was recht ist: so bekümmere dich nicht darum, [1] ob dich frieret, oder ob du warm bist;

ob

1 Dieses ist, was Jacobus saget: Gott versucht niemand zum Bösen; sondern ein jeglicher wird versucht, wann er von seiner eigenen Lust gereizet wird. Obgleich die Abweichung von Gott das Böse in die Welt bringet: so lenket es die Weisheit Gottes doch zu einem guten Ende.

2 Ob dich frieret] Es wäre zu wünschen, daß man solche Leute in der Welt nicht hungern, dursten und frieren liesse. Antoninus bewaffnet die leidenden Frommen durch diese Betrachtung gegen den Undank.

ob du ſchläfrig biſt, oder ausgeſchlafen haſt; ob man
Böſes oder Gutes von dir redet; ob du ſtirbeſt,
oder etwas anderes thuſt. Nämlich, der Tod iſt
auch eine Pflicht unſeres Lebens; und man kann
ſich bey allen Handlungen damit begnügen, daß
man in allem, was man verrichtet, wohl gethan
habe.

III.

3 Siehe bis auf den innerſten Grund aller
Dinge hinab, und laß dir weder ihre eigentliche
Beſchaffenheit, noch ihren Werth, verborgen
bleiben.

IV.

4 Alle gegenwärtige Dinge gehen ſchnell vor=
über, und werden entweder in einen Dunſt auf=
gelöſet, wenn anders ihr Weſen an einander hän=
get; oder ſie verſchwinden ganz und gar.

V.

Die allwaltende Vernunft weiß, was ſie thut;
warum ſie es thut; und mit welcher Materie ſie
umgehet.

VI.

Die beſte Weiſe ſich zu rächen, iſt dieſe: demje=
nigen, der uns beleidiget hat, nicht ähnlich werden.

VII.

3 Die Phariſäer giengen in ſchönen langen und verbrämten
Röcken, als Chriſtus zu ihnen ſagte: Ihr Otternge=
züchte!

4 Die Feinde des Herrn, wenn ſie gleich ſind wie eine
köſtliche Aue, werden ſie doch vergehen, wie der
Rauch vergehet. Pſalm XXXVII. ꝛc.

VII.

Laß es deine größte Freude und Vergnügen seyn, von einem guten Werke zum andern zu schreiten, und dadurch das gemeine Beste zu befördern; jedoch also, daß du dabey stets an Gott gedenkest.

VIII.

Der gebietende Theil unserer Seele ist es, der sich selbst reget und wendet, und sowol aus sich selber macht, was er will, als auch sich selber alle Zufälle vorstellet, wie er will.

IX.

5 Alles richtet sich nach der allgemeinen Natur; und nicht etwan nach einer andern, die entweder von aussen etwas in sich begriffe, oder von innen begriffen würde, oder auch als ein Anhang dazu käme.

X.

6 Entweder ist die Welt eine unordentliche
Ver=

5 Alles richtet sich] Antoninus will sagen: diejenige Natur, die die Welt erschaffen hat, ist allein fähig, die Welt zu regieren.

6 Entweder ist die Welt] Antoninus redet dieses nicht aus Zweifel: denn er hat anderwärts bewiesen, wie gewiß er in seiner Meynung sey; sondern er träget beyde Meynungen vor, sowol der Epikurer, die alles den blinden Zufällen zuschreiben, als der Stoiker, die erweislich machen, daß die Welt durch Gottes Vorsehung regieret werde. Man möge nun einer Meynung beypflichten, welcher man wolle: so habe man dennoch Ursache, zufrieden zu seyn.

Verwickelung solcher Stücke, welche sich ungefähr vereiniget haben, um von ungefähr wieder getrennet zu werden; oder sie ist etwas, das durch eine Vorsehung ordentlich zusammen gefasset und vereiniget worden ist. Ist das erstere wahr: warum verlange ich denn in dem Zusammenflusse so vieler Unreinigkeiten und unter so großer Verwirrung länger zu verweilen? Sollte ich nicht wünschen, je eher je lieber im Staube aufgelöset zu werden? Ja, was beunruhige ich mich? Ich fange an, was ich will; diese Verwesung wird mich doch endlich treffen. Ist aber das letztere wahr: so bete ich den Urheber meines Wesens an; ich warte seiner unverdrossen, und setze mein gantzes Vertrauen auf ihn.

XI.

7 Wollten gewisse Umstände dich zwingen, unruhig zu werden: kehre alsobald wieder in dich selbst, und begieb dich nicht ohne Noth aus dem Takte. Die beste Weise aber, sich in dieser Harmonie oder in diesem Takte zu erhalten, ist: immer wieder hineintreten.

XII.

7 Wollten gewisse Umstände] Die meisten Dinge, die uns beunruhigen können, sind ausser uns. Wenn wir daher mit unserer Furcht oder unserm Verlangen an denenselben hangen: so begeben wir uns gleichsam aus dem Takte; das ist, wir schweifen aus uns selber, und unterbrechen die Harmonie oder Uebereinstimmung, darinne unser Wille mit dem Willen unsers Schöpfers stehen sollte.

XII.

Wenn du zu gleicher Zeit eine Stiefmutter und eine rechte Mutter hätteſt: ſo würdeſt du jene zwar verehren; aber zu dieſer dich doch am meiſten halten. Deine Stiefmutter iſt der Hof; deine Mutter aber iſt die Weisheit. Halte dich an dieſe; ruhe in ihrem Schooße: ſie wird machen, daß der Hof dich, und du den Hof vertragen kannſt.

XIII.

Wie man von den Speiſen urtheilet, und ſaget: Dieſes iſt von todten Fiſchen; jenes von erwürgten Vögeln oder Schweinen; imgleichen: es iſt phalerner Wein; es iſt der Saft einer ſolchen Traube; ferner vom Purpur: es iſt Schafswolle mit Schneckenblute gefärbet; weiter vom Beyſchlafe: es iſt das Reiben in einem gewiſſen Eingeweide, ſamt der Ausſpritzung eines Schleimes bey einer Zuckung. Wie man, ſage ich, auf dieſe Art den rechten Grund und das Weſen eines jeden Dinges unterſuchet, um zu erkennen, was es ſey: alſo ſollte man auch im ganzen Leben verfahren.

Abſonderlich, wann ſolche Dinge, welchen man den höchſten Werth in der Welt andichtet, ſich unſerer Einbildungskraft vorſtellen: ſo ſollte man dieſelben gleichſam ganz nacket ausziehen, um ihre Geringſchätzigkeit zu entdecken. Man ſollte ihnen den Firniß abwiſchen, den der gemeine Ruf ihnen angeſtrichen hat. Betrügeriſcher Hochmuth! was ſollen mir deine Larven? Sie bezaubern uns am

erſten,

erſten, wann wir mit Sachen umgehen, dir unſerer Bemühung werth ſcheinen. Denke demnach daran, 8 was **Crates** ſo gar von dem **Xenocrates** geſaget hat.

XIV.

9 Der Pöbel bewundert mehrentheils zweyerley: nämlich ſolche Dinge, welche entweder einen bloßen Körper, oder zugleich ein Wachsthum haben; als Steine, Holz, Feigenbäume, Weinſtöcke, Oelbäume. Deren Sinn aber ein wenig höher geht, als des Pöbels ſeiner, die neigen ſich zu dem, was lebet,

8 **Was Crates vom Xenocrates geſaget hat**] Xenocrates war ein Weltweiſer von einer ſo ſtrengen Ernſthaftigkeit, daß es darüber gar zum Sprichworte wurde: Noch ernſthafter, als Xenocrates. Crates, ein anderer Weiſer, unterſuchte dieſe Ernſthaftigkeit, und befand, daß ſie den Hochmuth zum Grunde hatte, und daß ſie lauter gezwungenes Weſen ſey. Antoninus will uns hiermit warnen, daß wir uns nicht durch den äuſſerlichen Schein der Dinge ſollen bezaubern laſſen.

9 **Der Pöbel ꝛc.**] Die menſchliche Verwunderung hat gleichſam vier Stuffen. Die erſte hält ſich bey den lebloſen Dingen auf, und bewundert eher ein ſchönes Kleid, als eine ſchöne Geſtalt. Die zweyte hänget ſich an das, was lebet, und bewundert eher ein ſchönes Angeſicht, als einen witzigen Kopf. Die dritte verliebet ſich in einen hurtigen Kopf und deſſen ſinnreiche Erfindungen; gedenket aber nicht viel an Gott. Die vierte ſiehet es als die höchſte Vollkommenheit an, nicht ſowol daß man Vernunft habe; als daß man die Vernunft zur Ehre Gottes brauche.

lebet, und die Heerden von allerley Vieh werden von ihnen hochgeschätzet. Diejenigen, die noch feiner, als jene, sind, bewundern allein die vernünftige Seele: nicht zwar die allgemeine; sondern diejenige, die eine Erfinderinn der Künste ist, und befleißigen sich, dieselbe mehr und mehr auszuarbeiten, oder auch dieselbe bloß für sich, als: wenn man viele Diener hat. Derjenige aber, der 10 die allgemeine vernünftige Seele gebührend verehret, setzet alles andere hintan, und bemühet sich einzig und allein, daß seine Seele in solchem Stande sey, damit sie der Vernunft gehorche, und ihre Handlungen, in Gemeinschaft aller andern Seelen, deren Gesellinn sie ist, auf das gemeine Beste einrichte.

XV.

Etliche Dinge eilen, um zu werden; etliche eilen, damit sie nicht mehr seyn mögen; und ein großer Theil des Gegenwärtigen ist bereits vergangen. Dieser beständige Wechsel verneuert die Welt: Der immerlaufende Fluß der Zeiten zeuget durch seine Augenblicke die unbestimmte Dauer.

Wer wollte demnach in diesem schnellen Strome, darinn kein Stillstehen ist, seine Hochachtung auf etwas werfen, das vorbeyrinnet? Dieses wäre eben so viel, als einen Vogel anfangen zu lieben,

10 **Die allgemeine vernünftige Seele]** So nennet Antoninus Gott an diesem Orte, nach Art der heidnischen Weltweisheit.

lieben, indem er vorüberfleugt; da wir doch den=
selben sogleich wieder aus dem Gesichte verlieren.

Dieses ist das Ebenbild unseres Lebens. Es
ist ein Dampf des Gebluts und eine gehauchte Luft.
Wie wir nun dadurch leben, daß wir die Luft alle
Augenblicke an uns ziehen und wieder aushau=
chen: also ist das Sterben nichts anderes, als
diesen Athem, den wir gestern und heute gehölet
haben, wieder dahin zurückgeben, daraus wir ihn
geschöpfet hatten.

XVI.

[11] Es ist keiner Hochschätzung werth, daß wir
ausduften, denn das haben wir mit den Gewäch=
sen gemein; nicht, daß wir athemen, denn dieses
thun auch die Thiere; nicht, daß wir eine Einbil=
dungskraft haben, die fähig ist, den Eindruck unter=
schiedlicher Gegenstände anzunehmen; nicht, daß
wir zu Affekten getrieben werden; nicht, daß wir
bey einander leben; noch, daß wir Speise zu uns
nehmen, und wieder von uns geben.

Was verdienet denn eine Hochachtung? Etwan
die Ehre? nein. Das Lob? nein. Denn der
Zuruf des Pöbels ist nichts, als ein verwirrtes
Getöse, das durch die mannigfaltige Bewegung
der Zungen verursachet wird. Soll ich aber den
Ruhm

[11] Antoninus] will in diesem schönen Abschnitte zeigen,
theils, worinn des Menschen Vorzug vor andern Geschöp=
fen nicht bestehe; theils, worinn er bestehe: damit also
ein ieder deutlich sehen möge, was seine Pflicht sey.

Ruhm verleugnen; was bleibt denn übrig, das hoch zu schätzen wäre?

Dieses einzige, wie ich glaube: sich seinem Wesen gemäß aufführen, und alle Pflichten desselben zu erfüllen; dieses lehren uns alle Handwerker und Künstler. Wir sehen, daß sie sich bemühen, ihre Arbeit so zu machen, daß ihre Werke mit der Absicht, warum sie dieselben angefangen haben, übereinstimmen mögen. So ist der Zweck des Weingärtners, den Weinberg zu bauen; des Bereiters, das Pferd; und des Jägers, den Hund abzurichten: und wo zielet die Auferziehung und der Unterricht der Kinder anders hin? Dieses also nenne ich hochschätzbar.

Bist du einmal von dieser Wahrheit überzeuget: so wirst du dich nicht bemühen, die übrigen Dinge zu erhaschen. Willst du noch nicht aufhören, dieselben hoch zu schätzen? Du wirst [12] weder freymüthig, noch mit dir selbst zufrieden, noch ohne Unruhe seyn, daferne du selbige hochschätzest. Denn sie werden nothwendig Misgunst oder Eifersucht in dir erwecken. Du wirst anfangen, ein Mistrauen zu schöpfen gegen diejenigen, die das Vermögen haben, dir diese Sachen, die du so hoch achtest, zu rauben; du wirst denen unaufhörlich

H 2

nachstellen,

12 Weder freymüthig] Die unordentliche Liebe eines vergänglichen Dinges, es heisse so herrlich, als es immer wolle, wird den Menschen mit steter Unruhe erfüllen; wie dieses im Folgenden deutlich gezeiget wird.

nachstellen, die dieselben besitzen; mit einem Worte: es ist unmöglich, daß derjenige, der eines dieser Dinge, die er hoch achtet, ermangelt, völlig zufrieden sey, oder daß er unterlasse, sich alle Augenblicke über die Götter zu beschweren.

13 Hingegen, wenn du eine Ehrerbietung für deine Vernunft und Seele hegest: so wirst du in dir selbst ruhig, gegen die Gesellschaft gefällig, und mit den Göttern einstimmig seyn. Ich will sagen, du wirst dasjenige mit Dank annehmen, was ihnen gefället, dir zuzuschicken.

XVII.

14 Die Elemente bewegen sich in die Höhe, niederwärts und in die Runde. Die Tugend hat dergleichen Bewegung nicht; sondern sie hat etwas Göttliches an sich, und gelanget durch einen unbegreiflichen Weg glücklich zu ihrem Zwecke.

XVIII.

13 Hingegen] Die heilige Schrift sagt eben dasselbe in dem bekannten Spruche: Trachtet am ersten nach dem Reiche Gottes und nach seiner Gerechtigkeit: so wird euch das andere alles zufallen.

14 Die Elemente bewegen sich] Die Elemente weichen den Dingen aus, die ihnen in dem Wege stehen, und prallen in ihrer Bewegung zurücke; aber der Tugend Eigenschaft ist, ihren Weg gerade fort zu verfolgen, und durch tausend Beschwerden und Verhinderungen zu ihrem Ziele zu bringen.

XVIII.

15 Wie lächerlich verfahren nicht die Menschen? Sie versagen denen das Lob, die zu ihrer Zeit leben; und verlangen doch selbst von denen gelobet zu seyn, die leben werden, wann sie längst gestorben sind. Diese sollen alsdann rühmen, was sie weder kennen, noch gesehen haben. Es ist eben so, als wenn wir uns betrüben wollten, daß wir von denen nicht gelobet worden seyn, die lange vorher gestorben waren, ehe wir geboren wurden.

XIX.

Ist dir etwas schwer? Bilde dir deswegen nicht ein, daß es auch einem andern unmöglich sey. Was aber einem andern möglich und leicht ist, das ist auch dir nicht unmöglich.

XX.

Wenn einer im Spielen uns ungefehr kratzete, oder mit dem Kopfe an uns stiesse: so würden wir uns darüber nicht entrüsten, auch keinen Argwohn fassen, daß uns dieser Mensch hätte einen Possen spielen wollen. Wir werden ihm vielmehr aus dem Wege gehen: wiewol nicht als einem Feinde, oder als einem Verdächtigen; sondern wir weichen ihm, ohne ihn zu hassen.

H 3

Lasset

15 Die Ursache dieser Eitelkeit liegt theils in der neidischen Selbstliebe, theils in dem Bewußtseyn unserer Unvollkommenheit. Daher schmeichelt man sich, von ferne schöner auszusehen, als in der Nähe.

Laſſet uns dergleichen in allen Begebenheiten unſeres Lebens thun. Laſſet uns nicht darauf achten, was man uns thut; ſondern laſſet uns alles, als von unſern Spielgeſellen, annehmen. Denn, wie ich bereits geſagt, ſo ſtehet uns frey, ohne Argwohn oder Haß ihnen auszuweichen.

XXI.

Kann mich einer mit Recht überzeugen und darthun, daß ich eine Sache nicht recht faſſe, oder nicht recht damit umgehe: ſo will ich meine Meynung mit Freuden ändern; denn ich ſuche die Wahrheit, dadurch keiner jemals beleidiget worden iſt. Aber dabey fähret man immer übel, wenn man in ſeiner Unwiſſenheit und in ſeinem Irrthume verharret.

XXII.

Ich thue, was meine Schuldigkeit iſt, und laſſe mich dabey keine Sache anfechten oder beunruhigen; denn es ſind entweder lebloſe, oder unvernünftige Dinge, oder ſolche, welche irren, und den rechten Weg nicht wiſſen.

XXIII.

Bediene dich der Thiere, und überhaupt aller anderer dir vorkommenden Dinge, mit einem edlen und freyen Witze, wie ein vernünftiger Menſch dasjenige, was keine Vernunft hat, brauchen ſoll; mit vernünftigen Menſchen aber gehe nach den Geſetzen der Geſellſchaft um. Vor allen Dingen unterlaß nicht, bey allem deinem Thun Gott anzurufen,

fen, und bekümmere dich nicht darum, wie lange du
dieses thun werdest. Drey Stunden des Lebens
in diesem Zustande zugebracht, [16] sind schon genug.

XXIV.

Der große Alexander und sein Eselstreiber
sind beyde nach ihrem Tode in gleichen Zustand ge=
rathen. Entweder sind sie zu einerley Urstoffe
aller Dinge wiedergekehret; oder sie sind, einer
wie der andere, im Staube und Asche aufgelöset
worden.

XXV.

Bedenke, wie viele Dinge zu einer Zeit, ja in dem=
selben Augenblicke in deinem Leibe und in deinem
Gemüthe vorgehen: so wirst du dich nicht ver=
wundern über die unterschiedlichen, ja über alle
die Begebenheiten, die sich zu gleicher Zeit in der
weiten Welt eräugen.

XXVI.

Wenn dich jemand fraget, wie das Wort An=
toninus geschrieben werde: wirst du auch wol
alle die Buchstaben mit Heftigkeit hersagen?
Wenn man sich aber über dich entrüstet: willst du
auch wieder zürnen? Willst du nicht vielmehr
fortfahren, alle Buchstaben ganz gelassen einen
nach dem andern zu nennen? Stelle dir vor, als

H 4

wenn

16 Sind schon genug.] Er saget nicht, daß es durch das
ganze Leben genug sey, drey Stunden zu beten; sondern,
daß es unsere Pflicht sey, ohne Unterlaß unser Gemüth zu
Gott zu erheben.

wenn alle 17 Pflichten unseres Lebens aus gewiſſen Zahlen beſtünden.   Dieſe mußt du alleſammt
beobachten, und deinen Weg gerade fortgehen,
ohne dich um diejenigen, die ſich gegen dich erboßen,
zu bekümmern, oder über ſie zu erzürnen.

XXVII.

18 Iſt es nicht eine Grauſamkeit, den Menſchen
nicht vergönnen wollen, daß ſie ſolchen Dingen
nachhangen, welche ihnen nützlich und anſtändig
vorkommen? Es hat aber das Anſehen, als wenn
du ihnen dieſes nicht verſtatten wolleſt; indem
du dich gegen ſie entrüſteſt, wann ſie ſündigen.
Sie meynen allerdings, daß ſie auf dem Wege zu
ihrem Gute ſeyn.   Du, ſprichſt; ſie betriegen ſich.
Beſſere ſie demnach, und zeige ihnen, worinn ſie
fehlen, ohne auf ſie zornig zu werden.

XXIIX.

Der Tod iſt das Ende des Krieges, den unſere
Sinne unter einander führen; er iſt die Ruhe aller

17 Pflichten] Der Name Antoninus iſt nicht vollſtän-
dig, wenn er nicht mit allen ſeinen zugehörigen Buchſtaben geſchrieben wird; und unſere Pflicht iſt nicht vollbracht, daferne wir eine einzige unterlaſſen. Wie ein
Name aus unterſchiedlichen Buchſtaben: ſo beſteht das
Geſetz aus unterſchiedlichen Geboten. Wer in einem
fehlet, der iſt des ganzen ſchuldig. Jac. II. 10.

18 Antoninus verbietet nicht, die Laſter zu beſtrafen; ſondern er tadelt nur die Art und Weiſe, wenn es nämlich
mit blindem Eifer und ohne Vernunft geſchiehet.

ler heftigen Bewegungen, die die Begierden in uns erregen; er ist der Feyertag aller Bekümmerniß des Geistes und der Sorgfalt für den Leib.

XXIX.

[19] Es ist eine Schande, daß unsere Seele schon ermüdet, wann der Leib noch nicht müde ist.

XXX.

Hüte dich, daß du nicht [20] aus der Art schlagest, und ein Tyrann werdest. Laß dich nicht dahin reissen, wie es leicht geschehen kann. Vielmehr bleibe schlecht und recht, fromm, ehrlich, ernsthaft, ohne Stolz; ein Freund der Gerechtigkeit, gottesfürchtig, gelinde, freundlich, beständig in Erfüllung deiner Pflicht. Strebe mit allem Fleiße dahin, beständig derjenige zu bleiben, den die Weisheit aus dir machen wollte. Fürchte die Götter; befördere die Wohlfahrt der Menschen. Das Leben ist kurz; die einzige Frucht aber dieses irdischen

H 5   Lebens

[19] Es ist eine Schande] Der Leib ermüdet nicht so bald über seinen Verrichtungen, als die Seele bey Ausübung der Tugend. Diese Nachläßigkeit ist schändlich, wenn das Fleisch den Geist überwindet; oder wenn der Leib mehr Bemühung bey Erjagung eines wichtigen Gewinns blicken lässet, als die Seele bey Ausübung des Guten.

[20] Aus der Art schlagest] Im Griechischen steht ein Wort, das so viel heißt, als: Hüte dich, daß du nicht wie Cäsar gesinnet werdest. Wahrhaftig! dieser Mann hat durch seine tückischen Sitten der römischen Herrlichkeit den letzten Stoß gegeben.

Lebens ist die Heiligkeit und die wohlthätigen Werke. Führe dich in allen Stücken [21] als ein Schüler des Antoninus auf.

Erinnere dich seiner Beständigkeit in allen recht-mäßigen Dingen; seiner Gleichmüthigkeit; seiner Heiligkeit; der Freudigkeit seines Angesichts; seiner Holdseligkeit; seiner Verachtung der eiteln Ehre; seines arbeitsamen Fleisses, der niemals etwas vorbeygehen ließ, ohne es wohl untersucht und recht begriffen zu haben. Stelle dir vor, wie geduldig er die Klagen anhörete, die man mit Unfug wider ihn führete; wie er sich hütete, etwas mit Uebereilung zu verrichten; mit welcher Verachtung er die Verleumdung abwies; und wie genau er sich nach allen Sitten und Thaten erkundigte. Er war nicht tadelsüchtig, nicht furchtsam, argwöhnisch, noch ein Heuchler; weder sonderlich in seiner Wohnung, noch in seinen Speisen, Betten, oder Kleidern. Er war leicht zu bedienen; er liebte die Arbeit; war langsam zum Zorne; aß wenig, und konnte vom Morgen bis auf den Abend in der Rathsstube verharren,

---

[21] Als ein Schüler des Antoninus] Unser Kaiser beschreibet hier abermals seinen Pflegevater und Vorweser im Reiche, Antoninus den Frommen. So groß war seine Dankbarkeit gegen ihn, daß er seiner zweymal mit dem höchsten Ruhme gedenket; und so demüthig war seine Tugendliebe, daß er sich denjenigen zum Muster der Nachfolge vorstellet, den er wirklich an Weisheit und Frömmigkeit übertraf.

verharren, ohne seiner Nothdurft wegen einen Ab=
tritt zu nehmen. Dazu hatte er auch eine bestimm=
te Stunde. Vergiß die gleichmüthige Beständig=
keit seiner Freundschaft nicht; noch, wie gerne er
vertragen konnte, daß man sich seiner Meynung
widersetzte; und mit welchem Vergnügen er diese=
nigen anhörete, die ihn eines bessern unterrichteten.

Endlich erinnere dich, daß er gottsfürchtig war,
ohne Aberglauben; und bemühe dich, ihm in allen
seinen Eigenschaften gleich zu werden, damit dich
deine letzte Stunde in so guter Bereitschaft finde,
als sie ihn antraf.

XXXI.

²² Wache auf, ermuntere dich, und erkenne, daß
alles, was dich beunruhiget, nur ein Traum ist.
Ermuntere dich, sage ich noch einmal, und fälle von
allen Begebenheiten deines Lebens eben dasselbe
Urtheil, wie von diesem Traume.

XXXII.

²² Der weise Kaiser wendet auch die geringsten Zufälle sei=
nes Lebens zu seiner Besserung an. Er erwachet von
einem verdrießlichen Traume; und freuet sich, daß es
nur ein Traum gewesen ist. Alsobald denket er an den
Betrug der menschlichen Fantasey, die auch die Wachen=
den vom Schmerze und von der Lust träumend machet.
Wann sich aber das Auge des Verstandes öffnet, und
das Licht der Vernunft auf die Schatten fället: so ver=
schwindet der Betrug, und man findet, daß die Lust oder
der Schmerz ein Spiel der Einbildungskraft gewesen sey.

XXXII.

Ich [23] bin aus Leib und Seele zusammengesetzet.
Meinem Leibe ist alles gleich viel, denn er kann kei=
nen Unterschied machen.   Meiner Seele ist auch
alles einerley, was nicht ihre eigenen Wirkungen
sind.   Diese aber stehen alle bey ihr selber.   Unter
denselben aber beschäfftiget sie sich mit keinen an=
dern, als mit den gegenwärtigen; die vergange=
nen oder zukünftigen sind ihr alle gleichgültig.

XXXIII.

Weder die Füße, noch die Hände arbeiten über
die Natur, so lange der Fuß thut, was dem Fuße
gehöret, und die Hand, was der Hand zukömmt.
So ist es auch mit dem Menschen, in so weit er ein
Mensch ist, beschaffen.   Er hat keine Ueberlast,
[24] indem er die Pflicht eines Menschen verrichtet.

So

---

23 Antoninus will uns in diesem Absatze die Bekümmer=
niß entweder um das Vergangenene, oder um das Zukünf=
tige benehmen, und uns, wie Salomo, lehren, daß wir
unser Vergnügen in den gegenwärtigen nützlichen Ver=
richtungen suchen sollen.

24 Indem er die Pflicht eines Menschen verrichtet]
Diese aber zu verrichten, kann ihn nichts hindern, so lange
er sich als ein vernünftiger Mensch aufführen will.
Salomon hat vorhergesehen, daß alles, was wider diese
Pflicht eingewendet werden kann, nichtswürdig sey.
Sprüchw. XXIV. 12.   Sprichst du: wir verstehens
nicht? Meynest du nicht, der die Herzen weiß,
merkets, und vergilt den Menschen nach seinen
Werken?

So lange aber seine Natur nicht überladen ist; kann derselbe nicht elend seyn.

XXXIV.

25 Ist die Wollust nicht sowol den Räubern, als Unzüchtigen, sowol den Vatermördern, als Tyrannen, gemein?

XXXV.

26 Siehest du nicht, wie die Künstler den Unwissenden zwar etwas nachgeben; aber darum nicht von den Regeln ihrer Kunst abweichen? Ist es nun nicht erschrecklich, daß ein Baumeister oder Arzt mehr Ehrerbietung für ihre Kunst haben, als die Menschen für ihre Vernunft, die sie doch mit den Göttern gemein besitzen?

XXXVI.

Asien und Europa sind nur kleine Winkel der Welt; das Weltmeer ist nur ein Tropfen gegen

Erde

25 Ist die Wollust nicht gemein] Und eben darum ist sie kein wahres Gut, eben so wenig, als der Reichthum; indem Gute und Böse ohne Unterschied lustig, reich und ansehnlich seyn können.

26 Siehest du nicht 2c.] Antoninus will sagen: Die Künstler folgen den Regeln ihrer Kunst, ohne sich in ihren Verrichtungen durch das Geschwätz oder verkehrte Urtheil der Unwissenden irre machen zu lassen. So sollte auch der Mensch in seiner eigenthümlichen Kunst verfahren, das ist, in dem Gebrauche der Vernunft. Er sollte immer anhalten, Gutes zu thun, ohne sich durch das Widerreden der unverständigen und lasterhaften Leute hindern zu lassen.

Erde und Himmel; der Berg Athos ist wie ein
Erdenklos; die gegenwärtige Zeit ist nur ein Punkt
gegen die Ewigkeit; alle Dinge sind nichtig, verän=
derlich, hinfällig.   Sie entstehen entweder aus der
allgemeinen Vernunft, oder sie sind nothwendige
Folgen derselben.   Der Löwen Rachen, das Gift,
und alles, was schädlich scheinet, hängen, eben wie
die Dornen und der Koth, vielen schönen und gu=
ten Dingen an.   Bilde dir demnach nicht ein, daß
in jenen Dingen etwas verborgen läge, das der
Gottheit, die du verehrest, entgegen oder unanstän=
dig wäre.   Vielmehr steige in die Höhe zu dem
Ursprunge aller Dinge, und betrachte ihn wohl.

XXXVII.

Wer siehet, was itzo vorgehet, der hat alles ge=
sehen, sowol was vom Anfange an gewesen ist, als
was bis ans Ende seyn wird.   Denn alle Dinge
sind einander ähnlich.

XXXVIII.

Stelle dir öfters die Verbindung und Verhält=
niß aller Dinge in der Welt vor, wie sie alle auf
gewisse Weise durch einander geflochten sind, und
in so ferne unter sich eine Verwandtschaft haben;
[27] und wenn etwan eines oder das andere eine
verschie=

[27] Und wenn etwan] Ich habe die Freyheit gebrauchet,
dieses deutlich zu machen, und im Griechischen etwan zu
lesen: $ἐγὰρ$ $ἄλλη$ $ἕξις$ $ἐςὶ$ $τύτυ$, weil sonst kaum
etwas verständiges herauszubringen war.   Diese Deu=
tung ist auch den Sätzen des Antoninus ganz gemäß.
Siehe VII Buch 9 Absatz.

verschiedene Beschaffenheit oder Gestalt hat, daß dieses theils aus der Bewegung, theils aus dem Zusammenflusse und der Vereinigung ihres Wesens entstehe.

XXXIX.

Schicke dich in die Dinge, zu denen du bestimmet bist, und gewöhne dich, alle Menschen, mit denen du umzugehen hast, wahrhaftig zu lieben.

XL.

Ein Werkzeug oder Gefäß, das dasjenige verrichtet, dazu es bestimmet worden, ist in einem guten Stande, obgleich der Werkmeister davon gehet, und es zurücke läßt. So aber verhält es sich nicht mit den Wirkungen der Natur. Die Kraft, die etwas hervorbringt, bleibet beständig darinnen. Daher sollst du sie desto höher halten, [28] und bedenken, daß, wenn du dein Leben nach ihren Verordnungen anstellest, alles nach deinem Wunsche erfolgen werde, so wie es sich nach dem Willen desjenigen richtet, der alles treibet und regieret.

XLI.

So lange du in diesem Vorurtheile steckest, daß etwas, das nicht in deinen Kräften stehet, entweder besonders gut oder böse sey: so wirst du dich unmöglich enthalten können, die Götter anzuklagen, und die Menschen als Ursachen deines Unglücks zu hassen,

---

[28] Und bedenken] Antoninus will damit sagen, was dort der Apostel schreibet: Denen, die Gott lieben, müssen alle Dinge zum Besten dienen.

haffen, so oft dir dieses Uebel begegnet, oder dieses vermeynte Gut entgehet. Siehe, das ist die Quelle aller unserer Ungerechtigkeit; da hingegen, wenn wir versichert wären, daß unser Gutes und Böses allein [29] von uns selbst entstünde: so würden wir keine Ursache haben, uns über die Götter zu beschweren, oder die Menschen zu hassen.

XLII.

Wir arbeiten alle an einem Werke, einige wissentlich, andere unwissend; und, wo ich nicht irre, so hat Heraclitus gesaget, daß auch die Schlafenden etwas zu dem, was in der ganzen Welt geschiehet, beytrügen. Dieser arbeitet auf diese, der andere auf eine andere Art. Zwar der Klagende, der Tadelnde, der sich Sträubende und Widersetzende haben doppelte Mühe; doch die Welt hat auch dergleichen Arbeiter vonnöthen. Bedenke demnach wohl, zu welchen Arbeitern du dich gesellen willst; denn derjenige, der alles regieret, wird dich arbeiten lassen, wie du gewollt hast, und sich deiner Arbeit wohl bedienen. Hüte dich aber, daß du unter diesen Arbeitern nicht stehest, [30] wie die lächerlichen Verse in den Comödien, deren Chrysippus gedenket.

XLIII.

[29] Von uns selbst entstünde] Nämlich von unserer Einbildungskraft, die uns solche Dinge als gut oder böse vorstellet, und in uns hineinleitet; da sie doch sonst ausser uns, auch an und für sich selber, weder gut noch böse sind.

[30] Wie die lächerlichen Verse] Er will sagen: Hüte dich,

XLIII.

Verlanget auch wohl die Sonne das Amt des Regens, oder 31 Aesculapius das Geschäffte der Erde zu verrichten? Sind nicht alle Sterne unter einander verschieden? und dennoch arbeiten sie alle zu einem Zwecke.

XLIV.

32 Wenn die Götter meinetwegen einen Rathschluß gemacht haben, was mir widerfahren soll: so

dich, unter der Zahl der unartigen und bösen Menschen zu seyn, die in der schönen Ordnung der Natur so schlecht aussehen, als die abgeschmackten Verse in einer Comödie, die zwar lächerlich, aber nicht erbaulich sind. Des Chrysippus Worte sind bey dem Plutarchus weitläuftig zu lesen.

31 Aesculapius] Er verstehet hierunter das Gestirne dieses Namens unter dem Scorpion; und will so viel sagen, als dort der Apostel: Ein jeder arbeite zum gemeinschaftlichen Nutzen, wie ihn Gott berufen hat.

32 Antoninus gehet den unartigen Epikurern hart auf die Klinge. Sie meynen Freyheit zu haben, zu thun, was ihnen gelüstet, weil Gott sich um die Menschen insonderheit nicht bekümmere. Der Kaiser zeiget ihnen aus ihren eigenen Sätzen, daß sie verbunden wären, in sich gelassen, und ausser sich dem gemeinen Wesen nützlich zu seyn; weil sie ja ein Theil derjenigen Natur ausmachten, für welche, nach ihrer Meynung, Gott nur insgemein sorgfältig wäre; daß es ihnen also nicht vergönnet sey, böse zu seyn, sie möchten sich in ihren Einbildungen von Gott entfernen, so weit sie wollten.

J

so bin ich versichert, sie haben mein Bestes beschlos=
sen. Einen Gott aber ohne Rathschluß kann man
sich nicht vorstellen. Warum sollten mir aber die
Götter Böses thun? und was würde es ihnen
helfen? oder auch der ganzen Welt, dafür sie so
sehr besorgt sind?

Haben sie aber nichts über mich insbesondere
beschlossen: so haben sie doch für das gemeine Beste
gesorget; mit diesem hänget das meinige zusam=
men: daß ich folglich alles, was mir begegnet, mit
Freuden annehmen muß.

Haben sie aber gar nichts beschlossen; welches
doch zu glauben gottlos ist: so lasset uns weder
Gelübde, noch Opfer, noch Eide achten. Kurz:
lasset uns nichts thun von allem dem, was wir sonst
als Leute, die mit den Göttern umgehen, und uns
in ihrer Gegenwart befinden, verrichten.

Ich sage: wenn sie unserthalben nichts beschlos=
sen haben: so ist es mir vergönnet, mir selber zu
rathen. Meine Sorgfalt aber muß auf meinen
Nutzen abzielen. Nützlich aber ist einem jeden
dasjenige, was seiner Natur gemäß ist. Meine
Natur ist, vernünftig und gesellig seyn. Meine
Stadt und mein Vaterland ist Rom, in so weit ich
Antoninus bin; und die ganze Welt, in so weit
ich ein Mensch bin. So ist demnach, was diesen
Städten nützlich ist, mein einziges Gut.

XLV.

Was einem jeden insbesondere widerfähret,

das ist dem Ganzen dienlich. Dieses wäre zwar genug; allein man kann noch weiter gehen, und sagen: daß dasjenige, was einem widerfähret, auch andern zuträglich sey. Es muß aber das Wort zuträglich hier im allgemeinen Verstande genommen werden, also, daß es alle Mittelbinge unter sich begreifet.

XLVI.

Man ermüdet, auf den Schauplätzen allezeit einerley Spiel zu sehen. Sollte man nicht auch endlich des Lebens müde werden, darinn man über sich und unter sich allezeit eben dasselbe siehet? Darum, wie lange?

XLVII.

Erwäge öfters, wie mancherley Menschen, und zwar von so mancherley Handthierungen und Völkern, bereits gestorben sind. Gehe mit deinen Gedanken herunter bis auf den 33 Philiſtion, den Phöbus und den Origanion. Begieb dich von dannen zu andern Geschlechtern, und sprich bey dir selbst: Wir müssen alle dahin fahren, da itzo die vortrefflichsten Redner und ehrwürdigsten Weisen sind; zu dem Heraklitus, Pythagoras und Sokrates; zu so vielen Helden des Alterthums; zu so vielen Königen der letzten Zeiten.

J 2

Wo

---

33 Philiſtion] Es war ein berühmter Comödienschreiber zu den Zeiten Sokrates. Phöbus und Origanion. Ich kenne weder den einen, noch den andern; aber darum sind sie nicht unbekannt.

Wo sind nunmehr 34 Eudoxus, Hipparchus, Archimedes? so viele scharfsinnige, hohe, fleißige, schlaue und kühne Geister? Selbst die spöttischen Verächter der kurzen Tage dieses Lebens, als 35 Menippus und seines Gleichen, sind nicht mehr vorhanden; und was für Böses ist ihnen denn dadurch begegnet, daß sie vorlängst gestorben sind, samt denen, deren Namen nicht einmal sind bekannt geworden? Doch eines ist noch, das in diesem Leben hochzuschätzen ist: daß du nämlich mitten unter den Lügnern und Ungerechten einen aufrichtigen und unsträflichen Wandel führest.

XLVIII.

36 Willst du dich belustigen; betrachte die Tugenden derer, die zu deiner Zeit leben. Den Fleiß
des

---

34 Eudoxus] Aus Cnido, ein berühmter Sternkundiger, Arzt und Gesetzgeber zu Plato Zeiten. Hipparchus, ein berühmter Mathematicus zu Ptolemei Philadelphi Zeiten. Archimedes, der große Mathematicus, der bey der Eroberung von Syracus sein Leben einbüßete.

35 Menippus] Lucianus gedenket seiner zum öftern.

36 Lieben Christen! geschiehet das unter uns? Der Heide saget, man müsse sich an anderer Tugenden belustigen; und der Christ erboßet sich, wann jemand sich bestrebet, gut zu seyn. Diesen will man so wenig vertragen, als jener atheniensische Schneider den frommen Aristides. Und als man ihn fragte: Was hat denn Aristides dir zu Leide gethan? antwortete er: Nichts; allein ich kann nicht leiden, daß man ihn den Gerechten nennet.

...einen; die Ehrbarkeit des andern: dieses seine
...gebigkeit; jenes seine anderweitigen Verdien=
... Nichts ergötzet uns so sehr, als das Bild der
...erden, das aus den Thaten unserer Bekann=
...en uns in die Augen leuchtet. Dieses betrachte
...it Fleiß.

XILX.

Bist du nicht unwillig darüber, wenn du nur so
viel Pfund, und nicht volle dreyhundert, wiegest?
ey! so zürne auch nicht, daß du nur so und so viele
Jahre lebest, und nicht länger leben kannst. Du
mußt nicht weniger mit der Zeit zufrieden seyn, die
dir bestimmet ist, als mit dem Gewichte deines Lei=
bes, das dir ist zugetheilet worden.

L.

Bemühe dich, andere von der Wahrheit zu über=
zeugen; laß auch ihren Widerwillen dich nicht von
vernünftiger Ausübung der Gerechtigkeit abhalten.
Widerstehet man dir mit Gewalt? Laß dir dieses
eine Anleitung zur Geduld, zum Frieden und zu
einer andern Tugend werden. Bedenke, daß du
nichts ohne Beding angefangen hast, und also nichts
thun wolltest, was unmöglich wäre. Was willst
du denn mehr? Du hattest den Vorsatz, Gutes zu
thun. Thust du, so viel du kannst: so ist das=
jenige, was du thun wolltest, so gut, als ge=
schehen.

J 3　　　　LI.

LI.

Der Ruhmbegierige suchet sein eigenthümliches Gut in fremden Handlungen; der Wollüstige in seiner eigenen Einbildung: der Vernünftige aber suchet es in seinen eigenen Thaten.

LII.

Es stehet in deiner Macht, von diesem oder jenem Dinge gar nicht zu urtheilen; und also alle Gemüthsbewegung gegen dieselben zu verhüten: denn die Dinge haben in sich das Vermögen nicht, von uns ein Urtheil über sich selbst zu erzwingen.

LIII.

Gewöhne dich, dasjenige, was ein anderer zu dir saget, aufmerksam anzuhören; und bemühe dich, so viel möglich, gleichsam in die Seele dessen, der mit dir redet, einzudringen.

LIV.

37 Was dem ganzen Bienenschwarm nicht dienet, das dienet auch der einzelnen Biene nicht.

LV.

38 Wenn die Schiffsleute den Steuermann und die Kranken den Arzt lästerten: zu wem wollten sie

37 Er will sagen: was dem gemeinen Wesen nicht zuträglich ist, das sey auch nicht gut für die einzelnen Bürger.
38 Auf gleiche Weise, wenn die Menschen die Vernunft verachten, oder ihr nicht folgen: so entstehet daraus ihr Verderben.

sich denn in der Noth halten? oder, wie wollte sie es anfangen, die Wohlfahrt der Schiffenden und die Gesundheit der Kranken zu befördern?

LVI.

39 Wie viele von denen, die mit dir zugleich in die Welt gekommen, sind bereits aus der Welt geschieden!

LVII.

40 Honig schmecket denen, die die Gelbsucht haben, bitter; die von einem tollen Hunde gebissen worden, scheuen das Wasser; die Kinder finden nichts schöner, als einen Ball. Warum bist du unwillig? Meynest du denn, daß dein irrender

J 4   Wahn

39 Er will sagen: Warum sollte ich mich weigern zu sterben; da ich schon weit länger gelebet habe, als viele, die zu gleicher Zeit mit mir geboren sind?

40 Antoninus meynet, daß wir den Dingen, darüber wir unser Urtheil ergehen lassen, oft etwas beylegen, das sie in der That nicht haben; sondern das unser Wahn ihnen nur andichtet. Eben wie die Gelbsüchtigen, deren Galle Ursache daran ist, daß ihnen das Honig bitter schmecket. Was ist wol für ein Unterschied zwischen dem Wollüstigen, Geizigen, Ehrbegierigen und den unmündigen Kindern? Das Kind spielet mit seinem Balle, und meynet, es sey was rechtes. Der Alte spielet mit Lust, Geld und Ehre; und meynet, es sey ein wahres Gut. Wann das Kind ein Mann und der Alte verständig wird: so lachen sie beyde über ihre Kinderpossen.

Wahn nicht so viel bey dir ausrichten könne, als
die Galle bey dem Gelbsüchtigen, oder das Gift bey
dem Unsinnigen?

LVIII.

Niemand kann dir es verwehren, der Beschaffenheit deiner eigenen Natur gemäß zu leben; und
es wird dir nichts zustoßen, was dem Gesetze der
allgemeinen Natur entgegen ist.

LIX.

Was sind es für Leute, denen du gefallen willst?
was sind es für Güter, die du dadurch erlangen
willst? was sind es für Handlungen, dadurch du
sie verdienen willst? Die Zeit wird in kurzem
alles verdecken; und wie vieles hat sie nicht bereits verschlungen?

Des

Marcus Aurelius Antoninus

erbaulicher

Betrachtungen

Siebentes Buch.

I.

Was iſt Bosheit? Etwas, das du oft geſehen haſt. Sprich alſo bey allen Begebenheiten dieſes Lebens: Dieſes iſt etwas, das ich ſchon oft geſehen habe. Du wirſt allenthalben einerley finden. Die alten, mittleren und neueren Geſchichte ſind voll davon. Man ſiehet daſſelbe in den Staͤdten und in den Haͤuſern. Es iſt nichts Neues unter der Sonne. Alles iſt gemein; alles iſt vergaͤnglich.

II.

Wie kannſt du deine Meynung von gewiſſen Dingen in dir tilgen; wenn du die Gedanken nicht ausrotteſt, die dieſelben hervorbringen? Dieſe mußt du nach Gefallen erwecken und vertreiben lernen. Ich kann mir ja eine jede Sache vorſtellen, wie ich thun ſoll. Kann ich dieſes: warum bin ich denn unruhig? Was gehen die Dinge, die auſſer meinem Gemuͤthe ſind, mein Gemuͤth an? So ſollſt du allezeit beſchaffen ſeyn: ſo wird es dir recht wohl gehen. Auf ſolche Weiſe kannſt

J 5du

du [1] wieder lebendig werden; wenn du alle Dinge wieder ansiehest, wie du sie ehemals angesehen hast. Denn darinn bestehet das wieder lebendig werden.

III.

[2] Allen Staat und Pracht mußt du ansehen, wie die eiteln Aufzüge in den Schauspielen; wie ganze Heerden von großem und kleinem Viehe; wie einen verwirrten Scharmützel; [3] wie Knochen, die unter die Hunde geworfen werden; wie Brosamen, in einen Fischbehälter geschmissen; wie die Beschäfftigung und das Schleppen der Ameisen; wie das Hin- und Wiederlaufen der verjagten Mäuse:

[1] Wieder lebendig werden] Des Menschen Verstand wird durch die Begierden und falsche Einbildung ersticket, und die Begierden und Einbildungen werden wiederum durch den Gebrauch des Verstandes getödtet. Paulus lehret uns im VI Capitel an die Römer, daß die Wiederweckung des innern Menschen durch die Gnade Gottes in Christo geschehe. Also erkennen wir Christen dieses Geheimniß, Gott Lob! viel deutlicher, und nennen es die erste Auferstehung. Ephes. V. 14. Offenb. XX. 6.

[2] Dieses scheinet wol die eigentliche Meynung des Kaisers zu seyn; weil er die Eitelkeit der großen Aufzüge im Triumph und anderswo den Römern zeigen will, die sonst viel darauf hielten.

[3] Wie Knochen 2c.] Die Römer waren auf die Ehre so hitzig, daß sie sich damit fangen liessen, wie die Fische mit Brosamen, und sich darüber vertrugen, wie die Hunde über den Knochen.

Mäuse: mit einem Worte, wie die Bewegung der Puppen, die durch Federn von auffen gelenket werden. Kann man es nicht vermeiden, dabey zu seyn; so muß man ihnen ruhig und mit Gelassenheit beywohnen, und bedenken, daß ein jeder zu loben oder zu tadeln sey, nachdem die Dinge zu loben oder zu tadeln sind, darauf er seine Neigung wendet.

IV.

Bey den Reden muß man Acht haben auf das, was gesaget wird; und bey den Verrichtungen, auf das, was geschiehet. Bey dem einen muß man auf die Bedeutung merken, und bey dem andern muß man auf die Absicht sehen.

V.

Habe ich Fähigkeit genug, dieses zu thun, oder nicht? Habe ich sie: so bediene ich mich derselben zu dem gegenwärtigen Werke, als eines Werkzeugs, das mir die Natur zu dieser Absicht an die Hand gegeben hat. Habe ich keine Fähigkeit dazu: so überlasse ich es entweder einem andern, der sich besser dazu schicket, als ich (es sey dann, daß es etwas wäre, das meine Schuldigkeit erforderte, selbst zu verrichten); oder ich verrichte es, so gut ich kann, und nehme jemanden zu Hülfe, der unter meiner Veranstaltung mir dasjenige vollziehen helfe, was zum gemeinen Besten furitzo zu verrichten ist. Denn alles, was ich entweder selbst, oder durch Beyhülfe eines andern, thue: das

muß

muß allein zum erſprießlichen Nutzen des gemeinen Weſens abzielen.

VI.

Wie viele hochberühmte Leute ſind nunmehr der Vergeſſenheit übergeben? und wie viele von denen, die jene gelobet haben, ſind bereits gänzlich vergeſſen?

VII.

Schäme dich eines andern Hülfe nicht. Du haſt weiter nichts, als deine Pflicht auszurichten, und das Befohlene zu vollziehen; wie der Soldat bey einem Sturme. Hinkeſt du, und kannſt die Mauer nicht allein erſteigen? vielleicht gelinget es durch Hülfe eines andern.

VIII.

Laß dich das Zukünftige nicht beunruhigen. Du wirſt bis dahin kommen, wenn es ſo ſeyn ſoll: 4 du wirſt auch dieſelbe Vernunft mitbringen, der du dich bey dem Gegenwärtigen bedieneſt.

IX.

5 Alle Dinge ſind gleichſam in einander geſchlungen,

4 Das heiſſet im Evangelio: Der morgende Tag wird für das Seine ſorgen.

5 Antoninus hat hievon ſchon oben im VI Buche, 38 Abſatze geredet. Unten aber im IX Buche, 1 Abſatze erkläret er ſelber, daß dieſer Satz uns lehren ſolle, nicht unrecht, gottlos, unzufrieden, oder den Lüſten unterwürfig zu ſeyn; weil dieſes mit dem einzigen allgemeinen

gen, und mit einem heiligen Bande also verknüpfet, daß keines dem andern fremde ist; denn es ist eines mit dem andern dahin gerichtet, daß es dieselbe Welt zieren soll. So ist ja auch nur eine Welt, die alles in sich fasset; nur ein Gott in allem; nur eine Materie; nur ein Gesetz, nämlich eine allgemeine Vernunft der verständigen Geschöpfe; nur eine Wahrheit; und nur eine Vollkommenheit der vernünftigen Creaturen.

X.

6 Alles körperliche Wesen verschwindet bald, und wird in das Wesen der Welt aufgelöset. Auch wird dasjenige, was anderer Dinge wirkende Ursache ist, mit gleicher Geschwindigkeit in die allgemeine Vernunft aufgenommen. Das Andenken aller Dinge aber wird plötzlich in die Zeit begraben, und von ihr verschlungen.

XI.

7 Die vernünftigen Geschöpfe richten ihre Handlungen also ein, daß sie in allen Stücken mit der Natur und gesunden Vernunft übereinstimmen.

XII.

nen Gesetze der Natur streite. Wie uns aber diese Betrachtung zur Liebe des Nächsten verbinde: das stehet unten im 13 Absatze dieses Buchs.

6 Diesen Absatz erklären die Worte Salomonis: Es ist alles eitel, saget der Prediger; es ist alles eitel.

7 Kürzer kann es also heißen: Natürlich handeln, ist bey einem vernünftigen Geschöpfe nichts anders, als vernünftig handeln.

XII.

8 Gehe entweder beständig aufrecht; oder laß dich doch bald wieder aufrichten.

XIII.

So wie die verschiedenen Glieder desselben Leibes zu einerley Endzwecke arbeiten: also sind auch alle vernünftige Geschöpfe, sie seyn, wo sie wollen, allesammt geschaffen, einerley Werk mit einander hervorzubringen. Du wirst noch weiter von dieser Wahrheit überzeuget werden, wenn du öfters bey dir selber sprichst: Ich bin ein Glied von einem Leibe, der aus vernünftigen Geschöpfen bestehet. Sagest du aber: Ich bin ein einzelnes Stück davon, 9 wie der Buchstabe ein einzelner Theil des Alphabets ist: so liebest du die Menschen noch nicht von Herzen, du machest dir keine rechtschaffene Lust daraus, ihnen zu dienen; sondern du thust es nur um des Wohlstandes, nicht aber, als wenn du 10 dir selbst dadurch etwas zu gute thätest.

XIV.

8 Die Meynung ist: Sey nicht eigensinnig, deine Fehler zu erkennen; sondern laß dir gerne sagen.

9 Wie der Buchstabe] Wer einen Buchstaben vom Alphabete trennet, der zerstümmelt das Alphabeth; und wer sich durch seinen Eigennutzen nur allein suchet, der schändet das Gesetz der Natur. Wisset ihr nicht, daß wir unter einander Glieder sind?

10 Dir selbst] So weislich hat es Gott und die Natur geordnet. Wer das gemeine Beste suchet, der befördert

dadurch

XIV.

11 Laß den äusserlichen Gliedern, die den auswärtigen Zufällen unterworfen sind, widerfahren was da wolle; laß das Leidende sich beklagen, wenn es will. Was mich anbetrifft: so werde ich, so lange ich dasjenige, was mir begegnet, nicht als etwas Böses ansehe, dadurch nicht verletzet. Es stehet aber bey mir, es für kein Uebel zu halten.

XV.

12 Was auch andere thun oder sagen: so muß ich dennoch gut und ehrlich seyn. Eben als wenn das Gold, der Purpur oder Smaragd spräche: Was man auch saget oder thut: so werde ich doch Gold, Purpur und ein Smaragd bleiben, auch meine Farbe deswegen nicht verlieren.

XVI.

daburch sein eigenes. Gehet es allen wohl: so gehet es mir auch wohl. Daher ist es ein ewiger Grundsatz: Was du willst, daß man dir thun solle, das thue du andern auch.

11 Er will mit dieser Betrachtung sagen, daß wir nichts durch die Einbildung in unsere Seele leiten sollen, was von Natur nicht hinein gehöret. Bald unten aber im 16 Absatze erkläret er dieses deutlicher.

12 Dieses ist eine Stärkung gegen die Misgunst und Verläumdung. Was einer ist, das bleibet er wol; der Lästerer mag auch sagen, was er will. Endlich geräth der Edelstein an einen Kenner, wann die Unwissenden lange genug geschrieben haben: es sey nur ein Fluß.

XVI.

¹³ Iſt es nicht unſere Seele, die ſich ſelbſt beunruhiget? die ſich in Furcht ſtürzet? die ſich ſelbſt durch ihre Begierden entkräftet? Iſt ſonſt etwas in der Welt, das dieſelbe erſchrecken oder quälen kann: ſo laſſet daſſelbe es verſuchen. Es ſtehet allezeit bey ihr, Meiſter von ſich ſelbſt zu ſeyn, und ſich durch nichts fremdes einnehmen zu laſſen. Laſſet den Leib daſſelbe thun, wenn er kann; laſſet ihn Sorge tragen, daß er nichts empfinde: und wenn er Schmerzen fühlet; ſo laſſet ihn klagen. Die Seele aber, die durch Furcht oder Traurigkeit beweget wird, und ihre Meynung über die Dinge ergehen läſſet; leidet von allen denſelben nichts: wenn du nicht ein ſolches Urtheil von denſelben fälleſt. Unſere Seele brauchet für ſich keiner auswärtigen Dinge, daferne ſie ſich nicht ſelber dürftig machet. Daher iſt ſie auch keiner Unruhe unterworfen, auſſer derjenigen, die ſie ſich ſelber verurſachet.

XVII.

¹³ Iſt es nicht unſere Seele, die ſich ſelbſt beunruhiget.] Antoninus hat dieſes hin und wieder zum Grunde geſetzt. Und was iſt es Wunder? Ein Heide weiß von der Wiederaufrichtung der menſchlichen Natur durch Chriſtum nichts. Wir wiſſen, daß die wahre Ruhe und Zufriedenheit der Seele eine Wirkung des Glaubens an unſern Erlöſer ſey; und daß der uns durch ihn erworbene heilige Geiſt unſere Seele mit dem Frieden Gottes erfülle, der höher iſt, als alle Vernunft.

XVII.

Die Glückseligkeit eines Menschen bestehet in einem guten Gemüthe und in einem gesunden Verstande. Was habe ich denn mit dir, o Fantasey! zu schaffen? Gehe hin im Namen der Götter! gehe hin, wo du her gekommen bist! Ich bedarf deiner nicht. Du kömmst nach deiner alten Weise. Ich bin auf dich deswegen nicht böse; nur [14] packe dich fein bald.

XVIII.

Warum sollte jemand die Veränderung scheuen? denn was kann ohne Veränderung geschehen? was ist der allgemeinen Natur angenehmer oder gemeiner? Kannst du dich auch des Bades bedienen, ohne daß sich das Holz verändere? Kannst du ernähret werden ohne Verwandlung der Speisen? Kann sonst etwas nützliches ausgerichtet werden, da die Veränderung nicht dazwischen kommt? Siehest du denn nicht, daß es [15] mit deiner Veränderung eine gleiche Bewandtniß habe? Sie wird, wie alle die andern, der allgemeinen Natur zuträglich seyn.

XIX.

14 So sagte Hiob zu seiner Frau, als sie ihm einen falschen Wahn beybringen wollte: Du redest, wie die albern Weiber reden; und Christus sagte zu Petrus, als er ihm von seinem Leiden abrathen wollte: Gehe hinter mich, Satan; du bist mir ärgerlich.

15 Er redet von der Veränderung, die durch unsere Auflösung im Tode geschiehet.

K

XIX.

16 Alle Körper werden durch das allgemeine Wesen der Welt, wie durch einen Strom, dahin gerissen. Sie stehen mit jener in Verwandschaft, und arbeiten mit ihr zugleich, wie die Glieder an einem Leibe. Wie manchen Chrysippus, Sokrates und Epictetus hat die Zeit schon verschlungen? Stelle diese Betrachtung über alle Menschen und Sachen an, die dir vorkommen.

XX.

Eines von diesen besorge ich: entweder, daß ich etwas thue, das die Natur eines Menschen nicht will, daß es geschehe; oder, daß ich es auf eine andere Weise verrichte, als sie es erfordert; oder auch, daß ich es zur unrechten Zeit thue.

XXI.

Es kömmt die Zeit, da du alles vergessen haben wirst, und auch alles dich.

XXII.

17 Es stehet einem Menschen wohl an, auch diejenigen zu lieben, die ihn beleidigen. Du wirst dieses thun, wenn du bedenkest, daß deine Beleidiger deine Verwanden sind; daß sie wider Willen

und

---

16 Hievon ist schon oben im X Absatze geredet worden, und die Absicht der Wiederholung ist, uns das Sterben erträglich zu machen.

17 Es stehet einem Menschen wohl an] Erkennet dieses ein Heide, daß es menschlich sey, die Feinde zu lieben: ey, was schreyen denn die Christen wider das Gebot unsers Heilandes: Liebet eure Feinde?

und aus Unwissenheit sündigen; daß du sowol, als sie in kurzem sterben mußt; und vor allen Din=gen, daß sie dich nicht beleidiget haben, weil sie deine vernünftige Seele nicht schlimmer machen können, als sie vorhin gewesen ist.

XXIII.

18 Die allgemeine Natur bedienet sich des allge=meinen Zeugs, wie der Künstler des weichen Wach=ses: bald bildet sie ein Pferd daraus; bald zer=schmelzet sie dieses wieder, und macht daraus einen Baum, hernach einen Menschen; und so weiter. Alle ihre Werke sind von kurzer Dauer. Gleichwie aber ein Kasten nichts dabey leidet, wenn man ihn zusammenschlägt: also empfindet er auch nichts, wenn man ihn wieder aus einander nimmt.

XXIV.

19 Ein zorniges oder grimmiges Angesicht ist gar sehr wider die Natur. Gewöhnet man sich daran: so behält man es, und die Annehmlichkeit

K 2

der

18 Weil daher, nach Antoninus eigenem Geständnisse, der Zeug, daraus unsere Leiber bestanden sind, nicht gar ver=gehet: so glauben wir Christen, daß die Wiederzusam=menbringung unserer Leiber in der Auferstehung der Tod=ten nicht unmöglich sey.

19 Antoninus scheinet zu wollen, daß wir uns keine Fehler verzeihen müssen, wie klein sie auch scheinen mögen; sondern daß wir täglich auf uns selbst, zu unserer Besse=rung, Acht haben müssen.

der Gestalt verschwindet. Daraus erhellet, daß dieses wider die Natur sey. Wenn wir aber darüber unempfindlich seyn können, daß wir sündigen: warum leben wir denn?

XXV.

Die alles regierende Natur wird in kurzem alles, was du siehest, verändern, und aus demselben Zeuge etwas Neues hervorbringen; aus diesem abermals andere, und wiederum andere Dinge, damit sich also die Welt [20] beständig verjüngere.

XXVI.

Sündiget jemand wider dich: so bedenke, was dieser Mensch für ein Urtheil von dem Guten oder von dem Bösen gefället hat, indem er sündigte. Hast du dieses wohl erwogen: so wirst du Mitleiden mit ihm haben, und ihm seine Fehler verzeihen; an statt dich darüber zu verwundern, oder zu entrüsten. Denn entweder hältest du eben dasselbe für gut oder böse, was dein Beleidiger dafür hält: und so mußt du ihm seine Thaten zu gute halten; oder du urtheilest davon auf eine gesündere Weise: und so mußt du seine Fehler mit Gelindigkeit ertragen, als eines Menschen, der dieselben aus Irrthum begehet.

XXVII.

Man muß nicht so sehr an das denken, was uns mangelt,

20 Beständig verjüngere] Das ist, so lange es Gott gefällt, die Welt zu erhalten; denn Antoninus glaubte keinesweges, daß die Welt ewig bleiben würde, wie er dann anderwärts sich darüber erkläret hat.

mangelt, als an das, was wir haben. Unter den andern müssen wir diejenigen Dinge erwägen, die uns am liebsten sind; und dabey denken, mit welcher Begierde wir ihnen nachtrachten würden, daferne wir sie nicht hätten. Jedoch mußt du dich nicht dergestalt an ihnen belustigen, noch sie so hoch schätzen, daß du sie ohne Bekümmerniß nicht solltest verlieren können.

XXVIII.

[21] Sey bey dir selber, und sammle dich in dich selbst; denn die vernünftige Seele ist von der Art, daß sie ruhig und mit sich selbst zufrieden ist, indem sie recht thut.

XXIX.

Entschütte dich der Einbildungen. Bändige die erste Bewegung der Affekten. Brauche die gegenwärtige Zeit wohl. Erkenne, was sowol dir, als andern, begegnet. Zergliedere alle Dinge in ihre Materie und Form, oder in ihr Wesen und ihre Eigenschaften. Denke an deine letzte Stunde.

K 3

Laß

[21] Hier zeiget sich abermals der Vorzug der christlichen Lehre über alle Vernunft. Denn indem diese es will auf dich selbst ankommen lassen: so lehret uns jene, von uns selber auszugehen, und unsere Liebe und Vertrauen auf Gott allein und auf seine Barmherzigkeit zu setzen. Bey dieser demüthigen Beschaffenheit der Seele wohnet die wahre Zufriedenheit und Ruhe. Die Hungrigen füllet der Herr mit Gütern, und lässet die Reichen leer. Alle unsere Gerechtigkeit ist wie ein unflätiges Kleid.

²² Laß die Fehler, die begangen worden, da, wo sie geschehen sind.

XXX.

Du mußt aufmerksam anhören, was gesaget wird, und mit deinem Verstande bis auf den Grund und die Ursachen der Dinge dringen.

XXXI.

Schmücke dich mit Einfalt und Ehrbarkeit, und sey gegen alle Mitteldinge gleichgültig. Liebe die Menschen, und gehorche Gott. ²³ Alles richtet sich nach einem gewissen Geseze, saget jener. Und gesezt, dieses geschähe bey den Elementen allein: so muß man bedenken, daß doch, weniges ausgenommen, alles seine bestimmte Ordnung habe.

XXXII.

²⁴ Von dem Tode.   Er sey nun entweder eine

---

²² Laß die Fehler] Dieses erkläret er anderwärts also: Hat ein anderer Böses gethan: das ist sein Schade. Hat er mich beleidigen wollen: das ist seine Bosheit. Was gehet es mich an, wenn ich mich nicht beleidiget befinde?

²³ Die Meynung ist: Hat die ganze Natur ihre Ordnung, darnach sie sich richtet: so muß der Mensch auch ein gewisses Gesetz haben, davon die vorhingedachten Pflichten gleichsam die Summe sind. Sie zeigen kürzlich, wie sich der Mensch gegen sich selbst, gegen den Nächsten und gegen Gott zu verhalten habe.

²⁴ Seneca spricht: Was ist der Tod? Entweder ein Ende, oder ein Hingang. Fürchte ich mich aufzuhören:

eine Zerstreuung, oder Zerstäubung, oder Zernich-
tung: so ist er doch entweder eine Verlöschung,
oder eine Versetzung.

XXXIII.

Von dem Schmerzen.　Ist er unerträglich:
so verursachet er das Ende.　Verursachet er das
Ende nicht: so ist er erträglich.　Indessen behält
die Seele ihre Ruhe, und bleibet im guten Stande.
Laß hernach die mit dem Schmerzen behafteten
Glieder klagen, wenn sie können.

XXXIV.

Von dem Ruhme.　Untersuche die Gedanken
der Hochmüthigen: was sind sie? was suchen sie?
was fliehen sie? Mache dir dabey diese Vorstellung:
Wenn die Wasserwogen den Sand auf einen Hau=
fen treiben: so verdeckt der letztere Sand den erstern.　Eben also wird der heutige Vorsatz eines
Hochmüthigen　unter　dem　morgenden　plötzlich
begraben.

XXXV.

Plato hat gesagt: Wird auch derjenige, der
einen edlen Geist und eine großmüthige Seele hat;
der fleißig an die Ewigkeit denket, auch diese Welt
und ihr Wesen recht einsiehet; wird ein solcher,
sage ich, dieses Leben für ein sonderbares Gut halten?

K 4

hören: so müßte ich mich auch gefürchtet haben
anzufangen.　Warum sollte mich der Hingang
ängstigen? Werde ich doch nirgends so, wie itzt,
in der Enge seyn.

ten? Nein. Wird ihm auch der Tod als ein großes Uebel vorkommen? Im geringsten nicht:

XXXVI.

Antisthenes hat gesagt: Es ist königlich, Gutes thun, und böse Nachrede leiden.

XXXVII.

[25] Es ist eine Schande, daß unser Angesicht gehorsam ist, und sich zieren oder verstellen lässet, wie es unserm Willen beliebet; und daß gleichwol unser Verstand sich selber nicht nach eigenem Gutbefinden schmücken und in Ordnung bringen kann?

XXXVIII.

Man muß auf keine Sache zornig werden; denn sie empfindet es nicht.

XXXIX.

Erfreue uns und die unsterblichen Götter.

XL.

[26] Das Leben der Menschen ist wie ein Acker, der geerndtet wird. Indem man die Aehren hier abschneidet: so werden dort die andern reif.

XLI.

[25] Solchergestalt waren auch die Heiden von dem Elende der menschlichen Natur empfindlich; und heisset diese Betrachtung eben so viel, als dort die Klage des Apostels: Das Gute, das ich will, thue ich nicht; das Böse aber, das ich nicht will, thue ich. Wollen habe ich wohl; aber das Gute vollbringen, finde ich nicht ꝛc. Röm. VII. 19.

[26] Dieses ist die Meynung, wiewol es im Griechischen kürzer gegeben ist. Die Liebe zur Deutlichkeit bindet sich an keine Worte.

XLI.

27 Wenn die Götter weder für mich, noch für meine Kinder, Sorge tragen; so geschiehet auch dieses nicht ohne Ursache.

XLII.

Was gut und recht ist, das gilt bey mir.

XLIII.

28 Weine nicht mit andern, und laß dich nicht durch sie weichherzig machen.

XLIV.

Plato saget abermals: Ich würde einem solchen Menschen mit gutem Fuge antworten: Du irrest, mein Freund, indem du meynest, daß ein Mensch, der zu etwas nütze ist, und der Gefahr seines Lebens ausweichen muß, nicht vielmehr ver=

K 5

bunden

27 Er zweifelt nicht, daß Gott für alle Menschen sorge, wie er anderwärts gestehet; sondern er will nur so viel sagen, als jener gelassene: Was Gott thut, das ist wohl gethan.

28 Weine nicht] Dieses Gebot des Antoninus scheinet nicht nur mit der Lehre des Christenthums zu streiten, die uns gebiethet, zu trauren mit den Traurigen, Röm. XII; sondern auch mit der Menschlichkeit, ja mit Antoninus Regeln selber. Daher müssen wir diesen Worten unsers Kaisers keine andere Deutung anhängen, als die seinen anderweiten Lehren gemäß ist. Er will demnach hiemit nicht das Mitleiden, sondern die unzeitige Uebermaße desselben, hemmen; ja, er will etwas mehr von dem Menschen zur Erleichterung der Noth des Nächsten haben, als Klagen und Thränen.

bunden sey zu erwägen: ob dasjenige, was er thut, recht oder unrecht sey; ob es einem ehrlichen Mann anstehe, oder nicht?

XLV.

Ferner saget derselbe. Denn so verhält sich die Sache, ihr Athenienser! welchen Posten sich jemand, als den anständigsten, ausersehen hat, oder, zu welchem er von seinem Fürsten bestellet ist, bey demselben muß er, wie mich deucht, in allen Gefährlichkeiten aushalten, auch dabey sich nicht so sehr scheuen zu sterben, als etwas schänd= liches zu begehen.

XLVI.

Weiter. Aber wisse, mein theurer **Callicles**, daß die wahre Tugend und das wahre Gut nicht darinn bestehe, sich selber zu erhalten: denn ein wahrhaftig tugendsamer Mann ist auf dieses kurze Leben nicht dergestalt erpicht, daß er dächte, wie lange es dauern solle; sondern er überläßet dieses den Göttern. Und weil er sich des Sprichworts der alten Weiber erinnert: daß niemand sein Schick= sal vermeiden könne; trachtet er allein dahin, wie er die Zeit, die er zu leben hat, am besten zubrin= gen möge.

XLVII.

29 Betrachte den Lauf der Sterne, als würdest
du

29 Viel höher gehen die Betrachtungen wahrer Christen: Trachtet am ersten nach dem Reiche Gottes, und
nach

du mit ihnen herumgetrieben; auch erwäge öfters die Veränderung der Elemente: denn dergleichen Gedanken reinigen uns von dem Unflate dieses irdischen Lebens.

XLVIII.

Es ist vortrefflich, was **Plato** saget, indem er von dem Menschen redet: Man muß alles, was irdisch ist, gleichsam von oben herab, als von einer Höhe, beschauen. Die Herden, die Feldzüge, das Ackerwerk, die Hochzeiten, die Ehescheidungen, die Geburt, das Sterben, das Getümmel der Gerichtsstuben, die Wüsteneyen, die mancherley barbarischen Völker, die Festtäge, das Trauren, die Jahrmärkte, die vermischten Versammlungen, kurz: die aus vielen gegen einander streitenden Dingen zierlich zusammengesetzte Welt.

XLIX.

30 Indem wir uns das Vergangene und die

großen

nach seiner Gerechtigkeit, Matth. VI. und: Ein jeglicher sey gesinnet, wie Jesus Christus auch war, Philipp. IV. Diese Betrachtungen reinigen und heiligen uns. Jene aber, deren der Kaiser gedenket, führen uns zwar bis an die Sterne, aber lange nicht in die Gemeinschaft Gottes.

30 Polybius saget, daß die Menschen durch zween Wege zur Klugheit gelangen: entweder durch eigene Erfahrung, oder durch anderer Beyspiele. Jene ist gefährlich, und die meisten bleiben in den Lehrjahren. Es ist also am sichersten, durch anderer Schaden klug werden; und

dieses

großen Veränderungen so vieler Reiche vorstellen: so könen wir dadurch das Zukünftige vorhersehen. Denn was noch kommen soll, das wird dem, was gewesen ist, gleich seyn, und kaum die Schranken dessen, was gegenwärtig geschiehet, überschreiten. Daher ist es gleich viel, ob einer das menschliche Leben vierzig, oder zehen tausend Jahre lang, ansiehet. Denn was würde er neues sehen?

L.

Was von der Erde ist, das kehret wieder zu der Erde; was von dem Himmel ist, das kehret wieder in den Himmel. Denn der Tod ist nichts anderes, als die Auflösung dessen, was von lauter in einander verwickelten Stäublein zusammengesetzet ist; oder, er ist eine Zerstreuung der unfühlbaren Elemente.

LI.

³¹ Wir suchen allerhand Eßwaaren und Getränke; wir bedienen uns der Geschicklichkeit erfahrner Köche, den Lauf unseres Lebens zu verlängern: allein, es helfen weder Arbeit noch Thränen;

Dieses lehren uns die Geschichte. Wer daher wissen will, was künftig im gemeinen Leben geschehen wird: der lese fleißig, was vor Zeiten geschehen ist. Der Menschen Begierden und Thaten sind einander zu allen Zeiten gleich.

³¹ Diese, samt der vorigen Betrachtung, sind des Euripides Gedanken; und Antoninus zeiget uns hiemit, nebst dem, was er oben aus dem Plato anführet, wie man sich durch Aufzeichnung erbaulicher Sprüche dasjenige, was man lieset, zu Nutze machen muß.

nen, wir müssen fortschiffen, wann der Wind von oben in unsere Segel bläset.

LII.

Uebertrifft dich jemand in der Geschicklichkeit im Ringen? Siehe zu, daß er weder höflicher, als du, noch ehrbarer; weder williger, die göttlichen Schickungen anzunehmen, noch gelinder, die Fehler der Menschen zu übersehen, möge erfunden werden.

LIII.

32 Was nach den Regeln der Vernunft, die die Menschen mit den Göttern gemein haben, verrichtet werden kann, dabey ist keine Gefahr. Denn wenn bey einem Werke, das uns glücklich von statten gehet, und unserer Natur gemäß ablaufet, der vorgesetzte Nutzen kann erhalten werden: so hat nicht einmal der Argwohn eines Schadens dabey statt.

LIV.

Es stehet allezeit und an allen Orten in deiner Gewalt, an deinen gegenwärtigen Zufällen einen gottseligen Wohgefallen zu haben; dich der Gerechtigkeit gemäß gegen diejenigen, mit denen du lebest, aufzuführen, und auf deine Einbildungen dergestalt

---

32 Nach des andern Buches 17, wie auch des V Buchs 3 Absatze dienet gegenwärtige Betrachtung dazu, daß wir den geraden Weg gehen, und in aufrichtiger Einfalt unsere Pflicht beobachten mögen, wie es unten im 55 Absatze dieses Buchs deutlicher erkläret wird.

dergestalt aufmerksam zu seyn, damit nichts unun=
tersucht [33] in dich hineinschleichen möge.

LV.

Bekümmere dich nicht darum, was andere thun;
sondern habe darauf acht, wohin dich die Natur
leitet. Nämlich, die allgemeine Natur, durch die
Begebenheiten, die sie dir zuschicket; und deine
eigene Natur, durch die Verrichtungen, die sie von
dir fordert. Denn ein jeder muß sich den Um=
ständen gemäß verhalten, darunter er geboren ist.
Nun aber sind alle übrige Geschöpfe um der ver=
nünftigen willen gemacht, gleichwie bey allen an=
dern die Unvollkommenen für die Vollkommenen
geschaffen sind.

Die vernünftigen Geschöpfe aber sind eines für
das andere geboren. Daher ist die erste Pflicht
des Menschen, der Gesellschaft nützlich zu seyn.
Die zwote, seinen fleischlichen Begierden nicht un=
terzuliegen. Dieses ist der eigenthümliche Vorzug
eines verständigen Wesens: in sich selbst gehen,
und den Reizungen der Sinne und Affekten nicht
gehorchen; denn sie sind beyde viehisch. Der ver=
nünftigen Seele aber gebühret die Herrschaft, und
nicht die Dienstbarkeit; und dieses mit Recht, weil

der

33 In dich hineinschleichen] Die Fantasey handelt an=
fänglich nicht mit dem Menschen wie ein Herr, der ge=
bietet oder zwinget; sondern wie ein Schmeichler, der
uns durch Liebkosungen und Annehmlichkeiten zu gewin=
nen suchet.

der Verstand dazu gemacht ist, sich ihrer aller zu
bedienen. Die dritte Eigenschaft der vernünftigen
Natur ist: sich vor dem Fall und vor der Verfüh=
rung hüten. Wer diese dreyfache Pflicht erfüllet,
der gehe seines Weges immer fort; denn er thut,
was ihm zukommt.

LVI.

34 Du mußt thun, als wenn du schon gestorben
wärest, und nicht länger leben solltest, und, gleichsam
zum Ueberfluß, den übrigen Rest deines Lebens der
Natur gemäß zubringen.

LVII.

Was ist anständiger und bequemer, als mit dem=
jenigen, was dir begegnet, willig vorlieb nehmen,
und ausser dem, was dir bestimmet ist, nichts ver=
langen?

LVIII.

35 Man stelle sich bey allen seinen Zufällen sol=
che Leute vor, welchen ein gleiches begegnet ist;
die sich aber darüber bekümmert, und es als etwas
ungewohntes angesehen, auch etwan dabey gekla=
get und gejammert haben. Lieber! wo sind nun
alle diese Leute? Nirgends mehr. Warum willst
du ihnen gleich werden? Warum lässest du nicht
lieber

34 Dieses ist dem ähnlich, was Paulus saget, Röm. VI. 11.
So haltet nun dafür, daß ihr der Sünde gestorben
seyd, und lebet Gott in Christo Jesu, unserm Herrn.

35 Zur Erklärung dieser Stelle beliebe man die schöne Be=
trachtung des vierten Buches im dritten Absatze nachzu=
schlagen.

lieber alle diese fremden Bewegungen fahren?
Warum überlässest du sie nicht den so veränderlichen Dingen? Solltest du dich nicht vielmehr bestreben, zu lernen, wie man sich aller seiner Zufälle bedienen müsse?

Diese Bemühung wird dir alle Begebenheiten vortheilhaft machen, und sie werden dir Anlaß zur Tugendübung geben. Sey nur allezeit bey dir selbst, und laß deinen einzigen Zweck seyn, alles, was du thust, zu deinem Besten zu thun. Dabey besinne dich, daß es mehrentheils 36 Mitteldinge sind, mit denen du dich so sehr bemühest.

LIX.

Siehe in dich selbst hinein: in dir ist ein Brunn des Guten, der allezeit quellen wird, 37 wenn du nur allezeit gräbest.

LX.

Der Leib muß auch seine Festigkeit haben, und in seinen Bewegungen und Geberden nicht gaukelhaft seyn. Denn wie das Gemüth sich in dem Angesichte gleichsam abbildet, indem es dasselbe in

sittliche

36 Mitteldinge] So nennet er alles, was den Menschen eigentlich nicht angehet. Siehe VI Buch, 32 Absatz.

37 Wenn du nur allezeit gräbest] Ist sehr nachdenklich geredet; denn des Menschen Gemüth ist wie ein Acker, der leicht verwildert, wenn er nicht fleißig bearbeitet wird. Daß manches Leben voll Unkrauts ist, das kommt daher, weil sein Gemüth nicht durch vernünftige Erziehung ist gepflüget und gesäet worden.

sittliche und anständige Züge bringet: 38 so muß
es auch mit dem ganzen Leibe gehalten werden;
jedoch ohne Zwang.

LXI.

39 Die Kunst zu leben ist dem Ringen ähnlicher,
als dem Tanzen; und bestehet darinn, daß wir fertig sind, allen unvermutheten Zufällen standhaft
zu begegnen.

LXII.

Ueberlege öfters bey dir, was es für Leute sind,
von denen du willst gepriesen seyn, und was für
Verstand dieselben haben. Denn wenn du in
die Quelle ihres Urtheils und ihrer Affekten hin-
einsiehest: so wirst du ihr Lob nicht begehren, auch
nicht zornig auf sie werden, wenn sie wider ihren
Willen irren.

LXIII.

38 Der Apostel fasset dieses in kurzen Worten zusammen,
wann er alles anständig und mit Ordnung will gethan wissen: πάντα εὐσχημόνως καὶ κατὰ τάξιν.

39 Freylich ist das Leben der Tugendliebenden ein steter
Streit, bald mit sich selbst, bald mit andern; in welcher Absicht der Apostel auch gesaget hat: Daß wir
nicht allein mit Fleisch und Blut zu kämpfen haben;
sondern mit Fürsten und Gewaltigen, mit den Herren der Welt. Eph. VI. 12. Hingegen ist das Leben der
Weltkinder einem Tanze ähnlicher, da sich ihrer viele vereinbaren, und sich, durch eine blinde Gefälligkeit, einer
nach dem andern richten, ihren Reihen um das güldne
Kalb desto lustiger und ansehnlicher zu machen.

LXIII.

Eine jede Seele, saget **Plato**, ist 40 wider ihren Willen der Wahrheit, der Gerechtigkeit, der Mäßigkeit, der Gleichmüthigkeit und anderer Tugenden beraubet. Wenn du dieses öfters erwägest: so wirst du gegen alle Menschen sanftmüthiger werden.

LXIV.

Stelle dir bey allem Schmerzen vor, daß der Schmerz an sich weder eine Schande sey, noch deine Seele ärger machen könne, so ferne sie entweder selbstständig, oder gesellig ist. So wird dir auch in manchem Schmerzen des **Epicurus** Anmerkung

40 **Wider ihren Willen**] Dieses lehret Plato an verschiedenen Orten, und die Erfahrung beweiset, daß es wahr sey. Frage den Irrenden: warum er diese oder jene falsche Meynung hege? Er wird dir antworten, daß du irrest, weil du seinen Wahn nicht sowol für wahr hältest, als er. Erkennet er die Wahrheit nicht: so geschiehet es doch wider seinen Willen. Denn keiner will sich gerne vorsetzlich betriegen. Wer betrieget sich augenscheinlicher, als der ruchlose Sünder? und wer ist davon unempfindlicher, als er? Woher kommt es? Er siehet die Scheingüter für etwas rechtes an, und gehorchet der Lüge, als einer Wahrheit. Gewiß, diese Betrachtung eines Heiden ist vernünftiger, als die blinde Hitze vieler Christen. Und was ist dem Evangelio anständiger, als die Irrenden ertragen, und mit sanftem Muthe zurecht bringen?

merkung zur Hülfe gereichen: 41 daß kein Schmerz
unerträglich oder ewigwährend sey; daferne du
nur an das Ende desselben denkest, und ihn nicht
durch deine Einbildung vergrößern hilfst.

Endlich erinnere dich, daß wir oft Dinge in
uns empfinden, die dem Schmerzen ähnlich und
uns verdrießlich sind.   Zum Exempel: wann ei=
nen schläfert, der doch wachen muß; wann einem
die Hitze oder der Ekel übel macht ꝛc.   So oft du
demnach wider eines dieser Dinge murrest: so
sprich bey dir selber: 42 Itzo überwältiget mich
der Schmerz.

LXV.

43 Hüte dich, daß du gegen die Unmenschen
nicht eben so gesinnet seyest, wie sie gegen andere
Menschen gesinnet sind.

LXVI.

44 Woher wissen wir, daß Sokrates tugend=
hafter und größer, als andere, gewesen ist.   Denn

L 2

es

41 Oben im 33sten Absatze dieses Buchs ist von dieser Sache
weitläuftiger gehandelt worden.

42 Itzo überwältiget mich] Antoninus scherzet mit
diesen Worten, um zu zeigen, wie lächerlich oft die Klage
derer sey, die sich über einen Schmerzen beschweren, der
durch die Einbildung vergrößert wird.

43 Das heißt so viel, als: Vergeltet nicht Böses mit
Bösem.

44 Nach diesem Absatze können diejenigen, die mit ihrer
eingebildeten Größe schwanger gehen, dieselbe abmessen,
um zu sehen, worinn die wahre Größe bestehe.

es ist nicht genug, 45 daß er rühmlicher gestorben
ist; daß er nachdrücklicher wider die Heuchler ge=
stritten; oder 46 daß er im Winter unter freyem
Himmel übernachtet hat: nicht, 47 daß er sich den
Tyrannen großmüthig widersetzet, als sie ihm be=
fahlen, jenen salaminischen Mann zu holen; nicht,
daß er auf der Straße hochtrabend einhergegan=
gen; daran ich doch zweifle, ob es wahr sey.

Sondern

45 Daß er rühmlicher gestorben ist] Sokrates wollte
lieber sterben, als einige Unanständigkeit begehen. Aber
dieser preiswürdige Tod ist es noch nicht allein, der einen
Menschen wahrhaftig groß machen kann.

46 Daß er im Winter[Sokrates hat viele Beweis=
thümer seiner Geduld und eines unerschrockenen Muths
in allen Gefährlichkeiten hinterlassen. Aber auch dieses
ist noch nicht genug, wahrhaftig groß zu heissen.

47 Daß er sich den Tyrannen großmüthig widersetzet]
Die dreyßig Tyrannen wollten Sokrates mit einigen
Soldaten nach Salamine schicken, um von da einen,
Namens Leon, abzuholen, den sie aus dem Wege geräu=
met wissen wollten, um dessen sehr große Baarschaften
an sich zu bringen. Sokrates war so muthig, daß er
sich ihnen hierinnen widersetzte; wie dieses von Plato in
dessen Apologie und in seinem VII Briefe erzählet wird.
Jedoch, diese That konnte den Sokrates noch nicht groß
machen; weil auch wol unartige Leute dergleichen Ent=
schliessung gefasset haben. Die hochtrabenden Schritte,
deren im Nachfolgenden gedacht wird, wollen es auch
nicht ausmachen: wiewol diese ihm von seinem Lästerer,
dem Aristophanes, angedichtet worden sind.

48 Sondern du mußt nachforschen, was für eine Seele Sokrates gehabt hat? Ob er sich damit begnüget hat? wann er gegen die Menschen gerecht, und gegen die Götter fromm seyn konnte? ob er sich auch ohne Ursache über die Bosheit der Menschen entrüstet hat? 49 ob er jemals eines andrer Unwissenheit geschmeichelt hat? ob er auch die Schickungen als etwas Ungewohntes, oder als etwas Unerträgliches, angesehen hat? 50 endlich, ob seine Seele jemals, wie sein Leib, erkranket, und den Leidenschaften desselben unterwürfig geworden ist?

L 3   LXVII.

48 **Sondern du mußt nachforschen**] Dieses ist der Sitz der wahren Größe, und die folgenden Gemüthsbeschaffenheiten des Sokrates geben einen unverwerflichen Beweis davon ab.

49 **Ob er jemals eines andern Unwissenheit geschmeichelt hat**] Dieses geschiehet, wenn mann aus einer knechtischen Gefälligkeit, oder aus eigennütziger Furcht, einem andern zu gefallen, etwas billiget; oder wider sein Gewissen, aus andern unbilligen Absichten, ein Verräther seiner eigenen Meynung, und zugleich der Wahrheit, wird.

50 Hierinne bestehet eigentlich die wahre Größe, nach Sirachs Ausspruch: Wer seines Muthes Herr ist, der ist stärker, als einer, der Städte gewinnet. Die christliche Lehre muß daher die vollkommenste Weisheit seyn, weil sie uns am deutlichsten zeiget, wie wir das Böse durch das Gute überwinden können.

LXVII.

15 Die Natur hat unsere Seele nicht so genau an unsern Leib gebunden, daß wir sie nicht sollten davon abziehen und uns in uns selbst einschränken können, um dasjenige mit ungehinderter Freyheit zu thun, was unsere Pflicht erheischet. Denn es ist nicht unmöglich, zugleich ein recht göttlicher, und dennoch der ganzen Welt unbekannter, Mann zu seyn. Denke stets hieran, und erinnere dich, daß man zu einem glücklichen Leben nur weniges vonnöthen habe. Wolltest du dir deswegen die Lust vergehen lassen, frey, ehrbar, gesellig und den Göttern gehorsam zu seyn, weil du zweifelst, ein großer Disputator oder Naturkündiger zu werden?

LXVIII.

Du kannst ohne Zwang und in der größten Zufriedenheit der Seele bleiben, wenn sie gleich alle wider dich schreyen, so viel sie wollen; ja wenn gleich die 52 wilden Thiere diesen dich umgebenden Teig

---

51 Er will in diesem schönen Absatze zeigen, daß die wahre Glückseligkeit nicht in einer äusserlichen Herrlichkeit, Lust, Kunst oder Ueberflusse; sondern in der aufrichtigen Frömmigkeit des Gemüths bestehe. Daher können alle Menschen glücklich werden, wenn sie nur wollen.

52 Wilden Thiere] Was Antoninus hier aus dem Lichte der Natur erkennet, das bekräftiget die Offenbarung, samt der Erfahrung. Daher war Ignatius gegen sein Ende so frölich. Dieses ist mehr eine Wirkung einer

Trig, das ist deinen Leib, zerreissen. Denn was hindert es, daß dein Gemüth nicht in allen Zufällen seine stille Ruhe behalten sollte, um von allem, was dir zustößet, nach der Wahrheit zu urtheilen, und dich zu lehren, dich aller Zufälle vortheilhaft zu bedienen.

Dein Urtheil kann zu allen Zufällen sprechen: Das bist du nach deinem eigentlichen Wesen, und nichts anders; ungeachtet die Meynung und Einbildung, die die meisten von dir hegen, dich für etwas anderes ausgeben wollen. Du kannst dich auch gewöhnen, alle Begebenheiten mit diesen Worten gleichsam zu bewillkommen: Dich suchte ich. 53 Nämlich alles, was mir vor die Hand kommt, soll mir eine Gelegenheit zu einer vernünftigen und geselligen Tugendübung werden, und mir Anlaß geben, meine Pflicht gegen Gott und Menschen zu erfüllen. Denn alles, was mir begegnet, gehet entweder diese, oder jenen an. Dieses ist nichts neues, nichts unmögliches oder schweres; sondern etwas bekanntes und leichtes.

LXIX.

Die Vollkommenheit edler Sitten bestehet darinn,

L 4

einer sonderbaren Gnade Gottes, als der bloßen Vernunft. 2 Cor. IV. Darum rühmen wir uns der Trübsal; aber in Christo Jesu, Röm. V. 11. Und wir vermögen alles, wenn er uns mächtig macht. Philipp. IV. 13 So müssen denen, die Gott lieben, alle Dinge zum Besten dienen.

inn, daß man einen jeden Tag also zubringe, als wenn er der letzte seyn sollte; und daß man weder Uebereilung, noch Trägheit, noch Verstellung bey sich herrschen lasse.

LXX.

Die unsterblichen Götter empfinden es nicht übel, daß sie eine so unendliche Zeit her eine unendliche Zahl der Bösen haben ertragen müssen; sondern, was noch mehr ist, [54] sie sorgen für dieselben auf alle Weise. Und du, der du in kurzem nicht mehr seyn wirst, du ermüdest, die Bösen zu ertragen; da du doch selber einer von ihrer Zahl bist!

LXXI.

Es ist recht lächerlich: du kannst deine eigene Bosheit verhindern; und du duldest sie. Du kannst eines andern Bosheit nicht verhindern; und du willst sie nicht dulden.

LXXII.

Alles, was die vernünftige und gesellige Kraft in mir antrifft, daß es weder zu meines Verstandes Aufnahme, noch zu der menschlichen Gesellschaft Besten gereichet, davon urtheilet sie billig, daß es ihr unanständig sey.

LXXIII.

Wenn du Gutes gethan hast, und ein anderer das Gute empfangen hat: warum suchest du denn,

mit

[54] Gott lässet seine Sonne aufgehen über Böse und Gute, und lässet regnen über Gerechte und Ungerechte, Matth. V. Siehe Apostelgesch. XIV. 16.

mit 55 den Narren, noch über dieses ein Drittes, nämlich, daß man entweder deine Gutthat preisen, oder dir dieselbe vergelten solle?

LXXIV.

Niemand wird dessen müde, was ihm nützlich ist; denn es ist natürlich, seinen Nutzen zu suchen. So ermüde du dann auch nicht, dein Gutes zu befördern, indem du andern Gutes thust.

LXXV.

Die allgemeine Natur hat vor Zeiten ihre Kräfte angewendet, die Welt zu erschaffen. Was aber izo geschiehet, das ist entweder eine Folge der einmal gemachten Ordnung; 56 oder das Vornehmste, darauf der Regierer die Welt vornehmlich seine Absicht gerichtet hat, muß ohne Vernunft geschehen. Diese Betrachtung wird dir eine große Zufriedenheit verursachen.

55 Den Narren] So nennet Juvenalis diejenigen, die einen größern Durst nach Ehre, als nach der Tugend, haben.

56 Oder das Vornehmste] Ich bleibe, so viel möglich, bey dem griechischen Texte; ob er gleich ein wenig verstümmelt scheinet. Denn die Meynung ist, daß Gott vornehmlich für die vernünftigen Geschöpfe sorgfältig sey. Wie Salomo von der selbstständigen Weisheit Gottes saget: Ihre Lust ist bey den Menschenkindern. Sprichw. VIII. Je mehr du nun ein Mensch; das ist, je vernünftiger du bist: je mehr Trost wirst du in der Betrachtung dieser Wahrheit finden. So nun Gott für das Gras und für die Sperlinge sorget: sollte er dieses nicht vielmehr für euch thun? o ihr Kleingläubigen! fraget Christus, Matth. VI.

Des

Marcus Aurelius Antoninus

erbaulicher

Betrachtungen

Achtes Buch.

I.

Zur [1] Verleugnung der eitlen Ehre können dir folgende Betrachtungen dienen: daß es unmöglich gewesen, von Jugend auf ein solches Leben zu führen, welches der Weisheit in allen Stücken vollkommen gemäß gewesen; und daß es sowol dir selbst, als andern, bewußt ist, wie weit und wie lange du von der wahren Weisheit entfernet gewesen bist. Da siehest du, daß deine Rechnung falsch ist, wann du dir eingebildet, bey dieser Unvollkommenheit den Namen eines Weisen zu verdienen. Deine ganze Lebensart streitet dawider.

Gehen dir aber endlich die Augen auf, daß du anfängest zu sehen, worinn die wahre Weisheit bestehet: so wirst du dich nicht viel um die eitle Ehre bekümmern; sondern dein einziger Vorsatz wird

---

[1] Sehet ihr wol, wie aufrichtig Antoninus gegen die Ehrbegierde streitet! daß also die Beschuldigung falsch ist, wann einige sagen: alle Heiden haben nur blos aus Ehrgeiz die Tugend gesucht. Nein, mein Freund, das Gewissen trieb sie dazu, wie Paulus Röm. II. zeiget.

wird seyn, wie du den kurzen Rest deines Lebens der Natur gemäß zubringen mögest.

Ueberlege wohl, was diese erheischet, und laß dich sonst nichts anfechten. Erinnere dich, daß du bey allem deinem Herumschweifen unter der Nichtigkeit das glückselige Leben nicht finden konntest: nicht bey den leeren Vernunftschlüssen; nicht bey dem Reichthum; nicht bey der Ehre; nicht bey der Lust. Nirgends.

Lieber! wo findet man es denn? Darinn, daß man thut, was die menschliche Natur erheischet. Wie geschiehet dieses aber? Wenn man solche Meynungen heget, daraus gute Thaten fliessen. Was sind denn dieses für Meynungen? Die Meynungen von dem Guten und Bösen: das ist, die nichts für gut halten, als was den Menschen gerecht, mäßig, tapfer und frey machet; und die nichts für böse schätzen, als was das Gegentheil wirket.

II.

² Frage dich selbst bey einem jeden Beginnen: Wie werde ich mich dabey befinden? wird mich dessen auch gereuen? Es ist noch um eine kurze Zeit zu thun: so bin ich todt, und alles ist dahin. Was will ich mehr, als meine Werke so verrichten, wie es einem vernünftigen Geschöpfe zukommt, das gesellig

---

² Dieser Absatz ist der Ermahnung Sirachs ähnlich: Was du thust; so bedenke das Ende; so wirst du nimmermehr Uebels thun.

gesellig ist, und mit den Göttern nach einerley Gesetzen handelt?

III.

Sind Alexander, ³ Cajus oder Pompejus
mit dem Diogenes, Heraclitus oder Sokrates
zu vergleichen? Diese begriffen alle Dinge nach
ihren Ursachen, ihrem Zeuge und Wesen; ja ihr Gemüth war frey.   Hingegen waren jene in großen
Sorgen und in einer weitläuftigen Sclaverey.

IV.

Und wenn du dich gleich zerreissest: so werden
die Leute doch nichts anders thun, als sie zu thun
gewohnt sind.

V.

Fürs erste werde nicht unruhig.   Alles geschiehet der allgemeinen Natur gemäß; und in kurzem
wirst du, eben wie Hadrianus oder Augustus,
nirgends mehr anzutreffen seyn.   Zum andern,
siehe ein jedes Ding recht ein, was es eigentlich ist;
und bedenke, daß es deine Schuldigkeit sey, ein
ehrlicher Mann zu seyn.   Thue unabläßig, was
die Natur eines Menschen von dir erfordert; rede,
was recht ist, und zwar mit Leutseligkeit, mit Ehrbarkeit und ohne Heucheley.

VI.

⁴ Die allgemeine Natur ist immer geschäfftig,
dieses

---

3 Er redet von Cajus Julius Cäsar.

4 Im VII Buche, 18 und 23 Absatze wird hievon deutlicher
gehandelt.

dieses hierhin, jenes dorthin zu versetzen. Alles geschiehet durch die Veränderung. Daher befürchte nichts Neues. Alles ist gewöhnlich, und die Gesetze sind einerley.

VII.

Die ganze Natur ist zufrieden, wann sie ihren richtigen Weg gehet: und die vernünftige Natur gehet alsdann ihren richtigern Weg, wann sie in ihren Gedanken weder 5 mit Lügen, noch mit Ungewißheit, geplaget wird; sondern, wann sie ihre Begierden auf die gemeine Wohlfahrt richtet: wann sie ihre Neigung oder ihren Abscheu auf nichts wirft, als was bey ihr stehet, zu erlangen oder zu hindern: wann sie alles willig annimmt, was ihr die allgemeine Natur zuschicket: 6 denn sie ist ein Theil derselben, wie die Natur des Laubes

gehandelt. Die Absicht ist, durch öftere Wiederholung dieser Betrachtung die Furcht des Todes zu vertreiben, die ihn öfters scheinet unruhig gemacht zu haben. Viel glücklicher sind demnach die Christen, die mit Paulo sagen können: Leben wir: so leben wir dem Herrn; sterben wir: so sterben wir dem Herrn. Darum, wir leben oder sterben: so sind wir des Herrn. Röm. VIII.

5 Mit Lügen] So nennet er die falschen Meynungen von allen Dingen, samt der Verstellung oder Heucheley.

6 Denn sie ist ein Theil derselben] Er redet von der Gemeinschaft der vernünftigen Geschöpfe mit Gott, auf eine heidnische und stoische Weise. Johannes aber unterrichtet uns von unserer Gemeinschaft durch Christum mit Gott und von den Wirkungen seiner Gnadenstärke viel tröstlicher.

bes ein Theil der Natur des Baumes ist; jedoch mit diesem Unterschied:

Die Natur des Laubes ist ein Stück von einem leblosen unvernünftigen Holze, das in seinen Wirkungen kann gehindert oder gezwungen werden; dahingegen ist die Natur des Menschen 7 ein Theil eines vernünftigen, weisen, gerechten, unveränderlichen Wesens, das einem jeden Dinge seine Zeit, Wesen, Ursache, seine Wirkungen und Zufälle unveränderlich austheilet. 8 Dieses wirst du wahr zu seyn befinden, wenn du die Dinge nicht einzeln, oder besonders; sondern in ihrem ganzen Zusammenhange mit andern und überhaupt betrachtest.

VIII.

9 Gesetzt, du könntest nicht einmal lesen: so kannst

---

7 Ein Theil] Wie gesagt, dieses ist ein stoischer Irrthum, daran sich kein vernünftiger Christ stoßen wird; weil er bedenket, daß ein Heide nicht anders, dann als ein Heide, schreiben konnte.

8 Dieses wirst du] Daher kommt der Selbstbetrug, weil die Menschen hie und da einen Zufall besonders betrachten, und darüber ein Urtheil fällen, er sey gut oder böse. Sie sollten aber alle Dinge in der Ordnung ansehen, darein die Vorsehung eines weisen Gottes dieselben gesetzet hat: so würden sie bald überzeuget werden, daß auch diejenigen Dinge, die sie zuvor böse nannten, zu einem guten Ende abzielen; und daß also sowol ihr Klagen, als ihre Bekümmerniß, unbesonnen und umsonst gewesen sey.

9 Die Leute, die nicht Lust haben, sich zu bessern, pflegen, wann man

kannst du doch ablassen, dich selbst zu schänden; du kannst den Schmerzen und die Lust überwinden; du kannst dich über alle eitle Ehre erheben; du kannst gegen die Albern und Undankbaren sanft= müthig, und noch dazu für ihre Wohlfahrt be= sorgt seyn.

IX.

10 Laß es niemand hören, daß du das Hofleben, oder auch dein eigenes, tadelst.

X.

Die Reue ist eine Bestrafung seiner selbst, wegen der Versäumung eines Nutzens. Ein Nutzen aber muß etwas Gutes seyn, und ist also werth, daß ein ehrlicher Mann sich darum bekümmere. Nun 11 bedauert kein guter und ehrlicher Mann, eine Wollust versäumet zu haben: daher folget, daß die Wollust weder etwas Gutes, noch etwas Nütz= liches sey.

XI.

man ihnen ihre Laster vorhält, zu sagen: Ja, ich habe nicht studiret; ich kann das so nicht thun, wie jener weise Mann. Ich bin nur einfältig ꝛc. Antoninus entdecket in dieser Betrachtung die Nichtigkeit solcher Ausflüchte; und wir Christen nehmen die Gnade Gottes zu Hülfe.

10 Die Ursache ist, weil ein frommer und vernünftiger Mensch allenthalben glücklich seyn kann, wohin ihn auch sein Beruf führet.

11 Bedauert] Nein, sondern er bereuet es vielmehr, wann er sie vollbracht hat, und ist traurig; er freuet sich aber, wann er ihren Reizungen entwischet ist.

XI.

Unterfuche ein jedes Ding folgendergeftalt: 12 Was ift diefes an fich felber und nach feiner eigentlichen Befchaffenheit? welches ift fein Wefen, fein Zeug, feine Urfache, Eigenthum? warum ift es in der Welt? oder wie lange wird es darinn bleiben?

XII.

So oft du ungerne vom Schlafe auffteheft: fo erinnere dich, daß es fowol deine Pflicht, als der menfchlichen Natur gemäß fey, etwas zu verrichten, das der Gefellfchaft zuträglich ift. Das Schlafen haft du mit den unvernünftigen Thieren gemein; was dir aber nach deiner eigenen Natur zukommt, das ift dir anftändiger, und muß dir auch angenehmer feyn.

XIII.

Will dir deine Einbildungskraft eine Meynung von den Dingen beybringen: fo unterfuche fie zuvor 14 nach der Natur, nach der Sittenlehre und nach der Vernunftkunft.

XIV.

12 So machte es der weife Salomo, als er zum Lachen fprach: du bift toll; und zur Freude: was machft du?

13 Es ift wahrfcheinlich, daß die fchwache Natur des Kaifers denfelben des Morgens zum Auffteben träge gemacht habe; darum wiederholet er diefe Betrachtungen zweymal, die fchon im V Buche, erftem Abfaße, zu lefen ift. So mußte er feine Neigungen durch öfters wiederholte Betrachtungen zu bemeiftern.

14 Nach der Natur] Das ift, was fein Wefen oder
feine

XIV.

Mit wem du auch zu schaffen haſt: ſo ſtelle bey dir ſelbſt die Frage an: Was für eine Meynung hat dieſer Menſch von dem Guten oder von dem Böſen? Denn daferne er dieſe oder jene Gedanken von der Luſt oder von dem Schmerzen, von der Ehre oder Schande, von dem Leben oder Tode, heget: ſo befremdet es mich nicht, daß er dieſes oder das thut; vielmehr denke ich, daß er, alſo zu handeln, 15 gezwungen wird.

XV.

So lächerlich es wäre, ſich zu verwundern, daß der Feigenbaum Feigen trägt: eben ſo thöricht iſt es, ſich es befremden zu laſſen, daß die Welt das hervorbringet, was ihre Weiſe iſt. Es wäre dem Arzt eine Schande, zu erſtaunen, wann ein Menſch das Fieber hat; und dem Steuermanne, ſich zu verwundern, wann ein widerwärtiger Wind wehet.

XVI.

Gedenke, daß du darum deine Freyheit nicht verliereſt, weil du deine Meynung änderſt, oder einem andern folgeſt, der dich auf beſſere Gedanken

ſeine Beſchaffenheit ſey. Nach der Sittenlehre. Das iſt, was ſein Werk oder Nutzen ſey. Nach der Vernunftkunſt. Das iſt, daß man davon ein unparteyiſches Urtheil fälle.

15 Gezwungen wird] Verſtehe, durch ſeine Einbildung und ſeine Meynungen, die ihm ſeine Begierden abnöthigen.

M

ken bringet: denn du behieltest nichts desto weni=
ger deinen Willen, und dein freyes Urtheil; und
ob du gleich anderer Meynung wirst: so vollbrin=
gest du die Sache doch nach deinem Sinne.

XVII.

Stehet es in deinem Vermögen: warum thust
du es nicht? Stehet es bey einem andern: wen
beschuldigest du denn? 16 Etwan die Stäublein,
oder die Götter? Beydes ist albern. Daher
beschuldige niemand. Kannst du die Sache ver=
bessern: thue es. Wo nicht: was hilft dich denn
das Klagen? Vergebens muß man nichts thun.

XVIII.

Was stirbet, das gehet nicht aus der Welt.
Da aber, wo es bleibet, und sich verändert, wird
es in die Anfänge aufgelöset, die sowol der Welt,
als deine eigenen, Elemente sind. 17 Auch diese
werden verwandelt, und murren doch nicht.

XIX.

Ein jedes Ding ist zu etwas gemacht: das
Pferd; der Weinstock. Was wunderst du dich
denn?

---

16 **Etwan die Stäublein**] Dieses wird oben im IV
Buche, 3 Absatze, weitläuftiger erkläret. Denn er setzet
beyderley. Entweder ist eine göttliche Vorsehung; oder
es ist keine: so hast du doch nicht Ursache, dich zu be=
kümmern. Am allerwenigsten aber, weil wir gewiß
wissen, daß Gottes Vorsehung alle Dinge regieret.

17 Deswegen murre du auch nicht, und verzage nicht,
wann du sterben mußt. Dahin zielet die Betrachtung.

denn? Auch die Sonne wird dir sagen: Ich bin geschaffen, etwas zu thun. Die übrigen Geschöpfe sprechen desgleichen. Du aber, wozu bist du geboren? Dich zu belustigen? Siehe zu, ob dieses deine Vernunft vertragen wird.

XX.

Die Natur besorget alle Dinge, sowol was ihr Ende, als was ihren Anfang und ihre Dauerhaftigkeit betrifft; gleichwie derjenige, der den Ball schläget, auf den Ball Achtung giebt. [18] Was für Gutes aber hat der Ball davon, daß er in die Höhe fähret; oder was für Böses, wenn er herunterfällt? Was schadet es der Wasserblase, daß sie stehet; oder was schadet es ihr, wenn sie zerplatzet? Was für Gutes empfindet die Lampe, so lange sie brennet; oder was für Böses, wann sie verlöschet?

XXI.

[19] Kehre deinen Leib um, wie ein Kleid, und besiehe, wie er inwendig beschaffen ist, wann er

M 2 .   alt

[18] Was für Gutes] Er redet von unsern Leibern, daß dieselben dadurch, daß sie sterben müssen, nichts Böses leiden; und indem er alles der Sorgfalt dessen überläs't, der auf den Ball Achtung giebet: so sehen wir wol, daß die Auferstehung der Leiber, auch nach dem Lichte der Vernunft, bey Gott nicht für unmöglich gehalten werde.

[19] Wer so scharfsichtige Augen hätte, daß er durch die Körper hindurch, in ihr Eingeweide, schauen könnte: dem würde

alt geworden ist; wie er aussieht, wann er krank ist; wie, wann er unzüchtig ist; und wie, wann er den Geist aufgegeben hat.

XXII.

Sowol der Lobende, als der Gelobte; sowol der Held, als sein Erheber, leben nur eine kurze Zeit. So erschallet auch das Gerücht des Lobes nur in einen Winkel dieser kleinen Gegend, da nicht alle einstimmig, sondern viele noch mit sich selbst uneins sind. Mit einem Worte: Die ganze Erde ist nur ein Punkt.

XXIII.

Habe auf nichts anderes Acht, als was du gegenwärtig thust, denkest, redest, oder vorhast.

XXIV.

Es geschiehet dir recht, daß du dieses leiden mußt; [20] weil du lieber morgen, als heute, fromm werden willst.

XXV.

würde der schönste Leib als ein Scheusal vorkommen. So ist es dann die Beschaffenheit unserer betrieglichen Augen, die uns mit einer angenehmen äusserlichen Gestalt schmeichelt; als die inwendig und auf dem Grunde ganz anders aussiehet. Doch, dahin bringen nicht alle Augen; sondern nur die Augen des Verstandes.

[20] Denn, indem einer seine Besserung aufschiebet: so fället er nothwendig durch die begangenen Sünden in die damit verdiente Strafe.

XXV.

Thue ich etwas: so ziele ich damit auf das Beste der Menschen; widerfähret mir etwas: so sehe ich auf die Götter, als auf die allgemeine Quelle, daraus alle Dinge fließen.

XXVI.

Was dünket dich von dem Baden? Es ist Oel, Schweiß, Unflat, Wasser, Abschabsel. O wie viel Unsauberkeit! 21 So ist es mit allen Theilen unsers Lebens, und mit allem, was darinn vorkommt, beschaffen.

XXVII.

22 Lucilla hat den Verus sterben gesehen, und sie ist ihm nachgefolget. Secunda ist nach dem 23 Maximus gestorben. Epitynchanus hat nicht gar lange nach dem Diotimus gelebet. Erst Faustine, hernach Antoninus. 24 Celer ist bald zu dem Hadrianus gefahren. So gehet es mit allen! Wo sind itzo die witzigen Geister? so viele große

M 3			Stern=

21 So ist es mit] Die Ursache ist, weil alles, was in diesem Leben zu unserer Ergötzung vorhanden ist, an und für sich aus dergleichen unflätigen Dingen bestehet.

22 Lucilla] Sie war die Tochter des Antoninus, die er an seinen Mitregenten, Verus, vermählet hatte.

23 Maximus] War ein guter Bekannter, dessen er im ersten Buche gedenket.

24 Celer] Ein berühmter Redner, den Hadrianus dem Antoninus und dem Verus zum Lehrmeister gegeben hatte.

Sternkundige? so viele aufgeblasene Menschen?
25 Hierar, 26 Demetrius, der Platonist, und
27 Eudemon? Sie haben einen Tag lang gelebet, und sind bereits viele Jahrhunderte todt gewesen. An etliche hat man nicht lange nach ihrem
Ableben gedacht; anderer Namen aber sind zur
Fabel geworden. Bedenke hiebey, daß dein Leib
auch wird zerstreuet werden, und daß dein Geist
entweder 28 verlöschen, oder anderswohin wan-
dern muß.

XXVIII.

Die Lust eines Menschen bestehet in der Vollbringung dessen, was einem Menschen eigen ist.
Als

25 Hierar] So soll das griechische Wort vielleicht heissen oder Charar. Beyde waren witzige Leute, deren
Stobäus und Suidas gedenken.

26 Demetrius] Vielleicht Demetrius Phalereus,
des Theophrastus Schüler Laertius, im V Buche.
Cicero rechnet ihn unter die scharfsinnigsten Leute, im
ersten Buche von den Pflichten.

27 Eudemon] Dessen wird als eines erfahrnen Stern-
sehers bey dem Vitruvius gedacht.

28 Verlöschen] Mit solcher Ungewißheit war die heidnische Weisheit verknüpfet: daraus dann abermals
der Vorzug des Christenthums über alle Vernunft erhellet; weil wir, Gott Lob! gewiß sind, daß die Seele
nicht kann getödtet werden. Matth. X. Es kann
auch seyn, daß Antoninus nur von den Lebensgeistern
redet, die allerdings zerstreuet werden; nicht aber die
vernünftige Seele, als die, wie er anderswo saget, zu
Gott wiederkehret.

Als da ist: seines Gleichen lieben; die Reizungen der Sinne betäuben; von der Wahrheit oder Wahrscheinlichkeit der Meynungen urtheilen; der allgemeinen Natur folgen, und das, was durch dieselbe geschiehet, betrachten.

XXIX.

Ein jeder hat auf drey Dinge zu sehen. Einmal auf das, was um ihn ist; das ist, auf seinen Leib. Zweytens auf das, was über ihm ist; das ist, auf Gott, von dem alles kommt, was uns begegnet. Drittens auf das, was neben ihm ist; oder auf diejenigen, mit denen er lebet.

XXX.

Der Schmerz ist entweder ein Uebel für den Leib, oder für die Seele. Ist es für den Leib: so lasset den Leib sich darüber beschweren. Trifft es die Seele: so stehet es doch bey ihr, ihre eigenthümliche Lauterkeit und Stille zu behalten, ohne sich vorzustellen, daß es ein Uebel sey. [29] Denn unsere Urtheilskraft, samt einem jeden Triebe,

M 4 Be=

[29] Denn unsere Urtheilskraft rc.] Dieses ist in gewisser Absicht wahr. Allein die Sünde hat uns so schwach und unvermögend gemacht, daß wir nicht allein großentheils die Herrschaft über die Dinge, die ausser uns sind, verloren haben; sondern wir können auch nicht gänzlich verhindern, daß diese auswärtigen Gegenstände nicht einen Eindruck in unser Gemüth machen sollten. Dieses haben die großen Weltweisen nicht völlig erkannt:

daraus

Begierde und Neigung, stecken so tief in uns, daß
dahin nichts Böses dringen kann.

XXXI.

30 Vertilge deine Fantasey, so, daß du ohne Un=
terlaß bey dir denkest: Nun stehet es in meinem
Vermögen, daß in dieser meiner Seele keine Bos=
heit, keine Begierde, noch Verwirrung sey; daher
will ich alle Dinge anschauen, wie sie sind, und
mich ihrer nach ihrem Werthe bedienen. Besinne
dich, daß dir die Natur diese Kräfte gegeben hat.

XXXII.

Du mußt, sowol in der Rathsversammlung,
als anderwärts, anständig und mit Ehrbarkeit
reden;

daraus abermals der Vorzug der christlichen Lehre er=
hellet, die uns sowol den Verfall, als die Wiederaufrich=
tung der menschlichen Natur, deutlich zeiget; auch
alles unser Vermögen, in wahrer Demuth, der göttli=
chen Gnade allein zueignet.

30 Hie nennet Antoninus das Mittel, zu der Vollkom=
menheit, deren er im vorigen gedacht hatte, zu gelangen.
Es ist wahr, daß durch die Einrichtung der Einbildungs=
kraft viel Böses verhütet wird. Aber, wer kann die
Einbildungskraft ganz vertilgen? Aeffet sie uns doch
mit allerley Gedanken, auch wider unsern Willen. Wo
ist der Mensch, der ohne Begierde lebt? Wir können
sie zwar zähmen; aber nicht abschaffen: und dieses
abermals nicht aus eigener Kraft; sondern durch den
Beystand der Gnade Gottes, wie das Christenthum
vortrefflich lehret.

reden; auch keine erborgten Zierlichkeiten suchen: wenn deine Rede männlich und gesund seyn soll.

XXXIII.

Der ganze Hof Augusti, seine Gemahlinn, Tochter, Enkel, Stieffohne, Schwester, Agrippas, seine Verwandten, Bekannten, Freunde, Arius, Mäcenas; seine Aerzte, Priester: ja der ganze Hof Augusti, ist gestorben.

Gehe von da zu andern, und erwäge den Tod, nicht etwan einer einzelnen Person, sondern ganzer Häuser. Zum Exempel, das Aussterben der Pompejen; imgleichen, daß man auf die Gräber zu setzen pfleget: Der Letzte seines Geschlechts.

Dabey erinnere dich, wie viele Mühe die Vorfahrer derselben sich gegeben haben, einige Nachkömmlinge zu hinterlassen, davon doch endlich einer hat müssen der Letzte seines Geschlechts seyn. Erwäge überdieses den Tod ganzer ³¹ Völker.

XXXIV.

Wenn du etwas vorhast: so richte dein ganzes Leben darnach ein. Wendest du so viel Kräfte auf dein Thun, als du kannst: so ist es genug. Dieses aber kann dir niemand wehren, daß du nicht dein ganzes Vermögen dabey brauchen solltest. Gesetzt, es kommt von aussen eine Hinder

M 5

niß

³¹ Wo sind itzo die alten Wenden, die Sclaven, die Cimbrer, die Cherusker, die Obotriten, die Gothen? ꝛc.

niß dazwischen: wie kann diese dir wehren, ge=
recht, mäßig, oder bedachtsam, zu bleiben? Aber,
es wird etwan eine andere Wirkung dabey ver=
hindert. 32 Wenn du diese Hinderniß sanftmü=
thig aufnimmst, und dich derselben mit Gelassen=
heit zu deinem Werke bedienest: so wird aus der
Hinderniß ein neues Werk entstehen, das mit der
Einrichtung, davon ich rede, sehr wohl zusam=
menstimmet.

XXXV.

33 Nimm alles an ohne Hochmuth; laß alles
fahren ohne Widerwillen.

XXXVI.

Wenn du jemals eine abgehauene Hand, oder
einen Fuß, Kopf, oder dergleichen etwas, von
dem Leibe abgesondert gesehen hast: so hast du
das Ebenbild dessen gesehen, der sich von allen
andern absondert; indem er entweder das, was
ihm begegnet, nicht vertragen will, oder sonst etwas
wider das Recht der menschlichen Gesellschaft
vor=

32 **Wenn du diese Hinderniß sanftmüthig aufnimmst]**
Wie vollkommen ist der Mensch, dem die Hindernisse
des Guten selbst zur Beförderung des Guten dienen
müssen: und der, wie Antoninus aus dem Kriege
des rebellischen Cassius, eine Gelegenheit schöpfen kann,
zu zeigen, wie großmüthig er auch gegen seine Feinde sey?

33 **Den Reichen dieser Welt gebeut, daß sie nicht
stolz seyn, auch nicht hoffen auf den ungewissen
Reichthum; schreibet Paulus, 1 Tim. VI.**

vornimmt. Er reiſſet ſich auf dieſe Weiſe ab, und trennet das Band, das die Natur geknüpfet hat.

Du wareſt das Glied eines Leibes, und haſt dich davon abgeriſſen. Doch dieſen Vortheil haſt du noch, daß du dich wieder damit vereinigen kannſt. Dieſes Vermögen hat Gott keinem andern Gliede gegeben. Daher erwäge die Güte des Höchſten, damit er den Menſchen beehret hat, indem er ihm nicht zugelaſſen, ſich gänzlich von der Geſellſchaft zu trennen; ſondern ihm die Freyheit ertheilet, wann er ſich abgeſondert habe, wiederzukehren, und ſich aufs neue mit derſelben zu vereinigen, ſeine vorige Stelle zu bekleiden, oder die Ordnung, darinn er vorhin geſtanden war, wieder auszufüllen.

XXXVII.

Gleichwie das vernünftige Geſchöpfe alle die übrigen Eigenſchaften von der allgemeinen Natur empfangen hat: alſo hat es auch dieſe zugetheilt bekommen, daß, gleichwie jene 34 alles, was ihr

in

34 Alles, was ihr in den Weg kommt] Dieſe Macht und Weisheit Gottes beweiſet nichts deutlicher, als die chriſtliche Lehre, die ſich durch die Verfolgungen ſelbſt hat ausbreiten müſſen. Chriſtus wird den Juden ein Stein des Anſtoßes, und eben dadurch ein Eckſtein ſeiner Kirche. Er wird ausgerottet, und bekommt eben dadurch Samen. Seine Jünger werden verfolget; und ihre Geduld bey ihrer Unſchuld reizet andere, ihrer Lehre anzuhangen. Siehe Ap. Geſch. III. 14. 15. 17. 18. und Philipp. I. 12. 13. 14.

in den Weg kommt, herumdrehet und zu ihrem Nutzen verwendet, und es zu einer nothwendigen Folge machet; 35 also auch das vernünftige Geschöpfe sich bemühen kann, aus allen ihm zustoßenden Hindernissen eine Gelegenheit zu machen, dadurch es zu seinem Zwecke gelangen möge.

XXXVIII.

36 Laß dich die Betrachtung deines ganzen Lebens überhaupt nicht beunruhigen. Quäle dich nicht mit der Vorstellung der künftigen Zufälle; sondern sprich zu den gegenwärtigen: Sind sie auch unerträglich? Du wirst dich schämen, es zu gestehen. Ueberdieses bedenke, daß weder das Vergangene, noch das Zukünftige, sondern allein das Gegenwärtige, verdrießlich ist: und auch dieses wird seinen Verdruß verlieren, wenn du erwägest, wie kurz es ist, und deinem Gemüthe dabey einen Verweis giebest, daß es nicht einmal fähig ist, etwas so geringes zu ertragen.

XXXIX.

35 Also auch rc.] Er will sagen: Der rechte Gebrauch der Vernunft kann zuwege bringen, daß der Mensch sein Kreuz und seine Widerwärtigkeit zu seiner Besserung anwendet.

36 Laß dich rc.] Dieses geschiehet durch Bewahrung eines guten Gewissens. Daher saget Hiob: Mein Gewissen beißt mich nicht meines ganzen Lebens halber.

XXXIX.

37 Sitzen Panthea und Pergamus noch auf dem Grabe ihres Herrn? Weinen Gabrias und Diotimus noch über der Leiche des Hadrianus? Das wäre lächerlich. Und gesetzt, sie befänden sich noch daselbst: würden die Verstorbenen es empfinden? Oder wenn sie es empfänden: würden sie sich dessen erfreuen können? Und wenn sie sich darüber erfreueten: würde dieses die letztern unsterblich machen? Ist es ihnen nicht bestimmt, vorher alt zu werden, und hernach zu sterben? 38 Wie würde es denn jenen endlich ergehen, wenn diese auch gestorben wären? Ach, es lieget

37 Sitzen Panthea und Pergamus] Dieses war eine der größten Ehrenbezeigungen, die den Fürsten nach ihrem Tode wiederfuhr, daß ihre besten Freunde Nacht und Tag auf den Gräbern derselben zubrachten, und sie mit ihren Thränen benetzeten. Antoninus tadelt diese Eitelkeit: und sein Absehen ist, zu zeigen, wie lächerlich es sey, wenn ein Fürst sich darauf was einbilde; indem er, wann er gestorben ist, nichts davon empfinde, und endlich der Ehre doch entbehren müsse, so bald diejenigen, die seinen Tod beweinet hatten, auch sterben. Nachdem Bagapates sieben Jahre lang bey des Darius Grabe gesessen war: so starb er endlich selber; saget Photius.

38 Wie würde rc.] Verstehe, in dem Falle, daß der Verstorbenen Glückseligkeit in dergleichen beständigen Beysitzern bestünde.

lieget nichts, als Gestank und Verwesung, 39 im Sacke!

XL.

Bist du so sehr scharfsichtig? Brauche deine Scharfsichtigkeit zur Weisheit.

XLI.

40 Ich finde in einem vernünftigen Geschöpfe nichts, das mit der Gerechtigkeit streitet; aber ich finde etwas, das der Wollust entgegen stehet, nämlich die Mäßigkeit.

XLII.

Kannst du deine Gedanken von dem, was dir verdrießlich scheint, zurückhalten: so bist du gewiß sicher. Wer bist du? Eine Vernunft! Aber ich bin nicht lauter Vernunft; ich habe auch einen Leib. Laß es seyn. So laß wenigstens deine Vernunft sich nicht selbst beunruhigen. Befindet sich der Rest übel: so laß ihn, wenn er kann, selber davon urtheilen.

XLIII.

39 Im Sacke] Er verstehet dadurch den ledernen Sack unserer Haut, darinn ein verweslicher elender Körper stecket.

40 Antoninus will beweisen, daß die Gerechtigkeit eine Tugend, und die Wollust ein Laster sey. Die Gerechtigkeit ist darum eine Tugend, weil ihr keine Tugend entgegen stehet, die mit ihr streitet; die Wollust aber ist ein Laster, welches daraus erhellet, weil die Tugend der Mäßigkeit und Enthaltung der Wollust entgegen gesetzet ist, und mit derselben streitet.

XLIII.

Was die Empfindung und Bewegung hemmet, das ist dem Leben der Geschöpfe hinderlich; was das Wachsthum aufhält, das ist den Pflanzen schädlich; was den Muth dämpfet, das ist der Vernunft zuwider. Ziehe alle diese Wahrheiten auf dich. Kitzelt dich die Lust? peiniget dich der Schmerz? Das gehöret für deine Sinne. Wiedersetzt man sich deinem Willen? War dein Vorsatz ohne Beding: 41 so war er der vernünftigen Natur zuwider. Hast du dir aber alle Zufälle, die dir in den Weg kommen könnten, vorgestellet: so wird sich abermals keine Hinderniß eräugen; denn nichts, ausser du selbst, kannst die Bewegungen deines Geistes hindern oder hemmen. Kein Schwerdt, noch Feuer; kein Tyrann, noch Verleumdung; nichts, sage ich, kann ihn berühren, daferne er wohl in sich selbst gefaßt, gesammelt, und gleichsam so rund, als eine Kugel, ist.

XLIV.

Warum sollte ich mich selbst betrüben; da ich niemals einen andern vorsetzlich betrübet habe?

XLV.

Einen ergötzet dieses, einen andern das; mich aber vor allen, wann ich ein gesundes Gemüth habe,

---

41 So war er ꝛc.] Denn ein Vernünftiger weiß, daß er unter Gott stehet; darum will er nichts, als was Gott will.

habe, das weder die Menschen, noch etwas, das menschlich ist, scheuet; sondern das alle Dinge mit freudigen Augen ansiehet, alles mit Lust annimmt, und alle Dinge nach ihrem Werthe brauchet.

XLVI.

Siehe zu, daß die gegenwärtige Zeit dir zu statten komme. Denn die sich viel darum bekümmern, was man in künftigen Zeiten von ihnen sagen werde, die bedenken nicht, daß diejenigen, die ihnen nachfolgen, denen gleich seyn werden, die sie gegenwärtig kaum ertragen können; ja, daß jene sowol, als sie selber, sterblich sind. Was lieget denn daran, was sie dir für einen Ruhm beylegen, oder was sie für eine Meynung von dir haben?

XLVII.

Hebe mich auf, und wirf mich, wohin du willst: mein Gemüth in mir wird doch allenthalben gelassen seyn; ich meyne, es wird zufrieden seyn, daferne es seiner eigenen Natur und Pflicht gemäß handeln kann.

XLVIII.

Lieber! ist diese oder jene Sache von solchem Werthe, daß meine Seele sich deswegen beunruhige, und sich verschlimmere: indem sie entweder niedergeschlagen wird, oder sich durch brünstige Begierden ausdehnet; indem sie verwirrt wird, oder erschrickt? Wo findet sich etwas, sage ich, das so viel werth ist?

XLIX.

XLIX.

Es kann keinem Menschen etwas begegnen, ausser was ein menschlicher Zufall ist; keinem Ochsen etwas, ausser was einem Ochsen zukommen kann; keinem Weinstocke etwas, ausser was einem Weinstocke eigen ist; keinem Steine etwas, ausser was einem Steine gemäß ist. Wenn daher einem jeden begegnet, was die Gewohnheit und seine Natur mit sich bringet: worüber sollte man sich wol entrüsten, indem die allgemeine Natur dir [42] nichts unerträgliches widerfahren lässet?

L.

Wenn du etwan durch ein Ding, das sich ausser dir befindet, beunruhiget wirst: so wisse, daß es nicht das Ding selbst ist, das dich quälet; sondern die Gedanken, die du dir selbst davon machest. Es stehet aber bey dir, dich derselben zu entschlagen.

Wenn dich demnach etwas bekümmert, das in deiner Gemüthsbeschaffenheit gegründet ist: was hindert dich, deine Meynung davon zu verbessern? Imgleichen, wenn du dich darüber ängstigest, daß du nicht gethan hast, was dich recht zu seyn dünket: warum thust du nicht lieber, was recht ist, als daß du dich darüber bekümmerst?

Allein

---

[42] Nichts unerträgliches] Alles, was uns nicht gänzlich aufreibet, ist erträglich. So hat Antoninus schon oben erwähnet, daß ein Mensch sich schämen wird, dasjenige unerträglich zu nennen, was menschlich ist.

N

Allein ich werde durch eine größere Macht daran verhindert. Was quälest du dich denn, wenn die Schuld nicht an dir lieget? Aber ich kann nicht leben, wenn es nicht geschiehet. 43 So scheide dann so ruhig aus dem Leben, als wenn du es vollbracht hättest; doch so, daß du nicht vergessest, denen zu verzeihen, die dir daran hinderlich gewesen sind.

LI.

Bedenke, daß dein Gemüth unüberwindlich sey, daferne es in sich selbst gefaßt und mit sich selbst zufrieden ist, und nichts thut, als was es will; auch alsdann, wann es unvernünftig und eigensinnig handelt: wie viel mehr dann, wann es der Vernunft gemäß und behutsam von einer Sache urtheilet?

44 Daher ist ein von Begierden freyes Gemüth gleichsam ein festes Schloß; und der Mensch hat keine sichrere Zuflucht, die ihn gegen alle Anläufe besser schützen könnte. Wer diese Festung nicht kennet,

43 So scheide] Wir haben schon oben im V Buche, 29 Absatze gezeiget, daß dieser Irrthum mit der Menschlichkeit und mit des Antoninus eigener Erkenntniß streite. Merkwürdig aber ist hier, daß der Heide verbietet, in Unversöhnlichkeit mit dem Feinde zu sterben.

44 Daher ꝛc.] Freylich ist ein wohleingerichtetes Gemüth eine starke Mauer; aber der Beystand Gottes ist noch stärker. Dahin weiset uns Salomo: Der Name des Herrn ist ein festes Schloß; der Gerechte läuft dahin, und wird beschirmet.

kennet, der ist unwissend; und wer dieselbe siehet,
ohne sich hinein zu begeben, der ist unglückselig.

LII.

Denke nicht weiter, als die ersten Vorstellungen
gehen. Man stellet dir vor: Dieser oder jener
habe übel von dir geredet. Dieses allein wird
dir gesaget; nicht aber, daß du dadurch beleidiget
seyest. Ich sehe ein krankes Kind; aber das sehe
ich nicht, daß es mit ihm Gefahr habe. Solchergestalt bleibe bey der ersten Vorstellung, und setze
von dir selbst nichts dazu: so wird dich nichts bewegen. Willst du aber etwas dazu thun: so thue
es als ein Mensch, 45 der alle Dinge kennet, die
sich in der Welt zutragen können.

LIII.

Die Gurken sind bitter. Laß sie stehen! Es
sind Dornen auf dem Wege. Weiche ihnen aus!
Das ist genug. Sage aber nicht: Warum ist
dieses in der Welt? sonst wirst du von den Natur-
kundigen ausgelachet werden. 46 Eben wie dich
ein Zimmermann oder Schuster auslachen würde,
wenn du ihnen aufrücktest, daß Lappen oder Säge-
späne in ihrer Werkstatt liegen.

N 2   Jedoch

45 Der alle Dinge] Das ist, der sich dergleichen zukünftige Dinge vorstellet, um sich zu bereiten, dieselben,
wann sie kommen, gelassen zu empfangen.

46 Antoninus will durch diese tiefsinnige Betrachtung zeigen, wie abgeschmackt die Frage sey: Woher kommt
das Böse? nebst allen denen, die sich darüber zanken.

Jedoch haben diese Handwerker gewisse Oerter,
dahin sie diesen Unrath werfen; aber die Natur hat
nichts, ausser sich allein.   Dieses macht sie wun=
dernswürdig in ihrer Kunst: daß, weil sie sich selbst
ihre Grenzen ist, sie alles in sich selbst verwandelt,
was in ihr scheinet verdorben, veraltet und unnütz
zu seyn, und sich dessen bedienet, etwas Neues dar=
aus hervorzubringen: also, daß sie keiner auswär=
tigen Materie, noch eines Ortes, dahin sie ihren
Unrath wärfe, bedarf; weil sie sich an ihrem eige=
nen Orte, Zeuge und ihrer Kunst begnüget.

LIV.

Man muß nicht nachläßig seyn in seinen Ver=
richtungen; nicht unruhig in dem Umgange; nicht
ungewiß in seiner Meynung, noch unstät in den
Gedanken; nicht schnell oder übereilend im Urtheile;
nicht verwickelt in mancherley Geschäfften.

LV.

Man tödtet mich; man zerreisset mich; man
verfluchet mich.   Was hindert dieses alles, daß
mein Gemüth nichts desto weniger rein, witzig, klug
und gerecht bleibe? Gesetzt, es stellet sich jemand
an eine Quelle; er fängt an, dieselbe zu schelten
und zu verfluchen: würde sie deswegen aufhören,
ihr klares Wasser von sich zu strömen? Wirft
einer aber Unflat hinein: so wird sie denselben
bald von sich stoßen, ohne davon verunreiniget zu
werden.   Wie ist es aber anzufangen, daß du in
dir

dir eine lebendige Quelle, 47 und nicht eine Cisterne
habest? Antwort: Wenn du dich unaufhörlich
bemühest, ungezwungen, frey, einfältig, gleichmüthig und bescheiden zu seyn.

LVI.

Wer nicht weiß, daß eine Welt ist, der weiß auch
nicht, wo er selber ist; und wer nicht weiß, warum
er geschaffen ist, der weiß weder, was die Welt,
noch was er selber ist. Wem aber eine von diesen beyden Erkenntnissen mangelt, der weiß nicht
Rechenschaft zu geben, warum er selbst geboren ist.
48 Was dünket dich nun von einem Menschen, der
entweder die Lästerung derer scheuet, oder das Lob
solcher Leute verlanget, welche großentheils nicht
wissen, wo sie sind, oder was sie sind?

LVII.

Du wünschest, gelobet zu werden von einem
Menschen, der sich selber in einer Stunde dreymal
verflucht. Du begehrest dem zu gefallen, der sich
selber mißfället; denn wie kann der mit sich selbst
zufrieden seyn, den fast alles reuet, was er thut?

N 3

LVIII.

47 Und nicht eine Cisterne] Damit verwirft er alles
gezwungene, geheuchelte und verstellte Wesen. Denn
die Cisternen sind gekünstelt und gegraben; die Quellen
aber natürlich und ohne Zwang.

48 Was dünket dich] Er will zeigen, wie albern es sey,
von den Menschen begehren gelobet zu werden, die sich
mehrentheils selbst nicht kennen. Wie können diese
wissen, ob einer zu tadeln oder zu loben sey?

LVIII.

Du mußt nicht allein mit der Luft, die dich um=
giebet, einstimmig hauchen; sondern dich auch be=
mühen, gleiches Sinnes 49 mit dem alles erfüllen=
den Geiste zu seyn. Denn dieses verständige oder
geistliche Wesen durchdringet alle Dinge, und stellet
sich dem, der sich desselben theilhaftig machen will,
eben so gut dar, als die Luft denen, die Athem holen.

LIX.

50 Ueberhaupt zu reden, schadet die Bosheit we=
der der ganzen Welt; noch jemandem insbesondere.
Nur demjenigen schadet sie, der Macht hat, sich der=
selben zu entschütten, wann er will.

LX.

Der Wille eines andern kann meinem Willen
eben so wenig beykommen, als des andern Seele
oder Leib. Denn ob wir gleich einer dem andern
zum Nutzen geboren sind: so behält dennoch unser
Gemüth seine eigene Freyheit. Sonst könnte des
Nächsten Bosheit mich auch böse machen, welches
doch)

49 Mit dem alles erfüllenden Geiste] Dieses muß
christlich und mit des Apostels Worten ausgeleget wer=
den: In Gott leben, weben und sind wir.

50 Ueberhaupt] Ist mit Behutsamkeit geschrieben, und
also auch mit Bescheidenheit zu erklären. Antoninus
meynet, daß es lächerlich sey, nach dem Ursprung des
Bösen fragen, und nicht vielmehr trachten, die Bosheit
aus seiner eigenen Seele zu vertreiben. Oben im
53 Absatze ist mehr hiervon zu lesen.

doch Gott nicht gewollt hat; damit es nicht in ei=
nes andern Willkühr stehen möchte, mich unglück=
lich zu machen.

LXI.

Die Sonne ergiesset sich gleichsam allenthalben,
ohne ausgegossen oder ausgeleeret zu werden; denn
ihr Ausgiessen ist eine Ausdehnung, daher auch ihre
Strahlen im Griechischen den Namen haben; und
du kannst sehen, was dieselben eigentlich sind, wann
sie durch einen engen Ritz in einen dunklen Ort
fallen. Sie laufen in gerader Linie fort, ausser
wann sie durch den Gegenstand eines schattichten
Körpers, der wenig Luft in sich hält, unterbrochen
und verhindert werden. Daselbst werden diese
Strahlen zwar aufgehalten; aber ohne abzufallen
oder sich zu verlieren.

51 Auf gleiche Weise soll das Licht unseres Gei=
stes beschaffen seyn. Es muß von seiner Quelle
ausfliessen, ohne von derselben getrennet zu wer=
den; es muß sich ausdehnen, ohne sich zu verlieren;
es muß nicht mit Ungestüm auf die Hindernisse, die
sich demselben entgegen setzen, stoßen; es muß nicht
abfallen und zerfliessen, sondern bestehen, und alles
erleuchten, darauf es fällt. Alles aber, was seinen
Glanz nicht annehmen will, und seinen Strahlen
den Durchgang versaget, beraubet sich selbst alles
Lichts, und bleibet in der Finsterniß.

N 4   LXII.

51 Auf gleiche Weise] Wer dieses als ein vernünftiger
   Christ betrachtet, dem wird es durch die Lesung des
   Evangelisten Johannis viel deutlicher erkläret werden.

LXII.

Wer den Tod scheuet, der fürchtet entweder die Aufhörung der Empfindung, oder eine andere Art der Empfindung. Wirst du alle Empfindung verlieren und empfindlich werden: so wirst du ja nichts Böses weiter empfinden. [52] Bekömmst du eine andere Empfindung: so wirst du eine neue Creatur werden, und niemals aufhören zu leben.

LXIII.

Die Menschen sind einer um des andern willen geboren. Daher unterweise dieselben, oder vertrage sie.

LXIV.

Anders wird ein Pfeil, anders unser Gemüth getrieben. Der Pfeil geht nicht recht, wenn er nicht gerade fähret; das Gemüth aber gehet auch alsdann zu seinem Zwecke, wann es ausweichet, und wann es sich aufhält, um etwas zu betrachten.

LXV.

[53] Gehe in eines jedweden Gemüth gleichsam hinein, und laß jedermann wiederum in dein Gemüth hineingehen.

[52] **Bekömmst du**] *Er redet nur von dem Frommen oder Vernünftigen: darum gedenket er der Empfindung der Pein der Gottlosen nicht, die sie warlich nicht so unerschrocken im Tode machen kann.

[53] Ein gleiches bedeuten die Worte Christi: Seyd klug, wie die Schlangen; und ohne Falsch, wie die Tauben.

Marcus Aurelius Antoninus

erbaulicher

Betrachtungen

Neuntes Buch.

I.

Wer 1 ungerecht verfähret, der handelt gottlos.
Denn da die allgemeine Natur die vernünftigen Geschöpfe eine zu der andern Dienst erschaffen hat, daß eine der andern behülflich, keineswegs aber schädlich, seyn möchte: so handelt derjenige gottlos, der dieses Gesetz der Natur übertritt, und versündiget sich gegen die ewige Gottheit.

Denn die allgemeine Natur hat einen Einfluß in die besondern Naturen aller Dinge; und alles, was geschiehet, ist unter einander durch das Band

N 5   einer

---

1 Wer ungerecht verfähret, der handelt gottlos] Dieses ist eine so große Wahrheit, daß sie auch den Heiden in die Augen leuchtet. Ungerecht verfahren aber, heisset, dem Gesetze der Natur, oder dem Lichte der gesunden Vernunft, entgegen handeln. Seinen Nächsten verleumden; des Dürftigen sich nicht annehmen; sein Pfund nicht anlegen, wie es sich gebühret u. s. f. sind lauter Gottlosigkeiten, weil alles dieses höchstunbillig ist. So war Antoninus gewissenhafter, als viele Christen heut zu Tage, die sich über so kleine Dinge keinen Scrupel machen.

einer unauflöslichen Verwandtschaft verknüpfet.
Diese Natur wird auch die Wahrheit genannt;
weil sie die erste Ursache und Quelle aller Wahrheiten ist. Wer demnach vorsetzlich lüget, der
handelt gottlos, weil er auf betriegerische Weise
ungerecht verfähret. ² Wer es aber ohne Vorsatz, oder unwissend thut, der wird ungerecht, in so
weit er durch eine solche Lüge von der allgemeinen
Natur abweichet, und, ihr zuwider, dieselbe verunehret, indem er die schöne Ordnung der Welt
zerrüttet.

³ Er widerstrebet ihr aber; weil er, so viel an
ihm ist, sich zu dem neiget, was der Wahrheit entgegen läuft. Denn, weil er die Hülfsmittel, die
er von der Natur empfangen hatte, verwirft: so
geschiehet es, ⁴ daß er hernach das Wahre von dem
Falschen nicht mehr zu unterscheiden weiß.

Zum

² Wer es aber ohne Vorsatz, oder unwissend thut]
Die Christen entschuldigen viele vorsetzliche Lügen; und
ein Heide beweiset mit unumstößlichen Gründen, daß auch
die unwissenden Lügen Gottlosigkeiten seyn.

³ Er widerstrebt ihr aber] Antoninus will hiemit
Ungrund der Entschuldigungen zeigen, die die Misse-
thäter darinn zu suchen pflegen, daß sie dieses oder jenes
aus Unwissenheit gethan hätten; indem er beweiset, daß
keiner aus Unwissenheit sündige, am wenigsten derjenige,
der die ihm von Gott verliehenen Kräfte seiner Vernunft
nicht zur Erkenntniß der Wahrheit anwenden will.

⁴ Daß er das Wahre von dem Falschen nicht mehr zu
unterscheiden weiß] Dieses dienet zur Erläuterung und
Bekräftigung

Zum Exempel: wer den Wollüsten, als einem Gute, nachhänget; den Schmerzen aber, als etwas Böses, fleucht, der handelt gottlos. Denn ein solcher wird die allgemeine Natur öfters beschuldigen, als wenn sie den Frommen und Gottlosen etwas widerfahren liesse, das sie nicht verdienet hätten: indem er siehet, daß viele böse Leute ihre Zeit in Lust und Vergnügen zubringen; da hingegen die Frommen viele Schmerzen und Beschwerlichkeiten ausstehen müssen. Ueberdem, wer den Verdruß scheuet, der wird sich weigern, etwas über sich ergehen zu lassen, das doch in der Welt gemein ist. Und dieses ist abermal gottlos. Wer aber den Wollüsten nachjaget, der wird sich nicht enthalten, Unrecht zu thun. Und dieses ist offenbar gottlos.

5 Hingegen sollte man, der Natur zu Folge, alles gleichmüthig ansehen, was die allgemeine Natur als

Bekräftigung der Worte Pauli, Röm. I. 18. Gottes Zorn vom Himmel wird offenbaret über alle Gottlosigkeit und Ungerechtigkeit der Menschen, die die Wahrheit in Ungerechtigkeit aufhalten ꝛc. und V. 21. Darum sind sie eitel worden in ihren Gedanken, und ihr unverständiges Herz ist verfinstert. Darum hat sie auch Gott dahin gegeben in ihres Herzens Gelüste, in allerhand Unreinigkeiten, zu schänden ihre eigenen Leiber an ihnen selbst ꝛc.

5 Dieser ganze Absatz enthält tiefe Wahrheiten, die theils beweisen, daß Gott kein Geschöpfe bestimmet habe, unglücklich zu seyn; theils die Ungerechtigkeit der menschlichen Unzufriedenheit an den Tag legen.

als gleichgültig verordnet hat: denn sie hätte so=
wol dieses, als jenes, nicht gemacht, wenn sie das
eine nicht so gut geachtet hätte, als das andere.
Wer demnach Ungemach oder Lust, Tod oder Leben,
Ehre oder Schande, nicht alles so gleichmüthig er=
trägt, als gleichgültig es die Natur gemacht hat,
der handelt gottlos.

Wenn ich aber sage, daß die Natur sich dieser
Dinge gleich gut bediene: so meyne ich damit, daß
dieselben nach aller Billigkeit sich zutragen müssen,
weil sie aus den Verordnungen fließen, die die
Vorsehung Gottes von Ewigkeit her auf diese Weise
an einander gefüget hat, als sie ihnen von Anfang
die Bewegung eindruckte, die mit der Zeit derglei=
chen Wirkung hervorbringen sollte; ja, als sie an=
fieng, einen Ueberschlag zu machen von dem, was
künftig geschehen sollte; und als sie die Kräfte aus=
theilete, dieses ins Werk zu richten; als sie das We=
sen der Dinge verordnete, und ihre Veränderungen
und Folgen beschloß.

II.

6 Das allerbeste für einen Menschen wäre,
wenn er aus diesem Leben schiede, ohne zu schmek=
ken, was die Lüge, die Heucheley, die Wollust oder
der Hochmuth wären. 7 Nächst diesem aber würde

es

6 Mit diesen Worten bekennet Antoninus, daß der Men=
schen Zustand vor dem Fall höchst glücklich und voll=
kommen gewesen sey.

7 Nächst diesem] Hiemit aber lehret er, daß die Bekeh=

rung

es ihm zuträglicher seyn, mit einem Ekel oder Ueber=
druß gegen diese oberwähnten Dinge zu sterben;
als ihren boshaften Thorheiten nachzuhängen.

8 Hast du denn noch nicht aus der Erfahrung
gelernet, mein Mensch, die ansteckende Gegend der
Pestluft zu meiden? Welche Pest aber ist so schäd=
lich, als die Verderbniß deines Gemüths? welche
Luft so ansteckend, als der Genuß der dich umzin=
gelnden Laster? Jene vergiften die Menschen, in
so weit sie Geschöpfe oder Thiere sind; diese aber,
in so weit sie Menschen sind.

III.

Verachte den Tod nicht; sondern laß dir densel=
ben angenehm seyn, als ein Werk, das die Natur
erheischet. Denn so natürlich es ist, geboren zu
werden; jung zu seyn; alt zu werden; zu wachsen;
zuzunehmen; Zähne oder einen Bart zu bekom=
men; grau zu werden; Kinder zu zeugen; schwan=
ger zu seyn; zu gebähren; nebst andern dergleichen
Wirkungen der Natur, die das unterschiedliche
Alter mit sich bringet: eben so natürlich ist es auch,
wieder aufgelöset zu werden und zu sterben.

Daher stehet es einem vernünftigen Menschen
an, dem Tode weder frech, noch ungestüm, noch auf=
geblasen zu begegnen; sondern ihn als ein Werk
der

rung von Sünden itzo des Menschen höchste Glückseligkeit
ausmache.

8 Hast du denn] Endlich aber zeiget er, daß der Anfang
der Bekehrung die Vermeidung böser Gesellschaft sey.

der Natur zu erwarten. So wie du itzo harrest, bis deine Frau ihrer Leibesbürde entbunden ist: also mußt du auch die Stunde erwarten, da deine Seele von den Banden dieses Leibes entfesselt wird.

Soll ich dir aber eine gemeine Herzstärkung wider des Todes Bitterkeit vorschreiben? Bedenke, was es für elende Dinge sind, deren Genuß dir durch den Tod entrissen wird? oder, wie die Sitten der Leute beschaffen sind, in deren Umgang deine Seele sich hinfort nicht mehr mischen wird? Denn ob du gleich durch sie eigentlich nicht beleidiget werden sollst; sondern ihren wunderlichen Sinn entweder verbessern, oder vertragen mußt: so stehet es dir doch frey, zu bedenken, daß du von solchen Menschen scheidest, welche mit dir nicht einerley Meynung sind.

Denn wäre etwas fähig, einen in diesem Leben mit Lust zurück zu halten: so wäre es die Neigung zu dem Umgange mit denen, die mit uns einerley Sinnes sind. Da du aber erfahren hast, wie viel Verdruß aus der Menschen Uneinigkeit entstehet; so wirst du nicht unbillig sagen: Eile, Tod, und mache dich bald an mich, ᵍ damit ich nicht noch meiner selbst vergesse!

IV.

ᵍ **Damit ich nicht noch meiner selbst vergesse**] Antoninus scheinet hie von der Schwachheit der menschlichen Natur empfindlich zu seyn, und hat keine so große
Einbil-

IV.

Wer sündiget, der beleidigt sich selbst. Wer ungerecht verfähret, der schadet sich selber, indem er sich selbst schlimmer machet.

V.

Auch handelt man zum öftern ungerecht, sowol, wenn man etwas Gutes unterläßt, als wenn man etwas Böses thut.

VI.

Es ist schon genug, uns in der Welt ruhig zu machen, wenn wir von allem, was uns gegenwärtig zustößet, eine rechte Meynung fassen; wenn wir das Gegenwärtige recht brauchen; wenn wir alle Zufälle mit Vergnügen annehmen, weil sie von der allgemeinen Ursache aller Dinge herstammen.

VII.

Vertilge die *Einbildungen; hemme die Lust; dämpfe die Begierden: so wird dein Gemüth frey und bey sich selber seyn.

VIII.

Die unvernünftigen Geschöpfe haben einerley Leben empfangen, und den vernünftigen ist einerley verständiger Geist mitgetheilet: [10] gleichwie alle

---

Einbildung von sich selber, daß er meynete, seine guten Sitten oder Meynungen könnten dem Umgange mit vielen verderbten Menschen gewachsen seyn.

[10] Gleichwie rc.] Daher soll uns diese Gemeinschaft eines Geistes zur aufrichtigen Liebe der Menschen bewegen:

alle irdifchen Dinge aus einerley Erde beftehen, und
wie alle lebendigen mittelft einerley Lichts fehen,
und vermöge einer und derfelben Luft athemen.

IX.

11 Alle Dinge, die etwas mit einander gemein
haben, find geneigt, fich zu vereinigen. Was von
der

gen; wie diefes im nächftfolgenden Abfatze ausgeführet
wird.

11 Alle Dinge, die etwas mit einander gemein haben]
Antoninus folgert aus diefer natürlichen Regel: Gleich
und gleich gefellet fich gerne; unvergleichliche Wahrheiten. Als erftlich: Je edler, heiliger und reiner die vernünftige Seele ift; je größer ift ihre Sehnfucht, fich mit
Gott, als einem reinen Geifte und Urfprunge ihres We-
fens, zu vereinigen. Zum andern: Obgleich das Verderben dahin gediehen ift, daß unter allen Gefchöpfen der
Menfch allein des Menfchen Wolf wird: fo beweifet doch
ein Böfewicht mitten unter den Ausübungen vieler Un-
menfchlichkeiten, daß er eine Neigung zu feines gleichen
habe, indem ein Böfewicht die Gefellfchaft eines andern
Böfewichtes fuchet. Und ob er gleich boshaft genug
ift, allen Menfchen zu fchaden: fo kann er fich doch der
natürlichen Neigung nicht entfchlagen, mit andern Menfchen umzugehen, oder der Nothwendigkeit, fich ihrer
Hülfe zu bedienen. Hieraus erhellet zum dritten, wie
unnatürlich derjenige handele, der feinen Nebenmenfchen
vorfetzlich beleidiget. Und viertens, daß die Lieblofig-
keit der heutigen Welt das Zeugniß ihres ungemeinen
Verderbens und ihrer Entfernung von aller Gerechtigkeit
und Gottgefälligkeit fey. Zum fünften aber erhellet
aus

der Erde ist, neiget sich zu der Erde; das Feuchte fließet mit dem Feuchten zusammen; die Luft vermenget sich mit der Luft. Wer diese Dinge von einander trennen will, der muß ihnen Gewalt anthun. Das Feuer schwinget sich in die Höhe zu dem elementarischen Feuer. Selbst das Feuer auf Erden ist geneigt, sich mit einander zu vereinigen. So bald etwas Trockenes sich demselben nähert: so entzündet es sich alsobald, weil es keinen Gegenstand der Verhinderung findet.

Imgleichen, alles, was mit der verständigen allgemeinen Natur eine Gemeinschaft hat, das eilet zu seinem Ursprunge: und je besser oder vollkommener es ist; je geneigter und williger ist es, sich mit jenem zu vereinigen und bey ihm zu seyn. Diese Gemeinschaft ist die Ursache, daß man unter den unvernünftigen Thieren ganze Schwärme, große Herden, dicke Haufen von Vögeln und Viehe, ja allenthalben ein Ebenbild der Freundschaft und der Liebe siehet.

Denn je lebhafter und vortrefflicher die Dinge sind; je geneigter sind sie auch, sich unter einander zu vereinbaren, und zwar viel mehr, als die leblosen Steine,

aus diesem vortrefflichen Geständnisse eines Heiden, daß die christliche Lehre die vollkommenste unter allen seyn müsse, weil sie einzig und allein auf der Grundseule der Liebe Gottes und des Nächsten beruhet. Dabey wird man erkennen, ob ihr meine Jünger seyd, saget unser Heiland, so ihr Liebe unter einander habt.

O

Steine, Stauden oder Pflanzen. Aus dieser Gemeinschaft entstehen unter den vernünftigen Geschöpfen Republiken, Freundschaften, Ehestand, Hauswesen, Versammlungen, und mitten unter den blutigsten Kriegen der Waffenstillstand und der Friede.

Sind sie aber noch vollkommener: so wird man unter ihnen auch eine Vereinigung antreffen, wenn sie gleich weit von einander entfernet sind; wie unter den Sternen, die durch die weite Entfernung nicht gehindert werden, unter sich eine Gemeinschaft zu haben, und mit gemeinschaftlicher Wirkung ihre Einflüsse auf solche Dinge zu ergiessen, welche sowol von ihnen, als unter sich selbst, weit entschieden sind.

Was geschieht aber heut zu Tage? Die vernünftige Creatur allein hat diese natürliche Zuneigung vergessen, und man findet bey ihr diesen geneigten und verträglichen Zusammenfluß nicht so häufig. Doch sie mag sich dessen entziehen, so lange sie will; sie wird doch endlich ergriffen. Die Natur ist zu stark: du wirst finden, daß es wahr sey, was ich sage, wenn du nur darauf Acht hast. Denn du wirst eher etwas Irdisches von dem Irdischen getrennet, als einen Menschen gänzlich von andern Menschen abgeschieden sehen.

X.

Gott, der Mensch und die Welt bringen ihre Früchte, und ein jedes zu seiner Zeit; denn obgleich

diese

diese Redensart eigentlich dem Weinstocke zukomt:
so hindert es doch nicht, daß sie auch von jenen in
einem verblümten Verstande gebraucht werde.
Die Vernunft träget auch ihre Frucht; daraus
erwächset hernach abermals etwas, [12] das der
Vernunft, als seinem Ursprunge, ähnlich ist.

XI.

Bessere die Bösen, und bringe sie zurechte,
wenn du kannst: wo nicht; so bedenke, daß dir
um ihrentwillen die Sanftmuth und Leutseligkeit
gegeben sey. Die Götter selbst verfahren täglich
gelinde mit ihnen, und gönnen denselben einen
gnädigen Beystand in ihrem Besten. Sie sind
so gütig, daß sie den Bösen Gesundheit, Reich=
thum und Ehre verleihen. Werde ihnen hierinn
gleich; oder sage: [13] was hindert dich daran, daß
du es nicht thun kannst?

O 2   XII.

[12] Das der Vernunft, als seinem Ursprunge, ähnlich
ist] Dieses bedeutet eben das, was Christus saget:
Ist der Baum gut: so ist die Frucht auch gut. Nun
ihr zu Gott bekehret seyd: habt ihr eure Frucht,
daß ihr heilig werdet. Röm. VI. 22.

[13] Was hindert dich] Den Menschen wird an solcher
Leutseligkeit nichts, als die Bosheit seines Herzens,
hindern, nebst der übeln Beschaffenheit seines Verstandes.
Da nun dieses Fehler sind, deren sich ein jeder um so viel
mehr schämet, weil er selbst schuld daran ist: so will
Antoninus mit dieser Frage einen jeden in sich selbst
hineinführen. Siehe des dritten Buches 12 Absatz,
und des achten Buches 47 Absatz.

XII.

14 Arbeite; aber nicht als ein Elender, über den man sich verwundern oder erbarmen soll: sondern arbeite und ruhe also, daß daraus das Beste des gemeinen Wesens entstehen kann.

XIII.

Heute habe ich mich von aller meiner Bekümmerniß entlediget; oder vielmehr, daß ich recht sage: 15 ich habe alle meine Bekümmerniß weggeschmissen; denn sie war nicht sowol ausser, als in mir, nämlich in meiner Einbildung.

XIV.

Alle Dinge in der Welt sind gewöhnlich, nach ihren Begebenheiten; kurz nach ihrer Dauer; verächtlich nach ihrem Wesen. Mit einem Worte: Alles Gegenwärtige ist dem gleich, was zu den Zeiten derer war, die wir begraben haben.

XV.

14 Arbeite] Anderwärts saget er, daß vieler Leute großer Fleiß nichts, als ein arbeitsamer Müßiggang sey, weil damit wenig Gutes gestifftet werde. Was soll man aber von der Arbeit sagen, die das Böse vermehren hilft?

15 Ich habe alle meine Bekümmerniß weggeschmissen] Was dünket dich, geliebter Leser: ist die christliche Lehre nicht weit vollkommener, als die höchste Weisheit der Heiden? wann sie in unserer Bekümmerniß zu uns mit David spricht: Wirf dein Anliegen auf den Herrn, der wird dich versorgen, und den Gerechten nicht ewiglich in Unruhe lassen.

XV.

Alle Dinge sind ausser uns, und stehen gleich=
sam 16 vor unserer Thüre. Sie wissen auch sel=
ber nicht, was sie sind, und können es uns noch
viel weniger offenbaren. Wer ist es denn, der
uns dieses ansaget und davon urtheilet? Unser
Gemüth.

XVI.

17 Das Gute und Böse der vernünftigen Ge=
schöpfe, die zur Gesellschaft geboren sind, bestehet
nicht in der Einbildung; sondern in den Werken:
eben wie die Tugenden oder Laster nicht in der
Meynung, sondern in der That, bestehen.

XVII.

18 Für einen weggeworfenen Stein ist es weder

D 3

bös,

---

16 Vor unserer Thüre] Dieses ist der Sinn der Worte,
die Gott dort zu Cain sagte: Bist du aber nicht
fromm; die Sünde ruhet vor der Thüre: laß du ihr
aber nicht ihren Willen; das ist: laß sie nicht in dich
hineinkommen, sondern halte sie ausser dir, und herrsche
über sie; sonst, wenn du sie in dein Gemüth hineinläs=
sest, wird sie über dich herrschen.

17 Das Gute] Da habt ihr eine Probe des Guten und
Bösen. Es bestehet nicht in Worten; sondern in der
That. Umsonst brüstet sich Callias mit seiner reinen
Lehre, wenn seine Werke bös sind.

18 Für einen Stein] Eben so redet er oben im VIII
Buche, 20 Absatze, von einem Balle. Die Meynung
ist, daß unsere Leiber davon nichts Böses empfinden,
daß sie, wie die Blumen, abfallen.

bös, wann er unterwärts fället; noch gut, wann
er in die Höhe fähret.

XVIII.

Gehe in das Inwendige der Menschen hinein:
so wirst du aus dem Urtheile, das sie über sich
selber fällen, ersehen, [19] wie wenig du dich vor
ihrem Urtheile über dich zu fürchten hast.

XIX.

Alle Dinge verwandeln sich. Du selbst wirst
von Tag zu Tage verändert. Dein ganzes Leben
ist eine stetswährende Verwesung. Und so ist es
mit der ganzen Welt.

XX.

[20] Dieses ist eines andern Versehen; dabey
muß man es lassen.

XXI.

[21] Das Ende eines Werks, die Aufhörung
einer Bewegung, die Aenderung einer Meynung;
sind

[19] Wie wenig du dich vor ihrem Urtheile zu fürchten
hast] So saget Tertullian von dem gottlosen Tyrannen Nero: Es sey den Christen eine Ehre, daß
sie von ihm verfolget würden; weil von einem
solchen Unmenschen nichts, als was gut sey, gehaß-
set werden könne.

[20] Dieses ist] Ist eben so viel, als: Ein jeder hüte sich
vor seiner eigenen Bosheit; so wird ihm eines andern
Bosheit nicht schaden.

[21] Das Ende eines Werks] Der Herbst ist des Som-
mers

sind so viel Arten des Todes, daran nichts Böses
ist. Gehe die verschiedenen Zeiten unsers Alters
durch: die Kindheit, die Jugend, das männliche
und hohe Alter; und bemerke ihre Veränderun=
gen. Du wirst zwar darinn mancherley Tod,
aber dabey nichts schreckliches, finden.

Weiter erinnere dich der Zeit, die du bey dei=
nem Großvater, hernach bey deiner Mutter, und
endlich bey deinem Vater, zugebracht hast. In=
dem du nun alle diese Veränderungen, die mit dir
vorgegangen sind, erwägest; so frage dich selbst:
ob diese Veränderungen dir sehr beschwerlich gefal=
len sind? Daraus wirst du überzeuget werden,
daß du bey der endlichen Auflösung und Abwechs=
lung deines ganzen Lebens eben so wenig Böses
zu fürchten habest.

XXII.

Durchforsche und untersuche deinen eigenen
Geist, den Geist der Welt, und den Geist deines
Nächsten. Deinen eigenen; damit du dein Ge=

O 4

müth

mers Tod, und der Frühling des Winters. Eben so
ist es mit den Zeiten unseres Lebens. Das männliche
Alter ist der Tod der Jugend; und die Jugend stirbet
der Kindheit ab. Wer diese verschiedenen Abwechslun=
gen seines Lebens erlebet hat, der ist so vielmal gleich=
sam gestorben. Da wir nun schon so manchen Tod
empfunden haben: warum wollen wir den allerletzten
scheuen?

müth nach der Gerechtigkeit einrichtest: [22] den Geist der Welt; damit du dich erinnerst, du seyst ein Stück davon: den Geist deines Nächsten; damit du erfahrest, ob er vernünftig handele, und zugleich bedenkest, daß er dein Nächster oder dein Verwandter sey.

XXIII.

Da du dazu geboren bist, ein Glied der menschlichen Gesellschaft zu seyn: so laß alle deine Verrichtungen zur Erfüllung der Pflichten abzielen, die der bürgerlichen Gesellschaft zuträglich sind. Deine Handlungen demnach, die nicht auf diesen Zweck gerichtet sind, zerreissen und zerstücken dein Leben, und machen, daß es nicht einförmig ist. Sie sind gleichsam die Aufrührer, die den Frieden und die Eintracht einer wohleingerichteten Stadt stören.

XXIV.

[23] Die Knaben zanken sich; die Kinder spielen; die Geister tragen einen todten Leichnam herum. So

22 Den Geist der Welt rc.] Er redete abermals als ein heidnischer Weltweise; welches ja nicht zu verwundern ist. Dieses wird zu dem Ende angemerket, damit die Einfältigen sich nicht daran stoßen.

23 Die Knaben zanken sich] Der griechische Text ist dunkel. Doch wird dieses wol die Meynung seyn, was Sophocles saget: Ich sehe, daß alle, die wir auf der Erde leben, nichts anders, als Schatten und Gespenster, sind.

So mag man unſer Weſen mit einem ſteten Leichenbegräbniſſe vergleichen.

XXV.

Betrachte die eigentliche Beſchaffenheit der Dinge; ſcheide ſelbige, vermöge deiner Gedanken, von ihrem Zeuge: und beſtimme hernach die Zeit, wie lange ungefähr ein jedes Ding dauern kann.

XXVI.

Du haſt dir viel Verdruß damit gemacht, daß du nicht damit zufrieden ſeyn wollen, daß dein Geiſt dasjenige verrichten ſollte, dazu er geſchaffen iſt. 24 Laß es nun dabey bewenden, und mißbrauche ihn nicht mehr.

XXVII.

Schilt dich jemand? haſſet er dich? verleumdet er dich? gehe in ſeine Seele, und ſiehe, was er ſelbſt für einer ſey. Du wirſt bald finden, daß du nicht Urſache haſt, dich darum zu bekümmern, was er von dir denket: vielmehr wird dir dieſes Anlaß geben, ihm gewogen zu ſeyn; denn er iſt, der Natur nach, dein Freund und Nächſter. 1 So nehmen ſich auch die Götter ſeiner vielfältig an,

D 5

und

24 Laß es nun dabey] Ich bin in dieſer dunkeln Stelle des Gatakers Ausbeſſerung gefolget; weil dieſelbe mit des Antoninus anderweiten Schreibart und Gedanken übereinkommt.

²⁵ und helfen ihm durch Träume, durch Weissa=
gungen, oder andern Beystand, ²⁶ in Dingen, die
ihnen selbst zuwider sind.

XXVIII.

Alles, was in der Welt ist, laufet gleichsam in
einem Kreise: bald drehet sich das Oberste nach
unten, bald das Unterste nach oben. Und so wäl=
zet sich eine Zeit nach der andern herum. Es wird
demnach alles entweder durch den Einfluß der all=
gemeinen Vorsehung regieret, deswegen man wil=
lig annehmen muß, was dieselbe verfüget; oder
sie hat einmal für allemal der Natur eine solche
Bewegung eingepflanzet, vermöge der alles, was
sich zuträget, geschiehet; oder, es sind die Stäub=
lein

25 Und helfen ihm durch Träume] Der Aberglaube
brachte es bey den Heiden so weit, daß sie in den Tem=
peln ihre Nachtlager aufschlugen, um daselbst eine desto
gewissere Offenbarung eines Mittels wider ihre Krank=
heiten im Träume zu erwarten. Man könnte dieses
alles ihrer abergläubischen Einbildung zuschreiben;
wenn nicht sehr glaubwürdige Leute, und unter andern
unser Antoninus selbst im ersten Buche, §. 17, aus=
drücklich bekräftiget hätten, daß ihnen dergleichen wi=
derfahren. Was Aristides, Synesius, Sokrates,
der große Alexander, und Hermogenes bey dem Xe=
nophon, dießfalls von sich selbst mit vielen Umständen
bezeugen, leidet der enge Raum nicht, zu gedenken.

26 In Dingen, die ihnen zuwider sind] Er redet
von dem allgemeinen Beystande Gottes; ohne den kein
Sünder leben und die Sünde vollbringen könnte.

lein und der blinde Zufall, die alles verursachen.
Kurz, kommt es von Gottt: so ist alles gut;
kommt es 27 von ungefähr: so siehe zu, daß du
nichts von ungefähr thuest.

XXIX.

In kurzem wird uns die Erde alle bedecken,
und diese wird hernach selbst verwandelt werden,
und so fort, bis 28 in das Unendliche hinaus.
Wer demnach diese Flut und Ebbe der beständi‐
gen Veränderungen betrachtet, nebst der geschwin‐
den Verwandlung, die alle Dinge dahin reisset,
der wird sich nicht enthalten können, alles Irdische
und Sterbliche zu verachten.

XXX.

29 Die Natur ist gleichsam ein starker Strom,
der alles mit sich fortreisset.

XXXI.

27 Von ungefähr] Wie artig und nachdrücklich ent‐
blößet hier Antoninus den Irrthum der Epicurer.
Der Mensch thut ja nichts von ungefähr: wie sollte
denn die ganze ordentliche Welt von ungefähr durch die
Natur gemacht seyn?

28 In das Unendliche] Die Stoiker glaubten eine Ver‐
wandlung, die die Welt immer verneuern würde.

29 Hievon ist schon oben im II Buche, 17; und im VII
Buche, 19 Absatze, gehandelt worden. Heraclitus hat
gesagt: man könne nicht zweymal in denselben Strom
steigen. Die Ursache ist, weil er sich alle Augenblicke
verändert, und hernach nicht mehr ist, was er zuvor
war.

XXXI.

Wie verächtlich und läppisch sind nicht diejenigen Staatsleute, die alles nach den Regeln der Weltweisheit abzirkeln wollen! Mein Freund, verrichte, was die Natur itzo von dir erfordert. Wende allen möglichen Fleiß an die Dinge, die dir unter die Hand kommen, und bekümmere dich nicht, ob es jemand merket. Hoffe nicht, des Plato vollkommene Republik zu sehen. Findet sich nur etwan ein Anfang von dem Guten: so vergnüge dich daran, und achte denselben nicht geringe.

Wer kann aller Menschen Meynungen ändern? Und gleichwol ist ohne solche allgemeine Veränderung nichts anderes zu hoffen, als eine erzwungene Dienstbarkeit, ³⁰ begleitet von Seufzern und von Thränen. Gehe hin, rede von Alexander, von ³¹ Philippus, von Demetrius Phalereus. Sie selbst mögen wissen, ob sie gewußt haben, was dem Gesetze der Natur gemäß ist; oder ob sie darnach gehan-

war. Die unaufhörlich daher rollenden neuen Fluten verändern und verwandeln den Strom fast noch geschwinder, als wir denken können. Dieses ist ein schönes Ebenbild der Zeit unseres flüchtigen Lebens.

³⁰ Begleitet von Seufzern] Denn, indem die Bösen wider ihr Gewissen handeln: so macht sie dasselbe mit sich selber unzufrieden.

³¹ Philippus] Er war des großen Alexanders Vater, und sammt dem Demetrius Phalereus der größte Staatsmann, der jemals gelebet hat.

gehandet haben. Sollte aber ihre Aufführung nur ein verstellter Zwang gewesen seyn: so wird mich ja niemand 32 dazu verdammen, es ihnen nachzumachen. Die Weltweisheit lehret mich eine bescheidene Einfalt. Packe dich demnach mit deiner aufgeblasenen Ernsthaftigkeit.

XXXII.

Stelle dich gleichsam auf eine Höhe, und schaue von da unter die Herden so vieler Völker; betrachte ihre verschiedenen Gewohnheiten, wie sie bald im Sturme, bald mit gutem Winde schiffen; bedenke die Mannichfaltigkeit der Dinge, die gewesen, itzo sind, und noch seyn werden; imgleichen das Leben derer, die vor dir gelebet haben, die nach dir leben werden, wie auch solcher Völker, welche man zu deiner Zeit Barbaren nennet. Betrachte alles dieses, und sprich bey dir selbst:

Wie viele Menschen sind in der Welt, die nicht einmal meinen Namen wissen! wie viele sind, die denselben in kurzer Zeit vergessen werden! und wie viele wirst du unter denen, die dich itzo loben, antreffen, die dich in kurzem tadeln werden! Alsdenn wirst du sehen, daß weder ein großer Name, noch hohe Ehre, noch sonst etwas von dergleichen Dingen, unsere Bekümmerniß oder Hochschätzung verdiene.

XXXIII.

32 Dazu verdammen] Die edle und aufrichtige Seele des Antoninus hielte den Zwang der Verstellung der Pein einer Verdammniß gleich.

XXXIII.

Sey ruhig bey allen Begebenheiten, die dir von auſſen zuſtoßen; und gerecht in allen Dingen, die von dir ſelbſt den Urſprung haben. Ich will ſagen: in allem deinem Verlangen und Thun. Beydes ſoll auf das gemeine Beſte zielen; denn das iſt der Natur gemäß.

XXXIV.

Du kannſt dich vieler überflüßigen Dinge, die dich bisher beunruhiget haben, entſchütten; weil ſie blos in deiner Einbildung beſtehen. Das beſte Mittel aber, dein Gemüth aus der Enge und aus dem Gedränge zu ziehen, iſt dieſes: daß du es gleichſam in ein reines Feld führeſt, und die ganze Welt, abſonderlich aber die Zeit, darinn du lebeſt, gleichſam durch die Muſterung gehen läſſeſt; daß du beobachteſt, wie plötzlich alle Dinge abwechſeln, wie ſehr kurz die Zeit iſt, die von ihrem Anfange bis hieher verſtrichen, und noch bis an aller Zeiten Ende dauern wird; daß du betrachteſt, ſo wie die Zeit, die vor deiner Geburt verfloſſen iſt, ſich überaus weit erſtrecket, alſo auch diejenige nicht kürzer ſeyn werde, die anhebet, wenn du geſtorben ſeyn wirſt.

XXXV.

Alles, was du ſieheſt, wird in einem Huy vergehen; diejenigen, die dieſer Dinge Ende ſehen, werden in kurzem auch nicht mehr ſeyn; und einer, der im höchſten Alter geſtorben iſt, wird demjeni-

gen

gen bald gleich werden, den der Tod übereilete, da er jung war.

XXXVI.

Untersuche, wie das Gemüth dieser oder jener Leute eigentlich beschaffen ist? mit was für Verrichtungen sie ihre Zeit zubringen? warum sie andern Gunst und Hochachtung erzeigen? Beschaue ihre Seelen nacket und bloß, und bedenke, wie thöricht ihre Einbildung ist, wann sie entweder vermeynen, dir mit ihrem Lobe einen Dienst, oder mit ihrer spöttischen Verachtung Schaden zu thun.

XXXVII.

Der Verlust ist nichts anders, als eine Verwechselung. Die Natur, die alles weißlich geordnet, hat daran ihren Wohlgefallen. Es ist allezeit so gewesen, und wird auch immer so bleiben. Was sagest du denn, es sey vom Anfange her schlimm in der Welt zugegangen, und werde auch allezeit schlimm zugehen? Wie? sollte unter allen Göttern, deren, wie du glaubest, die Welt voll ist, kein einziger gefunden werden, der vermögend gewesen wäre, diese Unordnung aufzuheben? oder, sollte die ganze Welt dazu verdammet seyn, daß sie in einem immerwährenden Uebel und Unglücke verwickelt bleiben müßte?

XXXVIII.

Der Zeug, daraus ein jedes Ding bestehet, ist nichts, als Verwesung, Wasser, Staub, Knochen, Unflat. Der Marmor ist eine harte Haut der
Erde;

Erde; Gold und Silber sind der Berge Hefen und
Schaum; die Kleider sind der Thiere Haare und
Wolle; der Purpur Schneckenblut, und so weiter;
dein Leben selbst ist von gleicher Art; es kommt,
und fähret wieder dahin.

XXXIX.

Du bist lange genug elend gewesen; du hast
lange genug gemurret: was sollen doch diese Pos=
sen länger? Was bekümmerst du dich? was fin=
dest du Neues, das dich so beweget? Ist es das
Wesen der Dinge? beschaue sie recht! Ist es die
Materie? untersuche sie wohl! Ausser diesen
beyden ist nichts zu finden. Ey, so werde doch
einmal einfältiger und gelassener gegen die Götter.
Es ist einerley, ob du diese Welt hundert Jahre,
oder ob du sie nur drey Jahre lang siehest.

XL.

³³ Hat ein anderer gesündiget, das ist sein Scha=
be. Vielleicht aber hat er nicht gesündiget.

XLI.

Entweder entspringet alles, was geschiehet, aus
einer verständigen Quelle, dem ganzen Leibe zum
Besten; auf welche Weise ein Glied sich nicht zu
beschweren haben würde, wann etwas geschiehet,
das

---

³³ Hat ein anderer gesündiget] Es ist so schwer, von
des Nächsten Thun recht zu urtheilen, daß es am sicher=
sten ist, Christi Regel zu folgen, Matth. VII. Richtet
nicht: so werdet ihr auch nicht gerichtet.

das nicht sowol dasselbe, als den ganzen Körper, angehet: oder alles, was geschiehet, entstehet aus der zufälligen Zusammenstoßung der Stäublein; und auf diese Art wäre die Welt nichts anderes, als eine Vermischung oder Verwirrung.

34 Wovor erschrickst du aber? Wirst du auch zu deinem Geiste sagen: Du bist des Todes; du bist verweset; verstelle dich; pagre dich, hüpfe, iß und trink.

XLII.

Entweder vermögen die Götter nichts; oder sie vermögen etwas. Vermögen sie nichts: warum betest du zu ihnen? Vermögen sie aber etwas: warum bittest du sie denn, daß dir dieses oder jenes widerfahre; und nicht vielmehr, daß du dieses oder jenes durch ihre Gnade weder fürchten, noch verlangen mögest?

Du

34 Wovor erschrickst du aber] Es ist merkwürdig, daß Antoninus der Epikurer Meynung kaum ohne eine Widerlegung anführet. Ist alles ein zufälliger Zusammenstoß von nicht denkenden Stäublein, will er sagen: wovor erschrickt der Mensch denn? warum hat er eine Empfindung von dem Guten und Bösen? warum glaubet er, daß die Seele unsterblich sey? oder, wenn er sich ja einbilden wollte, daß sie vergienge: warum fürchtet er sich doch, und weiß nicht, wovor? oder, warum wird seine Seele nicht durch Essen und Trinken rc. ernähret und unterhalten, wie das übrige Vieh, wenn sie sterblich und vergänglich ist?

P

Du begehrest von ihnen, daß du dich nicht bekümmern mögest: warum aber nicht vielmehr, daß du dieses oder jenes, warum du dich bekümmerst, gänzlich mögest entbehren können? Denn, können die Götter den Menschen in einigen Dingen behülflich seyn: so werden sie vornehmlich hierinn ihre Macht beweisen.

Vielleicht wirst du mir antworten: Dieses sey von ihnen in deine Macht gestellet? Ey, wäre es denn nicht viel besser, wenn du dasjenige, was in deinen Kräften stehet, mit Freyheit thätest, als daß du den Dingen, die nicht in deinem Vermögen sind, mit solcher Niederträchtigkeit, Sclaverey und Unruhe nachjagest? 35 Wer hat dir aber gesagt, daß die Götter uns in den Dingen, die in unsern Kräften stehen, nicht zu Hülfe kommen? Fange nur an, sie darum anzurufen: so wirst du es erfahren. Ein anderer bittet, daß ihm seine Liebste eine Gunst erweisen möge; du aber bitte, daß dir dergleichen Verlangen nie möge in den Sinn kommen. 36 Ein anderer bittet, daß er hie

oder

35 Wer hat dir aber gesagt] Vortreffliches Geständniß von den Wirkungen und der Hülfe der Gnade Gottes, aus dem Munde eines Heiden.

36 Ein anderer] Diese Erinnerung ist merkwürdig, und bestätiget die Gerechtigkeit des Verweises unseres Heilandes, als er zu denen, die mehr um das Leibliche, als um das Geistliche, baten, sagte: Bisher habt ihr nichts gebeten.

oder davon erlöset werde; du aber, daß du solcher
Erlösung nicht mögest vonnöthen haben. Ein
anderer, daß er seinen Sohn nicht verlieren möge;
du aber, daß du dich nicht weigerst, oder fürchtest,
ihn zu verlieren. Laß dein Gebet auf solche Weise
eingerichtet seyn: so wirst du die Frucht davon
empfinden.

XLIII.

"In meinen Krankheiten, saget 37 Epikurus,
"besprach ich mich mit denen, die mich besuchten,
"nicht von den Schmerzen meines Leibes; ich
"hielte auch mit ihnen keine Unterredung eines
"Kranken: sondern ich entdeckte ihnen, was ich
"bey Betrachtung der Natur beobachtet hatte;
"sonderlich aber wies ich ihnen, wie die Seele,
"mitten in der Gemeinschaft der Schmerzen des
"Leibes, ihre Ruhe und ihr eigenthümliches Gut
"behalten könne. Ich gab auch den Aerzten
"keine Gelegenheit, sich zu überheben, als hät=
"ten sie dadurch, daß sie mir zur Gesundheit ver=
"holfen, etwas Großes gethan. Ich unterließ
"also nicht, auch in meiner Krankheit geruhig
"und glückselig zu seyn. „

Thue du in Krankheiten, oder in andern Zufäl=
len, desgleichen. Entferne dich nie von der Weis=

P 2

heit,

37 Epikurus] Ist Epikurus sorgfältiger für seine Seele,
als für seinen Leib: was soll denn nicht ein Christe thun?
Wir sehen aus diesen Worten, daß der Meister nicht so
arg, als seine Schüler, gewesen sey.

heit, und vertiefe dich nicht im Gespräche mit den Unverständigen, oder mit denen, die der Natur nicht aus dem Grunde kundig sind; denn 38 es ist eine gemeine Regel bey allen Künsten: daß man vornehmlich auf dasjenige, was man thut, und auf die Werkzeuge, die man dazu gebrauchet, Acht haben solle.

XLIV.

Beleidiget dich ein Unverschämter: so stelle so gleich bey dir die Frage an: Wie wäre es möglich, daß in der Welt keine unverschämten Leute seyn sollten? Nein, das gehet nicht an: darum verlange nichts, was unmöglich ist. Dein Beleidiger ist aus der Zahl der Unverschämten, die in der Welt nothwendig seyn müssen. Denke eben dieses von einem Arglistigen, oder von einem Verräther, und von allen Menschen, die sich versündigen. Denn so bald du dich besinnen wirst, wie unmöglich es sey, daß dergleichen Leute sich nicht in der Welt befinden sollten: so wirst du alsobald williger werden, einen jeden dererselben insbesondere zu ertragen.

Imgleichen ist es sehr nützlich, sich alsofort umzusehen,

---

38 Es ist eine gemeine Regel bey allen Künsten, daß man vornehmlich rc.] Also muß ein Mensch zuerst untersuchen, zu welchem Ende er in die Welt gekommen? ob es sein Werk sey, vielmehr darinn lustig, als vernünftig, zu leben? Findet er das Letzte: so wird er von sich selbst alle Mittel suchen und anwenden, die ihn zu diesem so edlen Zwecke der wahren Weisheit führen können.

zusehen, was für eine Tugend uns die Natur verliehen hat, diesem oder jenem Laster entgegen zu setzen; denn sie hat nicht ermangelt, uns besondere Tugenden gegen ein jedes Laster, als einen Gegengift, an die Hand zu geben. Als nämlich die Sanftmuth gegen den Unverstand; und gegen eine andere Untugend wieder eine andere Kraft.

Ferner stehet es in deinem Vermögen, dem Irrenden den rechten Weg zu zeigen; denn wer sündiget, der verfehlet des vorgesetzten Ziels, und weichet von dem rechten Wege.

Womit aber hat man dich beleidiget? Betrachte es recht: so wirst du sehen, daß keiner, auf den du zürnest, etwas gethan hat, dadurch deine Seele unvollkommener oder ärger gemacht werden könnte. Und gleichwol bestehet darinn alle wahrhafte Beleidigung. Ueber dieses, was ist darinn Böses oder Ungewöhnliches, wenn ein Unverständiger handelt wie ein Unverständiger?

Solltest du nicht vielmehr dich selbst beschuldigen, daß du nicht vorher gesehen hast, dieser werde dasjenige thun, was er gethan hat? Die Vernunft hat dir oft Gelegenheit gegeben, dir vorzustellen, daß dein Beleidiger einen solchen Fehler begehen könne. Du hast es nur vergessen, dir es vorzustellen: darum befremdet es dich itzo, da er es thut.

Sonderlich, wenn du einen seines Undanks oder seiner Untreue halben tadelst: so wende die Bestra-

     fung

fung auf dich selbst. Denn es ist deine Schuld, daß du entweder geglaubet hast, der Mensch würde dir treu seyn, oder daß du ihm deine Wohlthat nicht vollkommen erwiesen hast; sondern noch auf seinen Dank, als die Frucht deiner Wohlthat, wartest. Was willst du mehr? Hast du ihm doch Gutes erwiesen. Ist das nicht genug? Was verlangest du denn eine Erkenntlichkeit für dasjenige Werk, das die Natur von dir erforderte? Es wäre eben so viel, als wenn dein Auge einen Dank begehrte, weil es siehet; oder deine Füße, weil sie gehen. Denn wie die gedachten Glieder dazu gemacht sind, auch ihren Zweck erlangen, indem sie ihr Geschäffte verrichten: also ist auch der Mensch geboren, Gutes zu thun; und so oft er in dieser Uebung ist, oder etwas thut, das der menschlichen Gesellschaft nützlich ist; so oft erfüllet er nicht nur die Pflicht seines Berufs, sondern empfänget auch dabey zugleich seine Vergeltung.

———————

Marcus Aurelius Antoninus

erbaulicher

Betrachtungen

Zehentes Buch.

I.

Wann wirst du denn einmal, meine Seele; wann wirst du gut, einfältig, unverfälscht und ohne Schminke seyn? ¹ Wann wirst du sichtbarer werden, und deutlicher zu erkennen seyn, als der Leib, der dich umhüllet? wann wirst du die Süßigkeiten der Menschenliebe schmecken? wann wirst du voll von dir selber, und mit deiner Fülle vergnügt seyn? wann wirst du eines fremden Beystandes nicht mehr bedürftig seyn? wann wirst du den thörichten Begierden absagen, die dich deine Lust entweder bey lebendigen, oder bey leblosen Dingen suchen heissen? wann wirst du das

P 4

Ver=

---

1 **Wann wirst du sichtbarer werden ꝛc.** Sichtbarer wird die Seele, wann sie sich nicht zu sehr mit den Wirkungen des Leibes vermischet; sondern sich also davon abziehet, daß sie sich vornehmlich mit Gott vereiniget, und dasjenige am allermeisten suchet, liebet und thut, was ihrer Natur am ähnlichsten, und Gott am gefälligsten ist; auch in vielen Tugendübungen sich ohne Verstellung zeiget. Diese Selbstprüfung des Kaisers ist unvergleichlich.

Verlangen ablegen, einer schnöden Lust lange zu
geniessen? wann wirst du aufhören, dich nach einem
bequemen Orte, oder nach einer gesunden Luft, zu
sehnen? wann wirst du ablassen zu begehren, daß
die Menschen umgänglicher seyn möchten? wann
wirst du, frage ich, mit deinem gegenwärtigen
Zustande zufrieden seyn? wann wirst du anfangen, dich an allem, was dir widerfähret, zu belustigen? wann wirst du überzeuget werden, daß du
alles in dir selbst besitzest, und daß alles zu deinem
Besten diene? daß alles von Gott komme? daß
alles, was ihm gefället, dir zuträglich sey? und
daß alles, was er dir zuschickt, [2] zum Heil des
allervollkommensten, gütigsten, gerechtesten und
schönsten Wesens abziele, das alles hervorbringt,
in sich begreifet, umfasset, und die sich auflösenden
Dinge in sich verschlinget, damit andere ihres
gleichen wieder hervorkommen mögen? Ja, meine
Seele, wann wirst du endlich so geartet werden,
daß du unter den Göttern und mit den Menschen
also lebest, damit du diese nicht beschuldigest, und
jene dich nicht verdammen?

II.

[3] Erstlich betrachte, was die Natur von dir
erfor=

---

[2] Zum Heil des allervollkommensten Wesens] Unter
diesen Worten verstehet er Gottes Ehre. Diese wird von
den Menschen befördert, wenn sie ihr Thun und Lassen
zur Erfüllung seines Willens richten.

[3] Erstlich betrachte ꝛc.] Hier ist der Probierstein alles
Beginnens.

erfordert, als wann du derselben allein zu Gebote
stehen müßtest, und verrichte alsdann alles, da=
durch das Wesen einer lebendigen Creatur nicht
verletzet wird.　Hiernächst, wann du wohl erwo=
gen hast, was die Natur von dir erfordert, in so
weit du eine lebendige Creatur bist: so versage
dir dieses nicht; es sey dann, daß es deiner Natur
zuwider wäre, in so weit du eine vernünftige Crea=
tur bist.　Wer aber eine vernünftige Creatur nen=
net, der bezeichnet dadurch ein Geschöpf, das zur
Gesellschaft geboren ist.　Richtest du dich nach
den angeführten Regeln: so bekümmere dich wei=
ter um nichts.

III.

Alles, was dir widerfähret, ist so beschaffen, daß
du entweder geschickt bist, es zu ertragen, oder nicht
zu ertragen.　Bist du geschickt, es zu ertragen: so
werde nicht ungeduldig darüber; sondern ertrage
es.　Bist du nicht geschickt, es zu ertragen: be=
schwere dich auch nicht; denn es wird, nachdem
es dich aufgerieben hat, von sich selbst aufhören
müssen.　Doch besinne dich, die Natur habe dich

P 5

also

Beginnens.　Ist etwas der Natur gemäß; so ist es den
Creaturen zuläßig.　Doch alles, was natürlich ist, ist
nicht alsobald vernünftig.　Einem Menschen aber stehet
sonst nichts an, als was vernünftig ist.　Wir Christen
gehen noch weiter, und sagen: Nichts ist zuläßig, als
was christlich ist.　Doch dieses streitet nicht wider ein=
ander.　Denn, Lieber! was ist vernünftiger, als eben
dasjenige, was christlich ist?

also bereitet, daß du alles ertragen kanust, was deine Einbildung dir als erträglich vorstellen kann. Daher bilde dir ein, daß es entweder dein Vortheil, oder deine Schuldigkeit sey, es zu ertragen.

IV.

Irret jemand; hilf ihm zu rechte, und zeige ihm seine Fehler mit Sanftmuth. Kannst du dieses nicht thun: so beschuldige niemanden, als dich selbst; 4 ja nicht einmal dich selbst.

V.

5 Alles, was dir begegnet, war dir von Ewigkeit her zubereitet, und die Kette der Ursachen hatte dein Wesen mit diesem Zufalle von Ewigkeit her zusammen geflochten.

VI.

6 Es haben nun gleich die Stäublein oder die Natur statt: so stehet doch dieses fest: Ich bin ein

---

4 Ja nicht einmal dich selbst] Denn der glückliche Erfolg stehet nicht in unserem Vermögen.

5 Er redet von den leiblichen Zufällen, die aus dem ordentlichen Laufe der Natur nothwendig entstehen. Dieses muß zu keiner Fatalität in geistlichen Dingen gemißbrauchet werden; weil unser Geist, nach Antoninus Lehre, ein freyes und ungebundenes Wesen ist.

6 Es haben nun die Stäublein 2c.] Antoninus setzet nach seiner Weise beyde streitenden Meynungen der Epikurer und der Stoiker zusammen, um zu zeigen, daß keine von beyden die menschliche Pflicht aufhebe.

ein Stück von demjenigen Ganzen, das durch die
Natur regieret wird; und zugleich bin ich, durch
die Nothwendigkeit, mit den übrigen Theilen desselben Ganzen verknüpfet.   Weil ich demnach ein
Theil des Ganzen bin: wie sollte ich denn dasjenige übel aufnehmen, was mir von dem Ganzen
selbst zugetheilet wird? Denn was dem Ganzen
dienlich ist, das kann dem Theile nicht schaden.
So hat auch dieses Ganze nichts an sich, was
ihm selbst undienlich wäre.   Dieses ist der gemeine
Vortheil aller Dinge, die in der Natur sind. Doch
hat die allgemeine Natur dieses voraus, daß keine
Ursache von aussen dieselbe zwingen kann, etwas
hervorzubringen, das ihr selbst schädlich wäre.

Die erste Wahrheit, daß ich nämlich ein Theil
des Ganzen bin, wird mich in allen Zufällen, die
mir begegnen können, gelassen machen: und die
andere, daß ich mit den Theilen desselben Ganzen
verknüpfet bin, wird mich bewegen, nichts vorzu-
nehmen, als was dem menschlichen Geschlechte
zuträglich ist; sondern die übrigen, die meines
gleichen sind, stets zum Zwecke zu haben, und alles
mein Vorhaben auf ihren allgemeinen Nutzen zu
richten; auch, was ihnen insgesammt schädlich seyn
könnte, zu vermeiden.

So lange ich aber also gesinnet bleibe, muß mein
ganzes Leben nothwendig glücklich seyn; eben wie
die Tage eines ehrlichen Bürgers, der alle seine
Verrichtungen auf das Beste seiner Mitbürger
richtet,

richtet, und dasjenige willig annimmt, was seine Stadt ihm zutheilet.

VII.

Alles, was die Welt in sich begreift, muß nothwendig vergehen, das ist, verändert werden. Ist dieses ein Uebel für die Welt, und zwar ein unvermeidliches Uebel: so ist der Zustand der Welt gewiß unglücklich, weil alle Theile derselben tausend Veränderungen unterworfen sind. Hat denn die Natur ihre Werke so unglücklich machen wollen, daß sie nicht allein ins Verderben gerathen müssen; sondern dieses auch nicht vermeiden können? oder weiß sie nicht, daß sie dieselben also zubereitet hat? Beydes ist gleich unglaublich.

7 Doch gesetzt, man liesse es mit dem Namen der Natur dahin gestellet seyn, und sagte, daß alle ihre Theile zu einem solchen Ende seyn geboren worden: wäre es denn nicht lächerlich, daß, indem ich gestünde, alles sey der Veränderung unterworfen, ich mich dennoch verwundern oder entrüsten wollte, wann dergleichen Veränderung vorgienge; gerade, als wenn es der Natur entgegen wäre. Sonderlich, da ein jedes Ding in dasjenige aufgelöset wird, daraus es zusammengesetzet ist.

Denn

7 Doch gesetzt] Der Kaiser ist beständig bemühet, das Gemüth von allen unnützen Fragen und Schulgezänken abzuziehen, und dasselbe, durch die Ausübung der menschlichen Pflicht, zu einer gründlichen Zufriedenheit und Ruhe zu leiten.

Denn die Auflösung ist entweder eine Zerstäubung der Elemente, daraus ein Ding bestand; oder eine Verwandlung, kraft der die festen Theile unseres Leibes zu Erde werden, und die luftigen wieder in die Luft zurück kehren: so, daß alles dieses in die allgemeine Natur aufgenommen wird, um entweder nach Verlauf gewisser Zeiten verbrennet, oder durch beständige Veränderungen erneuert zu werden.

Wann ich aber von unsern festen, fleischichten oder luftigen Theilen rede: so denke nicht, daß es in allen Stücken derselbe Leib sey, damit du geboren worden bist; denn der Leib, den du itzo hast, ist von gestern und ehegestern her, auch mittelst der Speisen, die du zu dir genommen, und der Luft, die du an dich gezogen hast, vergrößert worden. 8 Es verändert sich demnach dasjenige nicht, was deine Mutter geboren hat; sondern der Zusatz, den der Leib nach der Zeit empfangen hat. Und gesetzt, dieser Leib dränge und verwickelte dich mit in seine Beschaffenheiten: so würde dieses doch dasjenige, 9 was ich gesaget habe, nicht aufheben.

VIII.

8 Es verändert sich demnach] Wer dieses nach der Natur, und das Wesen unserer Leiber vernünftig betrachtet, der wird finden, daß in den vorhergehenden Worten nichts gesaget worden ist, was mit der Möglichkeit der Auferstehung der Todten streitet.

9 Was ich gesaget habe] Verstehe, daß du Ursache habest, zufrieden zu seyn; wie dieses im Anfange des Absatzes von dem Kaiser erwähnet worden ist.

VIII.

Haſt du dir einmal ¹⁰ den Namen eines Guten, eines Beſcheidenen, eines Wahrhaftigen, eines Klugen, eines Gleich = und Großmüthigen, zuwege gebracht: ſo ſiehe wohl zu, daß du denſelben nicht verliereſt. Sollteſt du aber um dieſe Namen kommen: ſo bemühe dich, dieſelben bald wieder zu erwerben. Wiſſe aber, daß dich die Benennung eines Klugen verbindet, alle Dinge ſelbſt zu unterſuchen und wohl zu überlegen. Die Benennung eines Gleichmüthigen erfordert, daß du alles willig annehmeſt, was der allgemeinen Natur gefället, dir zuzuſchicken. Heiſſeſt du großmüthig: ſo iſt es deine Pflicht, über alle Reizungen deines Fleiſches, über die Begierde der Ehre, und über die Furcht des Todes, mit erhabenem Gemüthe zu herrſchen.

Wenn du demnach dieſe ſchönen Namen mit Recht beſitzeſt, ohne dich darum zu bekümmern, ob andere dir dieſelben beylegen: ſo wirſt du ein ganz anderer Menſch werden, als du zuvor geweſen biſt; auch ein ganz anderes Leben führen. Denn, wollteſt du alſo bleiben, wie du bisher geweſen biſt, und dich in den vorigen Lüſten herum wälzen, oder dich durch die alten Begierden zerrütten

____

¹⁰ Merkwürdig iſt es, daß Antoninus gar keine Meldung von dem Namen eines Hochgelehrten thut. Der kluge Kaiſer wußte, daß Weisheit, Frömmigkeit und Großmüthigkeit nicht aus Büchern erlernet werden.

rütten lassen: So wärest du unverständig, in dieses eitele Leben verliebt, und denen unglückseligen Menschen gleich, die, nachdem sie den wilden Thieren vorgeworfen worden, und schon halb zerfleischet sind, dennoch flehentlich bitten, daß man sie bis auf den morgenden Tag verwahren möge, um alsdann abermals denselben Zähnen und Klauen sich vorwerfen zu lassen.

Bestrebe dich demnach, diese wenigen Namen [11] mit Recht zu erlangen; und wann du sie bekommen hast: so bemühe dich äusserst, dich dabey zu erhalten, nicht anders, als wenn du in die Inseln der Seligen versetzet wärest. Merkest du, daß du dieselben nicht beybehalten könnest: so begieb dich hin [12] in einen Winkel, da du ungestöret leben kannst; oder scheide frey aus dieser Welt, ohne
Wider-

[11] Mit Recht] Das ist, in der That und Wahrheit eine gute, fromme, edle, weise, großmüthige, gelassene Seele zu haben; welcher freudige Zustand des Gemüths ein stetes Wohlleben und ein Vorschmack der ewigen Seligkeit genennet wird. Hievon aber kann niemand etwas wissen, ausser, der durch Gottes Gnade eine solche Seele empfangen hat; und wer es leugnet, oder daran zweifelt, daß es solche Seelen gebe: der verleugnet Gottes Macht, und offenbaret seine eigene Bosheit.

[12] In einen Winkel] Dieser Rath ist menschlicher, als der nächstfolgende, der nach einer stoischen Härte schmecket, die dem Geiste Christi zuwider ist.

Widerwillen, mit einfältigem, [13] gelassenem und ungezwungenem Herzen, voll gutes Muths, daß du wenigstens dieses gute Werk in deinem Leben hast verrichten können, nämlich, dich fröhlich und getrost von hinnen zu begeben.

Willst du aber diese Namen in der That beybehalten: so wird es nöthig seyn, daß du [14] öfters an Gott denkest, und dich erinnerst, derselbe wolle nicht haben, daß die Menschen ihm heucheln; sondern, daß sie ihm gleich werden, und dasjenige thun sollen, was den Menschen zukommt: so wie der Feigenbaum thut, was einem Feigenbaume; der Hund, was einem Hunde; und die Biene, was der Biene gehöret.

IX.

[15] Vielleicht wird ein Possenreisser, der Krieg, die Furcht, die Faulheit, oder die Dienstbarkeit, alle

[13] Mit gelassenem Herzen] Es sind ganz widerstreitende Dinge und Worte des Antoninus : sich mit gelassenem und ungezwungenem Herzen selbst zu ermorden!

[14] Oefters an Gott denkest] Die Vernunft selbst erkennet, daß der edle Zustand der Seele, davon oben gedacht worden, nicht ohne Gottes Gnade zu erlangen sey.

[15] Vielleicht wird ein Possenreisser 2c.] So schwach und ohnmächtig sind wir arme Menschen, so lange wir mit Gott nicht aufs genaueste vereiniget sind. Hangen wir aber an ihm: so werden wir durch seine Kraft so fest, daß weder Tod noch Leben, weder Engel noch Fürstenthum,

alle diese heiligen Lehren, die du in langer Zeit aus Betrachtung der Natur gesammelt haſt, in einem Tage aus deinem Gemüthe vertilgen.

16 Daher mußt du alles ſolchergeſtalt betrachten und verrichten, daß die Ausübung mit der Betrachtung verbunden werde. Alsdann wird aus ſolcher thätigen Erkenntniß eine Zufriedenheit in dir entſtehen, die zwar inwendig, aber doch unverborgen iſt. Da wirſt du ſodann dich deiner Einfalt freuen, wann du mit Ernſthaftigkeit die Beſchaffenheit aller Dinge anſieheſt, und weißt, was ihr Weſen iſt; wohin ſie gehören; wie lange ſie dauern; woraus ſie zuſammengeſetzet ſind; wem ſie zu Theil werden können; und endlich, wer ſie geben oder nehmen kann.

X.

ſtenthum, noch Gewalt, weder Gegenwärtiges noch Zukünftiges, uns von ſeiner Liebe ſcheiden kann. Röm. VIII.

16 Daher mußt du] Antoninus erkannte im vorigen Abſatze die menſchliche Schwachheit. In dieſem aber befiehlet er, die Seele in dem wohlerkannten Guten, theils durch oft wiederholte Betrachtung, theils durch öftere Ausübung des Guten, zu ſtärken; damit alſo die Gewohnheit, das Gute zu unterlaſſen, durch die Gewohnheit, das Gute zu thun, überwältiget werde; aus welcher thätigen Erkenntniß eine gewiſſe Zufriedenheit entſtehet.

Q

X.

Die Spinne, wann sie eine Fliege gefangen hat, dünket sich, eine große That gethan zu haben: und so auch ein Mensch, wann er einen Hasen erjagt; ein anderer, wann er einen Fisch ertappet: dieser, wann er ein wildes Schwein oder einen Bären gefället; jener, wann er etliche Sarmater gefangen hat. [17] Sind diese wol besser, als die Straßenräuber, wenn man ihre Gedanken erwäget?

XI.

Gewöhne dich, fleißig zu betrachten, wie alles, eines in das andere, verwandelt wird. Bemerke diese Veränderung sorgfältig, und übe dich stets in dergleichen Betrachtungen; denn [18] nichts machet die Seele größer, als dieses. Wer bedenket, daß er in kurzer Zeit aus diesem Leben scheiden, und alles verlassen muß: der leget ab, was fleischlich

---

[17] Sind diese wol besser, als die Straßenräuber?] Vielleicht zielet er auf die Worte, mit denen die Scythen den großen Alexander bewillkommeten: Du rühmest, daß du die Räuber zu verfolgen gekommen seyest; da du doch selbst ein Räuber aller derer Völker bist, die du mit Krieg überzogen hast. Curtius, im VII Buche, 8 Cap.

[18] Nichts machet die Seele größer] Die christliche Religion muß also die allervortrefflichste seyn: weil sie diese Selbstverleugnung nicht allein zum Grunde leget, und mit Christi Exempel bestärket; sondern auch die Gnadenmittel offenbaret, zu diesem hohen Stande des Gemüths zu gelangen.

lich ist, und widmet alles sein Thun der Gerech=
tigkeit; seine Zufälle aber stellet er in die Hände
der allgemeinen Natur.   Was übrigens dieser
oder jener von ihm saget oder denket, oder ihm
zuwider thut: das nimmt er nicht zu Herzen;
sondern begnüget sich an diesen zweyen Dingen,
daß er thut, was recht ist, und mit willigem Ge=
müthe erträget, was ihm widerfähret.   Er setzet
alle übrige Bekümmerniß an die Seite, und begeh=
ret weiter nichts, als gerades Weges nach den
Gesetzen einher zu gehen, und Gott in seinem
gerechten Verfahren zu folgen.

XII.

Wozu soll der Argwohn und das Mißtrauen?
Stehet es doch in deinem Vermögen, zu sehen,
was man thun soll.   Siehest du es nun: so setze es
mit Behutsamkeit und Standhaftigkeit ins Werk,
ohne weiter zu sehen.   Siehest du es aber nicht:
so laß die Vollziehung der Sache anstehen, bis
du deine besten Bedienten zu Rath gezogen hast.
Kommt dir eine Hinderniß in den Weg: so richte
dich nach Gelegenheit der Umstände; doch so, daß
du wählest, was dir das Gerechteste zu seyn dünket.
Dieses ist das Beste,   was du thun kannst.
[19] Wenn es nun gleich angenehm scheinen möchte,

Q 2

sich

---

[19] Wenn es nun gleich 2c.] Ich glaube, daß im Grie=
chischen ein Wörtlein aus Unachtsamkeit doppelt gesetzet
sey. Man lasse das ᵒτ᾽ aus: so wird die Meynung
deutlich seyn.

sich davon abhalten zu lassen; so handelt derjenige
doch am schönsten und anständigsten, der in allen
Dingen der Vernunft folget.

XXIII.

[20] So bald du erwachest, so frage dich: ob du
viel daran gelegen sey, wenn ein anderer thut,
was recht und gut ist? so wirst du befinden, daß
es dich nichts angehe.

XXIV.

Wann du Leute reden hörest, die mit Hochmuth
und Einbildung andere loben oder tadeln: so vergiß nicht ihre Lebensart zu untersuchen. Bemühe
dich, zu entdecken, was sie machen, entweder bey
Tische, oder in ihren Zimmern. Dringe bis in
ihre Absichten hinein, um zu erfahren, was sie verlangen oder meiden; welchen Dingen sie nachja-
gen; was sie an sich bringen, stehlen oder rauben:
nicht sowol mit ihren Händen oder Füßen, als
vielmehr [21] mit dem alleredelsten Theile ihrer selbst,
mit dem sie sich, wenn sie wollten, Treue, Glauben, Ehrbarkeit, Wahrheit, Gerechtigkeit, und
ein gutes Gemüth, zuwege bringen könnten.

XXV.

[20] Dieses scheinet zu stark, gegen die Mißgunst; und zu
schwach, zur Beförderung des Guten, zu seyn.

[21] Mit dem alleredelsten Theile ihrer selbst] Er redet
von denen, die ein boshaftes Gemüth gegen ihren Nächsten hegen, und bey aller Gelegenheit seinen ehrlichen
Namen kränken.

XV.

Ein bescheidener und wohlerzogener Mensch spricht zu der alles gebenden und nehmenden Natur: [22] Gieb mir, was du willst; und nimm mir, was du willst. Er saget aber dieses nicht mit trotzigem, sondern mit einem gelassenen und gehorsamen Herzen.

XVI.

Es ist noch etwas weniges von deinem Leben übrig. Lebe demnach, [23] wie auf einem Berge. Denn es ist wenig daran gelegen, ob du hie oder da bist; wenn du allenthalben in der Welt, als wie in einer Stadt, lebest. Auf dieser Höhe werden die Menschen an dir einen wahren Menschen sehen, der der menschlichen Natur gemäß lebet. Wollen sie das nicht vertragen: so laß sie dich tödten. Es ist besser, sterben, als leben wie sie.

XVII.

Es tauget nicht, sich noch länger zu zanken, wie ein ehrlicher Mann beschaffen seyn solle; son-

Q 3   dern

[22] Von solcher Art war Hiob, da er sagte: Der Herr hats gegeben, der Herr hats genommen; der Name des Herrn sey gelobet!

[23] Wie auf einem Berge] Ist eben dasselbe, was der liebe Heiland zu seinen Jüngern saget: Die Stadt, die auf einem Berge lieget, kann nicht verborgen seyn. ––– Lasset euer Licht leuchten vor den Leuten, daß sie eure guten Werke sehen. ––– Und abermals: Fürchtet euch nicht vor denen, die den Leib tödten; die Seele aber nicht tödten mögen.

dern man muß in der That beweisen, daß man
ein ehrlicher Mann sey.

XVIII.

Denke öfters an die Ewigkeit, imgleichen an
die ganze Natur: und betrachte, daß ein jedes
besonderes Ding gegen die ganze Natur ist wie ein
Hirsekorn; und gegen die Ewigkeit, 24 als wenn
man einen Bohrer umdrehet.

XIX.

Stelle dir alle gegenwärtige Dinge also vor,
als wenn sie bereits aufgelöset und in ihrer Veränderung begriffen wären; als wenn sie sich schon
wirklich verwandelten und verweseten; ja, als
wenn sie deswegen geboren wären, daß sie sterben
sollten.

XX.

25 Wie sind die Menschen beschaffen, wann sie
essen, trinken, schlafen, oder andere natürliche
Dinge verrichten? wie, wann sie sich blähen,
erheben, zürnen, oder schelten? wem dienen dieselben?

24 Als wenn man einen Bohrer umdrehet] Nämlich,
das schneckenförmige Gewinde an einem Bohrer ist also
beschaffen, daß sich derselbe ohne Ende herumdrehen
lässet.

25 Auf diese vernünftige Frage schicket sich Hiobs Antwort
wohl: Der Mensch, vom Weibe geboren, lebet
eine kurze Zeit, und ist voll Unruhe; er blühet
wie eine Blume, und fället ab.

ſelben? was iſt ihr Lohn? und was wird es mit ihnen in kurzer Zeit für ein Ende nehmen?

XXI.

Was die Natur einem jeden insbeſondere zuwendet, das iſt ihm auch zuträglich; und es iſt ihm nur alsdann zuträglich, wann es ihm die Natur mittheilet.

XXII.

Die Erde liebet den Regen; die keuſchen Lüfte lieben auch; die Welt liebet, dasjenige zu Stande zu bringen, was geſchehen ſoll. Sprich demnach zu der Welt: Ich liebe, was du liebeſt. 26 So ſcherzet man in der (griechiſchen) Redensart, wann man ſaget: Es beliebet ihm, daß es alſo geſchehe.

XXIII.

Lebeſt du hie, ſo biſt du des Orts gewohnt; begiebſt du dich aus demſelben hinaus: ſo iſt es dein Wille; ſtirbeſt du: ſo haben deine Dienſte ein Ende. Weiter haſt du nichts zu ſchaffen. Darum ſey gutes Muths.

XXIV.

Wiſſe, daß dieſes kleine Stück Acker eben ſo gut iſt, als andere Plätze auf der Erde. Du

Q 4

kannſt

---

26 So ſcherzet man] Antoninus ſpielet mit der griechiſchen Redensart φιλῆ τῦτο γίνεσθαι. Und wir ſehen hieraus, wie der Kaiſer von allen vorkommenden Dingen zur gleichmüthigen Gelaſſenheit Anlaß genommen hat.

kannst allda auch zurechte kommen, und eben das antreffen, was andere auf den Gipfeln der Berge, oder an dem Ufer der Flüsse, suchen. Du wirst allenthalben die Wahrheit der Worte des Plato finden: Der Weise lebet zwischen den Mauren der Stadt eben so ruhig, als bey den Hürden.

XXV.

Stelle öfters diese Frage bey dir selber an: In welchem Zustande ist itzo meine Seele? was mache ich aus ihr? wozu brauche ich sie? befindet sie sich auch etwan ohne Verstand? hat sie sich auch der allgemeinen Gesellschaft entzogen? ist sie auch etwan mit diesem elenden Fleische so vermischt und zusammengeleimet, daß sie seiner Reizungen und Veränderungen theilhaftig wird?

XXVI.

Wer seinem Herrn entläuft, der ist ein Verlaufener. Unser Herr ist das Gesetz. Wer demnach das Gesetz übertritt, der ist ein verlaufener Knecht; und dieses ist auch derjenige, der sich bekümmert, zürnet, oder sich fürchtet. Denn was will ein solcher? Er will, daß das nicht geschehe, oder ihm nicht begegne, was derjenige, der alles regieret, verordnet hat, daß es geschehen und ihm begegnen soll. Dieses ist das allgemeine Gesetz, das einem jeden zutheilet, was ihm zukommt.

So

So ist also der Bekümmerte, der Zürnende, der Furchtsame, wie ein [27] verlaufener Knecht.

XXVII.

Derjenige, der die Weibsperson geschwängert hat, gehet davon. Sogleich kommen andere Ursachen, die die Frucht hegen und bilden. Aus welcher geringen Sache entstehet der Mensch! Er ziehet die Nahrung in den Schlund zu sich; und es geben ihm abermals andere Ursachen Sinne, Bewegungen, Leben und Stärke. O wunderbare Wirkung der Natur! wie fleißig sollte man dich betrachten! wie sollte man deine Kraft erforschen, und mit den Augen des Geistes deine Geheimnisse beschauen, wie man mit den leiblichen Augen die Körper auf und nieder steigen siehet!

XXVIII.

Bedenke öfters, daß alle Dinge itzo sind und künftig seyn werden, wie sie vor diesem gewesen sind. Stelle dir dabey alle Thaten und Abwechslung vor, die du entweder selbst gesehen, oder in den Geschichten gelesen hast: zum Exempel, den Hofstaat des **Hadrianus** und des **Antoninus**; des **Philippus**, des **Alexanders**, des **Crösus**: du wirst allenthalben einerley Händel, und nur verschiedene Personen, antreffen.

Q 5

XXIX.

[27] Verlaufener Knecht] Die Ursache ist, weil ein solcher sich der Zucht und Verordnung des Allmächtigen entziehet.

XXIX.

Einen Menschen, der sich bekümmert, oder über sein Schicksal unwillig ist, stelle dir vor als ein Schwein, das sich sträubet und schreyet, wann es abgestochen werden soll.　Thut nicht derjenige, der auf seinem Lager über das Verhängniß, das ihn fesselt, heulet und sich hin und her wälzet, eben dasselbe?　[28] Müssen doch alle sich nach ihrem Schicksale richten, und der vernünftigen Natur allein ist es gegeben, daß sie willig folget.

XXX.

Gehe bey einem jeden Dinge, das du vorhast, in dich selbst, und frage:　[29] Ist denn der Tod darum so schrecklich, weil er mich dieses Dinges berauben wird?

XXXI.

Aergerst du dich über jemandes Fehler? Gehe in dich selbst, und prüfe dich, ob du nicht selbst dergleichen

---

[28] **Müssen doch alle**] Der christliche Leser wird dasjenige gerne mit sanftmüthiger Klugheit vertragen, was von einem Heiden in diesem Stücke vielleicht kann zu hart gemeynet seyn.

[29] Ist denn der Tod darum so grausam, weil er macht, daß ich kein Geld mehr brauche? daß ich die Thorheit der Menschen nicht mehr sehen, und ihre Bosheit nicht mehr erfahren darf? darum, daß ich nicht länger darf unvernünftig, viehisch, knechtisch, eitel, sterblich und ein Sünder seyn? Ist der Tod darum so erschrecklich, weil er mich von aller dieser Herrlichkeit erlöset?

gleichen manchmal begangen haſt? Zum Exempel: Haſt du niemals die Wolluſt, den Reichthum, die Ehre, oder dergleichen, für ein wahres Gut angeſehen haſt? Dieſe Betrachtung wird deinen Zorn dämpfen; ſonderlich, wenn du erwägeſt, daß jener Unglückſelige gezwungen worden iſt, alſo zu thun. Was ſollte er anfangen? Kannſt du: ſo erlöſe ihn von der Gewalt, die ihn gefangen hält.

<h2 style="text-align:center">XXXII.</h2>

Wann du den ſokratiſchen [30] Satyrion ſieheſt: ſo denke an den Eutyches und Hymenes. Sieheſt du einen [31] Euphrates: ſo ſtelle dir den Eutychion und den Silvanus vor. Wirſt du den Alciphron gewahr: ſo denke an den Tropäophorus; und wann dir Xenophon vorkommt: ſo erinnere dich des Critons und Severus. Wirſſt du aber die Augen auf dich ſelbſt: ſo ſtelle dir einen verſtorbenen Kaiſer vor. Suche in den vorigen Zeiten allezeit einen, der den itztlebenden ähnlich

[30] Satyrion] Scheinet ein der Zeit lebender Nachfolger des Sokrates geweſen zu ſeyn. Eutyches und Hymenes waren damals verſtorben, aber auch von derſelben Zunft.

[31] Euphrates] Ein ägyptiſcher Weiſe, der damals in großem Anſehen lebete. Eutychion aber und Silvanus waren Antoninus Lehrmeiſter geweſen. Des Alciphrons gedenket Suidas. Xenophon und Criton waren Sokrates gute Freunde; wie der Severus dieſes Kaiſers Freund war.

ähnlich ist, und stelle alsdann folgende Betrachtungen an:

Wo sind itzo alle diese Leute? Sie sind nicht mehr vorhanden. Auf solche Art wirst du sehen, daß alle menschlichen Dinge ein Rauch und Nichts sind; sonderlich, wenn du bedenkest, daß nichts von allem dem, was gewesen ist, künftig mehr seyn wird. Welch eine kleine Zeit aber kommt auf dich! Laß dir es genug seyn, daß du diese kurze Zeit, wie sichs gebühret, zubringest. Warum versäumest du Zeit und Gelegenheit? Was sind die Begebenheiten dieses Lebens anders, als eine Uebung der alles untersuchenden Vernunft? Verharre dabey, bis du es gewohnt wirst: gleich wie ein guter Magen sich gewöhnet, alles zu verdauen; und 32 ein großes Feuer alles in Flammen verwandelt, was es ergreifen kann, und dadurch heller wird.

XXXIII.

Laß keinen Menschen mit Wahrheit von dir sagen, daß du kein aufrichtiger und kein ehrlicher Mensch seyest. Mache alle diejenigen, die dieses von dir denken, zu Lügnern. Dieses stehet in deinem Vermögen. Was hindert dich, ein aufrichtiger und ehrlicher Mann zu seyn? Vielmehr entschliesse dich, eher nicht zu leben, als es in der That zu seyn. Die Vernunft läßt es auch nicht anders zu.

XXXIV.

32 Ein großes Feuer] Dieses Gleichnisses wird oben im IV Buche, ersten Absatze, mit mehrerm gedacht.

XXXIV.

Kann ein Ding besser gethan oder gesagt werden: 33 so stehet es bey dir, es also zu sagen oder
zu thun.   Entschuldige dich demnach nicht damit,
daß du daran verhindert worden wärest.   Du
wirst nicht eher aufhören zu seufzen und zu klagen,
als bis du dich in den Stand gesetzet hast, alles,
was einem vernünftigen Menschen anstehet, mit
größerm Vergnügen, als ein Wollüstiger seine
Lust vollbringet, zu verrichten.   Deine größte
Ergötzung muß die Ausübung dessen seyn, was
deiner Natur anständig ist.   Dieses aber gehet
an allen Orten und zu allen Zeiten an.

Die Walze, das Feuer, das Wasser und dergleichen Dinge mehr, die durch etwas, das nicht
vernünftig ist, getrieben werden, können nicht
allezeit in ihrer eigenthümlichen Bewegung bleiben,
weil sie hie und da einen Widerstand finden.   Die
vernünftige Seele aber kann, mittelst der Gewohn=
heit, durch allen Widerstand dringen, wenn sie selber
will.   Daher stelle dir öfters die Kraft vor Augen,
mittelst welcher die Vernunft alles, was ihr in
dem Wege lieget, übersteigen, und, wie das Feuer,
in die Höhe, wie der Stein, herunter, und, wie
die

---

33 **So stehet es bey dir**] Weil nämlich eines vernünf=
tigen Menschen Gemüth die Tinctur ist, die das Eisen
selbst zu Gold machet; oder, wie das Feuer, das alles,
was hineingeworfen wird, in sich selbst verwandelt, wie
kurz vorher im 31 Absatze gesaget worden ist,

die Walze, abwärts fahren kann.   Was willt
du mehr?

Die übrigen Hindernisse entspringen theils aus
diesem sterblichen Leibe, den du mit dir herum-
schleppest; theils können sie dir, ohne Zuthun deiner Einbildung, oder ohne Zulassung der Vernunft,
nicht schädlich seyn.   34 Sonst müßte derjenige,
der dergleichen leidet, alsobald böse werden.

Die übrigen Werke, sowol der Natur, als Kunst,
werden durch einen ihnen zustoßenden Schaden
verderbet: nur mit dem Menschen verhält es sich
anders; 35 indem dieser durch den rechten Gebrauch
der Widerwärtigkeit besser wird.

36 Endlich bedenke, daß dem Bürger nichts
schaden kann, was der ganzen Stadt nicht nach-
theilig ist.   Der Stadt aber schadet nichts, was
nicht

---

34 **Sonst müßte 2c.**]   Niemand wird durch die Rei-
gen seines Fleisches, oder durch den Betrug der Einbildung, böse; ausser, wer sich ihnen muthwillig und vorsetzlich unterwirft.   Siehe das VIII Buch, 55 Absatz.

35 **Indem dieser durch den Gebrauch 2c.**]   Alle Züch-
tigung, wann sie da ist, dünket sie uns keine Freude
zu seyn; aber hernach wird sie geben eine friedsame
Frucht der Gerechtigkeit, denen, die dadurch geübet sind. Hebr. XII.

36 **Endlich**]   Diese Betrachtung ist im V Buche, 22 Absatze, weiter ausgeführet zu finden.   Die ganze Welt ist
eine Stadt, und alle Menschen sind ihre Bürger.   Das
Gesetz der Natur aber wird niemals beleidiget, wenn den
Menschen begegnet, was menschlich ist.

nicht wider die Gesetze läuft. Die Unglücksfälle beleidigen die Gesetze nicht; und was die Gesetze nicht beleidiget, das kann weder der Stadt, noch dem Bürger, schaden.

XXXV.

Wer richtige Sätze eingesogen hat, den kann oft der geringste Spruch bewegen, seine Traurigkeit fahren zu lassen. Zum Exempel, diese Worte des Homerus:

Im Frühling grünt das Laub; im Herbst
geht es verloren.
So ist es auch mit uns: der stirbt; der
wird geboren.

Deine Kinder sind auch solche Blätter. Blätter sind auch diejenigen Menschen, die mit so großem Geräusche andere rühmen oder tadeln. Auch diejenigen sind Blätter, zu denen dein Name nach deinem Tode kommen wird. Kurz: so viele Dinge in der Welt, so viele Blätter. Der Frühling treibet sie hervor; der Wind schläget sie ab. Der Wald zeuget wieder andere. Sie sind hierinn alle einander gleich, daß sie nicht lange dauern. Und du scheuest oder verlangest diese Dinge dergestalt, als ob sie ewig währen können? In kurzem wirst du die Augen zuthun, und es werden hernach andere aufkommen, die auch diejenigen, die dich zu Grabe begleitet haben, beweinen werden.

XXXVI.

XXXVI.

Ein geſundes Auge muß alles ſehen können, was vorkommt, und nicht ſagen: Ich will nur das Grüne ſehen. Dieſes kommt nur den triefenden Augen zu. So muß auch ein geſundes Gehör und ein geſunder Geruch bereit ſeyn, alles zu riechen und zu hören. Ein geſunder Magen muß alle Speiſen verdauen: ſo wie eine Mühle, die gebauet iſt, allerhand Korn zu malen. Auf gleiche Weiſe muß ein geſundes Gemüth geſchickt ſeyn, alle Zufälle zu ertragen. Wünſchet es aber: Ach, daß meine Kinder leben; ach, daß doch alle Leute leben möchten! ſo iſt es wie ein Auge, das nur allein das Grüne ſehen will; und wie ein Zahn, der nichts kauen kann, als was mürbe iſt.

XXXVII.

Niemand iſt in der Welt ſo glücklich, daß nicht bey der Leiche deſſelben viele ſtehen ſollten, die ſich über das, was ihm widerfahren iſt, freuen. War er ein ehrlicher und kluger Mann: ſo wird ſich jemand finden, der ſaget: Nun werde ich ja einmal vor dieſem Lehrmeiſter Ruhe haben. Zwar iſt er eben niemandem beſchwerlich geweſen; aber ich habe doch oft gemerket, daß er uns bey ſich ſelbſt verdammet hat. So wird man von einem ehrlichen Manne ſagen.

Was uns aber ſelbſt betrifft: ſo haben wir vieles an uns, warum andere wünſchen, von uns erlöſet zu ſeyn. Bedenkeſt du dieſes, wann es mit dir

dir zum Abschiede kommt: so wirst du desto williger sterben. Denn du wirst bey dir selbst sprechen: Ich verlasse ein Leben, 37 darinn auch diejenigen, die genauere Gemeinschaft mit mir pflogen, wünschen, daß ich begraben seyn möchte. Diejenigen, sage ich, um deren willen ich es mir habe sauer werden lassen, für die ich gebetet und gesorget habe; die sehen gerne, daß ich davon soll, und meynen, daß mein Tod ihnen ein Trost seyn werde. Warum wollte ich denn noch gerne hier verweilen?

Jedoch sollst du darum nicht mit einem Unwillen auf solche Leute von hinnen fahren; sondern mit deiner gewohnten Neigung als ihr Freund, ihr Gönner und mit sanftem Muthe. Dein Abschied muß dir auch nicht verdrießlich seyn, als wenn du von ihnen gerissen würdest; sondern du mußt mit solcher Stille davon fahren, als die Seelen derer, die durch einen sanften Tod aus dem Leibe geholet werden. Die Natur hatte dich mit ihnen verknüpfet und verbunden: siehe, nun löset sie dich wieder auf. So werde ich dann zwar aufgelöset, und scheide von meinen Angehörigen; aber ohne Zwang und Widerwillen: denn ich muß auch diese Schuld der Natur bezahlen.

XXXVIII.

37 Darinn auch diejenigen] Vielleicht hat Faustine oder Commodus den guten Antoninus zu dieser Betrachtung veranlasset.

XXXVIII.

Gewöhne dich, bey allem, was du andere thun
siehest, die Frage bey dir anzustellen: **Warum
thut dieser oder jener dieses?** 38 Vergiß aber
nicht, von dir selber den Anfang zu machen, und
forsche zuerst nach dem Zwecke alles deines Thuns.

XXXIX.

Wisse, daß dasjenige, was dich gleichsam als
bey einem Faden ziehet, oder wie eine Puppe len=
ket, in dir selbst verborgen liege. Deine Sinne
sind diese Fäden, und deine Einbildung ist die Un=
terhändlerinn, die dich, vermittelst des Lebens, in
Bewegung setzet. Dieses ist, 39 so zu sagen, der
Mensch. So halte dich demnach nicht auf mit
der Betrachtung des Gefässes, oder des äusserli=
chen Behältnisses deiner Seele, und dessen um
dieselbe her gebildeter Glieder; denn sie sind
gleichsam

38 **Vergiß aber nicht**] Merkwürdige Erinnerung! Die
Weisheit fänget bey Gott und bey sich selber an. Dar=
um führet uns Antoninus in der nächsten Betrachtung
zu den Fäden, oder der innern ersten Bewegung unserer
Thaten.

39 **So zu sagen, der Mensch**] So schreibet er, weil die
gemeine Sage diese lebendige und sinnliche Lenkung der
leiblichen Glieder für den Menschen ausgiebet. Die
heilige Schrift hebet diese Dunkelheit durch den Un=
terschied zwischen dem äusserlichen und innerlichen
Menschen.

4° gleichsam eine uns angeborne Säge, und wür=
den, ohne eine bewegende Ursache, eben so viel nütze
seyn, als ein Weberspul ohne Weber, als eine
Feder ohne Schreiber, und als eine Peitsche ohne
Fuhrmann.

4° Gleichsam eine Säge] Die äusserliche Säge wird
von den innerlichen Sinnen gezogen, unser Leben abzu=
schneiden. Antoninus will, daß wir uns nicht zu lange
mit der Betrachtung des Fleisches, das uns umgiebt,
aufhalten sollen, weil dieses nur ein todtes Wesen ist:
sondern wir sollen in uns hineingehen, und die Hand
oder die Fäden betrachten, die die äusserlichen Glieder
durch allerhand Begierden bewegen, damit wir uns sel=
ber recht kennen und unfern eigenen Schaden vermeiden
lernen; wie er in der nächstvorhergehenden Betracytung
bereits erinnert hatte.

Des römischen Kaisers
Marcus Aurelius Antoninus
erbaulicher
Betrachtungen
Eilftes Buch.

I.

Die 1 Eigenschaften der vernünftigen Seele sind, daß sie sich selbst beschauet, sich selbst einrichtet, und sich selbst also zubereitet, wie sie sich haben will; 2 auch ihre eigene Frucht geniesset, die sie

1 Die Eigenschaften der vernünftigen Seele sind, daß sie sich selbst beschauet ꝛc.] Jedoch ist das Sehnen der Seele nicht beschaffen, wie das Sehnen des Leibes. Die leiblichen Augen können sich selbst nicht anders, als im Spiegel, oder in dergleichen Wiederscheine, sehen; dahingegen die Seele sich in sich selbst beschauet, alle ihre Eigenschaften siehet, und, was noch mehr ist, von der allervollkommensten Weisheit, das ist, von Gott, sich eine Vorstellung machen kann. Doch, wie die Augen des Leibes nicht sehen können ohne Beyhülfe des Lichts: also kann die Seele auch nicht recht sehen, ausser, wann sie von einem ewigen und lebendigen Lichte erleuchtet worden ist. Entfernet sie sich davon, und hänget sich an das Sinnliche, und das, was die leiblichen Augen sehen: so verlieret sie sich selber, und verfällt in die tieffste Finsterniß und Verblendung.

2 Auch ihre eigene Frucht geniesset ꝛc.] Die Früchte der Seele

sich selber hervorbringet: dahingegen alles, was die
Pflanzen oder die Thiere geben, einem andern, und
nicht ihnen selbst, zu gute kommt.   3 Die Seele
aber gelanget allezeit vollkommen zu ihrem Zwecke,
wie kurz auch immer das Leben seyn mag; denn
es ist mit ihr nicht beschaffen, wie mit einem Tanze,
einer Comödie, oder dergleichen Dingen, von denen
man nicht das geringste wegnehmen kann, ohne die
ganze Vorstellung zu zerstümmeln.   Man treffe
sie an, wo man wolle, (am Anfange, im Mittel oder
am Ende): so wird alles, was sie thut, ein voll-
kommenes Werk zu seyn scheinen.   Daher sie mit
gutem Fuge sagen kann: Ich habe alles das Meine.

4 Ferner läuft die Seele durch die ganze Welt,
und dringet durch alle Gegenden derselben.   Sie
R 3   betrachtet

Seele werden in der Schrift genennet: die Früchte der
Gerechtigkeit; die Früchte des Lichts; die Früchte des
Geistes: und sind entgegengesetzet den Früchten des
Fleisches, die nichts sind, als Ungerechtigkeit und Bos-
heit.   Paulus beschreibet sie also, Gal. V. 22.   Die
Frucht aber des Geistes ist: Liebe, Freude, Friede,
Geduld, Freundlichkeit, Gütigkeit, Glaube, Sanft-
muth, Keuschheit.

3 Sie gelanget allezeit vollkommen zu ihrem Zwecke]
Antoninus redet von der Seele, wann sie beschaffen ist,
wie sie seyn soll; oder wann sie sich in ihren eigenthümlichen Wirkungen weder durch die Fantasey, noch durch
die Begierden, hindern läßt.

4 Ferner läuft die Seele durch die ganze Welt] Dieses Beweises haben sich alle Weltweisen bedienet, die
Unsterblichkeit

betrachtet ihre Gestalt; sie misset die Ewigkeit aus,
sie beschauet die abwechselnden Verneurungen der
Dinge; und indem sie also klar und deutlich lieset,
was künftig ist: so findet sie, daß diejenigen, die
nach uns kommen, nichts neues sehen werden;
gleich wie diejenigen, die vor uns gewesen sind,
nichts anderes gesehen haben, als was wir sehen.
Daher man in solcher Absicht von einem vierzigjährigen Manne, der ein wenig Nachsinnen hat, sagen
kann: daß er alles gesehen habe, was vor ihm geschehen ist, und nach ihm kommen wird.

Die übrigen Eigenschaften der Seele sind: die
Liebe des Nächsten, die Wahrheit, die Schamhaftigkeit, [5] und daß sie nichts so hoch achtet, als sich
selbst; welches [6] die Eigenschaft des Gesetzes ist.

Denn

Unsterblichkeit der Seele dadurch zu erläutern; also, daß
sie nicht gezweifelt haben, daß aus diesen göttlichen Wirkungen der Seele, kraft deren sie fähig ist, die verborgen-
sten Tiefen des Abgrunds und die erhabensten Höhen des
Himmels durchzusuchen, ihre Unsterblichkeit folge.

[5] Und daß sie nichts so hoch achtet, als sich selbst]
Daher kommt alle Unordnung unter den Menschen, weil
die meisten vergessen, eine Ehrerbietung gegen sich selbst
zu haben. Zu wenig und zu viel, verderbt das ganze
Spiel.

[6] Die Eigenschaft des Gesetzes] Die Seele hat in
sich die Erkenntniß des Rechts und Unrechts. Dieses
ist, das Gesetz der Natur. Nach diesem beurtheilet sie
alles, und wird von nichts beurtheilet. Hierinn lieget
der Grund der Hochachtung, die die Seele für sich selber
hat, wenn sie ihre Vernunft recht brauchet.

Denn es ist kein Unterschied zwischen dem, was vernünftig, und zwischen dem, was recht ist.

II.

Du wirst die Musik, das Tanzen und die Schauspiele verachten lernen, wenn du die Musik in ihre verschiedenen Töne zergliederst, und dich bey einem jeden insbesondere fragest: **Ist es dieses, was mich so entzückte?** Du wirst dich schämen, es zu bekennen. Thue desgleichen bey den Tänzen und Schauspielen, auch bey allen andern Dingen in der Welt; 7 ausgenommen bey der Tugend und ihren Werken. Bediene dich dieses Vortheils fleißig, daß du alle Dinge gleichsam zergliederst, und stückweise betrachtest: so wird diese Theilung dir ihre Geringschätzigkeit offenbaren. Dieses wird dir in deinem ganzen Leben ersprießlich seyn.

III.

Wie glücklich ist diejenige Seele, die allezeit bereit ist, aus dem Leibe zu scheiden! sie mag nun nach geschehener Trennung vergehen, oder übrig bleiben. Allein, diese Willigkeit muß aus ihrer eigenen Entschliessung; 8 und nicht aus Eigensinn, wie der Christen ihre, entstehen. Es muß mit

R 4

Ver=

---

7 Ausgenommen bey der Tugend] Denn diese muß man in ihrem Zusammenhange mit der guten Absicht des Vollbringers betrachten.

8 Und nicht aus Eigensinn, wie der Christen ihre] Daß die Heiden der Märtyrer Beständigkeit als einen tollen

Vernunft geschehen, mit Ernsthaftigkeit und ohne Stolz; also, 9 daß andere dadurch gereizet werden, es ihnen nachzumachen.

IV.

Ich habe etwas zum gemeinen Besten beygetragen: das ist ein Vortheil für mich. So sollst du beständig denken, und nicht aufhören, Gutes zu thun.

V.

Was ist mein Beruf? Gut zu seyn. Wie kann ich aber besser dazu gelangen, als wenn ich die Ordnung der ganzen Natur betrachte; und besonders

---

tollen Eigensinn ansahen, das ist aus der ersten Christen eigenen Schriften, sonderlich aus des *Tertullianus* Schußrede, bekannt; und dieses ist um so viel weniger zu verwundern, weil dem natürlichen Menschen alles eine Thorheit scheinet, was des Geistes Gottes ist. Die Christen begreifen nicht, wie es mit dem Gesetze der Natur übereinstimme, daß Antoninus mit den Stoikern lehret: es sey vergönnet, sich selbst aus dem Wege zu räumen, um sich zu beruhigen; und Antoninus, samt den Heiden, begreifen nicht, wie die ersten Christen sich haben können von andern ermorden lassen, um ihr Gewissen zu befriedigen, und durch das Bekenntniß der Wahrheit Gott zu verehren.

9 Daß andere dadurch gereizet werden] So muß ja der christlichen Märtyrer Standhaftigkeit kein Eigensinn gewesen seyn, weil dadurch die Peiniger selbst öfters sind zum christlichen Glauben gereizet worden.

besonders die Pflichten, zu deren Beobachtung das Gesetz der Natur einen jeden Menschen verbindet.

VI.

Die Trauerspiele sind anfänglich zu dem Ende angestellet worden, um uns zu erinnern, daß eben dasjenige, was einmal geschehen ist, wieder geschehen könne. Daher sollen auf dem großen Schauplatze der Welt uns dergleichen Begebenheiten, die wir mit Lust auf jener Schaubühne spielen gesehen, nicht unerträglich scheinen. So bringet es das Spiel mit sich! Und jener stellet mein Elend vor, der auf der Bühne ruft: O [10] Cithäron!

So findet man auch bey den Tragödienschreibern nützliche Sprüche, als:

Vergißt Gott, mich mit seinem Trost
zu laben;
So wird er wol dazu verborgne Ursach
haben.

R 5 Und

[10] Cithäron!] Ist der Name eines durch allerley grausame Thaten beschrienen Berges in Böotien. Antoninus zielet auf des Sophocles Oedipus, daraus dieses Wort genommen ist. Die Meynung lieget in diesen Worten des Epictetus bey dem Arrianus: Bedenke, daß nur die Großen, die Mächtigen, die Reichen, und die Tyrannen, eine Tragödie oder ein Trauerspiel aufzuführen pflegen. Die Armen stellen darinn die lustige Person vor. Da fängt der König das Spiel mit Freuden an, wann es
heißt:

Und abermals:
>Was zürnest du auf diese Sach?
>Die Sache fraget nichts darnach.

Imgleichen:
>Das Leben wird, gleichwie das Korn, gesäet,
>Und durch den kalten Tod im Sterben
>abgemähet.

Und dergleichen mehr.

Auf die Tragödien ist die alte ¹¹ Comödie gefolget, die den unbändigen Stolz der Bürger, nicht ungeschickt, durch ihre unterrichtende und strafende Freyheit zu brechen pflegte; daher Diogenes viele Sprüche aus den alten Comödien anzuführen gewohnet war.

Nach der Zeit kam die so genannte mittlere Comödie auf, bis man endlich die neue eingeführet hat, die gegen jene nur als ein Possenspiel anzusehen ist. Zwar wird darinn zuweilen auch etwas Gutes gesaget; ¹² aber man betrachte nur den Inhalt und die Absicht aller dieser Schauspiele.

VII.

heißt: Bekränzet den Palast! In der vierten Handlung aber lautet es kläglich; O Cithäron! warum verbirgst du mich?

¹¹ Comödie] Die Tragödien oder Trauerspiele stelleten die Thaten der Helden vor; die Comödien aber, oder lustigen Spiele, die Geschichte des bürgerlichen Lebens. Jener ihre Absicht war die Besserung der Großen; und dieser, die heimliche Bestrafung der Bürger.

¹² Der Inhalt der meisten deutschen Schauspiele ist läppisch, und die Absicht, landstreicherische Buberey.

VII.

[13] Wie deutlich bist du überzeuget, daß keine bequemere Zeit deines ganzen Lebens sey, dich der Weisheit zu befleißigen, als diejenige, darinn du dich gegenwärtig befindest!

VIII.

Ein Zweig, der von dem Aste, daran er stund, abgeschnitten wird, ist zugleich dadurch von dem ganzen Baume getrennet: und ein Mensch, der sich von andern Menschen absondert, wird von der menschlichen Gesellschaft gänzlich geschieden. Den Zweig zwar schneidet eine fremde Hand ab; der Mensch aber entziehet sich den Menschen selbst, indem er seinen Nächsten hasset. Bedenket er denn nicht, daß er sich auf solche Art von der bürgerlichen Gesellschaft abschneidet?

Jedoch ist diese Gesellschaft der Menschen durch die Gnade Gottes also eingerichtet, daß wir derselben wiederum einverleibet werden können, wenn wir uns gleich einmal davon gerissen haben. Wiewol dieses dabey zu beobachten ist, daß ein oft abgefallenes Glied zuletzt nicht ohne große Mühe wieder mit diesem Leibe kann vereiniget werden: und daß ein großer Unterschied ist, wie die Gärtner sagen, zwischen einem Aste, der in einem fort

mit

---

13 Der Kaiser will sagen: Wir haben gegenwärtig die beste Zeit, Betrachtungen zu dieser Besserung anzustellen; weil wir von der zukünftigen Zeit nicht versichert seyn können.

mit seinem Stamme aufgeschossen, und einem sol=
chen Zweige, der demselben erst hernach ist einge=
pfropfet worden; weil dieser zwar eben sowol
Frucht tragen, aber doch nicht von gleicher Art
mit jenem werden kann.

IX.

Man kann ein Glied von einem bürgerlichen
Leibe seyn, ohne mit den meisten einerley Mey=
nung zu haben.

X.

Diejenigen, die sich dir widersetzen, wann du
den Regeln der gesunden Vernunft folgest, können
dich weder hindern, Gutes zu thun, noch verweh=
ren, daß du Liebe und Gunst für sie hegest. Ver=
harre demnach bey dieser Neigung, setze dein Ge=
schäffte fort, und höre nicht auf, sanftmüthig
gegen alle diejenigen zu seyn, die dich daran hin=
dern wollen. Denn es ist keine geringere Schwach=
heit, auf solche Leute ungehalten zu werden, als
bey einem guten Vorsatze Muth und Hände sinken
zu lassen. Beyde verfehlen ihrer Pflicht: sowol
derjenige, der sich von dem Guten abschrecken läs=
set; als derjenige, der seinen Nächsten hasset.

XI.

14 Die Natur ist niemals geringer, als die Kunst.
Denn die Künste sind Nachahmungen der Natur.

Stehet

14 Die Natur ist niemals geringer, als die Kunst] Weil
alle Künste dasjenige, was unvollkommen ist, zum Nutzen

dessen

Stehet dieses fest: so folget, daß die allervoll=
kommenste Natur, die die übrigen alle in sich fasset,
noch viel weniger dem Fleisse der Künste etwas
nachgeben wird.   Alle Künste aber verfertigen
das Unvollkommene zum Dienste des Vollkom=
menen.   Warum sollte die allgemeine Natur nicht
auch so verfahren? Denn daher entstehet die Ge=
rechtigkeit, und aus dieser die übrigen Tugenden
alle.   Die Gerechtigkeit aber wird nicht beobachtet,
wenn wir [15] den Mitteldingen ängstlich nachhän=
gen, und wenn wir dadurch irrig, frech, oder unbe=
ständig werden.

XII.

[16] Wenn die Dinge, deren Abwesenheit oder
Gegenwart dich mit Furcht oder Hoffnung beun=
ruhiget, nicht von sich selbst zu dir kommen; son=
dern du vielmehr ihnen entgegen gehest, sie herbey
zu

dessen auszuarbeiten, was vollkommener ist: so handelt
die allgemeine Natur, das ist, Gott, auf gleiche Weise.
Daher entspringet alle Gerechtigkeit.   Was thut aber
dieselbe Gerechtigkeit? Sie bringet das Unvollkommene
unter den Gehorsam des Vollkommenen.   Und daher
erheischet sie, daß alle Welt sich Gott, als dem aller=
vollkommensten Wesen, unterwerfen solle.   Dieses ist
die Absicht dieser zwar etwas dunkeln, aber sehr scharf=
sinnigen Schlüsse.

[15] Den Mitteldingen] Hiervon redet er unten im 17ten
Absatze deutlicher.

[16] Diese Betrachtung wird erläutert im IV Buche, 3 und
37; wie auch im IX Buche, 15 Absatze.

zu holen: so darfst du nur deine Einbildungskraft schweigen lassen, und deine Gedanken, die von ihnen ein Urtheil fällen wollen, zurückhalten; alsdann wirst du sie weder fürchten, noch verlangen.

XIII.

Die Seele ist wie eine runde und glatte Kugel. So lange sie sich weder nach dem, was ausser ihr ist, ausstrecket; noch mit demselben innerlich zusammenstößet, und sich in sich selbst zusammenziehet: so wird sie 17 wie ein Licht leuchten, und dadurch alle Wahrheiten, sowol in als ausser sich selbst, entdecken.

XIV.

Verachtet mich jemand? Er mag wissen, warum; ich aber will mich hüten, etwas zu reden oder zu thun, das verachtungswürdig ist. Hasset er mich? Da sehe er zu; ich werde nichts desto weniger sanftmüthig und freundlich gegen alle Menschen, und insbesondere gegen ihn, seyn. Ich werde willig seyn, ihm sein Versehen anzuzeigen: aber ohne seine Beschimpfung, und ohne mich mit meiner Geduld groß zu machen; sondern auf eine redliche

17 Wie ein Licht] Gataker erkläret dieses durch die Worte Johannis: Er war das wahrhaftige Licht, welches alle Menschen erleuchtet, so in diese Welt kommen. Und der Prophet saget: In deinem Lichte sehen wir das Licht.

redliche und liebreiche Weise, ¹⁸ so wie Phocion, im Fall er sich nicht verstellet hat. Denn es muß von Herzen gehen: also, daß Gott, der die Gedanken prüfet, dich als einen Menschen ansehe, der sich über nichts beklaget, und dem keine Sache zuwider ist. Was schadet es dir, wenn du hierinn thust, was deiner Natur gemäß ist? Wolltest du dich wol weigern, etwas anzunehmen, was der allgemeinen Natur zuträglich ist? Du bist ja

ein

¹⁸ So wie Phocion] Phocion war, nebst vier seiner guten Freunde, zum Tode verdammet. Indem man ihnen aber das Gift zubereitet, das sie trinken solltest; so fräget ihn einer: was er wolle, daß man seinem Sohne zu guter Letzte sagen sollte? Daß ich ihm befehle, antwortete Phocion, niemals auf eine Rache gegen die Athenienser, wegen dieses wohlgemeynten Tranks, bedacht zu seyn. Die vier übrigen hatten indessen alles zubereitete Gift ausgetrunken. Da nun für Phocion nichts mehr übrig war, und der Häscher sich weigerte, dessen mehr einzumischen, es sey dann, daß er zuvor bezahlet würde: so rief Phocion einem seiner dabey stehenden Bekannten zu: Ich bitte euch, zahlet doch dem Menschen das wenige Geld, das er von uns verlanget; weil man zu Athen auch nicht einmal sterben kann, ohne etwas dafür zu bezahlen. Waren dieses keine Stachelworte, sondern kamen aus einem ruhigen und gelassenen Gemüthe her: so stellet Antoninus den sterbenden Phocion mit Recht allen zum Exempel vor. Wiewol er selber daran zweifelt, ob sie ohne Galle und Bitterkeit geredet worden seyen.

ein Mensch, und zum Behuf der menschlichen Gesellschaft in die Welt gesendet: wie sollte dir denn dasjenige nicht angenehm seyn, was andern nützlich ist?

XV.

19 Diejenigen, die sich unter einander verachten, schmeicheln einander: und diejenigen, die sich bestreben, über einander zu herrschen, unterwerfen sich einer dem andern.

XVI.

20 Wie schändlich und tückisch ist es, wenn man saget: Nun habe ich mir vorgesetzt, freymüthig mit euch umzugehen. Was sagest du, mein Freund? Diese Vorrede war unnöthig. Die Sache muß selbst reden. Es muß an deiner Stirne geschrieben stehen, und in deinen Augen können gelesen werden, so wie in den Blicken der Verliebten, was du im Schilde führest. Ein redlicher und freyer Mensch muß seyn wie diejenigen, die einen starken Geruch von sich geben; daraus andere, die sich ihnen nähern, sogleich

merken

19 Diejenigen] Dieses Possenspiel menschlicher Schwachheit wird täglich an großer Herren Höfen gespielet. Wer diese kennet, dem ist der Sinn unverhohlen.

20 Wie schändlich] Denn dieses würde eben so viel heissen, als: Bisher habe ich mit euch gehandelt, wie ein Betrüger. Antoninus will eine beständige Redlichkeit haben. Weg demnach mit den fremden Tücken aus einem deutschen Herzen!

merken können, wer sie sind. Die gezwungene
Freyheit ist ein verborgener Dolch. Nichts ist
gefährlicher, als diese wölfische Freundschaft.
Hüte dich dafür! Die Redlichkeit, die Freyheit,
und die Gütigkeit, leuchten denen, die sie besitzen,
aus den Augen hervor: man kann sie nicht
verbergen.

XVII.

Willst du glücklich leben? Es stehet bey dir.
Laß nur alle Mitteldinge deiner Seele gleichgültig
seyn. Du wirst aber bald gegen dieselben kalt=
sinnig werden, wann du alle Dinge genau betrach=
test, was sie sind, und bedenkest, daß kein Ding
uns zwingen kann, so oder anders davon zu urthei=
len; daß es auch nicht zu uns kommet, sondern
für sich außer uns bleibet; daß wir es selber sind,
die sich diese oder jene Einbildung davon machen,
da wir dieses doch unterlassen könnten, oder, wenn
es ja geschehen wäre, diese Vorstellung bald wie=
der auszutilgen vermöchten; ferner, daß diese
Vorsichtigkeit [21] nicht gar lange vonnöthen seyn
wird, indem unser Leben bald aufhören, und der
Tod dieser Sorgfalt ein Ende machen wird.

So ist auch hierbey keine Schwierigkeit. Denn
geschiehet etwas der Natur gemäß: so kannst du
dich

---

[21] Nicht gar lange] Auch deswegen wird sie dir nicht
lange beschwerlich seyn; weil die Gewohnheit dieselbe
nach kurzer Zeit erleichtern und angenehm machen wird.

dich daran beluſtigen; geſchiehet aber etwas wider die Natur: ſo mußt du erforſchen, was deiner eigenen Natur am anſtändigſten ſey. Jage demſelben mit allem Fleiſſe nach, wenn auch gleich keine Ehre dabey einzulegen iſt; denn man wird es einem jeden leicht zu gute halten, daß er ſein Beſtes ſuchet.

XVIII.

Betrachte, 22 woher ein jedes Ding entſpringet; 23 woraus es zuſammengeſetzet iſt; 24 worein es wieder aufgelöſet wird; 25 und was es nach ſeiner Verwandlung ſeyn wird: ſo wirſt du finden, daß ihm durch dieſe ſeine Veränderung nichts Böſes widerfähret.

XIX.

Siehe, hier haſt du neun Artikel, daran du ſtets gedenken ſollſt. Einmal, daß du von Natur mit allen Menſchen verknüpfet biſt, und daß wir einer für den andern geboren ſind. Ferner, daß du auf eine beſondere Weiſe ihnen vorgeſetzet biſt, ſie anzuführen, wie der Widder und der Stier die

---

22 Woher es entſpringet] Davon ſiehe des III Buches 11 Abſatz.

23 Woraus] Davon wird im IX Buche, 36 Abſatz gehandelt.

24 Worein es aufgelöſet wird] Dieſes iſt aus dem VIII Buche, 18, und XII, 24 Abſ. zu erſehen.

25 Und was es nach der Verwandlung] Davon lies des VIII Buches 21, und X, 19 Abſatz; wie auch des IV Buches 42 Abſatz.

die Herden. Weiter; entweder sind es die Stäub=
lein oder Atomen, die alles verursachen; oder es
ist die Natur. Ist es das Letztere: so weiß man,
26 daß die geringern Dinge den bessern zu Nutze,
und die vortrefflicheren eines für das andere, ge=
macht sind.

Zweytens. 27 Wie führen sich diese oder jene
auf, an der Tafel, in ihren Zimmern, oder an=
derswo? sonderlich aber, welche Nothwendigkeit
treibet sie zu ihren Meynungen? ja, wie klug
lassen sie sich bey ihrem verkehrten Verfahren
dünken?

Drittens. Haben sie Recht, dasjenige zu thun,
was sie thun: so muß man sich dieses nicht befrem=
den lassen; haben sie aber Unrecht: so sündigen
sie wider ihren Willen und aus Unwissenheit.
Denn wie die Seele der Wahrheit niemals an=
ders, als wider ihren Willen, beraubet wird: also
geschiehet es auch allezeit wider Willen, wann sie
sich nicht verhält, wie sie soll. Daher kommt es,
daß solche Leute es 28 nicht vertragen können,

S 2　　　　wann

26 Daß die geringern] Er will sagen, daß unter den
　　Menschen eine Ordnung, imgleichen Belohnungen und
　　Strafen seyn müssen.

27 Wie führen] Dieses sind so viele Bewegungsgründe
　　zum Mitleiden mit des Nächsten Irrthume und Thorheit.

28 Nicht vertragen] Diesen Zwang und diese Gewalt=
　　thätigkeit der Menschen an sich selbst bemerket auch Pau=
　　lus, wann er saget: Daß sie die Wahrheit in Un=
　　gerechtigkeit aufhalten. Röm. I. 18.

wann man sie Ungerechte, Geizige, oder Unbillige gegen ihren Nächsten, heisset.

Viertens. Du sündigest ebenfalls vielfältig, und bist den andern darinn sehr gleich. Wenn du dich aber dieser oder jener Sünde enthältest: so bleibest du dennoch dazu geneigt; ungeachtet du dich hütest, dieselbe, entweder aus Furcht, oder aus Ehrbegierde, oder aus dergleichen anderem [29] bösen Triebe, zu begehen.

Fünftens. [30] Du kannst es auch nicht einmal recht wissen, ob dieser oder jener sich versündiget habe, oder nicht. Denn es geschehen viele Dinge aus einer guten Absicht. Daher muß man alle Umstände zuvor genau wissen, ehe man von seines Nächsten Thun ein Urtheil fället.

Sechstens. Wann du dich am heftigsten bekümmerst oder quälest; so denke: Das Leben der Menschen währet einen Augenblick, und in kurzem werden wir alle nicht mehr seyn.

Sie=

---

[29] Bösen Triebe] Merkwürdige Einsicht eines Heiden! Antoninus erkennet alle heimlichen Absichten für Heucheley und Bosheit, und bringet auf eben dieselbe Reinigkeit der Thaten, als der Apostel Röm. XII. 21. bemerket: Lasset euch nicht das Böse überwinden; sondern überwindet ihr das Böse durch das Gute.

[30] Du kannst] Merket dieses, ihr Splitterrichter, die ihr von eurem Nächsten lieber nach eurm boshaften Wunsche, als nach der Wahrheit, urtheilet. Jenes Ding siehet durch die Ferngläser aus wie ein Wunderthier; und in der Nähe ist es eine Mücke.

Siebentens. Es sind nicht die Thaten ande=
rer Leute, die uns beunruhigen; denn diese haben
ihren Aufenthalt in der Seele dessen, der sie bege=
het. Unsere eigene Einbildung ist es, die uns
verwirret. Verjage diese, und höre auf zu urthei=
len, daß diese oder jene Sache böse sey: so wird
dein Zorn verschwinden. Aber, wie soll ich sie
verjagen? Stelle dir vor, 31 daß nichts schänd=
liches in demjenigen ist, was dir von andern ange=
than wird: denn wäre ausser den Lastern, die in
den Menschen sind, etwas Böses: so müßte fol=
gen, daß du dadurch ein Sünder oder Räuber
werden könntest, weil es andere sagen.

Achtens. Der Zorn und die Bekümmernisse
thun uns mehr Böses, als die Dinge selbst, darü=
ber wir uns erzürnen oder bekümmern.

Neuntens. Die Sanftmuth ist unüberwind=
lich, daferne sie rechter Art und ungeheuchelt ist.

S 3

Denn,

31 **Daß nichts schändliches**] Gar artig führet Phi=
liscus dem bekümmerten Cicero in seinem Elende zu
Gemüthe, daß Schimpf und Schande mehr in der Ein=
bildung, als in der That, bestehen; weil keines Men=
schen Leib jemals davon erkranket ist, und keine Seele
die Gerechtigkeit verloren hat, weil man beschimpfet
worden ist. Wie es lächerlich seyn würde, saget er,
einen Menschen darum für krank zu halten, weil
ein Gebot ausgegangen wäre, daß er krank seyn
sollte: also ist es auch abgeschmackt, daß man
darum unehrlich werden sollte, weil ein anderer
saget, daß man unehrlich sey.

Denn, lieber! was kann dir der allergröbste Verleumder anhaben, wenn du fortfähreſt, ihm ſanftmüthig zu begegnen, und ihn bey Gelegenheit mit aller Gelindigkeit erinnerſt? Halte an, ihn mit der größten Sanftmuth zu ermahnen, wann er am allergeſchäfftigſten iſt, dir zu ſchaden, und ſprich: Nicht ſo, mein Kind! wir ſind zu etwas anderes geboren. Mir kannſt du nicht ſchaden; ſondern du thuſt dir ſelbſt zu nahe, mein Kind! Führe ihm auch zu Gemüthe, daß weder die Bienen, noch einige Thiere, die in einer Herde mit einander weiden, alſo gegen einander verfahren.

Du mußt aber deine Erinnerungen nicht mit Spott, oder mit höhniſchen Reden, vergällen; ſondern alles muß ohne Bitterkeit und mit Liebe geſchehen. Auch mußt du nicht mit ihm, wie ein Lehrmeiſter in der Schule, reden, oder als einer, der von den Anweſenden bewundert ſeyn will; ſondern führe ihn von der Geſellſchaft beyſeite, und rede insgeheim mit ihm.

Faſſe dieſe neun Regeln ins Gedächtniß als ein koſtbares Geſchenk der Muſen, und beginne ein Menſch zu werden, weil du noch lebeſt. Du mußt dich aber eben ſo ſehr hüten, deinem Nächſten zu ſchmeicheln, als auf ihn zu zürnen. Dieſe beyden Laſter ſind der menſchlichen Geſellſchaft gleich ſtark ſchädlich.

Zürneſt du: ſo bedenke, daß dieſes gar nicht männlich; ſondern daß ein ſanftes und gelindes Gemüth

Gemüth sowohl menschlicher, als auch männlicher sey. Dabey erwäge, daß die Stärke des Verstandes, nebst der Tapferkeit, jederzeit die Sanftmuth begleiten; bey denen aber sich niemals finden, die zornig oder verdrießlich sind. Das Gemüth ist um so viel stärker, je freyer dasselbe von Affecten ist. Der Zorn aber und die Traurigkeit wohnen in schwachen Herzen. Wo diese sich äussern, da giebt man zu erkennen, daß das Gemüth verwundet sey und unterliege.

Verlangest du noch eine zehnte Regel: so nimm diese, als ein Geschenk des Vorstehers der Musen, hin. Es ist eine Thorheit, zu verlangen, daß die Bösen nicht Böses thun sollen; denn dieses heisset, eine Unmöglichkeit begehren. Hingegen ihnen vergönnen, daß sie andern Böses thun mögen; und doch begehren, daß sie deiner schonen sollen, das wäre nicht nur eine Thorheit, sondern gar eine Tyranney.

XX.

Unser Gemüth hat ³² vier Wendungen, dafür man sich hüten, und dieselben, wann man sie ent=
S 4   decket

---

³² Vier Wendungen] Dieses ist eine vortreffliche Anleitung zur Selbsterkenntniß. Durch die vier Neigungen verstehet er diejenigen, die den Menschen zum Bösen verleiten und unglücklich machen können, wann sie nicht wohl eingerichtet werden. Die erste ist die Fantasey, oder die Einbildungskraft. Wie viel Elend fliesset aus dieser Quelle in unser Leben! Die zwote ist die unvernünf=

decket hat, folgendermaßen umzäunen, und zu der
erſten ſagen muß: Dieſe Einbildung oder dieſer
Gedanke war unnöthig. Zu der zwoten: Die=
ſes wird die menſchliche Geſellſchaft zerſtören. Zu
der dritten: Was du ſagen willſt, das iſt deiner
Meynung nicht gemäß. Nun iſt aber nichts un=
anſtändigers, als wider ſeine Gedanken zu reden.
Zu der vierten mußt du ſprechen: Du weißt,
daß durch dieſe That der edelſte und göttliche Theil
meiner ſelbſt, das iſt, die Seele, von dem ſchnöden
vergänglichen Leibe und ſeinen viehiſchen Lüſten
übermeiſtert, ja gar unter das Joch gebracht wer=
den würde.

XXI.

33 Deine Lebensgeiſter, und alles, was in dir
feurig iſt, ungeachtet es von Natur in die Höhe
geführet wird, bleiben dennoch hierunter mit dem
Leibe

vernünftige Selbſtliebe. Wie viel Gutes wird durch
den Eigennuß gehindert! Die dritte iſt die Lüge, oder
Falſchheit die alle Menſchen von Natur zu Lügnern ma=
chet. Dieſe wird mittelſt der Verſtellung die Vertheidi=
gerinn aller Bosheit. Die vierte ſind die Begierden;
und dieſe beunruhigen das menſchliche Leben hauptſäch=
lich durch das Fleiſch und ſeine fünf Sinne. Wider
dieſe einheimiſchen Feinde müſſen wir uns durch die Ver=
nunft und Gottes Beyſtand wapnen.
33 Antoninus zeiget in dieſem ſchönen Abſatze, daß der un=
artige Menſch unter allen Geſchöpfen es allein ſey, der
die Schranken der Natur überſchreitet, und ſich dadurch
ſelber unglücklich macht.

Leibe vermiſchet, weil es die Natur alſo verordnet
hat. Imgleichen, ungeachtet alles, was an dir
irdiſch und wäſſerig iſt, ſeiner Natur nach nieder=
wärts ſinket: ſo erhält es ſich nichts deſtoweniger
in der Höhe, in einer Gegend, die ſeiner ſchwe=
ren Natur nicht gemäß iſt. Alſo gehorchen ſelbſt
die Elemente dem allgemeinen Geſetze, indem ſie
in dem Stande verharren, darinn ſie gezwungen
ſind zu ſeyn, bis die Natur ihnen zu ſeiner Zeit
das Zeichen ihrer Auflöſung und Entbindung ge=
ben wird.

Iſt es nun nicht abſcheulich, daß dein verſtän=
diges Gemüth allein ungehorſam und über ſeinem
Zuſtande unwillig und unzufrieden ſeyn will? ſon=
derlich, da ihm 34 nichts Gewaltſames aufgedrun=
gen wird, ſondern lauter Sachen, die mit ſeiner
Natur übereinſtimmen. Und gleichwol weigert
es ſich, dieſes zu ertragen, und ſträubet ſich? Was
ſind alle deſſen Bewegungen zur Ungerechtigkeit,
zur Unmäßigkeit, zur Traurigkeit, zur Grauſam=
keit anderes, als eine Empörung wider die Natur?
So bald ein Gemüth über dasjenige, was ihm wi=
derfähret, unwillig wird: ſo verläßt es ſeinen

S 5 Poſten;

34 **Nichts Gewaltſames**] Merket dieſes, ihr Unchriſten,
die ihr die Gebote unſeres Heilandes für unmöglich aus=
ſchreyet. Lernet von den Heiden, wie wahr es ſey, was
er ſaget, Matth. XI. Mein Joch iſt ſanft und meine
Laſt iſt leicht. Das Chriſtenthum gebietet nichts, als
was die vernünftige Natur zu ihrer wahren Glückſeligkeit
erheiſchet.

Posten; denn es war nicht weniger zur Gleich=
müthigkeit und zur Frömmigkeit, als zur Gerech=
tigkeit, eingerichtet.   Die beyden angeführten
Tugenden sind auch der menschlichen Gesellschaft
nützlich; 35 ja sie sind älter, als die gerechten
Thaten.

XXII.

Der Mensch, dessen Thaten nicht immer einer=
ley Ziel haben, kann nicht gleichmüthig seyn.   Es
ist aber nicht genug, hievon zu reden; sondern man
muß wirklich fest stellen, welches dieser Zweck seyn
soll.   36 Ungeachtet nun nicht alle Menschen einer=
ley Meynung haben, welches das Beste unter den
Dingen sey, die der Pöbel für etwas Gutes ansie=
het: so werden doch etliche Dinge insgemein von
allen für gut erkannt, sonderlich, wenn sie zum ge=
meinen Besten abzielen.   Daher müssen unsere
Thaten ein solches Ziel haben, das durchgehends
für gut gehalten wird, und auf das gemeine Beste
gerichtet ist.   Wer seine Absichten auf solchen
Zweck richtet, dessen Werke werden immer gleich=
förmig, und er selbst immer gleichmüthig seyn.

XXIII.

35 Ja sie sind älter] Denn die gerechten Thaten haben
sich erst nach der Schöpfung geäussert; die Ruhe aber
und die Liebe sind das ewige Wesen Gottes.

36 Ungeachtet nun] Wie sorgfältig vermeidet der ver=
nünftige Kaiser alles unnütze Gezänke, und bekümmert
sich nur allein um gute Thaten, die zum Besten des gan=
zen menschlichen Geschlechts gereichen.

XXIII.

37 Stelle dir öfters die Fabel von der Stadt-
und Feldmaus vor, wie die letztere zitterte, und
hin und wieder lief.

XXIV.

Sokrates nennete 38 die eingerissenen Meynungen Poltergeister und der Kinder Schreckbilder.

XXV.

Die 39 Lacedämonier ließen die Fremden bey
ihren Schauspielen im Schatten sitzen, und sie setzten sich, wohin sie konnten.

XXVI.

Als 40 Sokrates von dem Perdiccas gefraget
wurde: warum er ihn nicht besuchte? so antwortete

---

37 Unter den gescheuchten Feldmäusen stellet er diejenigen
Menschen vor, die durch unvermuthete Zufälle dieses Lebens ganz schüchtern werden, und ausser sich selbst gerathen; dahingegen die Stadtmaus wußte, wo sie zu Hause
war, und daß es in der Welt so zu poltern pflegte.

38 Die eingerissenen Meynungen.] Viele sind für den
Tod so bange, wie die Kinder für die Larve; spricht
Sokrates bey dem Plato.

39 Lacedämonier] Ich glaube, daß Antoninus dieses
zur Beförderung der Menschenliebe und zur Aufmunterung
zur Pflicht gegen die Fremdlinge angeführet hat; ungeachtet die Spartaner bey ihrer Gewohnheit eine andere Absicht haben mochten.

40 Sokrates von dem Perdiccas] Seneca erzählet
von dem Könige Archelaus, daß, als er den Sokrates
bitten

tete er: Damit ich nicht des allerschändlichsten Todes sterbe; nämlich als ein solcher, der dir für deine Wohlthaten nichts Gutes vergelten kann.

XXVII.

Folgende Lehre findet sich in des **Epikurus** Schriften: Stelle dir einen unter den Alten, der vollkommen tugendhaft gewesen ist, zum Muster vor.

XXVIII.

Die Pythagoräer geboten, so bald man des Morgens aufstehe, 41 den Himmel anzusehen, um sich dabey dessen beständigen und unveränderten Lauf, wie auch dessen schöne Ordnung, Reinigkeit und Blöße, vorzustellen; denn die Sterne bedürfen keiner Decke.

XXIX.

42 Erinnere dich des **Sokrates**, wie er ein Fell um bitten lassen, er möchte zu ihm kommen, dieser es mit folgenden Worten ausgeschlagen habe: Er könne sich nicht entschließen zu kommen, die königliche Gnade anzunehmen, weil er nichts habe, damit er dieselbe zu erwiedern wüßte. Wer den Sokrates kennet, der wird merken, daß ihm der König etwas muß zugemuthet haben, dazu der gerechte Mann durch keine Geschenke zu bewegen war.

41 **Den Himmel anzusehen**] Um sich vor aller heimlichen Schalkheit zu hüten, weil alles offenbar und entdeckt vor Gottes allsehenden Augen wäre.

42 **Erinnere dich**] Ich glaube, Antoninus hat sich selbst eine

um sich schlug, als **Xantippe** seine Kleider angezogen hatte, und damit ausgegangen war; und was er zu seinen Freunden sagte, als sie, Schande halber, ihn also zu sehen, zurücke kehren wollten.

XXX.

Lehre keinen andern Lesen oder Schreiben, ehe du es selber kannst; viel weniger aber zeige ihnen, wie man recht leben solle, wenn du es selbst nicht thust.

XXXI.

eine Erleichterung, wegen seiner unartigen Faustine, durch die Vorstellung des frommen **Sokrates** und seiner boshaften **Xantippe,** verschaffen wollen. Diese zog einmal ihres Mannes Kleider an, um einem Schauspiele in Männestracht beyzuwohnen. Der nackende **Sokrates** war indessen gezwungen, sich mit einem Felle zu umhüllen. Und als etliche seiner Bekannten ihn überreden wollen, sein Weib, **Xantippe,** mit derben Schlägen zu bewillkommen; so sagte er: Wenn wir uns nun raufeten; so würdet ihr rufen: hui, Sokrates! wohlan, Xantippe! Damit der kluge Mann zu verstehen geben wollte, daß Eheleute den Nachbaren niemals Gelegenheit geben sollten, sich über ihre Uneinigkeit zu beklagen oder zu erfreuen. Doch die Worte, mit denen er seine nach Hause kehrende wunderliche Frau angeredet, sind nicht weniger merkwürdig. Denn er sagte ihr nichts weiter, als dieses: Könnet ihr nun merken, daß ihr nicht sowol das Schauspiel angesehen, als andern Leuten selbst zum Schauspiele worden seyd?

XXXI.

43 Du bist ein Sclave, darum geziemet es dir nicht zu reden.

XXXII.

Ich lache in meinem Herzen, wenn ich höre, wie das Kind den Vater lehret.

XXXIII.

Wer Feigen im Winter auf den Bäumen suchet, der ist ein Narr; und derjenige ist nicht weiser, der nach seinem Kinde verlanget, wann es nicht mehr vorhanden ist.

XXXIV.

Wenn du dein Kind herzest, sagte **Epictetus**; so sprich bey dir selbst: Vielleicht wird es morgen sterben. Aber, versetzte ein anderer, das wäre ein böses Zeichen. Er antwortete: Es ist nichts Böses bey dem, was natürlich ist; sonst würde es auch etwas Böses seyn, zu sagen, das Korn ist reif zur Erndte.

XXXV.

43 Du bist ein Sclave] Diese durften bey den Römern nicht mit sprechen. Er zielet auf das vorhergehende, und will so viel sagen, als der Herr Christus: Mag auch ein Blinder dem andern den Weg weisen? Das Folgende gehört auch zu diesem Satze: Die Weisheit muß sich rechtfertigen lassen von ihren Kindern.

•XXXV.

44 Eine unzeitige Traube, eine reife Traube, eine dürre Traube, das sind so mancherley Veränderungen, nicht zwar in etwas, das gar nicht ist; sondern in etwas, das noch nicht ist.

XXXVI.

Niemand kann 45 ein Räuber unseres Willens werden, saget Epictetus.

XXXVII.

Er saget weiter: man müsse die Kunst erfinden, seinen Beyfall zu rechter Zeit zu geben; und die Neigungen müsse man so einschränken, daß sie sich niemals ohne Beding auf etwas lenkten; sondern daß sie auf das gemeine Beste zieleten, und immer nach dem Werthe eines Dinges eingerichtet seyen. Der Begierden müsse man sich, so viel möglich, entschütten, und vor nichts 46 einen Abscheu haben,

als

---

44 Hiedurch will er die verschiedenen Veränderungen vorstellen, die das verschiedene Alter, nebst dem Tode, in unserem Leben machet. Das Gleichniß ist aus dem Theocritus genommen.

45 Ein Räuber unseres Willens] Vielleicht wird mit diesen Worten auf des indianischen Weisen Calamanus Schreiben an den großen Alexander gezielet, darinn er dem Könige zu verstehen giebt, daß er zwar die die orientalischen Länder plündern; aber den Willen ihrer Weisen nicht bezwingen könnte.

46 Einen Abscheu haben] Epictetus Worte lauten also

im

als vor dem, was nicht in unserm Vermögen
stehet.

XXXVIII.

Wir kämpfen um nichts geringes, saget derselbe;
denn es gilt, entweder klug, oder ein Narr zu werden.

XXXIX.

Sokrates hat gefraget: Wollt ihr vernünf=
tige oder unvernünftige Seelen haben? Die
Antwort war: Vernünftige. Aber was für
vernünftige? gesunde, oder lasterhafte? Ge=
sunde. Warum suchet ihr sie denn nicht?
Weil wir sie schon haben. Habt ihr sie:
47 warum zanket ihr euch denn, und seyd un=
ter einander uneins?

im VII Hauptstücke seines Handbuchs: Habe keinen
Abscheu vor allen denjenigen Dingen, die nicht in
deiner Macht sind; sondern scheue nur allein die=
jenigen, die der Natur der Dinge widerstreben, die
in deiner Macht sind 2c. Die Meynung ist, wir sollen
vor Krankheit. Tod, oder dergleichen Zufällen, die nicht in
unserer Macht stehen, keinen Abscheu haben; hingegen
aber sollen wir scheuen, was durch unser Versehen, oder
unsere Schuld geschiehet.

47 Warum zanket ihr] Ist eben die Frage des Apostels
Jacobi, IV. 1. Warum ist Krieg und Zank unter
euch? Ist es nicht daher, weil die Lüste in euren
Gliedern streiten?

Des römischen Kaisers
Marcus Aurelius Antoninus
erbaulicher
Betrachtungen
Zwölftes Buch.

I.

Du [1] kannst dasjenige itzo gleich erhalten, was du nach langwieriger Bemühung und Umschweif zu erjagen hoffest; daferne du dir dein Vergnügen nur nicht selber misgönnest. Dieses, sage ich, kann geschehen, wenn du das Vergangene fahren lässest; wenn du das Zukünftige der göttlichen Vorsehung anheimstellest; und das Gegenwärtige nach den Regeln der Frömmigkeit und Gerechtigkeit brauchest.

Nach den Regeln der Frömmigkeit: so, daß du dasjenige mit Vergnügen annehmest, was dir widerfähret; denn die Natur hat dir den Zufall, und dich dem Zufalle begegnen lassen. Ich sage auch nach den Regeln der Gerechtigkeit: also, daß du

die

[1] Dieser Absatz bemerket abermals, wie wenig der Mensch, zu seiner wahren Glückseligkeit zu gelangen, brauche; imgleichen, daß es mehr Mühe kostet, sich unglücklich, als glücklich zu machen. Daraus dann abermals die Wahrheit der Worte Johannis erhellet: Seine Gebote sind nicht schwer. 1 Epist. V.

T

die Wahrheit frey und ohne Umschweif redest, auch dich in allem, was du thust, den Gesetzen gemäß aufführest.

An Vollziehung dieser Pflicht aber mußt du dich weder anderer Bosheit, noch ihre Gedanken oder Urtheil von dir, noch die Reizung deines eige= nen Fleisches, hindern lassen. ² Der leidende Theil mag für sich zusehen.

Du bist nahe an dem Ende deines Lebens; daher verleugne alles, und fange an, deine Seele, und was in dir selber göttlich ist, in Ehren zu halten. Fürchte dich nicht, daß du dermaleinst zu leben aufhören wirst; sondern bestrebe dich, so lange du lebest, der Natur gemäß zu leben. Auf diese Weise wirst du eine würdige Creatur deines Schöpfers, und nicht mehr ein Fremdling in deinem Vaterlande, dieser Welt, seyn; auch dich über die täglichen un= vermutheten Zufälle verwundern, noch dein Herz an dieses oder jenes hängen.

II.

Gott schauet alle Seelen nacket, oder ohne ihr Gefäß, Schalen und Unflat an, denn sein Geist allein dringet in das Wesen der Dinge, die ihren Ausfluß aus ihm haben. ³ Gewöhne dich, dieses
auch

---

² Der leidende Theil] Was er damit meyne, das ist umständlicher aus des VII Buches 68 Absatze zu ersehen. Die heilige Schrift nennet es: Durch den Geist des Fleisches Geschäffte tödten.

³ Gewöhne dich] Wie dieses, mittelst vernünftiger Betrachtung,

auch zu thun: so wirst du dich vieler Unruhe überheben. 4 Denn wer sich nicht viel um das Fleisch bekümmert, das ihn umhüllet, der wird sich noch viel weniger wegen seiner Kleidung, wegen seines Hauses, wegen seines Ansehens, oder des äusserlichen Schmucks dieser zerbrechlichen Hütte, ängstigen.

III.

Du bestehest aus dreyen Stücken: aus Leib, Geist und Seele. Die beyden erstern sind dein, so lange du dafür sorgen kannst; das dritte aber ist dein Eigenthum. 5 Wenn du demnach von dieser deiner Seele, das ist, von dir selbst, alles entfernest, was andere sagen oder denken, oder was du selbst gesaget oder gethan hast; imgleichen alles

T 2 Zukünftige,

Betrachtung, anzufangen sey, davon beliebe der Leser im II Buche den zweyten Absatz nachzuschlagen.

4 Denn wer sich nicht viel um das Fleisch bekümmert] Dahin gehet die Lehre unsers Heilandes, Matth. VI. Ist nicht der Leib mehr denn die Kleidung 2c.

5 Wenn du demnach] Antoninus giebt in diesem schönen Absatze eine kurze Anleitung zu der Zufriedenheit. Die erste Stuffe dazu ist die Vermeidung unnöthiger Sorgen. Die zwote die Selbstverleugnung. Die dritte die Näherung zu Gott. Die vierte die aufrichtige Beständigkeit. Dieses ist alles sehr schön. Aber man vergleiche diese vortreffliche Anweisung des Heiden mit der Anleitung, die uns unser lieber Erlöser in seiner Bergpredigt, Matth. V. und folgenden, giebt: so wird man inne werden, wie weit die christliche Lehre alle andere, in der Anleitung zur wahren Glückseligkeit, übertreffe.

Zukünftige, das dich schrecket; alles, was das Fleisch,
das dich umhüllet, oder den Geist, betrifft, und nicht
in deiner Gewalt ist; ja alles, was der Wirbel dieser sichtbaren Welt durch seine Umwälzungen auf
dich wirft; also, daß dein Gemüth, den Nothwen-
digkeiten und dem Joche des Schicksals entrissen,
rein und lauter in sich selber lebet, thut, was recht
ist, saget, was wahr ist, und willig annimmt, was
ihm widerfähret.

Wenn du, sage ich, von deiner Seele die Bewegungen, die ihr aus der Gemeinschaft mit dem
Leibe zustoßen, entfernest; wenn du aus deinen
Gedanken die Sorgfalt sowol über das Vergangene, als über das Zukünftige, vertreibest, und dich
selber so rund, als die Weltkugel des Empedocles,
machest,

Die stets im runden Kreis umläuft;
auch nur für das Gegenwärtige zu leben trachtest,
weil du lebest: so kannst du den Rest deiner Tage
bis an deinen Tod ruhig, edel, und wie einem vernünftigen Menschen gebühret, zubringen.

IV.

⁶ Ich habe mich oft verwundert, daß die Menschen, die sich doch selbst mehr lieben, als andere,

dennoch

---

⁶ Dieses ist eine tiefsinnige Betrachtung, die den Selbstbetrug der armen Menschen, samt der Wahrheit der Worte
Davids, offenbaret, da es heißt: Alle Menschen sind
Lügner. Diese Lüge fängt in uns selber an, wann wir
uns lieber selbst betriegen, als gründlich nach dem Gewissen prüfen wollen.

dennoch mehr Werks von der Meynung machen, die andere von ihnen haben; als von den Gedanken, die sie von sich selber hegen. Gewiß, wenn ein Gott zu ihnen käme, oder ein verständiger Lehrer ihnen beföhle, nichts von sich selbst zu denken, als was sie alsobald ohne Scheu von sich sagen dürften: ich besorge, es würde nicht ein einziger seyn, der diesen Zwang einen Tag lang aushielte. So gar schämen wir uns dafür, was andere von uns urtheilen, als für uns selber.

V.

7 Wie sollte es möglich seyn, daß die Götter, die alles so schön und nach einer besondern Menschenliebe geordnet haben, es darinn allein versehen hätten, daß die Menschen, und zwar die allerbesten, die vor andern in einer genauen Gemeinschaft mit der Gottheit stehen, sich lebenslang in guten Werken geübet, und durch Gebet, Opfer oder andere heilige Uebungen einen göttlichen Sinn bekommen haben; daß solche Menschen, sage ich, nachdem sie einmal gestorben sind, nicht mehr leben, sondern auf ewig vergehen sollten?

T 3   Da

---

7 Dieser Absatz enthält einen Beweis von der Unsterblichkeit unserer Seele, aus dem Grunde, weil es unmöglich ist, daß dasjenige Wesen in uns, das eine Empfindung von dem Guten und Bösen, einen Begriff von Gott und eine Neigung zu seinem Dienste hat, ja gar zu einer Gemeinschaft mit Gott und zu einem göttlichen Sinne gelangen kann, ein vergängliches oder sterbliches Wesen seyn sollte.

8 Da nun dieses sich also verhält: so wisse, daß, 9 im Fall es anders hätte beschaffen seyn sollen, es auch anders würde gemacht worden seyn. 10 Denn alles, was recht ist, war auch Gott möglich zu bewerkstelligen; und wenn es der Natur gemäß gewesen wäre: so hätte es die Natur hervorgebracht. 11 Verhält sich aber ein Ding anders: so glaube, daß es anders habe seyn müssen.

Du merkest aus gegenwärtiger Untersuchung, daß du gleichsam mit Gott rechtest. 12 Dieses aber würdest du nicht thun können, daferne Gott nicht

8 Da nun dieses sich also verhält] Nämlich, daß Gott weise und ein Liebhaber der Menschen ; die Seele aber also beschaffen ist, wie kurz zuvor erwähnet worden.

9 Im Fall] Das ist: hätte die Seele nicht unsterblich seyn sollen: so wäre sie auch mit solchen göttlichen und unsterblichen Neigungen, als sie hat, nicht begabet worden.

10 Denn alles, was recht .. hervorgebracht] Recht aber und der Natur gemäß war es, daß eine Seele, die unsterbliche Neigungen und Eigenschaften hatte, auch selbst unsterblich seyn mußte.

11 Verhält sich aber ein Ding anders] Das ist: wäre die Seele nicht unsterblich: so würde sie auch andere Eigenschaften haben.

12 Dieses aber] Ist ein fernerer Beweis von der Unsterblichkeit der Seele, aus dem Erweise, daß Gott ein gütiges und gerechtes Wesen ist; welches unter andern daraus erhellet, daß die Menschen von diesen seinen Eigenschaften einen Begriff haben, davon reden, und fragen,

nicht sowol gerecht, als auch gütig wäre. Ist er aber dieses: so wird er auch nicht vergessen haben, diese seine Gerechtigkeit und Gütigkeit bey Einrichtung der Welt zu beweisen.

VI.

13 Gewöhne dich auch zu solchen Dingen, welche dir unmöglich scheinen. Die linke Hand ist zu vielen Dingen ungeschickt, weil sie nicht dazu gewöhnet ist, und gleichwol hält sie den Zügel fester, als die rechte, weil man sie beständig dazu brauchet.

VII.

Denke oft daran, wie du an Seele und Leib beschaffen seyn müssest, wann der Tod dich überfallen wird. Erwäge die Kürze deines Lebens, den Abgrund der Zeit vor und nach dir, samt der zerbrechlichen Schwäche alles materialischen Wesens.

VIII.

Untersuche 14 die Ursache eines jeden Dinges,

T 4

und

gen, was mit dieser Gerechtigkeit oder Gütigkeit übereinkomme? Da es nun aber mit beyden übereinkommt, daß ein Wesen, darein Gott sonderbare Proben seiner Weisheit, Gütigkeit rc. geleget hat, nicht vergehe: so ist zu glauben, daß er die Seelen auch unsterblich gemacht habe.

13 Gewöhne dich] Er will zeigen, wie die Gewohnheit alles mit der Zeit mache.

14 Die Ursache rc.] Hievon ist im II Buche, 2 und 7, auch im XII, 2 Absätze, gehandelt worden.

und entblöße es von allen Schalen, die dasselbe
verdecken. Betrachte den Zweck aller Thaten:
was der Verdruß sey; was die Wollust; was die
Ehre; was der Tod? imgleichen, [15] daß ein jeder
die Ursache seiner Unruhe sey. Ferner, [16] daß es
nicht in eines andern Vermögen sey, mich zu beunruhigen; sondern daß alles [17] in der Einbildung
bestehe.

IX.

Bey Untersuchung und Gebrauch der Sätze
müssen wir [18] den Ringern gleich seyn; aber nicht
den

[15] Daß ein jeder] Davon siehe des IX Buches 26 Absatz.

[16] Daß es nicht in eines andern] Davon ist im V Buche, 34 Absätze, geredet worden.

[17] In der Einbildung bestehe] Hierüber kann der
15 Absatz im II Buche nachgelesen werden.

[18] Den Ringern] Ein Ringer brauchet seine eigenen
Hände; ein Fechter ein entlehntes Schwerdt. So
sind diejenigen, die alles auf das Ansehen anderer ankommen lassen, und nichts sagen, als was ein ander
gesaget hat, nimmermehr geschickt, die Wahrheit zu untersuchen. Denn daraus entstehet das Klopffechter-
gezänke der Halbgelehrten, die immer schreyen, wie meines Nachbars Papagey: Der hats gesagt! der hats
gesagt! der hats gesagt! Wer aber die Wahrheit
finden will: der muß seine eigene Vernunft recht brauchen, wie der Ringer seine Faust. Diese schlägt ihm
keiner so leicht aus den Händen. Hingegen, wird dem
Klopffechter der Degen aus der Hand pariret: so ist er
des Todes. Nimm dem Systematico seine Walze:
da steht der Tölpel!

den Fechtern.   Denn diese sind des Todes, so bald
ihnen der Degen aus der Hand fällt; jene hinge=
gen behalten immer ihre Faust, und es kommt nur
darauf an, daß sie dieselbe recht brauchen.

X.

Man muß die Dinge recht beschauen, und sie
[19] nach ihrem Zeuge, nach ihrer Ursache und Be=
schaffenheit, und nach ihrem Zwecke, zergliedern.

XI.

[20] Wie weit erstrecket sich nicht das Vermögen
eines Menschen, um zu thun, was Gott angenehm
ist, und dasjenige mit Freuden anzunehmen, was
ihm Gott zuschicket!

XII.

Man muß sich in Dingen, die natürlich sind,
niemals über die Götter beschweren; denn sie ver=
sehen sich weder mit Willen, noch wider ihren
Willen.   Auch muß man sich nicht über die Men=
schen beschweren; denn sie fehlen [21] wider ihren
Willen.   So muß man sich demnach über nichts
beschweren.

T 5   XIII.

[19] Nach ihrem Zeuge] Hievon ist schon oben im VII
Buche, 39 Absätze, gehandelt worden.

[20] Wie weit ꝛc.] Dieses ist einigermaßen im VII Bu=
che, 53 und 54 Absätze, erörtert worden.

[21] Wider ihren Willen] Denn der Böse selbst ist mit
sich nicht zufrieden; weil ihm sein Gewissen saget, er
thue nicht recht. Siehe hievon das XI Buch, 18 Abs.

XIII.

Es heisset sowol [22] lächerlich, als auch ein Frembling in der Welt seyn, wenn man sich über Dinge, die in der Welt vorgehen, verwundert.

XIV.

Entweder ist es die Nothwendigkeit des Schicksals, oder eine unwiderrufliche Verordnung, oder eine gnädige Vorsehung, [23] oder ein blinder und verwirrter Zufall, der alles regieret. Ist es die unumgängliche Nothwendigkeit: was sträubest du dich denn? Ist es die gütige Vorsehung, die man versöhnen kann: warum machest du dich nicht ihrer Hülfe würdig? Ist es der blinde Zufall? freue dich, daß du eine Seele in dir hast, die dich durch diesen Sturm der Verwirrung führen kann! Ergreifet dich der Wirbelwind? laß ihn dein Fleisch und deine Lebensgeister hinreissen, deine Seele muß er dir wohl lassen.

XV.

[22] Lächerlich] Lies hierüber des VIII Buches 15 Absatz.

[23] Oder ein blinder Zufall] Ich habe schon öfters erinnert, daß dieses die Meynung des Kaisers nicht sey; er will nur aller Ungewißheit einen Trost entgegen setzen. Glückselige Christen! die sich nicht, wie die Heiden, mit Ungewißheit peinigen dürfen; sondern mit dem Apostel sagen können: Ich bin gewiß, daß weder Tod noch Leben, weder Hohes noch Tiefes, weder Gegenwärtiges noch Zukünftiges, noch irgend eine Creatur, uns scheiden kann von der Liebe Gottes in Christo Jesu, unserm Herrn. Röm. VIII.

XV.

Die Lampe verlieret ihren Schein nicht eher, als bis sie verlöschet; und du wolltest in dir die Wahrheit, die Gerechtigkeit, die Mäßigkeit, verlöschen lassen, ehe du stirbest?

XVI.

Will man dir einbilden, ein anderer habe gesündiget; so sprich bey dir selbst: 24 Woher weiß ich, daß es gesündiget sey? Hat er aber wirklich gesündiget: so bedenke, daß er sich selbst so sehr gestrafet habe, als wenn er sein Angesicht mit den Nägeln zerkratzet hätte. Dabey erinnere dich, daß, sich über die Missethaten der Bösen beschweren, eben so viel sey, als verhindern wollen, daß die Feigenbäume einen scharfen Saft haben, daß die Kinder weinen, daß die Pferde wiehern, oder daß dergleichen Dinge, die die Natur zur Nothwendigkeit gemacht hat, nicht geschehen sollen. Was kann jener dazu, daß er lasterhafte Neigungen hat? Heile ihn, wenn du kannst!

XVII.

24 Woher weiß ich, daß es gesündiget sey?] Weil man alle Umstände einer That zuvor genau erwägen soll, ehe man ein Urtheil davon fället. Die Bosheit der Menschen dichtet manchem wegen einer That ein Laster an, die, wenn man sie in der Nähe und nach allen Umständen, ohne Vorurtheil, überleget, vielmehr eine Tugend zu nennen ist. Antoninus hat hiervon bereits im IX Buche, 18 Absatze, geredet.

XVII.

Ist dieses nicht anständig? thue es nicht. Ist jenes nicht wahr? sage es nicht. Dieses laß allezeit deinen festen Vorsatz seyn.

XVIII.

Du mußt dir die gänze Welt vor Augen stellen, und ohne Unterlaß bey dir selbst denken: Was ist es doch, das mir gegenwärtig diese unruhigen Gedanken verursachet? Durchsuche es, besiehe jedes genau nach seinem Zeuge und nach seiner eigentlichen Beschaffenheit, und bedenke, wie kurze Zeit du dessen wirst vonnöthen haben!

XIX.

Merke doch endlich einmal, daß etwas edleres und göttlicheres in dir ist, als dasjenige, was dir Gemüthsbewegungen oder Leidenschaften verursachet, und dich, wie eine Puppe, mit fremden Fäden ziehet. Denn, was ist deine Seele? 25 Bestehet sie wol in der Furcht, im Argwohne, in der Lust, in der Geilheit, oder sonst in etwas dergleichen?

XX.

25 Die Seele bestehet in Neigungen zur Gerechtigkeit, zur Wahrheit, zur Frömmigkeit, zur Gemeinschaft mit Gott, zur Menschenliebe, 2c. Darum sollen jene viehischen Neigungen, als fremd, denen eigenthümlichen Einwohnern des Gemüthes weichen.

XX.

Einmal mußt du nichts [26] vergebens oder ohne Absicht thun. Zum andern mußt du nichts ohne Absicht auf das gemeine Beste vornehmen.

XXI.

Bedenke, daß du weder in kurzer Zeit mehr seyn wirst, noch dasjenige, was du siehest, noch diejenigen, die mit dir zugleich leben. Alle Dinge sind dazu gemacht, daß sie verändert werden und aufhören sollen; damit andere aus ihren Resten gleichsam hervorwachsen.

XXII.

Alles bestehet in der Einbildung; und diese Einbildung ist in dir. Schaffe sie demnach von dir, so oft du willst: so wirst du ohne Unruhe, gleichsam in einem Meerbusen, segeln, und dich selbst, wie die Schiffe im Sturme und in der Gefahr, hinter ein Vorgebirge legen.

XXIII.

[27] Ein Werk, das zu seiner Zeit aufhöret, leidet darunter, daß es aufgehöret hat, nichts Böses;

so

---

26 **Vergebens**] Denn es wäre unvernünftig, etwas zu thun, ohne zu wissen, warum; und es wäre unmenschlich, alle Absicht einzig und allein auf seine einzelne Person zu richten.

27 Diese Betrachtung ist abermals gegen die Furcht des Todes gerichtet: und wir sehen aus der öftern Wieder-

holung

so widerfähret auch demjenigen, der es vollbracht
hat, dadurch kein Unglück.   Eben so ist es mit
dem Inbegriffe aller unserer Handlungen, die wir
das Leben nennen, beschaffen; denn es geschiehet
ihnen nichts Uebels dadurch, daß sie sich zu rechter Zeit endigen.   So ist auch derjenige nicht unglücklich, dem dieser Faden seiner Verrichtungen
zu seiner Zeit abgeschnitten wird; denn es ist die
Natur, die die Zeit ausmisset, und einem jeden
Dinge sein Ziel bestimmt.   Einigen lässet sie zwar
etwas mehr, als denenjenigen, die für Alter sterben; jedoch aber ist es allezeit die allgemeine Natur, die alles regieret, und durch eine beständige
Bewegung aller Dinge die Welt erfrischet und
verjünget.

Nun, was dem Ganzen zuträglich ist, das geschiehet zu rechter Zeit, und ist allezeit gut. So
kann auch das Ende des Lebens nichts Böses seyn,
weil

holung dergleichen Vorstellungen, daß auch die Allerbesten und Weisesten unter den Heiden öfters ein
Schrecken vor dem Tode empfunden haben. Dieses
aber ist bey einem wahren Christen geringer, auch wol
gar nicht anzutreffen. Darum ist die christliche Lehre
abermals für die vollkommenste zu achten, weil sie den
Menschen gegen das Schrecken des Todes mit einer frey-
müthigen Gewißheit bewaffnet. Unser keiner stirbet
ihm selber. Sterben wir: so sterben wir dem Herrn;
darum, wir leben oder sterben: so sind wir des Herrn.
Ja, sie machet wol gar, daß man den Tod verlanget:
Ich begehre aufgelöset, und bey Christo zu seyn.

weil es nichts schändliches ist; denn es ist weder in unserer Gewalt, noch wider die Regeln der Gesellschaft. Vielmehr ist es etwas Gutes, weil es der ganzen Welt überhaupt zuträglich ist, als die auf solche Weise verneuert wird.

XXIV.

[28] Derjenige wird von Gott regieret, und von seinem Geiste getrieben, der einerley Absicht und einerley Sinn mit Gott hat.

XXV.

Dreyerley nimm beständig in Acht. Einmal, theils in Absicht auf deine Handlungen; daß du nichts ohne Bedacht oder vergebens unternehmest, oder auf eine andere Weise, als die Gerechtigkeit es selber würde gethan haben: theils in Absicht auf deine Zufälle; daß du dir vorstellest, wie dieselben entweder von einem blinden Zufalle, oder von der göttlichen Vorsehung, herrühren. Nun aber muß man weder die Vorsehung Gottes tadeln, noch über einen ungefähren Zufall sich beklagen.

Zweytens mußt du betrachten, was ein jedes Ding war, ehe es seine Seele und sein Leben bekam; was es ist, nachdem es dasjenige, daraus es zusammengesetzet ist, bekommen hat; und in was für Theile es wieder wird aufgelöset werden.

Drit=

---

[28] Dieses kommt mit den Worten des Apostels überein: Welche der Geist Gottes treibet, die sind Gottes Kinder.

Drittens sollst du dir vorstellen, als wenn du über die Wolken erhaben wärest, und von da aus die menschlichen Dinge und ihre Mannichfaltigkeit anschautest; ja, als wenn du zugleich in den unzählbaren Haufen der Geister, die in der Luft herrschen, hineinsähest: damit du, so oft du deinen Sinn solchergestalt erhebest, dir vorstellen mögest, daß eines dem andern gleiche, auch von so kurzer Dauerhaftigkeit sey, daß man nicht Ursache habe, sich deswegen zu blähen.

XXVI.

Vertreibe die Einbildungen: so ist dir geholfen. Was hindert dich aber, dieselben wegzuschaffen?

XXVII.

Indem du dich über etwas entrüstest: so vergissest du, daß alles zum Besten der allgemeinen Natur geschiehet, und daß die Fehler anderer Leute dich nicht angehen; imgleichen, daß alles, was geschiehet, allezeit so geschehen ist, und auch künftig also geschehen wird; ferner, daß unter allen Menschen eine genaue Verwandschaft ist, die nicht sowol aus ihrem Fleisch und Blute, als vielmehr daraus entstehet, daß sie alle einerley Geistes theilhaftig sind.

Ja, du vergissest alsdann, daß die Seele eines jeden 29 gleichsam ein Gott, und ein Ausfluß aus

der

29 Gleichsam ein Gott] So redeten die Heiden von der Seele, oder von dem Gemüthe und Gewissen des
Men-

der Gottheit ist: imgleichen, daß nichts unser eigen ist; sondern, daß deine Kinder, dein Leib und deine Seele von Gott kommen; daß alles in der Einbildung bestehet; und endlich, daß du nur die gegenwärtige Zeit allein besitzest, und also auch dieselbe nur allein verlieren kannst.

XXVIII.

Du mußt dir öfters solche Leute vorstellen, welche sich über etwas sehr entrüstet haben; imgleichen solche, welche, nachdem sie zu großen Ehren gelanget waren, hernach in großes Elend gestürzet, mit vielen Feinden umgeben, oder durch anderweites Glück oder Unglück geplaget worden sind.

Bey dergleichen Vorstellung nun frage dich selbst: Wo sind alle diese Leute geblieben? Ist es doch mit ihnen nichts anderes, als Rauch, Asche und ein Mährlein gewesen; wenn ich sie anders noch ein Mährlein nennen darf. Ferner erinnere dich, was 30 Fabius Catulinus etwan auf seinem Landgute;

was

Menschen: einige nenneten es Gott, einige eine Göttlichkeit: andere einen Zeugen Gottes. Wir lassen ihnen den Irrthum, und halten uns an die christliche Wahrheit in den Worten des Apostels: Wisset ihr nicht, daß eure Leiber Gottes Tempel sind, und daß der Geist Gottes in euch wohnet?

30 Fabius Catulinus rc.] Diese Herren stehen hie mit dem Tiberius in einer Reihe: daher der Herr Dacier nicht uneben urtheilet, daß sie auf ihren Landgütern

einerley

was Lucius Lupus und Stertinius zu Baja; was Tiberius und Velius Rusus zu Caprea gemacht haben? mit welcher unruhigen Bemühung sie solchen Dingen nachjageten, welche ihnen ihr irrender und verführischer Wahn als Sachen vorstellete, die ihrer Sorgfalt und Hochschätzung werth wären.

Wie viel vernünftiger würden sie gehandelt haben, wenn sie sich bey aller Gelegenheit gerecht, mäßig, und den Göttern in Einfalt gehorsam aufgeführet hätten; denn 31 der Hochmuth ist niemals unerträglicher, als wenn er durch eine falsche Demuth genähret und aufgeblasen wird.

XXIX.

32 Wenn dich jemand fraget: wo du die Götter gesehen, oder woher du abgenommen habest, daß wirklich eine Gottheit sey, die du anbetest? so antworte

einerley Lebensart mit dem Tiberius müssen geführet haben; der sich nach Caprea begab, um der Lust desto ungestörter zu pflegen, auch deswegen einen besondern Hofbedienten angenommen hatte, den er den Meister der Wollust nennte.

31 Der Hochmuth ist niemals unerträglicher] Er zielet hiermit auf die beständige Verstellung des Tiberius, der sich freundlich und leutselig vor den Leuten anzustellen wußte, aber doch in seinem Herzen ein hochmüthiger und tyrannischer Bösewicht war.

32 Dieses zeiget den Unverstand und die Unverschämtheit der Gottesleugnung.

worte ihm zuerst: daß sie 33 ganz sichtbar seyen. Zum andern: Ich habe meine Seele auch niemals gesehen, und verehre sie dennoch. So verhält es sich auch mit den Göttern, als deren Macht ich beständig erfahre: denn daraus erkenne ich nicht nur, daß sie sind; sondern ich verehre sie auch.

XXX.

34 Die Glückseligkeit des Lebens wird dadurch befördert, wenn man betrachtet, was ein jedes Ding in sich selber ist; damit man dessen Materie und Form, das ist, den Zeug, daraus es zusammengesetzet ist, und sein eigentliches Wesen, darinn es bestehet, erkenne: hiernächst, daß man von ganzem Herzen thue, was recht ist, und die Wahrheit allezeit rede. Alsdann wird nichts mehr übrig

U 2

seyn,

33 **Ganz sichtbar**] Denn Gottes unsichtbares Wesen wird aus den vor Augen schwebenden Werken der Schöpfung ersehen, wie Paulus Röm. I. bezeuget.

34 Bestehet die wahre Glückseligkeit in diesen Dingen; wie sie dann mehrentheils darinn begriffen ist: so folget, daß die christliche Lehre die allervollkommenste und die wahre sey, weil sie uns zu dieser Glückseligkeit die beste Anleitung giebet. 1. Sie lehret uns die Eitelkeit alles Irdischen, samt der Verleugnung seiner selbst. 2. Sie bringet bey allen Handlungen auf die Reinigkeit des Herzens. 3. Sie erfordert beständige gute Werke. 4. Ja, was noch mehr ist, sie rüstet uns aus mit Glauben und Vertrauen auf Gott, auch mit Liebe gegen Gott und den Nächsten.

seyn, als daß man in dem fernern Laufe des Lebens Gutes mit Gutem häufe; so, daß nicht die geringste Zeit von guten Werken ledig bleibe.

XXXI.

Es ist nur ein Sonnenlicht; ungeachtet es durch Mauren, Berge, und dergleichen Dinge mehr, zertrennet wird. Es ist einerley Materie oder Zeug; ungeachtet sie in viele Millionen verschiedener Körper zertheilet ist. 35 Es ist ein Geist; ungeachtet er durch eine Unendlichkeit verschiedener Naturen zerstreuet ist. So ist auch nur eine vernünftige Seele; ungeachtet es scheinet, als wenn sie getrennet wäre.

Zwar sind einige der angeführten Dinge unempfindlich, und haben keine Neigung zu einander; werden aber dennoch durch ein allgemeines verständiges Wesen mit einander verbunden. Die vernünftige Seele hingegen hat eine besondere Neigung zu ihres gleichen, sie vereiniget sich gerne

mit

---

35 Es ist ein Geist 2c.] Dieses, nebst dem folgenden, wann Antoninus saget, es sey nur eine Seele, muß von dem vernünftigen Leser als ein heidnischer oder stoischer Satz angesehen; hingegen aber die Absicht des Kaisers beobachtet werden, nach der aus dem Zusammenhange und der Gleichheit aller Seelen ihre gemeinschaftliche Liebe gefolgert wird. Dieses ist erbaulich, und gehet uns Christen an. Jene Meynung aber überlassen wir den Heiden und den Zänkern.

mit andern, und nichts kann ihren Trieb zur Gemeinschaft hemmen.

• XXXII.

Was verlangest du? Zu seyn? zu empfinden? dich zu bewegen? zu wachsen? abzunehmen? zu reden? zu denken? Was ist in diesem allem deines Verlangens werth? Weil demnach ein jedes von diesen Dingen insbesondere von keiner großen Würde ist: so halte dich an das Letzte und Beste, daß du nämlich Gott und der gesunden Vernunft folgest. 36 Mit diesem Vorsatze aber streitet, wenn man verdrießlich seyn wollte, dieses alles durch den Tod zu verlieren.

XXXIII.

37 Welch ein kleiner Augenblick der unendlichen Zeit wird doch einem jeden unter uns mitgetheilet, und wie plötzlich wird derselbe wieder von der Ewigkeit verschlungen! Welch ein kleines Bißchen der Materie ist dir zu Theil geworden! und wie gar wenig hast du von dem allgemeinen Geiste bekommen! Ja, wie klein ist das Stück Erde, darauf du herumkriechest! Wenn du dieses alles

U 3

recht

---

36 Mit diesem Vorsatze streitet] Denn wer ungerne aus diesem Leben scheidet: der sträubet sich, Gott und der Vernunft zu gehorchen.

37 Dieses alles ist die Meynung der Worte Davids: Wie gar nichts sind alle Menschen, die doch so sicher leben!

recht erwägest: so wirst du dir nichts Großes einbilden, sondern befinden, daß das Beste sey, deiner Natur gemäß zu leben, und dasjenige, was dir
die allgemeine Natur zuschicket, zu ertragen.

XXXIV.

38 Wie bedienet sich itzo deine Seele ihrer selbst?
Hierauf kommt alles an.   Das Uebrige, es mag
in deiner Macht stehen oder nicht, ist nur Rauch
und Asche.

XXXV.

Nichts 39 veranlasset mich kräftiger zur Verachtung des Todes, als wenn ich bedenke, daß auch
diejenigen, die die Wollust für das höchste Gut,
und den Schmerzen für das größte Uebel gehalten,
den Tod verachtet haben.

XXXVI.

38 Wie die Seele sich ihrer selbst recht bedienen müsse, das
wird oben im X Buche, 25 Absatze, gelehret.   Man
wird auch aus des andern Buches 16 Absatze ersehen,
wie die Seele beschaffen ist, wann sie sich ihrer nicht
bedienet, wie sie soll.

39 Veranlasset mich kräftiger] Dieses ist nur eine
gezwungene Verachtung des Todes.   Der Christen
Todesgedanken sind weit großmüthiger: Tod, wo ist
dein Stachel? Hölle, wo ist dein Sieg? Gott
aber sey Dank, der uns den Sieg gegeben hat
in Jesu Christo, unserm Herrn! Imgleichen:
Christus hat durch seinen Tod dem Tode die Macht
genommen, und Leben und unvergängliches Wesen an das Licht gebracht.

XXXVI.

Wer sich in die Zeit schicket, und es für seinen Theil achtet, was dieselbe mit sich bringet; wer es als gleichgültig ansiehet, 40 ob er viele oder wenige vernünftige Werke zu verrichten Zeit gehabt habe; und dem es gleich viel ist, diese Welt kurz oder lange zu sehen, der scheuet den Tod nicht.

XXXVII.

Mein lieber Mensch! du hast in dieser großen Stadt als ein Bürger gelebet; was ist nun daran gelegen, daß du nur fünf Jahre darinn zugebracht hast? Was den Gesetzen gemäß ist, das muß alle gelten. Was beschwerest du dich denn, wenn dich weder ein Tyrann, noch ein ungerechter Richter; sondern die Natur selbst, die dich hereingeführet hat, wieder von hier abrufet? Du bist der Comödiant, den derjenige, der ihn gedungen hatte, wieder von der Schaubühne weiset.

Aber ich habe gleichwol meine fünf Handlungen noch nicht vollendet, sondern nur ihrer drey gespielet. Ist wohl geredet. Diese drey Hand=

U 4   lungen

---

40 Ob er viele oder wenige 2c.] Diese Worte streiten fast mit des Antoninus anderweiten edlen Gedanken, und beweisen, daß die Furcht des Todes, als er dieses schrieb, mächtiger in ihm geworden sey, als der Gebrauch der Vernunft.

lungen deines Lebens machten 41 ein völliges Schauspiel aus. Wie es demjenigen, der deines Lebens
Grenzen kennet, ehedem gefiel, daß du dein Leben
anfangen solltest: also gefällt es ihm nun, daß
du es anitzo wieder endigen sollest. Du selbst bist
weder deines Anfanges, noch deines Endes Ursache;
sondern du bist der Comödiant. Darum begieb
dich ruhig und gelassen von hier; so wie dein Gott
still und ruhig ist, indem er dir anitzo deinen Abschied
giebt.

41 Ein völliges Schauspiel] Unser Leben, saget jener,
ist ein Schauspiel: und es ist nicht daran gelegen,
wie lange die Comödie dauert; sondern, wie wohl
sie gespielet wird.

Kurzer Inhalt

der

zwölf Bücher dieser Betrachtungen.

Inhalt des ersten Buchs.

Inhalt des zweyten Buchs.

U 5   V. Seine

Inhalt des dritten Buchs.

XII. Vor=

Inhalt des vierten Buchs.

XXVI.

Inhalt des fünften Buchs.

V. Ein

XXVIII.

Inhalt des sechsten Buchs.

XI. Die

XXXV.

Inhalt des siebenten Buchs.

IV. Die

X XXXV.

Inhalt des achten Buchs.

X *

z 2

LVIII.

Inhalt des neunten Buchs.

Inhalt des zehenten Buchs.

XXXIV.

Inhalt des eilften Buchs.

Inhalt des zwölften Buchs.

X 5.

Des römischen Kaisers
Marcus Aurelius Antoninus
Leben und Thaten.

A. C.
121.
Das römische Reich wurde vor Cäsars Ableben durch bürgerliche Kriege zerrüttet. Nachher seufzete es unter der Thorheit mancher Fürsten. Die Wollust des einen erfüllete es mit Verschwendung und Ueppigkeit; und des andern Eigennutz mit Ungerechtigkeit und Geiz. Kaum war noch ein Schatten seiner alten Tugend übrig, als es unter Nero und Domitian die Bitterkeit der grausamsten Tyranneyen kosten mußte.

Zuweilen wurde die Finsterniß seines öffentlichen Jammers durch den Blick eines holden Gemüths unterbrochen, so, daß es die süßen Früchte der Gerechtigkeit, der Gelindigkeit und Tugend unter wenigen frommen Regenten genoß. Augustus, Vespasianus, Trajanus, Adrianus, samt dem frommen Antoninus, sollten den Lauf der Laster sowol, als den Untergang dieses mächtigen Reichs, durch ihre Tugend hemmen, und die Denkmaale der Abwechselung seines Verfalls und der Wiederaufrichtung seyn.

Allein Gott, der die Regenten giebt, nachdem er ein Land entweder segnen, oder strafen will, hatte den Marcus Aurelius Antoninus vor andern ausersehen, des mächtigsten Reiches stärkste Stütze zu werden, und den Römern das vollkommenste Ebenbild der alten Tugend vorzustellen: daher dann auch die seltensten Eigenschaften seiner Vorweser durch den Glanz seiner Vollkommenheiten

dergestalt

dergeſtalt verdunkelt worden ſind, daß die Nach=
welt bekennen muß, jene ſeyen vor dieſen nur wie
die Morgenröthe vor der Sonne hergegangen.

Wahrhaftig! die Vorſehung Gottes rüſtete die
Weisheit dieſes Kaiſers gleichſam als eine Bruſt=
wehr wider die Gefährlichkeit ſeiner Zeiten. [1] Rom
war noch niemals von ſo mancherley Ungeſtüm
zugleich beſtürmet worden, und es war allerdings
ein **Antoninus** vonnöthen, es zu retten.

Vergebens aber wirſt du die Argliſtigkeiten der
falſchen Staatswiſſenſchaften, die Verſtellungen,
die Ränke vieler Höfe, in dieſem ſeinem Leben ſu=
chen.   Denn ich beſchreibe zwar die Regierung
eines großen Kaiſers; aber ich beſchreibe zugleich
das Leben eines Weiſen, eines Fürſten, der ſchlecht
und recht, frey und wahrhaftig, ernſthaft und gnä=
dig, arbeitſam und ruhig, tapfer und friedlich, ehr=
lich ohne Verſtellung, gerecht ohne Strenge, und
fromm ohne Aberglauben war.   Eines Fürſten
ſage ich, der ſich ſelbſt beherrſchet, und der ſeinen
Willen niemandem unterworfen hat, als der Bil=
ligkeit und der Vernunft.

[2] Das Herkommen **Antoninus** iſt nicht weni=
ger wegen des Alterthums ſeines Geſchlechts, als
wegen des Ruhms ſeiner Vorfahren, anſehnlich.
Sein Vater **Annius Verus** ſtammete von **Numa**
her.   Sein Aeltervater war Prätor und Raths=
herr; ſein Großvater dreymal Bürgermeiſter und
Comman=

<hr>

1 Ariſtides Oratione in Regem, Tom. I. Opp. Orat. IX. p. 104.
2 Julius Capitolinus in Marco, cap. 1.

Commandant zu Rom. Sein Vater starb als Prätor, und hinterließ zwey Kinder: Annia Cornisicia, nebst dem Annius Verus, hernach Marcus Aurelius Antoninus genannt. Seine Base, Anna Galeria Faustina, war an den Kaiser Antoninus Pius vermählet. So viel weiß man von dem väterlichen Herkommen dieses Kaisers. Seine Mutter, Domitia Calvilla, führete ihre Abkunft von einem Könige der Salentiner, Namens : Malennius her. Sie war eine Tochter des Calvisius Tullus, zweymaligen Bürgermeisters. Sein mütterlicher Großvater, Catilius Severs, war gleichfalls zweymal Bürgermeister und Commandant zu Rom.

4 Von diesen Ahnen wurde Marcus Aurelius Antoninus geboren, und zwar zu Rom, auf dem Berge Celius, am 25 April, als sein mütterlicher Großvater zum zweytenmal Bürgermeister war; etwan im 872 Jahre nach Erbauung der Stadt Rom, das ungefähr mit dem 121 Jahre nach der Geburt Christi eintrifft. Nach seinem Großvater wurde er anfänglich Catilius Severus genennet. Der Kaiser Hadrianus aber hieß ihn, wegen seiner sonderbaren Liebe zur Wahrheit, Annius Verissimus. 5 Er selbst nahm mit den männlichen Jahren seines Vater Namen Annius Verus, an;

bis

3 Casaubonus in Capitolinum l. c.
4 Capitolinus l. c.
5 Dio Cassius, & ex eo Xiphilinus, in Adriano, p. 267. Edit. Stephani.

bis er, durch Versetzung in die aurelische Familie
und Aufnehmung an Kindes statt, durch den Kaiser
Antoninus Pius, hernach Marcus Aurelius,
genennet wurde.

6. Er verlor seinen Vater in der zartesten Kindheit, und wurde daher in dem Hause seines Großvaters erzogen. Dieser war in seiner Auferziehung so sorgfältig, daß er denselben, so bald er aus
dem Frauenzimmer genommen wurde, mit einem
wegen seiner Tugenden berühmten Hofmeister versahe; auch sonst für ihn die geschicktesten Lehrmeister
erwählete. Euphorion lehrete ihn lesen; Ge-
minus, ein trefflicher Comödiant, unterrichtete ihn
in der Zierlichkeit der Aussprache. Andron sollte
ihm die Musik und Erdmeßkunst beybringen.
Alexander trieb mit ihm die griechische Sprache;
und Trosius, Aper, Pollion, nebst Eutychius
Proculus aus Afrika, das Latein. Die griechischen Redner, Annius Marcus, Caninius Celer
und Herodes, nebst dem lateinischen Cornelius
Fronto, unterwiesen ihn in der Redekunst.

Doch sein männliches und wahrheitliebendes
Gemüth konnte sich bey diesen Kleinigkeiten nicht
lange aufhalten; daher wendete er sich bezeiten
zu höhern und nöthigern Wissenschaften. Unter
allen gefiel ihm der Stoiker Wesen und Lehre.
Da wurden ihm 7 Sextus von Gerone, ein

Enkel

6 Antoninus, lib. I. §. 4. &c.
Eutropius, Historiæ Romanæ libro VIII. c. 6. Capitolinus
in Marco, p. m. 41.

Enkel des **Plutarchus**, **Junius Rusticus**, **Claudius Maximus**, **Cinna Catulus**, die geschicktesten Stoiker selbiger Zeit, zugeordnet. Ihnen allen aber wurde noch ein Weiser der peripathetischen Secte, Namens **Claudius Severus**, beygesellet.

8 **Antoninus** bezeigte eine sonderbare Neigung gegen seine Lehrer; weil er wußte, wie hoch diejenigen zu schätzen seyen, die den zarten Gemüthern das Bild der Tugend einprägen. Seine Dankbarkeit gieng weiter, als bis an ein geneigtes Andenken; indem er dem **Fronto** und **Rusticus** Ehrenseulen von dem Rathe ausbat, auch nachgehends den **Julius Proculus** zu der Bürgermeisterwürde erhob. Und als die Dürftigkeit des letztern dieser Würde im Wege zu stehen schiene: so schoß er die erforderlichen Kosten aus seinen eigenen Mitteln dazu her. Den Mann aber hielte er so werth, daß er ihn, so oft er seiner gewahr wurde, mit einem Kuß beehrte, auch noch eher, als den Obristen seiner eigenen Leibwache, zu grüßen pflegte. Dennoch sah er die flüchtigen Güter der Erde als eine gar zu schlechte Belohnung für die unvergänglichen Schätze der Tugend an. Darum wollte der Kaiser mit eigener Hand bezeugen, was er seinen Lehrmeistern schuldig sey. 9 In dieser Absicht setzte er ihre Namen an das Haupt seines unvergleichlichen Buches, um durch diese seltene Frucht seiner güldenen Betrachtungen zu

zeigen,

8 Capitolinus in Marco, p. m. 42.
9 Antoninus, libro I. §. 1. & seqq.

zeigen, wie edel die Sprößlinge gewesen, die ihre
treue Anführung in seine Seele gepflanzet hatte.

Wer hat es ihm in einer so seltenen Dankbar=
keit gleich, oder zuvorgethan? Die Menschen sind
geneigt, zu glauben, daß sie ihre Tugenden von sich
selbst besäßen, und meynen, sie würden verdunkelt,
wenn sie bekenneten, dieselben von andern gelernet
zu haben. Marcus Aurelius Antoninus war
ein geschworner Feind dieser Eigenliebe. Denn
er vergötterte seine Lehrmeister fast; und nachdem
er sie mit Ehre und Gütern überhäufet hatte, so
lange sie lebeten: so ließ er noch dazu ihre Bild=
nisse, da sie gestorben waren, aus Gold verferti=
gen, setzte dieselben unter die Hausgötter in seine
Capelle, besuchte ihre Gräber, beehrte dieselben
mit Opfern, und bestreuete sie mit Blumen.

[10] Weil nun gute Thaten die Früchte der Weis=
heit sind; diese aber nicht ohne Ausübung der Ge=
rechtigkeit erlanget werden: so verband Antoni=
nus die Wissenschaft der Rechte mit seinem übri=
gen Studieren, zum höchsten Nutzen des gemeinen
Wesens. Er sahe diese als die Quelle der Glück=
seligkeit eines Reichs an, und befliß sich derselben
mit größter Sorgfalt, dazu ihm der berühmteste
Rechtsgelehrte selbiger Zeit, L. Volusius Me=
cianus, getreue Anleitung gab.

[11] In seiner zartesten Kindheit gewann er schon
die

10 Capitolinus & Aristides l. c.
11 Capitolinus in Marco, p. 42.

Y

die Gunst des Kaisers Hadrianus dergestalt, daß er ihn nicht nur allezeit um sich haben wollte; sondern ihn auch (welches doch etwas ungewöhnliches war) im sechsten Jahre seines Alters zum Ritter schlug.

Es dienete dazumal die Priesterwürde der edlen Jugend als die erste Staffel zu anderweiten Ehrenämtern. [12] Daher wurde unser Antoninus bereits im achten Jahre seines Alters den Saliern (die des Martis Priester waren) zugesellet. Da merkte man nun, daß er nicht, wie die übrige Jugend, dieses Amt obenhin verwaltete, oder dasselbe nur bloß als eine Thüre zu ferneren Ehrenstellen ansahe; sondern er verrichtete alle dabey vorfallenden Bedienungen mit solchem Ernste, als wenn er beschlossen hätte, beständig ein Priester des Martis zu bleiben. Er war das Haupt dieses Ordens, und zugleich Capellmeister. Er wußte alle diejenigen, die in oder aus denselben traten, nach den gewöhnlichen Formeln, die er alle auswendig hersagte, sowol einzuweihen, als abzudanken. Sogar bekräftigte er bereits in der zarten Jugend durch sein Exempel diese seine schöne Lehre: Daß man nichts obenhin und ohne Anwendung aller Regeln der Kunst verrichten müsse. [13]

[14] Unter der Verwaltung dieser Priesterschaft hatte er die erste Vorbedeutung von dem zukünftigen

---

12 Capitolinus in Marco, p. 42.
13 Libr. II. §. V. &c.
14 Capitolinus in Marco, p. 42.

tigen Kaiserthum. Denn als die gesammten Sa=
lier einsmals nach Gewohnheit Kränze auf den
Chor ihres Gottes warfen, davon etliche hier, et=
liche dort hängen blieben; so fiel der Kranz des
Antoninus so gerade auf das Haupt des Götzen=
bildes, als wenn er demselben mit Fleiß aufgesetzet
worden wäre; da es doch nur allein den Kaisern
vergönnet war, die Seule des Martis zu krönen.

15 Im 15 Jahre seines Alters legte er den männ=
lichen Rock an, und vermählte sich zu gleicher Zeit
auf Gutbefinden des Hadrianus mit der Tochter
des L. Cejonius Commodus. Kurz hierauf
wurde ihm das Regiment von Rom anvertrauet,
weil die Bürgermeister abwesend waren, auf dem
Berge Albo die lateinischen Feste zu begehen. Hie=
bey führte er sich so ehrbar und bescheiden auf, daß
man daraus abnehmen konnte, er sey zum Regi=
mente geboren. 16 Seiner Schwester Anna Cor=
nificia, die den Numidius Quadratus geehlichet
hatte, überließ er sein ganzes väterliches Erbtheil,
mit der Vergünstigung, sein mütterliches gleichfalls
einzuziehen; damit, wie er sagte, ihr Mann dersel=
ben nichts vorzuwerfen haben möchte.

17 Unter den ernsthaften Geschäfften pflegte er
sich mit der Malerey zu ergötzen, die er von dem
berühmten Maler Diognetus erlernet hatte.
Doch überlasse ich den Gelehrten, auszumachen,

Y 2

ob

---

15 Capitolinus in Marco, p. 42.
16 Idem ibidem.
17 Idem ibidem.

ob dieſes der Weltweiſe **Diognetus** geweſen ſey, deſſen **Antoninus** im erſten Buche Meldung thut; oder der andere **Diognetus**, an den um dieſe Zeit **Juſtinus** [18] der Märtyrer den vortrefflichen Brief von der Wahrheit der chriſtlichen Lehre geſchrieben hat? **Antoninus** liebte das Fechten, Ringen, Wettlaufen. Er war ein trefflicher Ballſpieler; ein geübter Jäger und Vogelſteller: wiewol er alle dieſe Leibesübungen nicht ſowol ſich zu erluſtigen vornahm, als um ſeine Geſundheit zu erhalten. Denn er war mit **Ariſtippus** und **Sokrates** überzeugt, daß dergleichen Uebungen etwas zur Erlangung der Tugend beytragen könnten. Daher hat man ihm oft die größten wilden Schweine erlegen ſehen, ehe die unbeſtändige Geſundheit die Kräfte ſeines Leibes geſchwächet hatte. [19]

Die Neigung aber zur Weltweisheit behielte bey ihm den Preis. Dieſe war von Kindesbeinen an bey ihm ſo ſtark, daß er ſchon im zwölften Jahre die Kleidung der Stoiker, ſamt ihrer ſtrengen Lebensart, annahm. Er ſchlief auf ſeinem bloßen Mantel, auf der harten Erde, und es geſchah vielmehr aus Gehorſam gegen ſeine Mutter, als aus Liebe zur Bequemlichkeit, wann er ſich einer mit Fellen bedeckten Ruhebank bediente. Die Natur hatte ihn zum Wiederaufrichter derjenigen Weltweisheit ausgerüſtet, die bisher eine getreueſte

Pflegerinn

---

18 In calce opp. Juſtini Martyris.
19 Capitolinus in Marco, p. 43.

Pflegerinn wahrer Tugend geweſen war. Seine
Ernſthaftigkeit war mit ſolcher Beſtändigkeit ver=
knüpft, daß auch bey kindlichen Jahren weder
Freude noch Traurigkeit ſein Angeſicht veränder=
ten. Doch unterließ er deswegen nicht, freundlich
gegen ſeine Bekannten zu ſeyn; und die bey ihm
etwas zu ſuchen hatten, fanden ihn weder murriſch,
noch hart. Seine Ernſthaftigkeit war ohne Ver=
drießlichkeit; gleichwie ſeine Weisheit ohne Hoch=
muth, und ſeine Gefälligkeit ohne Niedrigkeit war.

20 Der Kaiſer **Hadrianus** hatte, Alters und
Schwachheit wegen, den **Cejonius Commodus**
zum Kinde und Nachfolger ernennet; allein, als
derſelbe mit Tode abgieng: ſo warf er ſeine Au=
gen auf unſern **Marcus Aurelius.** Weil er
ihn aber noch zu jung fand, indem er eben da=
mals in das achtzehente Jahr getreten war: ſo
wählete er indeſſen den **Antoninus Pius** zum
Mitregenten, mit dem Bedinge, daß derſelbe der=
maleinſt den **Marcus Aurelius** zum Nachfolger
ernennen ſollte, wie auch den **Lucius Verus,** der
ein Sohn des verſtorbenen **Cejonius** war. Hier=
auf wurde unſer **Marcus Aurelius,** da er eben
das achtzehente Jahr erreichet hatte, noch bey
Lebzeiten des Kaiſers **Hadrianus,** von dem An=
toninus Pius als Kind und Nachfolger im Reiche
angenommen, nachdem ihm eben die Nacht vorher

Y 3

geträumet

---

20 Capitolinus Spartianus in Adriano; item in Ælio Vero
Euſebius in Chronico. Dio, & ex eo Xiphilinus in Adriano.

geträumet hatte: er habe elfenbeinerne Schultern
und Hände, und zwar von solcher Stärke, daß er
damit die schwereste Last heben könnte. Ein ar=
tiges Bild seines zukünftigen Regiments, das
großmüthiger, als der Elephant, und so rein, als
dessen Knochen, war.

21 Wiewol, es lag ihm die Beschwerde desselben
in dem Sinn, indem er die ihm gebrachte Zeitung
von seiner Ernennung zur Reichsnachfolge mit
niedergeschlagenen Augen anhörete, und denen, die
nach der Ursache dieser ungewöhnlichen Traurigkeit
forscheten, vieles von dem weitaussehende Zustan=
de des Reichs und von der Beschwerlichkeit eines
glücklichen Regiments zu Gemüthe führete.

22 Wenige Tage nach dieser Ernennung, dabey
er den Namen Aurelius empfieng, wirkte ihm der
Kaiser Hadrianus, nach vorher bewilligter Ma=
jorennität, die Renntmeisterwürde aus. Und die=
ses war die letzte Gnade, die er von diesem Kaiser
genoß; weil derselbe kurz hernach, zu Baja mit
Tode abgieng. Marcus Aurelius ließ ihn präch=
tig beerdigen, und beschloß sein Leichenbegängniß mit
einem Fechterkampfe.

23 Nach dem Absterben Hadrianus hob Anto=
ninus Pius sofort das Verlöbniß auf, das Mar=
cus Aurelius, dem verstorbenen Kaiser zu gehor=
* samen,

21 Capitolinus in Marco, p. 43.
22 Spartianus in Adriano, Eusebius, Chron.
23 Capitolinus in Pio & in Marco, ubi vide Salmasium de his
    nuptiis.

samen, mit der Tochter des **Lucius Commodus** gehalten hatte, und trug ihm seine eigene Tochter **Faustine** an, ungeachtet dieselbe mit dem **Lucius Verus** verlobet war; denn er war noch nicht alt genug, sie zu ehlichen. Hierauf erhob er seinen künftigen Schwiegersohn von dem Rentmeister= amte zu der Bürgermeisterwürde; legte ihm den Namen **Cäsar** bey; machte ihn zum Hauptmanne einer von den sechs Rittercompagnien; wohnete den Spielen bey, die derselbe samt seinen Collegen anstellete; nahm ihn wider seinen Willen zum Mitregenten an; und versetzte ihn, kraft eines be= sondern Rathschlusses, in die Zahl der obersten Priester. 24

Marcus Aurelius, der mit so mannichfaltiger Ehre überhäufet war, wohnete nunmehr den Rathsversammlungen bey, um sich solchergestalt zum Regimente geschickter zu machen; dabey aber unterließ er nicht, alle Zeit, die er den übrigen Geschäfften entziehen konnte, auf die Weltweis= heit zu wenden. Der Kaiser **Antoninus Pius** selbst trug nicht wenig dazu bey, ihn in dieser Liebe zur Weisheit zu befestigen. Denn zu geschwei= gen, daß er ihm mit seinem eigenen Exempel ruhm= würdigst vorleuchtete: so verschrieb er noch dazu für unsern **Marcus Aurelius** von Athen den sehr berühmten Stoiker, **Apollonius von Chalcis**. Und wie vortheilhaft desselben Gesellschaft diesem

Y 4

jungen

---

24 Anno Christi 140. vel 141. juxta Eusebium.

jungen Prinzen gewesen sey; das wird uns Antoninus selber sagen. 25

26 Es wird dem Leser nicht unangenehm seyn,
den Sinn dieses Weisen, samt des Kaisers Antoninus Pius Verstande, aus folgendem Verlaufe
zu ersehen. So bald dieser Apollonius zu Rom
angelanget war: so ließ ihm der Kaiser wissen, er
möchte nach Hofe kommen, so wollte man ihm seinen künftigen Schüler sofort anvertrauen. Der
Stoiker ließ antworten: Es komme dem Schüler zu, sich zu dem Lehrmeister, und nicht dem
Lehrmeister, sich zu dem Schüler zu verfügen.
Der Kaiser versetzte auf diese Antwort mit Lachen:
Ich sehe wol, es kostet den Apollonius mehr
Mühe, von seinem Quartiere nach Hofe zu
gehen, als von Athen nach Rom zu reisen;
und schickte sofort den Marcus Aurelius zu ihm.

27 Um dieselbe Zeit verlor dieser Prinz seinen
Hofmeister, dessen Tod ihn über die Maße bekümmerte; so gar, daß er, wider seine Gewohnheit,
sich der Thränen nicht enthalten konnte. Als ihm
nun dieses von den Hofleuten scherzweise aufgerü-
cket wurde: so antwortete der Kaiser: Lieber!
vergönnet ihm, ein Mensch zu seyn; denn weder die Philosophie, noch das Kaiserthum, heben die Bewegungen des Gemüths auf.

Er

25 Libro I. §. VIII.
26 Capitolinus in Pio, cap. 10.
27 Capitolinus in Pio.

²⁸ Er vermälte sich mit der **Faustine** im andern Jahre seines zweyten Bürgermeisteramts. Diese Prinzeßinn war von einer vollkommenen Schön=heit; aber gar zu galant oder leichtfertig, ihren Eheherrn glücklich zu machen. Sie trat in die Fußtapfen ihrer Mutter, und bekümmerte sich nicht sowol, die Weisheit ihres Gemals zu verehren; als von solchen Personen verehret zu werden, welche auf ihren schönen Leib einen hohen Preis setzeten. Sie gebar dem **Marcus Aurelius** eine Tochter im ersten Jahre ihres Ehestandes, zu eben der Zeit, da er mit dem **Tribunat** und mit dem Titel eines **Proconsuls** beehret wurde, die gemeiniglich mit der Kaiserwürde verknüpfet waren.

Doch hiebey blieb es nicht; sondern der Rath fügte zu dieser Ehre noch eine andere, die man dem **Augustus** ehedem zu Gefallen erdacht, nach der Zeit aber, den Kaisern zu schmeicheln, vergrößert hatte. Es wurden vormals keine Rathsschlüsse gemacht, ohne vorhergegangenen Vortrag des worthabenden Bürgermeisters. Dieses Rechts begaben sich damals die Bürgermeister, dem **Au=gustus** zu Gefallen; also, daß sie ihn durch einen besondern Schluß berechtigten, dem Rathe täglich nach eigenem Belieben, es sey worinn es wolle, selbst einen Vorschlag zu thun. Wer einmal sein Recht vergiebt, der weiß hernach keine Maße zu halten, wann ihn eine blinde Gefälligkeit zur Dienst=

Y 5   bar=

<hr>

²⁸ Capitolinus in Marco, p. 44.

barkeit hinreisset. So gieng es auch mit dieser Sache. Dem Augustus wurde zugestanden, täglich einen Vortrag zu thun, und dieser einzige Vorschlag würde nach und nach auf zweene, drey, vier; und zu Marcus Aurelius Zeit bis auf fünf erweitert. Diese Freyheit war von solcher wichtigen Folge, daß sie allein fähig war, alle Rathsversammlungen und Schlüsse unnütz zu machen. Wiewol Marcus Aurelius sich dieses Ansehns nicht bedienete, seine Macht zu vergrößern; sondern vielmehr die Freyheit dadurch zu befördern, und die Glückseligkeit des Volks zu vermehren. 29

Wie groß aber auch sein Ansehen bey dem Kaiser war: so mißbrauchte er sich doch dessen niemals; und weil Antoninus Pius keinen beförderte, der ihm nicht von dem Marcus Aurelius vorgeschlagen war: so befliß er sich allezeit auf solche Leute, die die ledigen Aemter mit Ruhm bekleideten. 30 Je höher ihn aber der Kaiser hielte, je größer wurde dagegen seine Ehrerbietung gegen dessen Majestät; so gar, daß keine Privatperson demselben mit größerer Ehrerbietung hätte begegnen können. Es schien, als wenn seine Liebe gegen denselben mit den Zeiten wüchse; denn in ganzen drey und zwanzig Jahren, die er in seinem Pallaste zubrachte, hat er ihn niemals verlassen, auch in dieser langen Zeit nicht über zwo Nächte von demselben entfernt geschlafen.

Dergleichen

29 Salmasius in Capitolini Marcum.
30 Capitolinus in Pio.

Dergleichen Merkmaale ſeines Fleiſſes, ſeiner Treue und Liebe befeſtigten die Wohlgewogenheit des Kaiſers dergeſtalt gegen ihn, daß er den Ohren=bläſern, die ihm die Aufrichtigkeit unſers **Marcus Aurelius** verdächtig machen wollten, niemals Gehör gab. Denn da es auch der offenbarſten und ungefärbteſten Tugend nicht an Neidern oder Nachſtellungen fehlet: ſo fand auch **Marcus Aurelius** an dem kaiſerlichen Hofe ſeine Verleumder.

31 Unter andern gieng einer, **Valerius Omuſius**, einſt mit dem Kaiſer ſpazieren, und als er die Mutter des **Marcus Aurelius** ungefehr von ferne in einem Garten vor des Apollo Bildniß auf ihren Knien liegen ſahe: ſo blies er dem Kaiſer dieſe Worte ins Ohr: **Glaubeſt du nicht, daß die andächtige Lucille dort von jenem Gott deinen Tod erbittet, damit ihr Sohn allein regieren möge?** Dieſe Worte, die in dem Gemüthe eines Tyrannen Eiferſucht und Rache, ja den Tod, ſowol der **Lucille**, als ihres Sohnes, würden gewürket haben, wurden von dem frommen Kaiſer großmü=thig verachtet; weil er von der treuen Liebe ſeines **Marcus Aurelius** eines beſſern verſichert wäre.

Vielmehr währete die Eintracht dieſer beyden Herren bis an den Tod des **Antoninus Pius**. 32 Dieſer, als er zu **Lorium** erkrankte, und die Hoffnung zum Leben verſchwinden ſahe, ließ alle ſeine vornehmſten Bedienten und Feldherren zu ſich

---

31 Capitolinus in Marco, p. 44.
32 Capitolinus in Pio, c. 22. & in Marco, c. 7.

sich rufen, bekräftigte nochmals die Ernennung des Marcus Aurelius zur Reichsfolge, berechtigte ihn dazu ganz allein, ohne des **Verus** zu gedenken; und als der Tribunus zu ihm hinein kam: so gab er ihm zu guter Letzte das Wort: **die Gleichmüthigkeit!** anzudeuten, daß er nunmehr ganz ruhig sterbe, weil er einen solchen würdigen Nachfolger hinterlasse. Er befahl auch, die güldene Glückseule, die zum Beweise des allgemeinen Wohlstandes in der kaiserlichen Schlafkammer zu stehen pflegte, aus diesem seinen Gemache in des **Marcus Aurelius** Zimmer zu tragen. Man findet diese Handlung durch Münzen bekräftiget, die die allgemeine Hoffnung des römischen Reichs an den Tag legen, wie es sich unter der Regierung eines so klugen Monarchen Glück, Heil, Wohlfahrt und Ueberfluß versprach. Auf der Hauptseite derselben wird unser **Marcus Aurelius** zum erstenmal Imperator oder Kaiser genennet, und auf der Gegenseite stehet das Bild des Glücks, mit einem Horne des Ueberflusses in der linken, und mit einem Mercuriusstabe in der rechten Hand. Die Ueberschrift zeiget die große Hoffnung des Volks von dieses Kaisers gesegneter Regierung durch diese Worte an: FELICITAS TEMPORUM. **Die Glückseligkeit der Zeiten.**

A. C. 161.   33 Es war ungefehr im hundert ein und sechszigsten Jahre nach der Geburt unsers Erlösers;

---

33 Eusebius & Capitolinus in Marco 7. & in Vero 4.

Erlöfers; von der Erbauung der Stadt Rom aber
im neunhundert und vierzehnten, als, nach Ab=
fterben des Antoninus Pius, der römifche Rath
unfern Marcus Aurelius vermochte, die Regie=
rung anzunehmen. Er hatte diefelbe nur einen
Monat lang geführet: fo ließ er fchon die erfte
Probe feiner Erkenntlichkeit, Gehorfams, Freund=
fchaft und Anfehens dadurch blicken, daß, ob er gleich
beftimmet war, das Regiment allein zu führen, er
dennoch den Lucius Verus am fechsten April
deffelben Jahres zum Mitregenten ernennete.
Daher machte er ihn zum Tribunus, legte ihm
den Namen eines Kaifers bey, und ließ fich alfo
gefallen, feine Gewalt mit demfelben zu theilen;
und zwar mit folcher Eintracht, daß nicht allein die
Münzen diefer Zeiten die beyden Kaifer alfo vor=
ftellen, daß fie einander die Hände geben, mit der
Umfchrift: Concordia Auguftorum; fondern
auch der damalige Redner, Ariftides, diefe Ein=
tracht der ganzen Welt als ein Wunder anpreifet.
34 Diefes war das erftemal, daß Rom fich
gefallen ließ, von zweyen Häuptern regieret
zu werden; da es vormals faft alles Blut fei=
ner Bürger gekoftet hatte, ehe es fich entfchlieffen
konnte, einem einzigen zu gehorchen.

A. C.
169.

35 An eben diefem Tage nahm Marcus Aure=
lius, feinem Vorwefer zu Ehren, den Namen An=
toninus

---

34 Ariftides Orat. de Concordia; ad Civitates Afiae & Orat.
  Gyzicena.
35 Capitolinus in Marco p. 45. & Salmafius in Notis.

toninus an, gab denselben auch seinem Mitregen:
ten, und vermählete ihn zugleich mit seiner Tochter
Lucille. Zur Bezeugung aber der Freude über
diese Heirath legten sie beyderseits eine gute Sum=
me zum Unterhalte vieler neugemachten Bürger
zusammen. Die Leibwache mußte vor ihnen
durch die Musterung gehen, darauf ein jeder Ge=
meiner mit so viel als fünfhundert Reichsthalern,
und die Officiers nach Verhältniß reichlich beschen=
ket wurden.

Hierauf hielten die beyden Kaiser ihrem ver=
storbenen Pflegevater ein kostbares Leichbegängniß;
sie liessen ihn in des Kaisers **Hadrianus** Grab
beysetzen; sie verordneten Feyertäge zur Trauer,
und schritten hernach zu den Feyerlichkeiten der
Vergötterung, die auf folgende Weise verrichtet
wurde.

36 Man goß ein wächsernes Bild in Lebensgröße,
das dem Verstorben ganz ähnlich sahe, und legte
dasselbe, als das Ebenbild des kranken Kaisers, auf
ein elfenbeinenes, mit güldenem Stücke bekleidetes
Bette, das am Eingange des kaiserlichen Palaßts
prächtig und hoch aufgeführet wurde. Zu dessen
Linken saß der ganze römische Rath in langen
schwarzen Trauerkleidern; zur Rechten alles vor=
nehme Frauenzimmer ohne Putz und Geschmeide,
ganz schneeweiß angethan. So hielte man es
sieben Tage lang, in welcher Zeit verschiedene

Aerzte

---

36 Vide Herodianum de Severi funere.

Aerzte ſich hinein zu dem Trauerlager bega= A. C.
161.
ben, als wenn ſie an dem Kranken ihre Kunſt
verſuchen wollten; die aber alle bey ihrer Rück=
kehre klagten, daß es ſich mit dem Kranken der=
geſtalt verſchlimmere, daß keine Hoffnung des Le=
bens mehr übrig ſey.

Zuletzt, nachdem dieſelben ſein Abſterben ver=
kündiget hatten, trugen die jüngſten Rathsver=
wandten, ſamt andern Edlen, gedachtes Bett auf
ihren Schultern durch die heilige Straße hin auf
den alten Markt, da die römiſche Obrigkeit gewohnt
war, ihre Aemter niederzulegen. An beyden Sei=
ten dieſes Markts ſtunden aufgeführte Bühnen,
deren eine das Chor junger Edelknaben, die andere
ein Chor junger adelichen Fräulein trug, die das
Lob des Verſtorbenen mit Klagliedern beſangen.

Nach geendigter Trauermuſik trugen ober=
wähnte Edlen das Bette oder Trauerlager hin=
aus vor die Stadt auf das Gefilde des Martis,
in deſſen Mitte ein hölzernes Gerüſt, drey Stock=
werke hoch, in Geſtalt einer Spitzſeule aufgeführet
war. Das unterſte Stockwerk war viereckigt,
gleich einem kleinen Zimmer, inwendig mit allerhand
Brennholz angefüllet, auswendig mit güldnem
Stücke umhangen, und mit elfenbeinenen Statuen,
Seulen, wie auch raren Schildcreyen, ausgezieret.
Das zweyte Stockwerk, gleichfalls viereckigt, aber et=
was enger, war auf eben dieſelbe Art behangen
und gezieret, ausgenommen, daß es an allen vier

Seiten

Seiten eine Oeffnung hatte. Ueber diesem Stock-
werke stand das schmälere dritte; das Uebrige
stieg eines über das andere so eng in die Höhe, bis
es endlich in eine Spitze zusammen lief.

Das elfenbeinene Bette mit dem wächsernen
Bilde wurde in das zweyte Stockwerk gesetzt, und
mit allerhand Rauchwerk, Balsam, Kräutern,
Früchten und Specereyen umstreuet, welche wohlriechende Kostbarkeiten von allerhand Völkern und
Städten eingesendet waren, und hier zusammenge-
häufet lagen, um mit diesem letzten Geschenke ihren
vormaligen Kaiser zu verehren. Die Ritter ren-
neten indeß mit ihren Pferden um diese Pyramide
in schönster Ordnung, alles nach dem Takte und
Schalle gewisser kriegerischen Klangspiele. Dieses Turnieren wurde mit einem Wagenrennen beschlossen, darauf Jünglinge in gestickten Purpur-
röcken saßen, deren Angesichter aber mit solchen
Masken verdeckt waren, welche die eigentliche Gestalt der berühmtesten römischen Helden, imgleichen
der verstorbenen preiswürdigsten Kaiser, vor-
stelleten.

Nach geendigtem Ritterspiele naheten sich die
beyden Kaiser der Pyramide, und zündeten das im
untersten Behältnisse zusammengetragene Brennholz mit Fackeln an; ihrem Exempel folgten die
Bürgermeister, die Rathsherren und die übrigen
Edlen, bis alles durch eine schnelle Brunst ver-
loderte, und die ganze Gegend mit dem lieblichen
                                    Geruche

Geruche so vieler brennenden Specereyen erfüllet
wurde; da sich dann mitten aus dieser Flamme
ein Adler, von dem Gipfel dieses Flammgebäudes,
empor schwang, von dem der Pöbel glaubte, daß
er die Seele des Verstorbenen in den Himmel
trüge.   Von der Zeit an wurde dem Verstorbe=
ne göttliche Ehre angethan, und derselbe nunmehr
der selige **Antoninus** benennet.

37 Diese Feyerlichkeiten wurden von beyden
Kaisern mit zierlichen Leichreden beschlossen; sie
bestimmten ihrem vergötterten Vater einen Hohen=
priester aus seinen eigenen Verwandten; sie richte=
ten ihm über dieses eine ganze Priesterschaft auf;
sie nennten dieselbe nach seinem Namen die **Aure=
lianer**, und endigten das ganze Leichbegängniß
mit einem Fechterkampfe.

Es schien, als wenn die Menschlichkeit mit
dem frommen **Pius** zu Feuer und Kohlen gewor=
den wäre, weil kurz nach seiner Beysetzung aus
allen Provinzen von Priestern, Weisen, Vög=
ten Bittschriften an den neuen Kaiser einliefen,
um eine Verfolgung wider die Christen zu erregen.
Man klagte, daß sie sich unter der gelinden Regie=
rung **Hadrianus** und **Antoninus Pius** sehr ver=
mehret hätten.   38 Man dichtete ihnen abscheuli=
che Laster an, man schwärzte sie an als die Urhe=
ber allgemeiner Landplagen, und man versahe sich
ihrer

37 Capitolinus in Marco, 8. & in Pio, 13.
38 Vide Justini Martyris Apologias.

ihrer Ausrottung zu unserm Kaiser. Allein, Antoninus wollte seinen Vorwesern an Gütigkeit und Gerechtigkeit nichts nachgeben; er widersetzte sich demnach diesem blutdürstigen Begehren, und schrieb zur Vertheidigung der Christen an die allgemeine Versammlung in Asien, die eben damals zu Ephesus gehalten wurde, folgenden unvergleichlichen Brief, den uns Eusebius als ein Zeugniß von Antoninus großmüthigen Tugenden aufbehalten hat. 39

    " Ich bin versichert, die Götter werden selber
" zusehen, daß die Christen vor ihren Augen nicht
" verborgen seyn mögen. Es ist demnach nicht
" euer, sondern der Götter Werk, Sorge zu tra-
" gen, daß böse Leute nicht ungestraft bleiben.
" Verfolget ihr dieselben als Verächter eurer
" Götter: so werdet ihr sie dadurch nur in ihrem
" Sinne bestärken; weil ihnen der Tod lieber,
" als das Leben, seyn wird, so lange sie in der
" Meynung stehen, daß sie für ihres Gottes Ehre
" sterben. Sie werden dadurch eure Ueberwin-
" der, daß sie den Tod weniger, als die Voll-
" ziehung eures Befehls, achten.

    " Klaget ihr über das vielfältige Erdbeben, das
" sich noch täglich eräuget? Lieber! stellet eine
" Vergleichung an, wie ihr oder sie sich in dieser
" gemeinen Noth bezeigen? Jener Vertrauen auf
" Gott vermehret sich mit der Gefahr; ihr aber
" lasset

---

39 Eusebius Historiæ Ecclesiæ Lib. IV. c. 13. nec non Justi-
nus in calce Apologiæ I.

„ laſſet ſofort den Muth ſinken. Ja ihr vergeſſet
„ dabey nicht allein Gottes und ſeines Dienſtes;
„ ſondern ihr verfolget noch dazu diejenigen bis
„ auf den Tod, die nicht unterlaſſen, Gott zu
„ verehren und anzubeten.

„ Ihr wiſſet, wie viele Statthalter an unſern
„ gottſeligen Vater wegen dieſer Sekte ihren Be-
„ richt haben ergehen laſſen; die aber allezeit den
„ Beſcheid erhielten, gedachten Leuten keinen
„ Verdruß zu machen, es ſey dann, daß ſie et-
„ was wider das Reich vornähmen. Daher
„ ertheile ich, zufolge ſeiner Verordnungen, allen
„ denen, die von dieſer Sache etwas an mich
„ gelangen laſſen, hiemit gleichen Beſcheid.
„ Sollte aber deſſen ungeachtet ſich jemand un-
„ terſtehen, bloß aus der Urſache ſie zu beläſtigen,
„ weil ſie Chriſten ſind: ſo befehle ich hiemit, daß
„ die Verklagten, wenn ſie gleich als Chriſten
„ befunden werden, losgelaſſen, die Kläger aber
„ ernſtlich geſtrafet werden ſollen. „

Dieſer Brief wurde zu **Epheſus** in der öffentlichen allgemeinen Verſammlung von ganz Aſien
verleſen. Dieſem Befehle wurde nachgelebet,
und das ganze römiſche Reich genoß eine ſtille
Ruhe. So glücklich war der Anfang der Regierung unſers Kaiſers, und ſo ruhig war es in allen
Ländern, daß man hätte meynen ſollen, der gelinde
Geiſt des **Pius** wäre in ſeine beyden Nachfolger
gefahren; da doch gleichwol die Gemüthsarten

  dieſer

dieser beyden Kaiser so verschieden waren, als ihre Angesichter. 40

Denn Marcus Antoninus war standhaft und bescheiden; ernsthaft und freundlich; gnädig und gerecht; gelind gegen andere, und streng gegen sich selbst; unempfindlich gegen den eitlen Ruhm; unveränderlich in seinem Vornehmen. Er bedachte zuvor, was er that, und richtete es sogleich ins Werk, ohne Heftigkeit oder Eigensinn. Er war ein Feind der Ohrenbläser; fromm ohne Scheinheiligkeit; mäßig in allen Dingen; gleichmüthig; Meister von sich selbst. Gehorsam gegen die Vernunft; ganz unfähig, sich zu verstellen; fleißig auf seiner Hut gegen die Eigenliebe; weder ungeduldig noch unruhig; gleich bereit, alle Beleidigungen wider seine eigene Person zu vergeben; aber unerbittlich, wenn die Nothwendigkeit (dieses war das allgemeine Beste) ihn nöthigte, zu strafen. Seine Gesetze waren durchgehends für jedermann, und er ließ seinen Unterthanen eine völlige Freyheit. Seine Absicht war allezeit das gemeine Beste; niemals seine eigene Lust, Vortheil oder Ehre. Kurz: sein ganzes Trachten gieng dahin, sich der Regierung Gottes zu unterwerfen, den Menschen Gutes zu thun, die Gerechtigkeit zu handhaben, und die Wahrheit allezeit zu reden.

Hingegen besaß Lucius Verus keine einzige von diesen Tugenden. Er war weder in der Liebe, noch

---

40 Capitolinus loco citato.

noch im Zorne, seiner selbst mächtig. Seine größte
Tugend war, daß seine Laster nicht genug Viehi-
sches an sich hatten, ihn zum Tyrannen zu machen.
Diese Verschiedenheit der Neigungen konnte man
in den ersten Jahren nicht merken; weil theils die
Ehrerbietung, theils die Dankbarkeit gegen seinen
Bruder, ihn dahin brachten, alle Tücke in seiner
Gegenwart zu verbergen. Er stellete sich viel-
mehr, als wenn er ein Nachfolger der Weisheit des
Antoninus werden wollte; ja, er wußte sich in
alles so zu schicken, daß man hätte sagen sollen,
Marcus Antoninus regiere ganz allein: denn
Verus hatte gegen ihn so viele Ehrerbietigkeit,
als ein Abgeordneter gegen seinen Principal, oder
ein Statthalter gegen den Kaiser. Aber wie es
schwer ist, die Laster im Zügel zu halten, wann der
Zwang aufhöret; also verlor dieser Prinz keine
Gelegenheit, dieselben allenthalben, da er freye
Hände hatte, blicken zu lassen.

Zu Ende dieses ersten Jahres seiner Regierung
wurde Commodus geboren. Die Natur schien
sich bey der Geburt eines Prinzen zu bewegen, der
dereinst ihr Schandfleck werden sollte. 41 Als die
Mutter noch mit ihm und seinem Bruder, als Zwil-
lingen, schwanger gieng: so träumete ihr, sie gebäre
zwo Schlangen, davon die eine einem abscheulichen
Ungeheuer ähnlich war. In der That wurde
mit Commodus dem römischen Volke mancher-

Z 3

ley

41 Lampridius in Commodo.

ley Unglück geboren. Die 42 Tieber überschwem=
mete einen großen Theil der Stadt; sie erträn=
kete Vieh und Ländereyen, und verursachete theure
Zeit. Die beyden Kaiser kamen diesem Uebel
durch eine freygebige Austheilung allerhand Le=
bensmittel zu Hülfe. Auf die Ueberschwemmung
folgte ein Erdbeben, Feuersbrunst in verschiedenen
Städten, eine böse und ansteckende Luft; diese
zeugete eine Menge von Ungeziefer, das, was Feuer
und Wasser unbeschädiget gelassen hatten, vollends
verderbete. Endlich entzündete sich der Krieg an
allen Ecken. Die Parther überfielen das römi=
sche Heer in Armenien, unter Anführung ihres
Königes Vologesus; und nachdem sie dasselbe fast
in die Pfanne gehauen hatten: so drangen sie in
Syrien, und verjagten den damaligen Statthal=
ter Attilius Cornelianus. Die Catten verheh=
reten in Deutschland alles mit Feuer und Schwerdt,
bis an die Graubünde, und die Britannier fien=
gen auch an, sich zu empören.

Bey so verwirreten Zeiten wurde Calpurnius
Agricola wider die Britannier, Aufidius Victo=
rinus wider die Catten, und zum Kriegeszuge wi=
der die Parther, Lucius Verus erne=
A. C. net, der auch kurz darauf, im Jahre
162. Christi 162, seine Reise dahin antrat.
Doch erachtete man zu glücklicher Ausführung so
großer Dinge zweyerley nothwendig: den Bey=
stand

42 Capitolinus in Marco.

stand Gottes und die Eintracht der Regenten.
Beydes erinnerte sich Antoninus zu dieser Zeit;
indem er vorher einen Buß= und Bethtag ausschrei=
ben ließ, auch vor der Abreise seines Collegen mit
demselben eine brüderliche Eintracht verabredete;
wie dieses beydes die zu der Zeit geprägten Mün=
zen abermals bezeugen.

Die nothwendigen Geschäffte erheischten die
Gegenwart Marcus Aurelius Antoninus zu
Rom; daher begleitete er seinen Mitregenten Ve=
rus nicht weiter, als bis nach Capua, da er
unter vielen Liebesbezeugungen von ihm Abschied
nahm, auch verschiedene von seinen vornehmsten
Bedienten und Freunden ihm als Gefährten zuge=
sellete.   Ich weiß nicht, ob es geschahe, die Hof=
haltung dieses jungen Kaisers desto ansehnlicher
zu machen; oder ob die Absicht dabey war, sich
seiner Unternehmungen desto mehr zu versichern,
und durch die Gegenwart dieser Personen seinen
lasterhaften Neigungen einen Zügel anzulegen.
Gewiß ist es, daß dieses Geleite zu schwach war,
die bösen Neigungen eines lasterhaften Gemüths
zu brechen; denn Verus verlor mit der Gegen=
wart Antoninus die vorige Furcht und Ehrer=
bietung vor demselben.   Er schlug die Niederlage
der römischen Legionen in den Wind; er bedachte
nicht, daß Syrien sich empören und durch seine
Wollüste das unschuldigste Gemüth anstecken
könne; so stürzte ihn auch die Unmäßigkeit seines

                              rohen

rohen Lebens zu Canustum bald in eine gefähr=
liche Krankheit. Antoninus war kaum nach Rom
zurückgekommen, als diese Zeitung ihn vermochte,
wieder aufzubrechen, um den Verus zu sehen;
doch unterließ er nicht, von seiner Abreise in öffent=
licher Rathsversammlung ein Gelübde zu thun,
das er auch bey der Rückkehre, seiner Frömmig=
keit gemäß, wirklich vollzog. [43]

Lucius Verus wurde zwar am Leibe wieder
gesund; aber sein Gemüth war dergestalt erkran=
ket, daß es ihn bald wieder in allerhand Laster
stürzete. Den Weg, dadurch er zog, füllete er mit
Denkmalen seines wüsten Lebens an, und vergaß,
als er nach Daphne oder in die Vorstadt von An=
tiochia kam, daß er Kaiser, und dieser Ort der
Sammelplatz aller Unanständigkeiten sey. Ein
jeder ehrbarer Mensch scheuete damals diese Stadt,
die ihre angenehme Gegend, ihre heitere Luft, ihre
schattichten Wälder, ihre anmuthigen Gärten, ihre
lustigen Brunnen und dergleichen, zu einer Lager=
stadt der Wollust gemacht hatten. Aber Verus
brachte auf diesen Markt der Unreinigkeiten noch
mehr unflätige Waaren, die den Syrern selbst,
als den allerverderbtesten Weichlingen, bisher un=
bekannt gewesen waren.

Verus bekriegete die Ehrbarkeit zu Daphne,
und schickte indeß seine Generale wider die Par=
ther zu Felde. Sie waren glücklich. Statius
Priscus gewann Artarat; Cassius nebst Mar=
tius

43 Capitolinus in Marco, p. 46.

tius **Verus** trieben den **Vologesus** in die Flucht, eroberten **Seleucia,** verbrenneten und plünderten **Babylon,** samt **Ctesiphont,** und schleifeten die prächtige Residenz der **Parther.** Ihr siegreiches Heer aber mußte, nach Erlegung von mehr als fünfmal hundert tausend Feinden, mit Hunger und Seuchen streiten, dadurch es auch bis über die Hälfte aufgerieben wurde, so gar, daß **Cassius** nur mit einem kleinen Reste wieder nach **Syrien** kam. **Verus** hingegen wurde durch dieses fremde Glück dergestalt aufgeblasen, daß er nicht erröthete, sich den Ueberwinder der **Armenier** und der **Par-ther** zu nennen; ungeachtet er selbst keinen Feind gesehen, und inzwischen mehr als von tausendmal der Wollust überwunden worden war. 44

Inzwischen blieb **Marcus Antoninus** bey den vernünftigen Gedanken, daß aller Sieg und Wohlstand der Erde durch die gnädige Vor-sehung des Himmels, und durch die Eintracht der Regenten erhalten werde. Dieses erachte ich nicht vergebens zu wiederholen; weil ich finde, daß er selbst der Welt ein zwiefaches Zeugniß davon geben wollen, indem er etliche silberne Münzen, von diesem 163sten Jahre, mit A. C. 163. eben demselben Gepräge, wie in dem vorigen, bezeichnen lassen, dadurch er den Liebha-bern seiner Tugend eine zwiefache Hochschätzung seiner Beständigkeit eingepräget hat. Ich achte die Beschreibung derselben hier zu wiederholen

Z 5

unnö-

---

44 Capitolinus in Vero, 7.

unnöthig; jedoch muß ich eine von dem nächſtfol=
genden Jahre, 164 nach Chriſti Geburt,
einrücken, darauf, nachdem **Vologeſus** und
die **Parther** von dem **Caſſio** überwunden
waren, unſer **Antoninus** Armeniacus, oder
der **Armeniſche**, benennet wird. Der auf der
Gegenſeite ſitzende und ſich auf ſeinen Schild leh=
nende Gefangene iſt die Vorſtellung des über=
wundenen **Armeniens**, wie die Umſchrift zeiget;
und andere Münzen dieſer Zeit beweiſen, daß
unſer Kaiſer wegen dieſes Sieges einen öffent=
lichen Triumph gehalten habe.

Es iſt glaublich, daß die Tugenden des
Antoninus mehr Antheil an den erwähnten
Siegen im Morgenlande gehabt haben, als
die Laſter des **Verus**: daher hatte das römiſche
Volk recht, daß es ſeiner Tugend eben ſowol den
Tribut des Lobes, als ſeiner Rentkammer den ge=
bührenden Schoß, entrichtete. **Caſſius**, der kai=
ſerliche General, war, wie gedacht, bis in Meſo=
potamien und Aſſyrien gedrungen, er hatte
Seleucia erobert, und **Cteſiphont** zerſtöret.
Jedoch, die Beſcheidenheit unſers **Antoninus**
ließ nicht zu, daß er ſich ſelbſt dieſen Ruhm allein
beygemeſſen hätte; denn ich glaube, daß die auf
einigen Münzen zwiſchen den Kriegeszeichen ſte=
hende Figur, wo nicht den **Caſſius** ſelbſt, doch
wenigſtens den **Verus**, vorſtellen ſoll, um anzu=
deuten, daß man dieſe Siege theils der Eintracht

der

der Soldaten, theils der Tapferkeit ihres Heer=
führers, schuldig sey.   So gar wohl beobachtete
dieser Kaiser die Grundregel der Gerechtigkeit,
daß er den Ruhm seiner Thaten mit seinen Be=
dienten theilen wollte.

Wäre die Taferkeit der kaiserlichen Generale
nicht wirksamer gewesen, als die Aufführung des
Mitregenten **Verus**: so hätte das römische Volk
nicht so oft Gelegenheit gehabt, dem **Antoninus**
wegen vieler morgenländischen Siege Glück zu
wünschen; und wäre die Sanftmuth unsers Kai=
sers nicht vorsichtiger, als die viehische Unbedacht=
samkeit seines Bruders, gewesen: so hätte die
vorhin gemeldete Eintracht leicht einen Stoß,
und das gemeine Wesen darüber Schaden leiden
können.   Allein, **Antoninus** übersahe die Leicht=
sinnigkeit des **Verus**, und war bemühet, durch
Vollziehung der Heirath mit seiner Tochter **Lucille**,
desselben unordentliche Lebensart zu hemmen. 45
Er vertrauete die schöne **Lucille** seiner Schwester
an, um dieselbe nach **Syrien** zu führen, und er
selbst begleitete sie bis nach **Brundusium.**   Man
saget, er sey gar willens gewesen, mit zu reisen;
habe es aber anstehen lassen, so bald er gemerkt,
daß der Argwohn des Volks diese Reise dahin
deuten wollte, als wenn er nach **Syrien** gienge,
um die Ehre selbst zu haben, den Krieg allda
zu Ende zu bringen.

Bevor

---

45 Capitolinus in Vero 4.

Bevor er von seiner Tochter und Schwester zu Brundusium Abschied nahm: so ließ er einen Befehl an die kaiserlichen Statthalter ergehen, diese durchlauchtigen Reisenden nirgends mit dem gewöhnlichen Gepränge zu empfangen; weil der bey solcher Gelegenheit vorfallende Auflauf des Volks vielen Menschen Ungelegenheit oder Schaden zu verursachen pflege.

Verus meynete, Antoninus käme mit seiner Tochter zugleich an; und weil er besorgte, daß seine wüste Lebensart dem Kaiser zu Ohren kommen möchte, dafern derselbe zu tief in Syrien geriethe: so zog er ihm bis gen **Ephesus** entgegen. Doch kehrete er mit seiner jungen Gemahlinn, wenige Tage nach vollzogenem Beylager, wieder gen **Antiochia**; da die Kaiserinn in kurzem ein Leben anfieng, dadurch sie zu erkennen gab, daß sie **Verus** zum Gemal und **Faustine** zur Mutter habe. 46

So bald **Verus** mit den Barbaren fertig war, und den **Armeniern** einen neuen König vorgestellet hatte: so wurde in den Morgenländern die bisherige Unruhe durch einen allgemeinen Frieden gedämpfet. Das Vergnügen über die siegreichen Waffen der Römer zog sich bis in die Abendländer: und dieses war die Ursache, daß Rom seinen **Antoninus**, auf den in diesem 166sten Jahre nach Christi Geburt geprägten Münzen, den **Armenischen**, **Parthischen,**

A. C.
166.

---

46 **Capitolinus** in Vero, 7.

ſchen, ja den größten Kaiſer nennen ließ; indem
auf der Gegenſeite das Bild des Friedens mit
einem Oelzweige und Horne des Ueberfluſſes aus-
gedrücket wurde, den Reichthum alles Guten
dadurch anzudeuten, den das Reich durch den
glücklich geendigten Krieg hinfort unter ſeines klugen Kaiſers Regierung zu gewarten habe.

Verus eilete nunmehr ſelbſt nach **Rom,**
die Ehre der morgenländiſchen Siege mit
Antoninus zu theilen.   Hierzu wurde ein
öffentlicher Triumph angeſtellet, den beyde Regenten etwan im Jahre Chriſti 167 gemeinſchaft-
lich über viele erlegte Feinde hielten.   Sie wurden alsdann beyde **Väter des Vaterlandes** genennet, auch mit der bürgerlichen Krone beſchen-
ket.   **Verus** weigerte ſich, die Ehre allein zu ge-
nieſſen; wollte auch ſo gar, daß **Antoninus** Söh-
ne, durch Annehmung des kaiſerlichen Titels, daran Theil haben ſollten.   Doch, **Antoninus** war
zu beſcheiden, als daß er den Beynamen des **Par-**
thiſchen länger, als bey den Lebzeiten ſeines Collegen, gebrauchet hätte, und ließ ſich nach der Zeit
nur **Germanicus** nennen; weil jenes ein erborg-
ter Ruhm, dieſes aber der Preis ſeiner eigenen
Siege war. 47

Dieſe allgemeine Freude blieb nicht ohne allgemeinen Verdruß, und die Triumphlieder wurden
bey vielen in ein Klaggetöne verwandelt. **Ve-**
rus und ſein Gefolge brachten aus Morgenlande

die

A. C.
167.

47 Capitolinus in Marco, c. 12.

die Peſt mit nach **Rom**, nachdem ſie vorher faſt alle Oerter, dadurch ſie gereiſet waren, damit ange- ſtecket hatten. 48 Wenn es dem Leſer nicht unan- genehm iſt, zu vernehmen, woher dieſelbe ihren Urſprung genommen habe: ſo findet man in den Geſchichten davon folgende Nachrichten.

Als die römiſchen Soldaten bey der Eroberung von **Babylon** in den Tempel des **Apollo**, ihn zu plündern, gedrungen: ſo ſollen ſie unter der Erde ein güldenes Käſtchen gefunden haben, daraus bey deſſelben Eröffnung ein giftiger Dampf geſtie- gen ſey, der alles endlich, bis an die galliſchen Grenzen, mit Seuche und Tod erfüllet habe; wiewol es glaublicher iſt, daß dieſe Peſt eine Folge derer Krankheiten geweſen, die bey dem Heere des **Caſſius**, nach ſeiner Wiederkunft von der Bezwingung der **Parther**, eingeriſſen waren.

Es blieb aber bey der Seuche nicht. A. C. Denn die jenſeits des Rheins wohnenden 168. Deutſchen rebellirten, brachen in Italien ein, und verheereten alles, ſo weit ſie kamen, mit Feuer und Schwerdt. Dieſem Schwarme wurde **Per- tinax**, der nachmalige Kaiſer, entgegen geſchickt; ein Mann von ſonderbaren Tugenden, die bisher durch die Verleumdung ſeiner Misgünſtigen ſo ſehr waren verdunkelt worden, daß ſeine Treue dem gütigen **Antoninus** ſelber verdächtig geworden war. 49 Nunmehr aber war es Zeit, daß unſer
Kaiſer

---

48 Capitolinus in Vero 8. Ammianus Marcellinus l. 23.
49 Dio Caſſius, & ex eo Xiphilinus, in Marco, p. 271.

Kaiſer zeigete, daß er ſowol gerecht, als vorſichtig
ſey; indem er dieſen ehrlichen Mann, nebſt dem
Pompejanus, als Generale wider dieſe Feinde,
abordnete, um die Ehre dieſes Kriegszuges durch
gute Veranſtaltungen ſich ſelbſt eigen zu machen.

Pertinax wußte die kaiſerliche Zuverſicht
gebührend zu ſchätzen, und war bemühet, ſeine
Klugheit, Treue und Muth in dieſem Kriege
dergeſtalt zu zeigen, daß den Kaiſer ſeine Wahl
nicht gereuen möchte. Die Feinde wurden plötzlich angegriffen. Sie hielten Stand, und wehreten ſich tapfer. Endlich wurden ſie nach vielem
hartnäckigen Gefechte faſt alle in die Pfanne gehauen, und man fand auf der Wahlſtatt viele be-
waffnete Weiber, ihren entleibten Männern und
Söhnen todt zur Seite, liegen.

Durch dieſen vortheilhaften Sieg wurde Antoninus weder für ſich ſelbſt aufgeblaſen, noch gegen
ſeine Unterthanen unbillig. Vielmehr ſchlug er
dem ſiegreichen Kriegesheere die Bitte um Ver-
mehrung ihres Soldes mit folgenden Worten ab:
Verlanget ihr mehr Geld? Laßt es euch eure
Aeltern und Verwandten mit ihrem Schweiſſe
und Blute bezahlen. Ich mag es ihnen nicht
abpreſſen; weil ich dermaleinſt Gott, dem
Richter der Fürſten, dafür Rechenſchaft geben
ſoll. So gar konnte ſeine Standhaftigkeit und
Weisheit weder durch Gefahr, noch durch unzei-
tiges Nachſehen, bewogen werden, die Schranken
der

der Billigkeit zu überſchreiten: und ich muthmaße,
daß dieſe ſchöne That des Kaiſers Anlaß gegeben
habe, das Bildniß der Gerechtigkeit auf die Münzen dieſes Jahres zu prägen.

In der Nacht vor oberwähntem Treffen hatte
man einen Kundſchafter unweit des Lagers aufge-
fangen. Dieſen führten die Soldaten zu dem
Kaiſer in ſein Zelt. Als er ihn nun ſelber befra-
gen wollte; ſo ſagte der Kerl: Mich frieret ſo
heftig, daß ich nicht ein Wort reden kann.
Wollt ihr etwas von mir erfahren: ſo laſſet
mir zuvor Kleider reichen. Antoninus ent-
rüſtete ſich über ſeine Frechheit nicht; ſondern befahl, was er verlangte, demſelben zu geben.

Es that ſich auch dazumal ein Kriegesknecht
durch folgendes tapfere Unternehmen hervor. Er
hatte eben die Wache an der Donau. Als er
nun in der Nacht jenſeit des Fluſſes die Stimme
etlicher von dem Feinde gefangenen Römer hörete:
ſo warf er ſich bewaffnet in den Fluß, ſchwamm
hinüber, erlöſete ſeine Geſellen, und brachte ſie
glücklich zurück in das Lager.

A. C.
169.
Im folgenden Jahre erhob ſich abermals
ein Krieg, der gefährlicher, als alle die vorigen, war. Die ſtreitbarſten Völker unter
den Deutſchen, die Marcomannen und Quaden,
griffen zu den Waffen, und erfülleten das römiſche
Reich mit Furcht und Schrecken. Die Peſt hatte
ein großes Loch in das römiſche Kriegesheer
gemacht,

gemacht, und man besorgte, es möchte diesen so tapfern als gewaltigen Feinden nicht gewachsen seyn. Nur allein Antoninus war unverzagt, und verließ sich auf den Beystand des Himmels. Seine erste Sorgfalt zwar war eine Frucht seiner Frömmigkeit; wiewol die Vollziehung als die Wirkung eines heidnischen Aberglaubens anzusehen ist.

Er wollte wider so mächtige Feinde die Götter zu Freunden haben. Deswegen wurden rund um die Stadt viele Umgänge angestellet. Die Bilder der Götzen wurden sieben Tage lang mit einem besondern Dienste verehret; ja, die gewöhnlichen Ceremonien wurden mit vielen ausländischen Gebräuchen und dazu verschriebenen Priestern verdoppelt.

Der Isis Dienst wurde wieder hergestellet, ungeachtet diese Göttinn seit Augustus Zeiten anzubeten verboten gewesen, auch ihr Tempel von Tiberius zerstöret, und ihre Priester getödtet worden waren. Auf solche Art wurde der römische Aberglaube mit dem ägyptischen vermehret, und so viele Opfer geschlachtet, daß die Spötter, deren Zunge kein Elend bindet, öffentlich darüber mit diesen Worten lachten: Der Kaiser wird bey seiner siegreichen Rückkunft im ganzen Reiche keine Rinder zum Dankopfer finden. [50]

Hat

50 Capitolianus c. 13. in Marco.

Hat aber dieser kluge Kaiser den Aberglauben
von der Gottseligkeit zu unteſcheiden gewußt: ſo
glaube ich, daß er durch die vervielfältigten Ceremonien das ganze Volk zu größerer Andacht auf-
muntern wollen, um deſto mehr Gebeth und Wünſche für den geſegneten Fortgang des Krieges und
ſeine glückliche Wiederkunft gen Himmel zu ſchicken.

Verus zwar wäre gern zu Rom geblieben,
um ſeinen Wollüſten deſto ungehinderter nachzuhängen; wenn ihn Antoninus nicht vermocht
hätte, mit zu Felde zu gehen, um deſſen weibiſche
Neigungen durch männliche Geſchäfte zu brechen.[51]
Daher brachen beyde Kaiser auf, und nahmen ihren Weg über Aquileja.   Unweit von da griffen ſie die Marcomannen an, die ſich daſelbſt
gelagert hatten, und jagten ſie mit großem Ver-
luſte aus ihrem wohlbefeſtigten Vortheile.   Bey
dieſem Angriffe blieb Furius Victorinus mit einem
großen Theile der Leibwache, die er anführte.[52]
Deſſen aber ungeachtet verfolgten die beyden Kaiſer den bereits erfochtenen Vortheil, und drangen
ſo tief in die Feinde hinein, daß ſie dieſelben in Unordnung brachten; darauf viele von ihren Bundsgenoſſen ihre Völker zurück beriefen, die Urheber
der Empörung tödteten, und um Frieden baten.[53]

Hiebey hätte es Verus gern bewenden laſſen;
wie dann ſeine Sehnſucht nach den römiſchen Luſt-
barkeiten

51 Capitolinus in Vero, cap. 9.
52 Capitolinus in Marco, c. 14.
53 Capitolinus in Vero, c. 9.

barkeiten ihn veranlassete, dem Antoninus mit
folgenden Gründen zuzureden. " Kannst du,
sprach er, " auch eines größern Vortheils gewär=
" tig seyn, als dieses Anerbieten uns in die Hände
" giebet? Oder willst du die Feinde bis zur Ver=
" zweiflung treiben, und ihnen dadurch Gelegen=
" heit geben, unsere Schwäche einzusehen? Las=
" set uns vielmehr ihre Unwissenheit und ihr
" Schrecken zu unserm Nutzen anwenden, und
" denselben eher Gelegenheit zur Flucht, als zur
" Rache, geben. „ Aber Antoninus, der die
Absicht seiner Rede kennete, gab zur Antwort:
daß man sich auf dieser Barbaren Worte nicht
verlassen könne, und daß sie sich stellen, als wenn
sie wieder zu ihrer Pflicht kehren wollten, damit
sie nur das ihnen obschwebende Ungestüm des Krie=
ges von sich abwenden möchten. Man müsse sich
ihre itzige Zerrüttung zu Nutze machen, und ihnen
nicht Zeit lassen, sich abermals zu versammlen,
und stärker, als das römische Heer, zu werden.
Und damit beorderte er das Kriegesheer sogleich
zum Aufbruche.

Beyde Kaiser giengen über die Alpen, ver=
folgten die Feinde, schlugen sie zu verschiede= A. C.
nen malen, und kamen ohne großen Verlust 170.
zurück. Sie hätten auch den Rest des Winters
zu Aquileja zugebracht; wenn nicht die Pest sie
gezwungen hätte, sich mit dem Heere von da weg=
zuziehen. 54 Auf dieser Reise wurde Verus

Aa 2

vom

---

54 Capitolinus in Vero, c. 9.

vom Schlage gerühret, und starb zu Altinum.
Sein Leichnam wurde nach Rom geführet, und
von Antoninus auf das prächtigste beygesetzt.
Es kommt allerdings mit unsers Kaisers Weisheit
und mit seiner Liebe zu den Unterthanen überein,
sich über den Hintritt eines lasterhaften Mitregenten nicht zu betrüben.   Doch stehet es dahin, ob
er, wie ein gewisser Geschichtschreiber berichtet, in
der öffentlichen Rathsversammlung gesaget hat:
" daß der parthische Krieg ohne seinen guten Rath
" nicht so wohl abgelaufen seyn würde, und daß
" er zwar bisher die kaiserliche Gewalt mit einem
" Wollüstler getheilet; künftighin aber gesinnet
" sey, allein und auf eine ganz andere Weise
" zu regieren.„ 55   Ich sehe Antoninus zu klug
und zu bescheiden zu dergleichen Reden an.

Ohne Zweifel war dieses die Erfindung seiner
Feinde, um dadurch ihrer Lästerung eine Farbe
anzustreichen, als wenn der Kaiser dem Verus
zuvorgekommen, und sich durch ihm beygebrachtes
Gift ausser Gefahr gesetzet hätte, von demselben
hingerichtet zu werden; oder daß er seinen Leib-
arzt vermocht hätte, ihn durch übermäßiges Ader-
lassen aus dem Mittel zu räumen: denn dergleichen ungegründeter Archwohn schicket sich auf unsern Antoninus nicht.   So kann es auch wol
seyn, daß man die Ursache seines Todes mit gleichem Fuge auf die Faustine schiebet, als die sich
solchergestalt an ihm, wegen Offenbarung der
mit

---

55 Capitolinus in Marco, c. 20.

mit ihr gepflogenen Gemeinſchaft, gerochen haben ſollte.

Gewiß iſt es, daß die Rache gereizter Damen heimlich um ſich greift; und es kann alſo wol ſeyn, daß der Tod des Verus (wie die meiſten dafür halten) ein Werk ſeiner eigenen Gemahlinn, [56] der Lucille, geweſen iſt.   Denn dieſe ſahe die Liebe ihres Gemahls zu der Fabia, ſeiner leiblichen Schweſter, mit ſcheelen Augen an; und dieſes um ſo viel mehr, weil dieſe unverſchämte Nebenliebe ihr nicht ſowol ihren Mann, als die gebührende Hochachtung, entzog.   Sie wollte daher den vermeynten Schimpf ihrer Verachtung lieber mit ihrem Gemahle, als mit ihrer Schwägerinn, ſterben ſehen; weil dieſe letztere durch jenes Ableben deſto länger gequälet werden könnte, wenn ſie von dem Gipfel ihrer hochmüthigen Einbildung in einen Abgrund der Verachtung fallen würde, ſo bald die Stütze umgeriſſen wäre, die ihren Stolz ſo hoch getrieben hätte, daß ſie nicht geſcheuet, ſich der Käiſerinn gleich zu ſchätzen.

Nach der Beyſetzung des Verus war unſers Käiſers erſte Sorge, des Verſtorbenen wollüſtige Bedienten vom Hofe zu entfernen; damit ſie nicht etwan eine Peſt in den Gemüthern der Römer erwecketen, die verderblicher als die leibliche Seuche wäre, die ſie aus Syrien mit ſich gebracht hatten.   Damit aber hierdurch das Andenken ſeines Mitregenten nicht beleidiget würde: ſo zerſtreuete

Aa 3

[56] Capitolinus in Vero, c. 10.

streuete er dieselben hin und wieder, und gab ihnen
ansehnliche Aemter, die zwar den Namen einer
Belohnung hatten, aber in der That nichts andes-
res, als eine ehrliche Verweisung, waren. [57]

Indessen erregte die Unordnung und Freyheit
des Krieges die Wut der Heiden wider die Christen so sehr, daß sie, des kaiserlichen Befehls ungeachtet, dieselben in den entfernten Landschaften
zu verfolgen anfiengen. [58]   Hiebey wurde der heil-
lige Polycarpus, Bischof zu Smyrna, das erste
Opfer ihrer Grausamkeit, mit dessen Scheiterhau-
fen die Verfolgung in Asien und in Gallien
entbrannte.

Der parteyische Bericht aus den Provinzen,
die Ungerechtigkeit der Statthalter, samt der Freyheit, die ihr Muthwille wegen der Abwesenheit
des Kaisers genoß, sind als so viele Beförderun-
gen dieser Verfolgung anzusehen.   Antoninus
aber ist nicht gänzlich zu entschuldigen: weil man
wol siehet, wozu ihn der Aberglaube verleiten können: imgleichen die [59] schlechte Meynung, die er
selber von den Christen hegete.   So wissen wir
auch, [60] daß die Christen ihre Schutzreden, die

---

57 Capitolinus in Vero, c. 10.

58 Vide Eusebii Historiam Eccles.

59 Vide Marcum Aurelium libr. XI.

60 Vide Apologiam II. Justini, quæ in editis Codicibus male
prima inscribitur; item, Athenagoræ Legationem pro Chri-
stianis, quæ oblata est Marco, postquam solus imperio præ-
esset: quibus adde Eusebium.

nicht vergebens überreichet haben, und daß ver=
schiedene zu seiner Zeit Märtyrer geworden sind.

Noch ehe das Trauerjahr wegen des Verus
Todes zu Ende war, verheirathete Antoninus
seine Tochter Lucille, des Verstorbenen Wittwe,
an einen schlechten [61] Edelmann, den Pompeja=
nus, den seine großen Verdienste der höchsten Ehre
würdig machten.   Er war treu, redlich, tapfer,
ernsthaft, wohlversucht; und diese Tugenden
wurden, welches nicht allezeit geschiehet, von einer
allgemeinen Hochachtung begleitet.   Dieses ver=
mochte den Kaiser, ihn allen Großen vorzuziehen;
indem derselbe solche Tugenden höher, als Reich=
thum und Adel, schätzete.   Die junge Kaiserinn
Lucille sowol, als ihre Mutter Faustine, waren
mit dieser Partey anfänglich nicht zufrieden; fan=
den sich aber bald, als sie vernahmen, daß ihrem
Range und ihrer Hoheit nichts dadurch abgehen
sollte.   Faustine dachte, sie verlöre nichts, weil
ihre Tochter nach wie vor Kaiserinn blieb; und
Lucille, die gern nach ihrer Fantasey leben wollte,
tröstete sich damit, daß sie vielmehr einen Diener,
als einen Mann, ehlichen sollte.

So bald der Kaiser sich der Sorgfalt für seine
Tochter entlediget hatte: so brach er [62] zur Voll=
endung des Krieges wider die Marcomannen
auf.   Nachdem diese durch die Quaden, Sar=
mater, Wenden, und andere Völker, waren

Aa 4

verstär=

<hr>

61 Capitolinus c. 20.

62 Capitolinus in Marco, cap. 17.

verstärket worden: so erschienen sie hochmüth[iger]
als jemals, und machten den Römern das A[uge]
dieses Krieges erschrecklicher, als die Zeiten [Han]
nibals und der Cimbrer. Es zogen auch [die]
Römer anfänglich verschiedene male den [Kür]
daher diejenige Schlappe, die das römische [Heer]
fast den Verlust der Stadt Aquileja gekostet [hat,]
hieher zu ziehen ist. Sie wurde durch fol[gende]
Umstände begleitet. Es lebte zu der Zeit [ein]
Lügenprophet, Alexander, dessen Leben [63] [Lucia]
nus beschrieben hat. Dieser wurde dama[ls]
für einen Gott gehalten, und war so frech, [daß er]
dem Kaiser folgende Weissagung zuschickte.

Wenn du zween Löwen wirst in Do[nau]
Strom versenken,
Und wenn viel Spezerey an seinem [Ufer]
brennt:
So wird der Feinde Macht durch de[inen]
Sieg zertrennt,
Und Gott wird dieser Welt den süßen Fr[ie]
den schenken.

Antoninus gehorchte dieser Weissag[ung,]
entweder aus Aberglauben; oder um sich
des Muths der Soldaten zu bedienen, [den]
die Prophezeihung in ihnen gewirket hatte.[64]
Die Löwen wurden in den Fluß geworfen, samt
vielen Blumen, Kräutern und Spezereyen. Die

Löwen

63   Lucianus in Pseudomante.
64   Baronius, ad annum Christi 171.

Löwen ſchwammen auf die Seite, und wurden
von den Feinden erſchoſſen. Hierauf gieng das
Gefechte an, darinn die Römer über fünf und
zwanzig tauſend Mann einbüßeten, nachdem ſie
von den Barbaren bis unter Aquileja verfolget
worden waren; und jene würden auch dieſe Stadt
erobert haben, wenn nicht der Kaiſer beyzeiten
das zerſtreuete Kriegesheer wieder in Ordnung
gebracht hätte. Dieſer Verluſt aber munterte,
mittelſt des Kaiſers kluger Veranſtaltungen, die
Tapferkeit der Römer dergeſtalt auf, daß ſie die
Feinde zum andern male angriffen, und endlich
aus Pannonien verjagten.

Unſer Kaiſer hätte ſeine Freygebigkeit in dieſem
Jahre bey keiner beſſern Gelegenheit bezeigen,
und dieſelbe bey niemandem beſſer, als bey den
Soldaten, die ſich in dieſer Schlacht verdient gemacht hatten, anlegen können. Daher iſt es
glaublich, daß die Münze dieſer Zeiten hieher ge-
höre, da eine ſtehende Figur in der einen Hand
das Horn des Ueberfluſſes, und in der andern
eine Tafel hält, darauf die Namen derer verzeich-
net ſtunden, die mit dieſer kaiſerlichen Freygebigkeit begnadiget werden ſollten; zum Denkmaal,
daß der weiſe Antoninus die rechte Zeit zu beloh-
nen und zu ſtrafen wiſſe.

Er war aber noch mit obgedachtem Kriege
beſchäfftiget, als die Mohren in Aegypten einfie-
len, und, nachdem ſie durch die Hirten dieſes Lan-

des, die so gut als Straßenräuber waren, ver-
verstärket hatten, unter Anführung eines Priesters
und eines andern, Namens Isidorus, [65] die
römische Besatzung aufhoben. Sie verkleideten
sich alle als Weiber, naheten sich der Stadt; unter
dem Vorwande, dem in der Festung commandi-
renden Officier etwas Geld einzuhändigen; wor-
darauf, nachdem er sich hatte berücken lassen, mit
seiner ganzen Besatzung ermordet wurde. Durch
diesen Anfang wurden die Rebellen dergestalt
muthig gemacht, daß sie einen der Gefangenen
opferten, und ihre Empörung über dessen
rauchendem Eingeweide mit einem theuren Eide
beschwuren.

Sie schlugen auch das römische Kriegesheer
zu verschiedenen malen; und hätten ohne Zweifel
die Stadt Alexandria erobert, wenn nicht Antoninus beyzeiten [66] den Cassius aus Asien zurück
berufen hätte, wider diese Hirten zu fechten.
Dieser hatte zwar nicht Volks genug, die Rebellen
anzugreifen, die sich unter ihrem sehr tapfern Anführer überaus hartnäckig wehreten; doch war er
so glücklich, daß er einen Zwiespalt unter ihnen
erregete, dessen er sich zu ihrer großen Niederlage
zu bedienen wußte.

Den Mohren in Spanien gieng es nicht besser;
denn die kaiserlichen Generale rieben ihrer eine
große Menge auf, und verjagten den Rest. Unterdessen.

65 Dio Cassius, & ex eo Xiphilinus in Marco Aurel. lib. LXIII.
66 Capitolinus c. 21. & Vulcatius, in Cassio, c. 6.

terdessen fuhr Antoninus fort, die nordischen Re-
bellen zu Paren zu treiben, indem er sie durch
tägliche Vortheile zwang, die vorgeschriebenen
Friedensbedingungen einzugehen: darauf er dann
wieder nach Rom kehrete, und die gewöhnlichen
Gelübde wegen seiner zurückgelegten zehenjährigen
Regierung bezahlete; wie dieses abermals die
Münzen dieser Zeit bezeugen.

Zu dieser Zeit trieb die Liebe zur Gerechtigkeit
den Kaiser zu einer besondern Vorsorge für die
unmündigen Kinder. Denn er verordnete einen
Obervormund, der allen Unmündigen Vormünder setzen, und alle Sachen, die die Vormund-
schaften betrafen, schlichten sollte. Zu dem Ende
änderte er das Gesetz, das nur allein solchen Min-
derjährigen Vormünder zueignete, welche wahn-
witzig oder liederlich waren; und wollte, daß sich
dasselbe über alle Unmündige überhaupt erstrecken
sollte. 67

Er ließ in allen Landschaften ein allgemeines
Geschlechtregister aller Eingebornen verfertigen,
daraus ein jeder wegen seiner Abkunft Nachricht
holen konnte. Er setzte den weitläuftigen Pro-
cessen gewisse Schranken, und verbot die Ehen
der nahen Blutsverwandten. In dieser Absicht
erkannte er die Ehe einer gewissen Person, die
ihren Vetter geheirathet hatte, für unrechtmäßig;
jedoch legitimirte er die aus derselben Ehe bereits
gebornen Kinder. Der Befehl, den er dieser
vorneh-

---

67 Capitolinus l. c. cap. 9. 10.

vornehmen Person hierüber zuschickte, [ist]
vorhanden, und verdienet hier eingerücket [zu wer]
den. 68

" Sowol die langen Jahre, die ihr mit e[urem]
" Vetter im Ehestande zugebracht habt, [die]
" Anzahl eurer Kinder, bewegen Uns zum [Mit]
" leiden. So wissen Wir auch, daß diese
" Ehe durch eure Großmutter gestiftet word[en]
" da ihr wegen eurer Jugend Unserer S[ache]
" nicht kundig waret. In Erwägung diese[r]
" sachen nun erkennen Wir die aus dieser [e]
" vierzigjährigen Ehe erzielten Kinder für so [?]
" und ehlich, als wenn sie aus einem recht[m]
" gen Ehebette entsprossen wären. „

Er hemmete die Verschwendung, durch A[bschaf]
fung vieler unnöthigen Ausgaben. Er ver[min]
derte die Zahl der öffentlichen Schauspiele,
auf diese Art die Gemüther des Volks von
gleichen thörichten Lustbarkeiten abzuziehen;
nicht allein der daraus entstehenden Versch[wen]
dung und dem Untergange vieler Familien vor[zu]
beugen; sondern auch dadurch den Römer[n]
Gelegenheit zu vieler daraus erwachsenden ein[]
mischen Feindschaft und Streit abzuschne[iden.]
Daher setzte er die Besoldung der Comödian[ten]
auf einen mäßigen Fuß. 69

68 Digesta, libr. XXIII, Tit. II. 57. Marcian. in libr. II. [?]
     Adultis.
69 Capitolinus c. 11. &c.

Die Landstraßen und Gassen der Stadt ließ er
ausbessern. Er schaffete die Unordnungen bey den
öffentlichen Auctionen, und die Unbilligkeiten des
unmäßigen Wuchers ab. Er milderte um ein
merkliches das Gesetz von dem zwanzigsten Pfen-
nig, den die Fremden bey Hebung einer Erbschaft
zurücklassen mußten; wiewol Trajanus vor ihm
bereits daran gedacht hatte. Imgleichen verordnete er, daß die Kinder ihre verstorbenen Mütter
erben sollten, wenn diese gleich kein Testament
hinterlassen hätten. Die Ausländer, die in Rom
nach einer Würde strebeten, mußten nicht nur
Italien für ihr Vaterland erkennen; sondern
auch den dritten Theil ihrer Barschaften in Land-
güter stecken: dieses milderte Antoninus bis auf
den vierten Theil. [70]

Dem Rathe bewies er alle ersinnliche Ehre.
Er unterwarf dessen Urtheile viele Sachen, die
sonst für die kaiserliche Gerichtbarkeit gehöreten.
Er verstattete demselben das Endurtheil ohne fer-
nere Appellation, und machte gemeiniglich die Aerm-
sten unter den Rathsherren zu Tribunen oder
Zunftmeistern, und zu Aedilen oder Bauherren.
Er nahm keinen in den Rath, ohne Uebereinstimmung aller, und ohne vorhergegangene genaue
Untersuchung. Hatte etwan einer unter ihnen
das Leben verwirkt: so untersuchte er die ganze
Sache selber genau, trug sie alsdann dem Rathe
vor,

---

[70] Vid. Digesta, lib. I. Tit. IX. 12. de Senatoribus.

vor, und wollte nicht, daß das römische Volk eine Hand in solchen Sachen haben sollte.

Allen Rathsversammlungen wohnete er, wo möglich, persönlich bey, und hätte er auch deswegen von andern Orten erst in die Stadt reisen sollen. Viele Städte wurden von ihm mit besondern Präsidenten versehen, die er aus ihren Rathsverwandten, zufolge der herrlichen Gewohnheit des Augustus, wählete: denn dieser glaubte, daß die Majestät eines Kaisers durch das Ansehen und die Aufrichtung vieler hohen obrigkeitlichen Würden nicht allein selbst erhöhet; sondern auch durch die aus solcher Veranstaltung fliessende sorgfältige Handhabung der Gerechtigkeit über alle Maßen befestiget werde. 71

Diese Verehrung der Vornehmen hinderte ihn an der Sorgfalt für die Geringen nicht; vielmehr achtete er auch die Allerniedrigsten seiner Fürsorge nicht unwürdig, und sollten es auch nur Klopffechter oder Seiltänzer gewesen seyn. Unter diesen befahl er den erstern, nicht mehr mit scharfem Gewehre, sondern mit abgebrochenen, oder auch mit Rappieren, zu fechten; und den Seiltänzern hieß er Betten unterlegen, um der Gefahr ihres Fallens vorzubeugen, an deren Statt man ihnen nach der Zeit Hängematten, oder gewisse dazu verfertigte Netze, untergebreitet hat. 72 Diese Sorgfalt des Kaisers hatte keine Neigung zu solchen läppi-

71 Capitolinus 20. &c.
72 Dio, loco citato, & Capitolinus cap. 12.

läppischen Spielen zum Grunde, weil er in seinen
Betrachtungen zu verstehen giebt, daß er ein Feind
aller Gaukler gewesen sey; sondern, weil das
römische Volk zu dergleichen Zeitvertreib gewöhnet
war: so veranlassete den **Antoninus** seine Menschenliebe, diese Lust, so wenig als es seyn konnte,
blutig zu machen.

Er gab auch um diese Zeit scharfe Gesetze wider
die Entweihung der Gräber, und verordnete, daß
die Armen auf gemeine Kosten beerdiget werden
sollten. Seine sonderbare Leutseligkeit aber bezeuget unter andern folgende Begebenheit. Es hatte
sich zu Rom eine Diebsrotte zusammen gethan,
mit dem Vorsatze, sich mit der Bürger Gut zu bereichern. Ihr Anführer war auf allerley Gelegenheit dazu bedacht. Er stieg also im Gefilde
des **Martis** auf einen daselbst befindlichen Feigenbaum, nachdem er dem Volke zuvor durch ver-
schiede Weissagungen das Maul aufgesperret
hatte. Unter andern hatte er ihnen eingebildet,
daß der Welt Ende vor der Thüre sey, und daß,
nachdem man werde gesehen haben, daß er von diesem Feigenbaume herabfalle, und sich in einen
Storch verwandele, alsdann in kurzem ein vom
Himmel fallendes Feuer die Welt verzehren werde.

Der leichtglaubige Pöbel hörete diese Weissagung mit Verwunderung und Schrecken an.
Die Leute liefen täglich haufenweise zu dem Feigenbaume, und gaben, durch die Entfernung von
ihren

ihren Wohnungen, obgedachten Dieben Gelegenheit, ihre Häuſer zu beſuchen.   Endlich erſchien der erſchreckliche Tag dieſer verkündigten Verwandlung.   Der Betrüger fiel von dem Feigenbaume, ließ einen verſteckten Storch aus ſeinem Buſem laufen, und verlor ſich ſelbſt unter der Menge des umſtehenden Volks.   Jedermann erſtaunete über dieſes neue Wunder, und meynete, er ſähe den Himmel ſchon in vollem Feuer; ſo gar, daß Rom mit Getümmel und Unordnung erfüllet wurde.   Der Kaiſer wird hiervon benachrichtiget, und läſſet nach verfügter nöthigen Anſtalt den ſeinen Propheten vor ſich kommen, verſpricht ihm Gnade, ſo er den Handel entdecken würde; und da er alles bekannt hatte: ſo lachte der Kaiſer herzlich, und hielt ihm ſein Wort. [73]

Die Ueppigkeit der Römer kam größtentheils von dem unordentlichen Weſen ihrer Weiber her. Dieſe bemühete ſich Antoninus ſamt der wilden Jugend einzuſchränken; vielleicht unwiſſend, daß ſein Haus ſelber Antheil an dieſem Verderben hatte.   Wenigſtens erhellet aus den Briefen, die er an ſeine Fauſtine kurz vor ihrem Ende geſchrieben, daß der Kaiſer die Unordnung ſeiner eigenen Gemahlinn entweder nicht gewußt, oder es ſich nicht habe wollen merken laſſen.   Doch traue ich das letztere ſeiner Klugheit eher zu, und glaube, daß er durch dieſe heilſame Verordnung ſeine Fauſtine zu allererſt bändigen, und andern habe zum

Exempel

---

[73] Capitolinus cap. 13.

Exempel darstellen wollen. Die heilsame Absicht aber wollte bey dem unverschämten Weibe nichts verfangen; und es erhellet hin und wieder aus unsers Kaisers Betrachtungen, daß dieses sein größtes Hauskreuz gewesen seyn müsse.

Seine Freunde bezeugten hierüber ihr Mitleiden: und als einer die Freyheit nahm, dem Kaiser zu rathen, daß er sich von seiner Gemahlinn, wegen ihrer Liederlichkeit, scheiden möchte: so soll der liebreiche Herr geantwortet haben: [74] So müßte ich auch den Brautschatz wiedergeben. Antoninus erinnerte sich, daß er von ihrem Vater das Kaiserthum bekommen habe, und wollte lieber selbst eine Ungerechtigkeit erdulden, als an dem Kinde seines Wohlthäters einer Unerkenntlichkeit schuldig werden. Sonderlich, weil Faustine ihrem Herrn [75] am meisten zu liebkosen wußte, wann sie ihm am ungetreusten war: so ließ der Kaiser durch diese ihre äusserliche Gefälligkeit sich von einer Entschliessung abhalten, die mit der Ehrerbietung, die er auch nach dem Tode für ihren Vater Antoninus Pius bezeigte, in ihm selbst einen heimlichen Streit erregete. Daher beschloß er, sich mit der wiederholten Betrachtung zu stärken, daß ein Unartiger sich selbst beleidige; und wollte durch gedachte gute Verordnung versuchen, ob seines Weibes sowol, als anderer Römerinnen,

74 Capitolinus in Marco, pag. 54.
75 Vide Antoninum libr. I. ad se ipsum.

merinnen, böse Sitten durch heilsame Gesetze
bändigen wären.

Hadrianus [76] hatte schon zu seiner Zeit ver-
ten, sich der Sänften, Kutschen oder Pferde in den
Städten zu bedienen. Dieses Verbot erneuer-
te Antoninus, mit angehängter schweren Stra-
denn er wollte nicht zugeben, daß man solche Sachen als etwas Gemeines brauchen sollte, die
Cäsar und Augustus durch ihre Triumphe von
dem gemeinen Gebrauche abgesondert hatten.

Er wußte auch, daß es der Fürsten größ-
Fehler und Schade sey, wenn sie solchen Leu-
eine obrigkeitliche Würde anvertraueten, welche
nicht verdienen. Daher schlug er derglei-
unverdiente Ansuchungen freymüthig ab.
von kann folgende Antwort zeugen, die er
berüchtigten Person gab, als dieselbe ihn um e-
gewisse Bedienung ansprach: Rechtfertiget eu-
zuvor, mein Freund, von der übeln Nachr-
die jedermann über euch führet. Und als je-
versetzte: Ich finde gleichwol viele obrigk-
liche Personen, die nicht besser sind, als i-
so nahm der Kaiser diese Freyheit nicht ungnä-
auf; sondern bemühete sich, daß man ihm kün-
tighin dergleichen nicht mehr mit Recht vorwerf-
möchte.

Er verweigerte keinem, der sich um das ge-
Wesen verdient gemacht hatte, das gebühre-

Es

<hr>

76 Spartianus in Adriano, cap. 20, & Capitolinus in Marco, 23.

Lob: ſondern brauchte denſelben weiter zu ſolchen
Dingen, welche ihm einmal wohl gelungen waren;
führete auch dabey dieſe Worte öfters im Munde:
daß es nicht in dem Vermögen eines Fürſten
ſtehe, ſeine Unterthanen ſo zu machen, wie er
ſie haben wolle; wol aber, ſich derſelben in
ſolchen Sachen, deren ſie kundig ſeyn, nützlich zu bedienen.

Fand er an jemandem Verdienſte: ſo wußte er
dieſelben nach Würden anzuſehen; und es war
ihm eine Luſt, wenn er ſeinen Freunden einen Gefallen erweiſen konnte. Daher war er denen, die
es mit Recht verlangten, zu den höchſten Ehrenämtern beförderlich. Die aber eine ruhige Lebensart erwählet hatten, überhäufte er mit Geſchenken.
Jedoch wurden nur diejenigen mit ſolchen kaiſerlichen Gaben begnadiget, von denen das gemeine
Beſte wiederum ſeinen Nutzen haben konnte;
zufolge der klugen Regel ſeines Vaters Antoninus
Pius, der zu ſagen pflegte: es ſey nichts ſchänd-
lichers, als wenn die öffentlichen Einkünfte
ſolchen Leuten zu Theil würden, die durch
ihren Fleiß weder das gemeine Beſte befördern, noch die öffentlichen Einkünfte hätten
vergrößern helfen. [77]

Die Armen ließ unſer Kaiſer niemals ohne
Hülfe, und es war ihm eine ſolche Luſt, den Dürf-
tigen beyzuſpringen, daß er es als eine ſonderbare
Wohlthat des Himmels rühmet, daß er ihm die

Bb 2

Gele-

---

[77] Capitolinus in Pio, c. 7.

Gelegenheit und das Vermögen gegeben habe, niemals einen Dürftigen ohne Hülfe von sich zu laſſen. [78]

In Beſtrafung der Miſſethaten milderte er zwar die Schärfe der Geſetze; dennoch aber wollte er die Gerechtigkeit allenthalben aufs genaueſte gehandhabet wiſſen: ſo gar, daß er einsmals einen gewiſſen Prätor hart anredete, als er in der Sache einiger Perſonen zu geſchwind oder zu parteniſch verfahren war, und zu ihm ſagte: Dieſes iſt das Allergeringſte, was eine beſtellte Obrigkeit thun kann, daß ſie die Geduld hat, alle vorkommende Sachen mit Fleiß zu unterſuchen. Und als ein anderer Richter in einer wichtigen Sache ungefähr auf gleichen Schlag verfuhr: ſo ließ es zwar des Kaiſers Gütigkeit nicht zu, denſelben ſeiner Würde gänzlich zu entſetzen; doch konnte ſeine Liebe zur Gerechtigkeit es auch nicht ungeſtraft laſſen: daher ſuspendirte er ihn eine Weile, und ein anderer mußte indeſſen ſein Amt verwalten. So ſehr bemühete er ſich auf alle Weiſe, die Menſchen von dem Böſen auf das Gute zu lenken. Er belohnete ihre guten Thaten; und die böſen deckte er, ſo viel möglich, durch ſeine Gelindigkeit zu, oder er ſahe ſie mit ſolchen Züchtigungen an, welche nicht ſowol ſcharf, als heilſam, waren. [79]

Gleichwie

---

78 Antoninus libr. II. ad ſe ipſum, § 17.
79 Capitolinus in Marco, cap. 12 & 24.

Gleichwie aber die Sitten der Regenten einen
großen Einfluß in die Völker haben, und denselben
entweder zu vielem Guten, oder zu vielem Böſen
Anlaß geben: also wäre die übermäßige Liebe
zur Weltweisheit unſers Kaiſers den Römern
beynahe ſchädlich geworden. Denn es thaten ſich
allenthalben so viele müßige Weiſen hervor, die
dem Antoninus zu Gefallen zwar die Kleidung
solcher Leute, aber nicht ihre Tugenden, an ſich
trugen; daß ihre Menge anfieng, der ganzen Republik beschwerlich zu ſeyn. Allein, der vernünftige Kaiſer wußte dieser Unordnung bald zu ſteu-
ren; indem er den ſo genannten und verkleideten
Weiſen die gewöhnlichen Freyheiten entzog, und
dieſelben, nebſt ſeiner Gnade, nur allein denen
wiederfahren ließ, die in der That Weiſe waren,
und ſich dieſes Namens nicht sowohl angemaßet,
als vielmehr denſelben durch eine nützliche Tugendübung verdienet hatten. [80] Er pflegte oft zu ſagen: [81] ein Kaiſer müſſe nichts obenhin verrichten; weil eine kleine Saumſeligkeit Gelegenheit zu großer Unordnung geben könne.

Er ließ den Advocaten Zeit, alles vorzubringen,
was ſie konnten, ihre Sachen zu beſchönigen;
und achtete es für unbeſonnen, der Ausführung
einer Sache ein Ziel zu ſetzen, deren man nicht
kundig iſt. Er wußte, daß die Geduld ein Stück
der Gerechtigkeit ausmache, und daß es beſſer ſey,

Bb 3

einen

---

80 Capitolinus in Marco, c. 23.
81 Antoninus lib. IV. § 2.

einen unnützen Vortrag der Advocaten anzuhören, als dieselben zu hindern, das, was nothwendig ist, zu sagen. Daher untersuchte er die kleinesten Händel eben so genau, als die wichtigsten; weil nach seiner Meynung die Gerechtigkeit allenthalben gleich groß seyn müsse. Er brachte manchmal wol zwölf Tage über einer Sache zu; blieb alsdann in der Rathsstube bis in die Nacht, und gieng nicht eher aus der Versammlung, als bis der Consul nach Gewohnheit gerufen hatte: Wir halten euch nicht länger auf! [82]

Dieser sein geduldiger Fleiß ist desto merkwürdiger; weil er sonst von so schwacher Gesundheit war, daß er nicht die geringste Kälte vertragen, und nur sehr wenig Speise geniessen konnte. Und dennoch verschob er seines Leibes Pflege bis in die späte Nacht, genoß auch des Tages über nur ein wenig Theriak, den Magen zu stärken, damit seine Verrichtungen und Arbeit für das gemeine Beste niemals unterbrochen werden möchten. So gar nichts war fähig, ihn an der Pflicht zu hindern, die er glaubte seinen Unterthanen schuldig zu seyn, und dazu ihn, wie er selber oft sagte, sein königliches Amt verband. [83]

Die Zeit hielte er für viel zu edel, als daß man nur einen Augenblick derselben auf Lappereyen verwenden dürfe. Auch diejenigen Stunden waren

<hr>

[82] Capitolinus in Marco, c. 10.

[83] Xiphilinus ex Dione, p. 273.

waren bey ihm nicht verloren, die er bey den öffentlichen Schauspielen zubrachte; denn er las in
währender Zeit, oder unterschrieb. [84] Imgleichen
trachtete er auf seinen Reisen, oder unter den verdrießlichsten Verrichtungen, die Zeit zu gewinnen,
und von denen Augenblicken sich einen Vortheil
zu machen, die andere entweder zu ihrer Ergötzung,
oder zu ihrer Ruhe, anzuwenden pflegten. Bey
solcher Muße war er mit sich selbst beschäfftiget,
und alsdann forderte er von seinen Thaten, von
seinen Gedanken, und von seinem Vorhaben,
Rechenschaft.

Diesen müßigen Stunden haben wir sein unvergleichliches Buch zu danken, das itzo in deutscher
Sprache erscheinet. Die doppelte Unterschrift,
des ersten und des zweyten Büchleins, bekräftigen
dasjenige, was ich sage. Das erste ist unterschrie-
ben zu Carnunte in Pannonien, als er wider die
Marcomannen zu Felde lag; das zweyte, in dem
Feldlager wider die Quaden: beyde also unter
währenden allerheftigsten Kriegen. Dergleichen
wohl angewandte Augenblicke haben noch andere
vollständigere Werke hervorgebracht, die uns aber
die Zeit geraubet hat. Darunter ist am meisten
der Verlust seiner Lebensbeschreibung zu bedauren, die er zum Unterricht seines Sohnes selber
aufgesetzet hatte; wenn dieses Buch von seinem

Bb 4

Leben

---

[84] Capitolinus in Marco, cap. 15.

Leben nicht etwan die zwölf Bücher seiner Betrachtungen über sich selber sind.

Antoninus war der Meynung, daß die ganze
Macht eines Reichs in dem klugen Rath der-
sen bestehe; daher fieng er nichts wichtiges weder
im Kriege noch Frieden an, ohne seine Räthe
darum zu fragen.   Ja diese fragte er nicht allein,
sondern er wollte auch das Gutbefinden anderer
geschickten Leute wissen, deren er eine auserlesene
Anzahl am Hofe, in der Stadt, und in allen Zünf-
ten, hatte.   Sein Herz war zu edel, diese Leute
zu seiner eigenen Meynung zu zwingen; sondern
er unterwarf sich selber ihrem vernünftigen Gutdünken freywillig, und sagte: Es ist vernünftiger, daß ich dem Rathe so vieler wackerer
Leute folge, die alle meine treuen Freunde
sind; als daß so viele wackere und erfahrne
Leute sich allein nach meinem Eigensinne
richten sollen. [85]

Weil aber die Schmeichler dieses vernünftige
Nachgeben dem hohen Ansehen eines Fürsten als
eine Schande vorwarfen, auch die Eigenliebe die
Mächtigen leicht zum Eigensinne verleiten kann;
so waffnete sich dieser große Kaiser mit folgender
Betrachtung wider dieses Uebel: daß der Mensch
nicht weniger ungezwungen und eben sowol
in seiner völligen Freyheit bleibe, wenn er sich
gleich der Meynung eines andern unterwirft;

weil

weil es alsdann nicht mehr eines andern, sondern seine eigene Meynung wird, indem sein
eigener Verstand es für eine Wahrheit erkennet. [86]

So hielte er auch sein Wort unverbrüchlich.
Er machte auch die falsche Regel der Schmeichler
zu Schanden, die ihren Königen einbilden wollen,
daß ein kluger Fürst kein Sclav seiner Zusagen seyn
müsse, wann dieselben anfangen, mit seinem Vortheile zu streiten; sondern daß er sich vielmehr derselben als einer Lockspeise bedienen, und andere damit ins Netz ziehen müsse.   Solchen tückischen
Staatsleuten setzte er folgende Regel entgegen, die
die Aufmerksamkeit aller großen Herren und die
Bewunderung der ganzen Welt verdienet: Hüte
dich, dasjenige als nützlich anzusehen, was
dich nöthigen kann, deine Zusage zu brechen. [87]

So oft es der Länder Wohlstand erforderte:
so veränderte Antoninus ihre Regierung.   Dem
Gutdünken des Volks überließ er, nach Augustus
Weise, diejenigen Länder, von denen man sich
nichts zu befürchten hatte; die verdächtigen aber
versahe er selbst mit treuen Statthaltern. [88]

Imgleichen bemühete er sich, zu erfahren, was
man von seiner Regierung urtheilete, nicht sowol,
um diejenigen zu strafen, die zu frey von ihm redeten; als vielmehr daraus zu ersehen, was man

Bb 5

an

---

86. Antoninus libro IV.
87 Antoninus libro III. §. 7.
88 Capitolinus in Marco, cap. 20.

fortfähret, der Vernunft als einer Wegweiser[in]
zu folgen. [91]

Der andere Mangel war größer, und für [einen]
Kaiser, der wie Antoninus gesinnet war, [nicht]
leicht zu heben. Das sicherste Mittel dünkt[e ihm]
zu seyn, wie vormals [92] Nerva und Trajan[us]
gethan hatten: die kaiserlichen Mobilien zu Ge[lde]
zu schlagen, und daraus ein zulängliches Ca[pital]
zu machen. Weil es aber den Privatperso[nen]
nicht erlaubet war, dergleichen Hausrath, ode[r gol]-
dene und silberne Gefäße, zu brauchen: so wa[r es]
nöthig, ihnen zuvor die Freyheit hierüber zu ert[hei]-
len. Hierauf gieng die Auction aller kaiserlic[hen]
Kostbarkeiten vor sich, und man verkaufte [stück]-
weise alle Edelsteine, Gemälde, Gefäße, Ta[pe]-
ten, Gold- und Silbergeschirre, Gläser, Ha[us]-
Kleider, (so gar der Kaiserinn ihre), samt [einer]
großen Anzahl Perlen, die man in des Hadria[ns]
Zimmer gefunden hatte. Da fehlete es den [gut]-
artigen Römern am Gelde nicht, diese Kostbar[kei]-
ten zu kaufen; ob sie gleich vorher sich geweig[ert]
hatten, zu ihrer eigenen Sicherheit einem so fr[omm]-
men Kaiser mit ihren Mitteln beyzuspringen.

A C.
171.   Dieser Verkauf währete zweene Mona[te]
und der Kaiser brachte dadurch überflüß[ig]
genug Geld zu den Kosten des bevorstehenden [Krie]-
ges zusammen. Jedoch gab er bey seiner glüc[kli]-
chen Rückkunft zu verstehen, daß es ihm angen[ehm]
seyn

91 Antoninus libro IV. §. 16.
92 Plinius in Panegyrico.

ſeyn würde, wenn man ihm die vorhin verkauften
Sachen für denſelben Preis wieder überlieſſe; wiewol er niemanden nöthigte, das Erhandelte wieder
abzuſtehen, wenn er nicht für ſich ſelbſt dazu willig war. 93

Wenige Tage vor ſeinem Aufbruche verlor er
ſeinen jüngern Sohn, Namens Cäſar Verus, ein
Kind von ſieben Jahren, das an einer Drüſe ſtarb,
die ihm von den Aerzten unvorſichtiger Weiſe war
geöffnet worden.   Er ertrug dieſen Verluſt großmüthig; verwandelte das damals inſtehende Feſt
des Jupiters in einen Trauertag; ſprach den Aerzten ſelbſt einen Muth ein, und beſchenkte ſie; ließ
dem verſtorbenen Kinde eine Seule ſetzen, und verordnete, deſſen Namen den ſaliſchen Gedichten ein-
zuverleiben.   Hierauf ſchritt er wieder zu ſeinen
gewöhnlichen Verrichtungen; beſorgte das gemeine Beſte; ſtellete zuvor ein allgemeines Opfer und
einen Bettag an, und ſetzte ſeinen Feldzug gegen
die Feinde fort. 94

Dieſer war beſchwerlicher und langwieriger, als
alle die andern.   Der Kaiſer nahm ſein Quartier
zu Carnunte, führete ſein Kriegesheer über die
Donau, griff die Feinde an, ſchlug dieſelben zu
verſchiedenen malen, und verheerete ihre Dörfer
und Vorrathshäuſer; ſo daß viele der feindlichen
Bundsgenoſſen über die Geſchwindigkeit ſeiner
Siege erſtauneten, und daher ihre Partey ver-
lieſſen

<hr>

93 Capitolinus in Marco, cap. 20.
94 Idem ibidem.

liessen und sich ihm unterwarfen, auch allesamt
gnädig von ihm aufgenommen wurden.

Und dennoch wäre dieser glückliche Fort-
seiner Waffen durch einen traurigen Erfolg
nahe unterbrochen worden. Denn als er in Person ausgegangen war, eine bequeme Furt für
Kriegesherr auszuforschen: so warfen die feind-
chen Schleuderer eine solche unzählige Menge Steine auf die Römer, daß der Kaiser von diesem Stein-
regen unfehlbar wäre zerschmettert worden, wo
nicht die Liebe alle Soldaten um ihn her zusam-
getrieben, und dieselben genöthiget hätte, ihn mit
ihren Schilden zu decken. Die Römer aber wurden durch diese Kühnheit der Feinde so erhitzt, daß
sie verstärket über den Fluß setzten, den Feind angriffen und aufs Haupt schlugen.

Der Kaiser besichtigte nach geendigtem Tref-
die Wahlstatt, nicht sowol, die Fußtapfen seines
Sieges in der Feinde Blut zu sehen, oder seine Augen an einem so erbärmlichen Schauspiele zu weiden; als vielmehr selber zu vernehmen, ob nicht
etwan unter den Verwundeten noch einige sich
fänden, die seiner Pflege und Vorsorge vonnöthen
hätten. Dieses sollte zum theil die Erkenntlichkeit
für die kurz zuvor an ihm bewiesene Liebe der Soldaten seyn. Nachdem er sich auch dem Himmel
durch Opfer auf dem Kampfplatze dankbar erwiesen hatte: so rückte er mit dem Kriegesheere weiter fort.

Die

Die Quaden machten sich leicht die Rechnung, daß man ihnen nachsetzen würde: daher liessen sie eine gute Anzahl Bogenschützen
zurücke, die von einigen Schwadronen Reiterey
gedecket wurden, und sich stellen mußten, als wenn
sie das römische Heer aufhalten wollten. Hier
gieng es nun den Römern nach der Gewohnheit
solcher Ueberwinder, die durch einen Sieg von dem
künftigen guten Fortgange sich gar zu fest versichern. Denn indem sie diese flüchtigen Schützen
allzu hitzig verfolgeten: so wurden sie unvermerkt
in eine trockene Einöde gelocket, und von dicken
Wäldern und dürren Bergen eingeschlossen. Dennoch meynten sie, ihre Tapferkeit würde ihnen den
Weg durch alle Beschwerlichkeit bahnen, so lange
ihnen die obschwebende Gefahr noch verborgen war.
Die Feinde liessen sie bey diesen Gedanken, und
achteten es für sicherer, die tapfern Römer durch
die Zeit und Unbequemlichkeit der Oerter, als durch
einen zu frühzeitigen Angriff, aufzureiben. Dieser
ihr Anschlag gieng so wohl von statten, daß die Römer ihrer Absicht nicht eher inne wurden, als biß
die unerträgliche Hitze, nebst Mattigkeit, Durst
und Wunden sie fast gänzlich aufgerieben hatten.

Da erkannten sie fast allzu spät, daß sie weder
weichen, noch schlagen konnten: und daß sie entweder für Durst verschmachten, oder ein Raub ihrer Feinde werden mußten. Was war da zu thun,
da alle Tapferkeit unbrauchbar, und die Verzweif-
lung

lung selbst unnütz war? Antoninus, der von
der großen Noth der Seinen gerühret war, und
durch alle Glieder, sprach den Soldaten ein und
ein, richtete sie durch Vorstellung guter Hoffnung
auf, befahl reichlich zu opfern; aber alles umsonst.
Der Feind rüstete sich, sie anzugreifen, so bald die
Sonne die noch übrigen Kräfte derselben würde
verzehret haben. Man dachte itzo nicht mehr an
die vorige Tapferkeit, man hoffete kein ferneres
Glück, und die Hülfe der Götter selbst schien ihr
keine Statt zu finden. Einer sahe den andern als
ein Schlachtvieh an, das in kurzem durch das
Schwerdt der Feinde geopfert werden sollte.
Man hörete da tausend Wehklagen und Seufzer,
man sahe lechzende Lippen, und man las die Merkmaale des bevorstehenden Unglücks aus eines jeden
Angesichte; als unvermuthet eine dicke Wolke sich
zusammen zog, die Hitze der Sonnen dämpfte,
und bald darauf in einen häufigen Regen zerfloß.

Die entkräfteten Soldaten, die eher Gespen-
stern, als Menschen, ähnlich sahen, wurden durch
diesen unversehenen Regen dergestalt erquicket, daß
sie mit Freuden hin und wieder liefen, in der Meynung, daß derselbe an andern Orten häufiger fiele.
Da stieß ein matter den andern zu Boden, und sie
reckten alle mit gleicher Begierde sowol den aufge-
sperreten Mund, als ihre Helme und Schilde, gen
Himmel. Indem nun ein jeder bedacht war, seinen Durst zu löschen: so gerieth das ganze Lager
darüber

darüber in Unordnung. Die Barbarn liessen diese Gelegenheit nicht aus den Händen; sondern griffen dasselbe an allen Orten heftig an. Die Römer wehreten sich tapfer, und liessen doch dabey nicht ab, zu trinken; so gar, daß viele unter währendem Gefechte das Wasser, das sie in sich soffen, mit ihrem oder der Feinde Blut vermischeten.

Und gleichwol würde diese von Himmel gesendete Hülfe ihnen unnütz gewesen seyn, wenn dieselbe nicht durch ein weit wundernswürdigeres Glück vergrößert worden wäre. Denn eben diese Wolken, die auf die Römer einen erquickenden Regen gossen, warfen Blitz und Donnerkeile unter die Quaden; so gar, daß diese durch Schlossen zerschmettert, und durch ein vom Himmel fallendes Feuer verbrennet wurden, indem jene mittelst der gelinden Regengüsse ihren Durst löscheten. Man will gar sagen, daß diese Flamme an den Römern keine Wirkung gethan; hingegen da, wo sie ihre Feinde ergriffen, durch das Regenwasser selbst, wie durch ein Oel, vermehret worden sey. So gar, daß viele der Barbarn sich selbst verwundet haben, um durch ihr vergossenes Blut diesen Brand zu löschen; andere aber zu den Römern über gelaufen seyn, um auf ihrer Seite die Kraft des heilsamen Regens zu geniessen. Der Kaiser erbarmete sich dieser Elenden. Aber bey den Soldaten erregte das Andenken des erlittenen Schadens solche Wut und Rache, daß sie desto heftiger in die Feinde hinein-

Cc

ein-

eindrängen, viele derselben niedermachten, und den
Rest in die Flucht trieben. [95]

Von dieser wunderbaren Errettung des römischen Heeres wurde zu der Zeit verschieden
gesprochen. Einige gaben vor, der Kaiser habe
sich eines ägyptischen Schwarzkünstlers, mit Na-
Arnuphis, den er bey sich gehabt, dazu bedie-
der durch seine Zauberey dieses Ungewitter erhaben soll. Man darf sich auch nicht wun-
daß die abergläubischen Heiden die Ehre die-
Wunders ihren Luftgöttern beymessen. Wie
jenes Vorgeben von dem Zauberer kann durch
eigenen Worte des Antoninus, im erste B...
seiner Betrachtungen, widerleget werden, da
ausdrücklich bezeuget wird, daß unser Kaiser niemals einige Gemeinschaft mit Marktschre...
oder Schwarzkünstlern gepflogen; und daß
nichts von vorgegebenen Beschwerungen ...
Teufel, und eben so wenig von aller and...
Zauberey gehalten habe. [96]

Andere sahen dieses Wunder als eine Belohnung der Tugenden des Kaisers an, und schrie-
diese himmlische Hülfe seinem Gebethe zu. E...
dasselbe mit gen Himmel erhabenen Händen ...
richtet, und dem Allmächtigen die Noth der Sa...
gen vorgetragen haben; daher dann auch ...
Frömmigkeit die Errettung des ganzen Volk...

95 Xiphilinus in Marco Aurelio, p. 274. seqq. Baronius in
Annalibus, & Anton. Pagi Critica in Baronium.
96 Antoninus libro I, § 6.

eine Belohnung nach sich gezogen habe. Diese
Bemühung der Heiden, gedachtes Wunder sich zur
Ehre auszulegen, bezeuget wenigstens die Wahr=
heit der Begebenheit. Im Falle aber, daß jemand
so unvernünftig seyn könnte, an einer Begebenheit
zu zweifeln, die durch viele glaubhafte Beweisthü=
mer des Alterthums bestätiget wird: so können
denselben einige zu der Zeit geprägte Münzen davon
überführen, die noch bis auf unsere Zeiten übrig
sind. Auf der einen wird der auf einen niederge=
schlagenen Feind seinen Donnerkeil werfende Ju=
piter vorgestellet; [97] und die andere ist, nach des
Herrn Patins [98] Gedanken, gleichfalls von den
Macedoniern, zum Andenken dieses wunderbaren
Sieges, mit einem Donnerkeile bezeichnet worden.

So wenig demnach an der Gewißheit dieser
Sache zu zweifeln ist: eben so wenig kann man
auch in Abrede seyn, daß der ganze glückliche Er=
folg dieser wunderbaren Hülfe Gottes dem Gebethe
der Christen zuzuschreiben sey. Wer wollte an
des [99] Dions Berichte zweifeln, der uns erzäh=
let, daß ein Officier von der Leibwache den beküm=
merten Kaiser erinnert habe: es befinde sich unter
dem sogenannten melitenischen Regimente eine
große Anzahl Christen, denen, weil sie von ihrem
Gott allezeit erhöret würden, der Kaiser befehlen
möchte, einen Regen zu erbitten. Antoninus

Cc 2

gehorchte

97 Vaillant Numismata Imperatorum p. 31.
98 Patini Numismata Imperatorum, p. 239. Edit. Argentinæ.
99 Dio Cassius, & ex eo Xiphilinus, in Marco.

gehorchte diesem Vorschlage, und ließ die Chri[sten]
versammlen; die auch durch ihr inbrünstiges [Ge]
Regen für die schmachtenden Römer, samt [Don]
ner und Blitz über die trotzigen Feinde, vo[m]
allmächtigen Gott zuwege brachten.

Antoninus hat den Christen selbst das Ze[ugniß]
gegeben, daß die Römer die Erhaltung ihres [Hee]
res der Christen Gebeth zu danken hätten; [und]
dieses in einem ihrentwegen an den römischen [Rath]
abgelassenen Berichte ausdrücklich meldet, un[d da]
bey, die Christen weiter anzugeben oder zu b[eklaa]
gen, ernstlich verbietet. Dieses kaiserlichen [Brie]
fes gedenken die damals lebenden Kirchen[väter,]
und berufen sich in ihren den Kaisern überre[ichten]
Schutzschriften öfters darauf; da sie sich [gewiß]
nicht würden unterstanden haben, dieses al[s eine]
im ganzen römischen Reiche bekannte Sache a[nzu]
führen, daferne es nicht durch das allgemeine [Ge]
denken, und durch das kaiserliche Archiv, satt[sam]
beglaubiget worden wäre. [100]

Ich will zwar nicht leugnen, daß der weg[en]
dieser Begebenheit an den römischen Rath ges[chrie]
bene Brief in seiner Sprache (das ist, auf latein[isch)]
nicht mehr zu finden sey; denn die Misgun[st der]
Heiden hat die Urkunde ohne Zweifel unterdr[ückt.]
Es folget aber doch daraus nicht, daß die [Christen]
Christen den Inhalt desselben vergessen h[ätten.]
Und gesetzt, es wäre in demjenigen Schreiben de[s]

[100] Tertullianus Apologiæ, cap. 5. item libro ad Scapulam, c. 4.

Antoninus, daß der Schutzschrift des heiligen Märtyrers Justini angehänget ist, ein und andere Dinge verändert: so unterstehe mich dennoch zu bejahen, daß die Hauptsache eben dieselbe sey; und zu diesem Ende will ich dem geneigten Leser den Inhalt des gedachten kaiserlichen Briefes hiemit vor Augen legen.

" [1] Der **Kaiser Marcus Aurelius Antoni-**
" **nus** 2c. entbeut dem römischen Volke und Rath
" seinen Gruß. Die wichtige Absicht meines
" Unternehmens ist euch bewußt. Aber es wur-
" de dasselbe in Deutschland durch höchst gefähr-
" liche Zufälle aufgehalten. Wir wären schier
" von der großen Menge der Feinde aufgerieben
" worden. Ich fand mein Kriegesheer zu schwach,
" ihnen das Haupt zu bieten. Und als wir
" von ihnen in die Enge gezogen waren: so
" rief ich die Christen, die sich in ziemlicher Anzahl
" bey uns befanden, zusammen. Ich redete här-
" ter mit ihnen, als es ihre Tugenden verdienen.
" Sie fiengen den Streit nicht mit der gewöhn-
" lichen Losung, oder mit dem Schuß der Pfeile,
" an; sondern mit Gott, den sie im Herzen tra-
" gen. Daher ist es umbillig, daß wir dieselben,
" wie vor diesem geschehen, für Gottesleugner
" halten. Sie warfen sich auf die Erde, und
" beteten nicht allein für mich, sondern auch für
" mein ganzes Heer; und dieses mit solchem

Cc 3

" Nach-

[1] Justini Martyris Opp. p. 101.

“ Nachdrucke, daß sie uns durch ihr Geb…
“ Durst und Hungersnoth rissen.

  “ Wir hatten in fünf Tagen kein Wa…
“ habt, und standen mitten in Deutschlan…
“ Angesichte der Feinde. Nachdem sie aber…
“ Gott angerufen hatten: so fiel aus den W…
“ ein kühler Regen, und auf die Feinde ei…
“ Feuer untermengter Hagel. . Ihr Gebeth w…
“ noch weiter von dem Beystande eines u…
“ windlichen Gottes begleitet.

  “ Lasset demnach von nun an diese Ch…
“ in Ruhe, damit sie die Waffen ihres G…
“ nicht wider uns brauchen. Denn es is…
“ ernstlicher Befehl, daß keiner diese Leute…
“ anklagen solle, weil sie Christen sind. Ha…
“ jemand dawider, und es wird an dem B…
“ ten keine andere Schuld befunden, als d…
“ ein Christ ist: so soll dieser frey ausgehen, und…
“ der Kläger lebendig verbrennet werden.

  “ Ich will auch, daß dieser mein Befehl durch…
“ einen allgemeinen Rathschluß bestätiget, und…
“ auf dem Markte des Trajanus öffentlich an…
“ schlagen werden soll. So soll auch Ver…
“ Pollio denselben in alle übrigen Provinze…
“ seres Reiches versenden ꝛc. „

  [2] Es sind einige, die dafür halten, die …
melitenische Legion sey, zum Andenken …
Wunders, nach der Zeit die donnernde be…
werd…

<hr>

[a] Vid. Baronii Annales, ad A. C. 176. & Pagi Criticam in eum.
Scaliger in Eusebii Chronicon, p. 222. 223.

worden. Allein, die Wahrheit der Geschichte würde dadurch nicht gewisser werden. Wir wissen, daß dergleichen Name schon zu Augustus Zeiten, wegen eines Donnerkeils, den sie zum Unterschied auf ihren Schilden trugen, einer Legion gegeben worden sey. Die Sache brauchet dieses Zeugnisses nicht; sonst könnte man auch von der annoch zu Rom befindlichen Seule des Antoninus Pius den regnenden Jupiter als eine Beglaubigung beybringen.

Nach diesem Siege wurde Antoninus von dem Heere zum siebenten mal als Kaiser begrüßet; und dieses ließ er damals geschehen, ob er gleich zuvor dergleichen Ehre nicht ohne Rathschluß annehmen wollte. Die Kaiserinn Faustine aber, die sich vielleicht nach der frölichen Post in das Lager begeben hatte, wurde mit dem Namen einer Mutter der Kriegesheere beehret; [3] wie dieses auch aus den Münzen zu ersehen ist, darauf Faustine zwischen etlichen Kriegeszeichen sitzet, und in der rechten Hand die Weltkugel mit dem Vogel Phönix hält, das gleichsam verjüngte Glück des römischen Reichs, nach Erlegung dieser gefährlichen Feinde, dadurch anzudeuten.

In der Nacht nach dieser glücklichen Schlacht zog Antoninus seine Völker von einem so gefährlichen Orte zurück, besetzte allenthalben die vortheilhaften Posten, und verschanzte sich. Nach-

Cc 4

dem

[3] Xiphilinus ex Dione, p. 276.

dem er aber dem Heere einige Rasttage ver[...]
und zuverläßige Kundschaft von den B[...]
der Feinde eingezogen hatte: so brach er n[...]
haltenem Kriegsrathe auf, dieselben wei[...]
verfolgen.

Die Feinde hatten sich zwischen etliche D[...]
jenseits eines Flusses, gelagert, über den, b[...]
mer, des Widerstandes der Schleuderer u[...]
tet, setzten, die Feinde angriffen, und nach[...]
harten Widerstande in die Flucht trieben. [...]
wurde nun die ganze Gegend mit Erschlage[n...]
gefüllet, und der größte Verdruß Antoninu[s...]
bey war, daß die Soldaten nicht müde w[...]
wollten, sich zu rächen. Viele wurden gefa[n...]
und es wurden verschiedene Könige, samt [...]
und Kindern, in Ketten vor den Antoninu[s]
führet.

A. C. 174.　　Der Kaiser rückte hierauf mit dem H[...]
bis an den Fluß Granua, der die Qua[den]
von den gazygischen Sarmatern, [...]
streitbarsten unter allen barbarischen Völkern, sc[...]
det. Hinter diesem Flusse war noch ein ande[re,]
und die Sarmater hatten sich auf einer Eben[e]
zwischen diesen beyden Flüssen gelagert. Di[e...]
genannte donnernde Legion wurde voraus com[...]
mandiret. Sie gieng über eine geschlagene Schiff[...]
brücke, und trieb die sich ihnen widersetzenden Sar[...]
mater so weit zurück, daß man die römischen Feld[...]
zeichen an dem Ufer des andern Flusses aufstecken
konnte.

komite. Als das ganze Heer über den Fluß ge= gangen war: so stach Antoninus zwischen diesen Flüssen ein Lager ab, und verschanzte dasselbe, nachdem er zuvor den Göttern geopfert hatte.

Ja, mitten unter allen Gefährlichkeiten unter= ließ Antoninus nicht, getrost zu seyn: mitten un= ter den Beschwerden des verdrießlichsten Krieges er= götzte er sich an den Gesetzen der Weisheit, und suchte die Ruhe seines Gemüths, unter so vieler Arbeit und Mühe, nicht sowol in Erquickung seiner Sinne, als in der Sinnlichkeiten Ertödtung. Denn an diesem Orte hat er das erste Buch seiner schönen Betrachtungen geendiget, wie desselben Unter= schrift ausweiset, und hiemit der ganzen Welt ge= zeiget, daß er mitten im Streite und Siege wider seine Feinde auf nichts so sehr, als darauf bedacht gewesen sey, wie er sich selbst überwinden möge. [4]

Die nunmehr schüchternen Barbarn schickten Gesandten an den Kaiser: aber ihr Vortrag wur= de, aus Beysorge einer Hinterlist, nicht gebilliget; sondern Antoninus ließ zugleich zum Aufbruche und zur Schlacht blasen. Die donnernde Le= gion war abermals die erste, die im Angesichte des Kaisers über den andern Fluß setzte, und die feindliche Reiterey mit solchem Eifer angriff, daß sie in Unordnung, und endlich in die Flucht gerieth. Man verwüstete hierauf die ganze Gegend, und brachte eine große Menge, sowol Gefangenen, als Beute, zusammen.

Cc 5

Die

---

4 vide finem libri I. meditationum Antonini.

Die Einwohner aller umliegenden Länder suchten bey Antoninus Friede und Schutz. Er empfieng ihre Geisseln; und nachdem er berichtet worden war, daß die Vornehmsten des Landes an gewissen Oertern versammelt seyen, Rath zu pflegen:
so überraschte er sie mit seinem Volke, ehe sie seines Anzuges inne wurden. Diese unvermuthete
Geschwindigkeit nöthigte die gedachten Völker,
fußfällig zu werden, die auch der Kaiser zu Gna-
den annahm. Nachdem er die Abgeordneten derselben ins Lager geschicket hatte: so gieng er auf ihr
zwischen Morast und Wäldern stehendes Heer los,
das nach einem sehr hartnäckigen Gefechte durch
die Tapferkeit der Römer endlich überwunden, und
mit solchem Ernste verfolget wurde, daß die Soldaten ihre flüchtigen Feinde so gar mit angezündeten
Fackeln in den Morästen und dicken Wäldern auf-
suchten.

Antoninus that bey dieser Gelegenheit etwas,
das ihm mehr Ehre bringet, als alle Siege. Er
begab sich in eigener Person in den Wald, und
gieng bis in das Schilf des Morastes, um die daselbst verkrochenen Flüchtlingen zu retten. Diese
lud derselbe nach seiner Gelindigkeit mit gnädiger
Stimme ein, daß sie hervorkommen, sich ergeben,
und seiner Gnade geniessen möchten.

Allein, ungeachtet aller bisher angeführten Vortheile wider diese Feinde, war noch ein vollständi-
ger Sieg nöthig, um den Krieg mit Sicherheit zu
endigen.

endigen. Dieser aber war über diese Barbarn
schwer zu erhalten, als die niemals ihre ganze
Macht ins Feld führeten, sondern allezeit noch
eine ansehnliche zurück behielten. Antoninus
wurde durch die späte Jahreszeit erinnert, sein
Vorhaben zu beschleunigen: er säumete daher nicht,
zu erforschen, wo etwan die größte Macht der Feinde
sich aufhalten möchte. So bald er nun hievon
benachrichtiget war: so ließ er sich weder durch die
scheinbaren Vorschläge der Feinde, noch durch die
Beschwerlichkeit der Oerter, abhalten, dieselben
anzugreifen.

Zwar schien dieses Vornehmen überaus gefährlich, weil er durch einen weiten Weg seine Völker
vorher abmatten, durch viele beschwerliche Oerter
dringen, seine Truppen durch vieles Scharmützeln
schwächen, und endlich in einer ihm unbekannten
Gegend schlagen mußte. Doch die Klugheit unseres Kaisers wußte alle diese Beschwerlichkeiten
zu überwinden, und er gelangte endlich an den
Ort, da die Feinde sich zwischen der Donau und
einem großen Walde verschanzet hatten.

Es wurde Rath gehalten, wie man dieselben an
einem so vortheilhaften Orte am füglichsten angreifen könne. Das Heer wurde in Schlachtordnung
gestellet, und die Barbarn thaten mit dem ihrigen
desgleichen. Die Römer warfen, nach gegebener
Losung, ihre Spieße auf die Feinde, die aber dadurch gar nicht beweget wurden. Der Streit
wurde

wurde heftig, und hielte lange an. Die
die der tapfere Widerstand der Feinde an
verdoppelten ihren Eifer, und setzten mit
Heftigkeit in die Sarmater, daß die
derselben zum Weichen kam; sie setzte sich
auf der damals hart gefrornen Donau
Das kaiserliche Fußvolk zog sich auch dahin.
Gefecht wurde heftiger, als zuvor. Die
in der Meynung, daß die Römer nicht so
sie, auf dem glatten Eise zu stehen gewohnt
schlossen sich fest an einander, und drangen
allen Seiten gewaltig auf sie hinein. Da
serliche Fußvolk fieng schon an zu weichen,
auch bald über einen Haufen geworfen wor
wenn nicht die Soldaten sich damals ihrer S
zu ihrem Vortheile bedienet hätten. Denn
warfen sie auf das Eis, traten alsdann mit
Fuße darauf, und fiengen von neuem an, dem
de zu begegnen.

Einige ergriffen die feindlichen Pferde bey
Zügel, warfen sich mit Geschwindigkeit zw
ihre Schilde und Lanzen, und drangen so
auf sie hinein, daß sie die meisten von den Pf
herabwarfen; weil die leichtbewaffneten Ba
den größtentheils geharnischten Römern nich
derlich widerstehen konnten. Und also
von dieser großen Menge der Sarmater
ein geringer Haufen, der sich theils in die Sch
zen warf, und theils im Walde verkroch. Die
Schanzen

Schanzen ließ der Kaiser ohne Verzug angreifen, und nach einem kurzen, aber heftigen, Widerstande wurden auch dieselben erobert. [5]

Nunmehr war es Zeit, die Winterquartiere zu beziehen; und nachdem Antoninus dieselben dem Kriegesheere angewiesen hatte: so erhob er sich nach Syrmium. Daselbst hörete er die Klagen an, die Demonstratus und Praxagoras im Namen der Athenienser wider [6] den Herodes (einen berühmten Redner, der vorzeiten des Antoninus Lehrmeister gewesen war,) vorbrachten, samt der Verantwortung des Herodes gegen diese Abgeordneten. Sie beschuldigten ihn einer tyrannischen Gewaltthätigkeit, wie auch eines ehemaligen geheimen Verständnisses mit dem Verus, wider des Kaisers Leben. Hingegen wendete Herodes vor, Demostratus und Praxagoras hätten den Pöbel wider ihn aufgewiegelt.

Seine Verkläger wurden durch die Quintillaner unterstützt, die damals in Griechenland alles zu sagen hatten; und diese suchten eine Gelegenheit, sich an Herodes zu rächen, weil er in einer Rede ihres Landes verächtlich gedacht habe, indem er gesaget: die Neigung des homerischen Jupiters gegen die Trojaner sey unerträglich; damit derselbe, nach ihrer Deutung, auf die große Gnade des Kaisers gegen die Griechen, als eine Abkunft der Trojaner, gezielet haben sollte. Solchergestalt
schadete

<hr>

5 Xiphilinus ex Dione pag. 273.
6 Vide Philostratum in Vita Herodis.

schadete dieses Wort seinem Urheber mehr, als denen, wider die es geredet war; und der Quintilianer Beystand war dem Demostratus und Praxagoras nicht undienlich.

Der Kaiser, samt der Kaiserinn, gaben diesen Abgeordneten öfters Gehör, so, daß Herodes aus ihrer gnädigen Bewillkommung abnehmen konnte, der Kaiser sey den Atheniensern nicht abgeneigt, und zwar aus Gefälligkeit gegen die Faustine, die sich nebst ihrer Tochter sehr für dieselben bemühete.

Es trug sich auch zu, daß zwo Sklavinnen, die Herodes seine Töchter zu nennen pflegte, vom Donner erschlagen wurden, deren schmerzhafter Verlust, samt der Vorstellung der über ihm schwebenden Verfolgung seiner Feinde, diesen Redner dergestalt erbitterten, daß er an einem Morgen ganz entrüstet den Kaiser also anredete: Da sehet ihr nun die schönen Früchte, die mir die Gesellschaft des Verus eurentwegen über den Hals gebracht hat. Heisset dieses Gerechtigkeit handhaben, wenn man mich der Wut eines Weibes und ihres Kindes aufopfern will?

Der Officier, der damals die Wache hatte, wollte ihn arrestiren, oder gar niedermachen; wurde aber von dem Antoninus daran verhindert, der, ohne sich im geringsten hierüber zu entrüsten, die athenienfischen Gesandten ansahe, und zu ihnen sagte: Ihr könnet nur fortfahren, eure Sache vorzubringen,

zubringen, ob gleich Herodes heute nicht aufgeräumet ist, euch zu hören. Darauf Demostratus mit solchem Nachdrucke zu reden anfieng, daß dem Kaiser die Augen übergiengen, der auch alle in dieser Sache bey ihm erregte Ungnade auf des Herodis Bedienten warf; und ob dieselben gleich schuldig befunden wurden: so strafte er sie doch nicht härter, als es seine Gelindigkeit zulassen wollte. Dem Vater aber der zwoen vom Donner gerührten Töchter erließ er die Schuld, und sagte: er sey durch den Verlust seiner Kinder bereits hart genug gestrafet worden.

Diejenigen, die vorgeben, daß Herodes nach Epirus verwiesen worden sey, haben ohne Zweifel sein Verweilen zu Oricum, da ihn eine langwierige Krankheit zu bleiben nöthigte, für eine Verbannung angesehen. Denn es finden sich des Herodes Briefe an den Kaiser, darinn er sich beklaget, daß derselbe nicht mehr so fleißig, wie vorhin, ihn seiner Zuschrift würdige; wie er denn an einem Orte folgende Reden führet: Ach! wo sind nunmehr die glücklichen Zeiten, da ich in einem Tage oft dreymal die Ehre hatte, Eurer Majestät Briefe zu empfangen? Diese Freyheit, samt der kaiserlichen Antwort, der ihn nach wie vor seinen Freund nennete, reimet sich mit der vorgegebenen Ungnade nicht. So beklaget ihn auch Antoninus wegen des Absterbens seiner Frau, und schreibet unter andern folgendermaßen an ihn.

" Ich

" Ich wünsche von Herzen, daß du dich wohl
" befinden mögest, und an meiner Gnade nicht
" zweifelst. Glaube auch nicht, daß ich dir des-
" wegen unrecht gethan, weil ich etliche Missethä-
" ter gelinder gestraft habe, als sie verdieneten.
" Lieber! zürne darum nicht. Habe ich dich aber
" sonst beleidiget: so will ich dir darüber zu Athen,
" in dem Tempel der Minerve, bey den Geheim-
" nissen meiner Einführung, Rede und Antwort
" geben; denn mitten in der Heftigkeit meiner Kriege
" ist dieses mein eifriger Wunsch, daselbst einge-
" weihet zu werden. Der Himmel gebe, daß du
" die Ceremonien alsdann selbst verrichten mö-
" gest! „

So schreibet kein Kaiser an einen Vertriebenen.
Dieses alles ist zum offenbaren Beweis der großen
Sanftmuth und Gelindigkeit des **Antoninus** an-
geführet worden.

Nach der Beschreibung des Herrn **Daciers** und
anderer soll **Antoninus** diesen Winter nicht weiter, als bis nach **Syrmium**, gekommen seyn.
Allein, 7 eine Münze, die zu seiner 28sten Zunft-
meisterschaft gehöret, die ungefehr mit dem Jahre
Christi 174 eintrifft, zeiget ausdrücklich, daß er
nach obgedachtem erhaltenen Siege zu Rom eine
Ovation gehalten habe, das ist, unter einem kleinen Triumphe in die Stadt gekommen sey; daselbst er sich doch nicht länger, als es die unum-
gänglichen Geschäffte erfoderten, aufgehalten hat.
Denn

---

7 Vide Vaillant, Numismata Imperatorum, p. 31.

Denn so bald der Frühling anbrach, war
Antoninus schon wieder bey seinem Kriegesheere, und trachtete den Feinden vorzukom-
men, ohne ihnen Zeit zu lassen, sich zu verstärken.
Er gieng über die Donau, schlug die Feinde zu
verschiedenen malen, und benahm ihnen durch seine
Siege alle Hoffnung, einem so klugen und muntern Kaiser widerstehen zu können; daher sie ihm
auch Geißeln zuschickten, und um Frieden bitten
ließen.   Da sahe man ihn beschäfftiget, theils ihrem Abgesandten Gehör zu ertheilen; theils die
Könige, die sich seinem Schutze unterwarfen, in
Eid und Pflicht zu nehmen.   Unter diesen lieferte
ein sarmatischer König ihm viele tausend gefangene Römer aus, nebst acht tausend Mann seiner
besten Truppen, die mehrentheils wider die rebelli-
renden Britannier gebrauchet wurde.

Der Kaiser gieng mit allen diesen Völkern scharf
oder gelinde um, nachdem er urtheilete, daß sie
entweder zur Ruhe oder zur Unruhe geneigt seyen;
so, daß die Länder der Marcomannen, Quaden
und Sarmater dem römischen Reiche damals als
Provinzen wären einverleibet worden, wenn die
Zeitung von der Rebellion des Cassius, der sich in
Syrien zum Kaiser aufgeworfen hatte, bey diesen
Barbarn nicht die Hoffnung zur Freyheit erneuert
hätte.   Denn weil es dieselben schwerer ankam,
diese zu verlieren, als ihr gegebenes Wort zu brechen:
so nöthigten sie den Kaiser, ein Großes nachzulassen,

Dd

und

und neue Friedenstractaten mit ihnen aufzurichten, die dem Reiche bey weitem nicht so vortheilhaft, als die erstern, waren. Es scheinet auch dieses wol die Ursache zu seyn, warum diese Friedensartikel [8] in dem Berichte, den er gewöhnlichermaßen hievon an den Rath ergehen lassen, sind angeführet worden.

Das freche Unternehmen, sich von dem Kaiserthum Meister zu machen, hätte durch niemanden anders, als durch diesen Cassius, ausgeführet werden können. Er allein besaß alles, was dazu vonnöthen war. Die in Armenien, Arabien und Aegypten von ihm befochtenen Siege hatten ihm ein großes Ansehen bey den Soldaten erworben. Er war sowol standhaft, als verwegen; unverdrossen in der Arbeit; unbändig in der Lust; ein Verschwender des Seinigen, und begierig nach dem Gute anderer Leute. Er hieng den Mantel nach dem Winde, und war, wie es die Gelegenheit erheischte, entweder gelinde oder strenge, gottlos oder fromm. So hatte er auch überdieses durch eine langwierige Bemühung seinen von Natur sehr schlauen und listigen Kopf zu den allerfeinesten Ränken dergestalt geschickt gemacht, daß es ihn keine Mühe kostete, seine lasterhaften Neigungen zu verbergen, und Tugenden blicken zu lassen, davon er weiter nichts als den Schein besaß. [9]

Die Kriegeszucht insbesondere hatte er auf einen solchen Fuß gesetzet, daß er nicht die geringsten

Fehler

---

8 Vide Capitolinum in Marco, cap. 24. Vulcatium in Cassio, c. 7.
9 Vulcatius in Cassio, cap. 3.

Fehler übersahe: daher er sich selbst, wegen solcher strengen Aufsicht, den andern Marius zu nennen pflegte. Hatten die Soldaten ihren Wirth nur etwan bestohlen: so mußten sie schon ohne Gnade sterben. Als er in Deutschland commandirte: so trug sichs zu, daß etliche Compagnien Hülfsvölker einen Haufen von drey tausend Sarmatern in ziemlicher Unordnung unweit der Donau antrafen. Nachdem sie nun diese Feinde angegriffen und gänzlich aufgerieben hatten: so ließ Cassius alle Hauptleute dieser Compagnien, zur Belohnung für ihre Tapferkeit, an das Kreuz henken, unter dem Vorgeben, daß sie nicht ohne seinen Befehl hätten schlagen sollen; da sie ja nicht hätten wissen können, ob die geschlagenen Feinde nicht etwan eine List gebrauchet, um dem römischen Heere eine große Schlappe anzuhängen.

Diese Grausamkeit erregte damals einen Aufstand in dem Lager. Cassius aber, als er den Lärmen der rebellischen Soldaten vernahm, gieng ihnen ganz entblößet entgegen, und redete die frechen Anführer mit einem drohenden Angesichte folgendermaßen an: Ermordet euren General, wenn ihr dürfet, und thut zu eurer Verwegenheit noch diese Schandthat hinzu.

Die Soldaten, die sich nicht eher zu fürchten pflegen, als bis sie sehen, daß man sich nicht vor ihnen fürchtet, erschracken über dieser Entschließnng; und den Feinden entgieng die Hoffnung, ein Krie-

 gesheer

gesheer zu überwinden, bey dem auch die Ueberwinder mit scharfer Strafe angesehen wurden,
daferne ihr Sieg nicht rechtmäßig gewesen war.

Dieser Cassius ist der erste gewesen, der den
Ueberläufern die Hände oder die Kniescheiben abnehmen lassen, und den Soldaten keine andere Le-
bensmittel mit sich zu führen erlaubet hat, als Speck,
Zwieback und Eßig. Er musterte seine Truppen
alle Woche einmal, besahe ihr Gewehr und ihre
Kleider, und exercirte sie selbst; denn er sagte:
es sey eine Schande, daß sich die Fechter, und
nicht vielmehr die Soldaten, üben sollten, da
doch diese desto mehr zur Arbeit angewöhnet
würden, je mehr man sie dazu anhalte. Absonderlich verbot er den Ueberfluß und die Weich-
lichkeit. Fand er aber einen dessen schuldig: so
mußte derselbe den ganzen Winter hindurch cam-
piren. Diese seine Strenge veranlassete den Antoninus, die Befehlhabung der unter dem Verus
in Syrien durch die Wollust ganz weichlich gewordenen Legionen dem Cassius anzuvertrauen, wie
dieses der folgende Brief ausweiset, den der Kaiser
an einen seiner Generalspersonen dießfalls geschrieben hat. [10]

"Ich habe dem Cassius die Legionen unterge-
" ben, die durch die unmäßigen Lüste Syriens
" und Daphne ganz weichlich geworden waren,
" und die unser Cesonius Vectilianus in der
" Wollust und den warmen Bädern fast ersoffen
"angetrof-

---

[10] Vulcatius in Cassio, cap. 4. 5. 6.

" angetroffen hat.   Ich weiß, ihr werdet meine
" Wahl billigen, wann ihr bedenket, daß unser
" Cassius eben so strenge, als sein Vorfahrer
" dieses Namens, ist.   Dergleichen Generale
" dienen den verdorbenen Soldaten, nach dem
" Ausspruche jenes alten Poeten: "

Die scharfe Kriegeszucht und alte Stren-
gigkeit
Versetzt ein Kaiserthum in Ruh und Sicherheit?

" Machet demnach Anstalt, daß mein Kriegesheer
" an dem Nothdürftigen keinen Mangel leide;
" denn ich bin versichert, daß es anderwärts nicht
" zu kurz kommen wird, wenn ich anders den
" Cassius recht kenne. "

Die Antwort dieses Generals kann das Wesen
des Cassius und seinen Ruf noch weiter zu erkennen geben; daher verdienet sie gleichfals, hier gelesen zu werden.

" Sie haben wohl gethan, daß sie die syrischen
" Legionen dem Cassius anvertrauet haben; denn
" es dienet den durch die griechische Wollust weich-
" lich gewordenen Soldaten nichts so sehr, als ein
" strenger General.   Dieser wird ihnen die war-
" men Bäder in kurzem kalt machen, und ihnen
" den Balsam, die Blumen und wohlriechende
" Specereyen aus den Händen reissen.   Das
" Proviant ist bereits angeschafft, und nichts man-
" gelt dem Heere unter einem solchen Anführer.

Od 3

" Wo

---

11 Ennius.

" Wo die Mäßigkeit regieret, da bedarf m[an] [nicht]
" viel. „

Dieser so strenge Cassius war nichts [weni]=
niger aus Syrien gebürtig, und ein So[hn]
Heliodorus, der wegen seiner Beredtsamke[it]
des Kaisers Habrianus Sekretär, und [eh=]
mals Statthalter in Aegypten war. W[eil]
das Glück den Sinn der Menschen nicht ä[ndern]
kann: so giebt es ihnen die Kühnheit ein, [die=]
ben zu verstecken.   Daher ließ auch Cassius,
durch die Gewogenheit des Glücks verblende[t,]
sich alsobald träumen, er stamme von dem [alten]
Cassius her, der zu seiner Zeit sich wider den [C.]
empöret hatte.   Hier brauchte man seiner M[ei=]
nung nach nicht viel Beweis; weil die Gleich[heit]
des Namens schon mehr als den dritten [Theil]
ausmachte.

Doch war es ihm nicht genug, sich dessen N[ach=]
kömmling zu nennen; sondern er wollte auch [ein]
Erbe seines Sinnes werden, indem er sich selbst
einen tödtlichen Haß wider den kaiserlichen Namen
einprägete, und öfters sagte: Der Kaisername
scheine ihm desto unerträglicher, weil er [un=]
auslöschlich bleibe, und sich in der Person [des=]
jenigen, der ihn abzuschaffen scheine, abe[r nicht]
von neuem hervorthue.   Er wollte dem[nach,]
wie ein anderer Cassius, die römische Rep[ublik]
wieder aufrichten, dabey er öfters diesen [Wunsch]
von sich vernehmen ließ: Gott stehe nur der
                                    guten

guten Partey zur Seite: so soll ein Cassius dem römischen Wesen die alte Freyheit wiedergeben!

Cassius gieng bereits in seiner Jugend mit diesen Gedanken schwanger, und sein unmäßiger Ehrgeiz wäre schon zu Zeiten des Antoninus Pius in einen öffentlichen Aufruhr ausgebrochen, wenn nicht die vernünftige Anführung des Heliodorus dergleichen tollkühnes Beginnen gedämpfet hätte, indem er hoffete, daß sein Sohn mit den Jahren klüger werden würde. Cassius stellete sich, als wenn er die guten Lehren seines Vaters mit Gehorsam annähme, bis dieser Zwang sein freches Unternehmen mit der Zeit so feurig machte, daß er sich nicht mehr enthalten konnte, es offenbar zu äussern.

Der Kaiser Verus wurde es am ersten bey seiner Reise nach Syrien inne; war auch nicht wenig froh, eine Gelegenheit gefunden zu haben, diesen Menschen auf die Seite zu bringen, dessen anderweite Verdienste ihm ein Dorn in den Augen waren. Daher that er dieses zu der Zeit seinem Mitregenten Antoninus in folgendem Schreiben kund. [12]

" Cassius trachtet, wie mich dünket, nach dem
" Kaiserthum; wie ich dann gewiß weiß, daß er
" schon zu unseres Vaters Zeiten mit dergleichen
" Gedanken schwanger gegangen ist.   Ich bitte

Dd 4

" euch

---

[12] Vulcatius in Cassio, c. 1 & 13.

" euch, habt ein Auge auf ihn. Es
" ihm alles, was wir beyde thun, und
" großes Geld zusammen.   Er spottet
" beyder Lust zum Studieren, und heißt
" alte runzelichte Philosophie; mich abe
" wollüstigen Narren.   Sehet demnach,
" zu thun sey! Ich hasse den Menschen
" Aber nehmet indeß eurer und eurer
" wahr; damit ihr samt ihnen nicht der
" reuet, daß ihr euren Völkern einen
" vorgestellet habt, den die Soldaten gern
" und hören. „

Antoninus war zu großmüthig, dieses also
zu glauben; und schrieb dergleichen
theils der Eifersucht, theils der besondern
schaft des Verus, zu, wie aus folgender A
zu ersehen ist.

" Ich habe euren Brief gelesen, der meh
" wöhnisch, als käiserlich, ja unserm Regi
" unanständig ist.   Hat Gott dem Cassius
" Reich bestimmt; wer wird es hindern?
" wisset, daß euer Großvater Hadrianus
" gen pflegte: Niemand kann seinen Nä
" ger aus dem Wege räumen.   Strebe
" aber gegen Gottes Willen nach dem Reiche
" laßt ihn selber ins Netz laufen, ohne uns
" Grausamkeit theilhaftig zu machen.   Wie
" ich aber einen Menschen für schuldig erken
" den niemand anklaget, und von dem ihr selbst

“ das Zeugniß gebet, daß ihn die Soldaten lieben?
“ So pflegen auch Unterthanen gemeiniglich zu
“ glauben, es geſchehe ſolchen Perſonen zu nahe, wel-
“ che man als Beleidiger der Majeſtät zur Strafe
“ ziehet. Erinnert euch abermals, was Hadria-
“ nus in ſolchem Falle zu ſagen pflegte: Die
“ Kaiſer ſind hierinn unglücklich, daß man
“ ihnen nicht eher glaubet, wann ſie vorgeben,
“ es werde ihnen nachgeſtellet, als bis ein je-
“ der ſiehet, daß ſie ermordet worden ſind.
“ Domitianus hat dieſe Worte zuerſt geredet;
“ doch habe ich ſie lieber, als des Hadrianus ſeine,
“ anziehen wollen, weil die Reden der Tyrannen
“ nicht ſo viel gelten, als was die frommen Für-
“ ſten ſagen.

“ Laßt demnach den Caſſius ſeine Schwach-
“ heiten haben; wenn er nur ein tapferer Gene-
“ ral, ſtrenge und dem gemeinen Weſen nützlich
“ iſt. Ihr ſchreibet, ich ſolle meiner Kinder Be-
“ ſtes wahrnehmen? Ich wünſche vielmehr, daß
“ meine Kinder zu Grunde gehen mögen; daferne
“ Caſſius mehr verdienet geliebt zu werden, als
“ ſie. Ja, es lebe dieſer Avidius; wenn er dem
“ gemeinen Weſen nützlicher ſeyn kann, als die
“ Kinder des Antoninus! [13] „

Gleichwol war der Kaiſer auf ſeiner Hut; und
der Ausgang gab zu erkennen, daß Verus von der
Abſicht des Caſſius recht geurtheilet hatte. Es

Dd 5

war

---

13 Vulcatius in Caſſio, cap. 2.

war der Tugend Eigenthum, das Beste von andern
zu denken.

Die Liebe der Unterthanen gegen den Antoni=
nus machte dem Cassius die Vollziehung seines
Vorhabens schwer; und wie geneigt ihm auch
die Aegypter und Syrer zu seyn schienen; so
wäre er doch der Orten nicht so weit gekommen,
wenn er sich nicht des falschen Gerüchtes von dem
Tode des Antoninus bedienet hätte. Ja, man
giebt vor, daß er diese Zeitung selber ausgesprenget,
und daß Faustine, die den Abgang ihres durch
Krankheit und Beschwerlichkeiten abgematteten
Gemahls befürchtet, die verloschene Ehrsucht des
Cassius angeblasen, und ihm ihr Ehebette samt dem
Reiche angetragen habe; um sich also bey der kai=
serlichen Würde desto gewisser zu erhalten. Es
ist aber nicht glaublich, daß Faustine eine so gar
falsche Rechnung habe machen können, indem die
Aufführung des Cassius sie sattsam rechtfertiget.

Dem sey wie ihm wolle: Cassius machte diese
Zeitung von des Kaisers Absterben mit einer tief=
verstellten Betrübniß kund, mit dem Zusatze, daß
das Kriegesheer in Pannonien, weil es den Com=
modus zur Regierung zu jung befunden, ihn an
dessen Statt zum Kaiser ernennet habe. So viel
war genug, sich in dieser Würde in den Morgen=
ländern zu befestigen; wie er dann auch, nach Be=
setzung der besten Plätze mit seinen Creaturen, sich
in kurzem von allen Ländern, von Syrien bis an

den

den Berg **Taurus**, Meister machte.   Er schrieb
auch zu gleicher Zeit folgenden Brief an seinen
Sohn, der damals Commandant in **Alexandria**
war. [14]

   " Elendes Reich, das Leute in seinem Schooße
" heget, die Reichthum genug haben, und dennoch
" mehr begehren! Gewiß, **Marcus Antoninus**
" ist ein frommer Mann, daß er dergleichen Leute le-
" ben lässet, damit er gnädig heissen möge; unge-
" achtet er ihre Lebensart selbst mißbilliget.   Wo
" ist der **Cassius**, dessen Namen wir bisher um-
" sonst führen? Wo ist der **Marcus Cato**? wo
" die strenge Zucht unserer Vorfahrer?   Sie ist
" mit ihnen gestorben, und man suchet sie bis
" auf den heutigen Tag vergebens.   **Antoninus**
" philosophiret: er redet von der Gelindigkeit,
" von der Natur der Seele, von dem, was gerecht
" und anständig ist; aber um das gemeine We-
" sen bekümmert er sich nicht.   Da siehest du,
" daß man Feuer und Schwert brauchen müsse,
" das Regiment wieder auf den alten Fuß zu
" setzen.

   " Wie? sollte ich solche Statthalter dulden,
" (wenn sie anders Statthalter zu nennen sind)
" welche meynen, der römische Rath und **Antoni-**
" **nus** haben ihnen die Provinzen darum zu ver-
" walten anvertrauet, daß sie sich bereichern und
" nach ihrem Gefallen leben sollten? Du hast
                                        " ohne

14 Vulcatius in Cassio, cap. 7. Capitolinus in Marco, cap. 24.
  Xiphilinus in Antonino, cap. 276.

“ ohne Zweifel gehöret, was für ein Bettler der
“ Obriste von der Leibwache unsers Antoninus
“ drey Tage vor seiner Beförderung gewesen, und
“ wie reich er itzo sey? Woher anders, meynest
“ du wol, daß er diese Schätze genommen habe,
“ als aus dem Eingeweide der Republick und aus
“ dem Vermögen ihrer Einwohner? Doch, lasset
“ sie immerhin reich seyn: sie sollen mit ihren
“ Gütern in kurzem das gemeine Schatzhaus fül-
“ len.   Gott stehe nur den Gerechten bey: so
“ sollen die Cassianer der Republik die alte Frey-
“ heit wieder verschaffen! [15]

Der damals in Cappadocien commandirende
General, Martius Verus, der großen Theil an
des Cassius armenischem Siege hatte, benachrich-
tete Antoninus von des Cassius Vorhaben.
Der Kaiser besorgte, er möchte sich unter der Hand
seines Sohnes Commodus bemächtigen: daher
sandte er nach Rom, und ließ denselben zu sich
holen.   Dem Heere verhehlete er die böse Zeitung
aus Orient, so lange er konnte.   So bald er aber
merkte, daß sie ruchtbar wurde, und unter den
Soldaten einige Bewegung verursachte: so rief
er sie zusammen, und redete sein Kriegesheer
also an:

“ Ich bin hier, liebste Mitgesellen! weder mich
“ zu entrüsten, noch zu klagen.   Denn was
“ nützet es, wider die Vorsehung zu zürnen, und
“ sich wider einen allwaltenden Gott aufzulehnen?
“Doch

---

15 Vulcatius in Cassio, cap. 13.

„ Doch iſt es einem Unrechtleidenden vergönnet,
„ ſich zu beklagen.   Jenes widerfähret mir.   Be-
„ ſchwerlich iſt es, wenn ein Krieg aus einem an-
„ dern geboren wird; noch elender, daß ich gar
„ in einen einheimiſchen Krieg mich muß verwik-
„ kelt ſehen; am allererſchrecklichſten aber iſt es,
„ zu erfahren, daß weder Treue noch Glaube mehr
„ unter den Menſchen iſt, und daß mein beſter
„ Freund, dem ich viel zugetrauet, den ich nie
„ beleidiget, dem ich nicht die geringſte Gelegen-
„ heit gegeben habe, ſich wider mich empöret, und
„ mich wider Willen und Vermuthen in einen ge-
„ fährlichen Krieg ziehet.   Wo wird hinfort die
„ Tugend ſicher, und die Freundſchaft ungekrän-
„ ket bleiben; daferne ich leiden ſoll, daß mir der-
„ gleichen Unrecht widerfähret?   Iſt denn alle
„ Redlichkeit geſtorben, und keine Aufrichtigkeit
„ mehr unter den Menſchenkindern?

„ Wenn mich etwan dieſes Unglück allein be-
„ träfe: ſo wollte ich mich nicht ſehr darum be-
„ kümmern, weil ich weiß, daß ich nicht unſterb-
„ lich geboren bin.   Da es aber ein öffentlicher
„ Aufſtand iſt: ſo merket ihr wol, daß wir alle-
„ ſammt zum Kriege gereizet werden, und daß die
„ Gefahr uns alle gilt.

„ Wollte Caſſius nur zu mir kommen: ſo
„ wollte ich in eurer Gegenwart mit ihm die Sa-
„ che abthun; ich wollte vor dem Rath zu Rom
„ mit ihm rechten; ja ich wollte ihm ohne Blut-
„ vergieſſen

"vergiessen das Kaiserthum abtreten; wenn ihr
"urtheilet, daß dem gemeinen Wesen mehr mit
"Cassius, als mit Antoninus, gedienet sey.
"Denn das gemeine Wesen ist es, dessen Wohl-
"fahrt mir auf dem Herzen lieget, die mich so viele
"Reisen, so lange Beschwerlichkeiten und so un-
"verdrossene Mühe gekostet hat.　Das gemeine
"Beste ist es, das mich so lange von Rom ent-
"fernet, das mich mein kränkliches Alter mit
"tausend Unbequemlichkeiten zubringen machet;
"ja das mir weder Zeit lässet, eine Mahlzeit in
"Frieden zu essen, noch die Ruhe, eine Nacht un-
"gestört zu schlafen.

"Da es aber nicht zu vermuthen ist, liebste
"Mitgesellen! daß Cassius auf mein Wort sich
"getrauen werde, vor euch zu erscheinen, nachdem er
"sein Wort und seine Zusage so treulos gebrochen
"hat: so ist es vonnöthen, daß ihr wacker seyd, und
"euch erinnert, daß die Cilicer, die Syrer, die
"Aegypter und die Juden den Römern nie-
"mals überlegen gewesen sind, auch künftighin
"nicht überlegen seyn werden; wenn sie auch
"um so viel stärker wären, als schwächer sie itzo
"sind, als wir.

"Cassius selbst, wie tapfer und wie wohl
"versucht er auch ist, wird euch auch nichts an-
"haben.　Was kann ein Adler ausrichten, wenn
"er schüchterne Tauben, und der Löwe, wenn er
"flüchtige Hindinnen in den Streit führet? Die
"Parther

" Parther und Araber hat nicht Cassius, son=
" dern ihr, überwunden.   Es ist wahr, er hat in
" diesem Kriege viel gethan; aber wisset ihr nicht,
" daß euer Martius Verus Theil an allen euren
" Siegen hat?

„ Vielleicht bereuet Cassius zu dieser Stunde
" sein frevelhaftes Beginnen, nachdem er versichert
" worden ist, daß ich noch im Leben bin? Ich
" kann mir kaum einbilden, daß er eine solche
" Ungerechtigkeit würde unternommen haben, da=
" ferne er nicht sicher geglaubet hätte, daß Anto=
" ninus gestorben sey.   Aber er soll sich eines
" bessern besinnen, so bald er höret, daß wir nach
" Orient im Aufbruche sind.   Schämen soll er
" sich vor mir, und vor euch soll er sich fürchten.

" Vielleicht entleibet er sich selbst für Angst.
" Vielleicht machet sich ein anderer an ihn, in Mey=
" nung, mir durch seinen Mord einen Dienst zu
" thun.   Aber, liebe Gesellen! diese That würde
" mir die größte Belohnung meines Sieges rau=
" ben; und Rom würde durch keinen Meuchel=
" mord verherrlichet werden.   Meine größte Lust
" soll seyn, dem Ueberwundenen zu vergeben, und
" die Gesetze der Freundschaft an demjenigen aus=
" zuüben, der als Feind Treue und Glauben gegen
" mich gebrochen hat.

" Scheinet euch diese Entschliessung unglaub=
" lich? Meynet nicht, daß alles Gute gänzlich
" aus der Welt geschieden sey, und daß alle
" Mensch=

" Menschlichkeit aufgehöret habe. Es sind noch
" hin und wieder wenige Ueberbleibsel der alten
" Tugend übrig. Je unmöglicher euch dieses
" vorkommt; je mehr verlanget mich, euch dieses
" durch mein Exempel zu beweisen. Und aus
" diesem wohl überstandenen Unglücke will ich die-
" sen Vortheil ziehen, euch zu zeigen, daß man
" auch die einheimischen Kriege zu seinem Nutzen
" und zu seiner Erbauung anwenden könne. [16] „

So redete Antoninus mit den Soldaten, und
ließ einen Bericht gleiches Inhalts an den römischen Rath ergehen, der den Cassius so fort für
einen Feind des Vaterlandes erklärete, und seine
Güter zum Nutzen der Stadt einzog, weil der Kaiser für sich nichts davon haben wollte. Commodus langete indessen in dem Lager an; wurde auch
zum Tribunus oder Zunftmeister gemacht. Der
Kaiser veranstaltete alles zum Feldzuge; er ent-
warf die Wege, die die Völker ziehen sollten, und
begab sich selbst nach Italien, um die Kaiserinn,
nebst seinen Kindern, abzuholen; unterweges aber
schrieb er von dem Berge Albus aus folgendermaßen an seine Faustine: [17]

" Wie wohl hatte Verus es getroffen, als er
" mir damals schrieb, Cassius stünde nach dem
" Kaiserthum! Ohne Zweifel habt ihr vernom-
" men, was die Wahrsager ihm verkündiget ha-
" ben.

<hr>

[16] Xiphilinus ex Dione, p. 277.
[17] Capitolinus in Marco, cap. 24.   Vulcatius in Cassio, cap. 7.
Lampridius in Commodo, cap. 2.

"ben.   Ich erwarte eurer bey dem Berge Al=
"bus, um daselbst, wenn Gott will, weiter mit
"euch zu reden.   Lebet wohl, und fürchtet euch
"nicht![18] „

Hierauf bekam er von der Faustine diese
Antwort:

"Ich werde morgen nach dem bestimmten
"Orte aufbrechen.   Liebet ihr eure Kinder: so
"schonet nichts, diese Rebellen auszurotten.
"Sowol die Heerführer, als die Soldaten, bedie=
"nen sich allzugroßer Freyheit.   Und sie werden
"euch endlich unterdrücken, wenn ihr dieselben
"nicht bey Zeiten demüthiget. „

Faustine konnte ihrer Zusage, wegen der plötz=
lichen Krankheit ihrer Tochter, nicht nachkommen;
sondern war gezwungen, zu Rom zu verweilen, von
da aus sie folgenden Brief an ihren Gemahl schrieb:

"Bey dem Aufstande des Celsus erinnerte
"meine Mutter Faustine ihren Gemahl Antoni=
"nus, zuvor Mitleiden mit den Seinigen zu ha=
"ben, und alsdann mit andern.   Denn es kann
"kein Kaiser fromm genennet werden, der nicht
"für sein Weib und seine Kinder Sorge träget.
"Ihr wisset das Alter unsers Sohnes, des Com=
"modus.   Unser Schwiegersohn Pompejus
"ist ein Fremdling, und bereits bey Jahren.   Ur=
"theilet demnach selbst, wie es mit dem Cassius
"und seinem Anhange anzufangen sey.
                                                "Schonet

____
[18] Vulcatius in Cassio, cap. 9.

" Schonet der Verräther nicht, die weder euer,
" noch meiner, noch unsrer Kinder würden ver-
" schonet haben, daferne ihnen ihr Anschlag ge-
" lungen wäre.   Ich will euch ohne Verzug fol-
" gen.   Die Krankheit unserer Fadille verhin-
" dert mich, euch zu Formianum zu begegnen;
" doch hoffe ich, es solle gewiß zu Capua gesche-
" hen.   Die dortige gute Luft wird mir und mei-
" nen Kindern wohl zu statten kommen.   Schik-
" ket doch, ich bitte euch, euren Arzt Soteridas
" nach Formianum; denn ich habe gar kein
" Vertrauen zu dem Sositheus, weil er nicht mit
" Kindern umzugehen weiß.

" Calphurnius hat mir eure Briefe sämmtlich
" wohl versiegelt eingehändiget.   Sollte ich genö-
" thiget werden, länger hier zu verweilen: so wer-
" de ich dieselben mit dem nächsten beantworten,
" und zugleich unsern getreuen Cecilius mitschik-
" ken, der euch mündlichen Bericht von dem, was
" ich der Feder nicht anvertrauen kann, abstatten
" soll; nämlich, was des Cassius Frau, Kinder
" und Schwiegersohn hiesiges Orts von euch
" sagen. [19] „

Dem schlauen Cassius war nicht verborgen,
daß boshafte Unternehmungen eine geschwinde
Ausführung vonnöthen haben.   Daher sparete
er weder Kunst noch Mühe, Griechenland auf seine
Seite zu bringen, um sich durch selbige Länder den
nächsten Weg nach Italien zu bahnen.   Diesem
seinem

____

[19] Vulcatius in Cassio, cap. 10.

feinem Vorhaben verfprach er eine nachdrückliche
Beförderung, durch das Anfehen und die Beredt-
famkeit des Herodes, zuwege zu bringen: daher
vergaß er nichts, denfelben zu gewinnen, und die
zwifchen ihm und dem Antoninus vorzeiten ent-
ftandenen Zwiftigkeiten fich zu Nutze zu machen.
Allein Herodes hatte weder die Geduld, des Caffius Vorfchläge zu vernehmen, noch feinen Brief
durchzulefen; achtete felbigen auch keiner andern
Antwort werth, als der folgenden:

Herodes dem Caffius.

" Du rafeft! [20] „

Anderwärts war Caffius nicht glücklicher;
denn er konnte keinen einzigen wichtigen Ort auf
feine Seite bringen, und was fich bey ihm ein-
fand, das war verlaufenes und verfchuldetes Ge-
findlein.   Diefer unglückliche Fortgang fchmäh-
lerte fein Anfehen bey den Soldaten; wie er dann
auch ungefehr drey Monate nach vorgedachtem
Aufftande, als Kaifer mehr in Hoffnung, als in
der That, ermordet wurde.   Sein Kopf wurde
dem Antoninus überbracht, als er fich noch zu
Formianum aufhielte; der aber über den Tod
feines Feindes gar nicht frohlockete, wie folgende
Antwort an feine Fauftine zu erkennen giebt.

"Du forgeft billig, meine Fauftine, für deinen
"Mann und für deine Kinder.   Diefes erfehe
Ee 2
"ich

---

[20] Die ganze Antwort war in einem einzigen griechifchen
Worte begriffen: μαίνη. Philoftratus in vita Herodis.

" ich aus deinem jüngsten Schreiben, darinn du
" mich zur Rache wider den Avidius und seinen
" Anhang reizest.   Doch will ich seiner Kinder,
" seines Eidams und seines Weibes schonen; auch
" an den Rath schreiben, daß der Bann wider
" dieselben nicht zu strenge abgefasset werde.
" Nichts machet einen Kaiser beliebter, als die
" Gelindigkeit.   Diese hat den Cäsar samt dem
" Augustus vergöttert, und deinem Vater den
" Zunamen des Frommen erworben.   Hätte ich
" nach meinem Wunsche diesen Krieg vollenden
" mögen: so lebte Cassius noch bis diese Stunde.
" Sey übrigens gutes Muths!

, , , [21] **Gott kann mich wohl bewahren,**
Und meine Redlichkeit wird seinen Schutz
erfahren.

" Unsern Pompejanus habe ich auf das folgende
" Jahr zum Bürgermeister ernennet. [22] „

Etliche bewunderten diese Gelindigkeit; andere
tadelten dieselbe.   Und als der letztern einer die
Freyheit nahm, den Antoninus zu fragen: was
er wol meyne, daß Cassius an ihm würde gethan
haben, wenn er bey dem Leben geblieben wäre; so
bekam er darauf folgende Antwort: Ich habe
Gott nicht so gedienet, oder auf solche Art
gelebet; daß ich hätte fürchten dürfen, von dem
Cassius überwunden zu werden.   Er setzte
auch hinzu, und sagte: daß alle von ihren Unterthanen

---

21 Horatius.
22 Vulcatius in Caßio, cap. 7. & 11.

thanen oder von den Rebellen entleibte Fürsten
sich ihren Haß durch ihr grausames Verfahren,
oder andere Uebelthaten, zugezogen hätten.

Hierauf hörete man ihn erzehlen, wie Caligula
und Nero die Urheber ihres eigenen Unglücks gewesen seyen; wie Otho und Vitellius nicht Verstand genug gehabt, zu regieren; und wie Galba
sich durch seinen Geiz selbst gestürzet habe. Er
fügete hinzu: daß weder Augustus, noch Trajanus, Hadrianus, noch Antoninus Pius, noch
einige andere fromme Kaiser, von dergleichen re-
bellischem Gesindlein haben überwältiget werden
können; ungeachtet dessen eine große Anzahl wider
sie aufgestanden, aber mehrentheils, ohne der Ueberwinder Vorbewußt, aus dem Wege geräumet
worden sey. Das Schreiben, das der Kaiser wegen dieser Händel an den römischen Rath abgehen
ließ, war folgendes Inhalts: [23]

"Ihr habt euch gefallen lassen, in Ansehung
"meines Sieges, den Pompejanus, meinen Ei-
"dam, in der Bürgermeisterwürde zu bestätigen,
"die sein Alter längst verdienet hatte. Nunmehr
"aber bitte und beschwere ich euch, daß ihr in
"Ansehung des rebellischen Cassius eure gewöhn-
"liche Strenge mildern, und meine oder vielmehr
"eure Gelindigkeit nicht so gar beschimpfen wol-
"let, daß um dieses Aufstandes willen ein Mensch
"zum Tode verdammet werde. Vielmehr rufet

Ee 3

"die

"die

___
[23] Capitolinus in Marco, cap. 24. Vulcatius in Cassio, c. 9. 10.

" die Verbanneten wieder zurück, und setzet die
" Verjagten in den völligen Genuß ihrer Güter.

   " Wollte Gott! ich könnte vielen Verstorbe=
" nen das Leben wieder schenken, weil ich an kei=
" nem Kaiser die Rache billige.   Ich bitte euch,
" vergebet des Cassius Kindern, Frau und Ei=
" dam.   Doch, was schreibe ich, vergebet? Sie
" haben ja nichts gethan.   Lasset sie in Ruhe,
" damit sie wissen, daß sie unter Antoninus Re=
" gierung leben.   Gebet ihnen ihre Güter, ihr
" Gold, Silber und Hausgeräthe wieder.   Lasset
" sie reich seyn; lasset sie ihre Tage in einer un=
" gekränkten Sicherheit zubringen; lasset sie eine
" völlige Freyheit geniessen, und dann ein Denk=
" maal meiner Gnade und eurer Gelindigkeit wer=
" den.   Ist es doch eben keine große Gnade,
" wenn man der verjagten Männer, Weib und
" Kindern die Freyheit schenkt.   Daher bitte
" ich euch, thut ihnen aus Liebe zu mir noch mehr
" Gutes.   Erlöset sie von dem Tode; befreyet
" sie von dem Banne; entreisset sie der Furcht,
" dem Schimpfe, ja allem Hasse der Menschen.
" Kurz: machet meine Zeiten so glücklich, daß
" alle und jede, die sich der beleidigten Majestät
" an meiner Person schuldig gemacht haben, für
" dieses mal Gnade und Erbarmen finden. „

   Die Verlesung dieses Schreibens wurde mit
Freuden angehöret, und von Frohlocken und Se=
genswünschen begleitet. Gott erhalte dich, rief
                                        man

man, frommer Antoninus! Gott segne dich, gnä=
digster Antoninus! ja, Gott segne dich! Du
willst nicht nach Verdienst strafen; wir aber dach=
ten, es wäre unsere Schuldigkeit! Befördere die
Sicherheit deiner Kinder. Deine gelinde Regie=
rung wird durch keine boshafte Macht verletzet
werden können. Wir sehnen uns alle, dich zu se=
hen; und wir wünschen deiner Weisheit, deiner
Geduld, deiner Gelehrsamkeit, deiner edlen Seele
und deiner Unschuld vielen guten Fortgang. Du
überwindest die Feinde und deine Widerwärtigen
durch Erbarmen. Gott erhalte dich! ꝛc. [24]

Unterdessen setzte der Kaiser seine Reise fort,
nachdem er das überbrachte Haupt des Cassius
nicht ohne Bezeigung einer empfindlichen Bewe=
gung über dessen Tod hatte begraben lassen.
Er brachte auch die Völker, nebst dem morgenlän=
dischen Kriegesheer, bald wieder zum Gehorsam.
In Aegypten machte er den Anfang, allen denen
Städten Gnade wiederfahren zu lassen, die etwan
des Cassius Partey ergriffen hatten, und ließ de=
nen zu Alexandria eine von seinen Töchtern gleich=
sam zur Geißel der kaiserlichen Huld. [25]

Man feyerte eben bey seiner Ankunft zu Pelu=
sium des Serapis Fest; dabey vieles Volk aus
ganz Aegypten, als bey einer Gelegenheit zu vielen
unmäßigen Lustbarkeiten und unziemlichen Ergö=
tzungen, sich eingefunden hatte. Daher gebot

Ee 4

Anto=

---

[24] Vulcatius in Cassio, cap. 10.
[25] Capitolinus in Marco, cap. 25. 26.

Antoninus, dieses Fest künftig einzustellen, und nicht mehr öffentlich, sondern in Geheim durch die Priester, zu feyern. Er achtete dabey das Murren des Pöbels nicht, als der alle Veränderungen in seinem Gottesdienste mit Unwillen empfindet, und die Schmählerung seiner Ergötzlichkeiten ungerne verträget.

Er reisete durch keinen Ort, da er nicht die Tempel und Schulen besuchte. Traf er einige Unordnung an: so machte er andere Anstalten, redete mit jedermann, und erinnerte alle ihrer Pflicht; also, daß Antoninus an allen Orten, da er durchreisete, die Fußtapfen seiner großen Weisheit hinterließ.

Seine erste Verrichtung bey seiner Ankunft in Syrien war, daß er alle Papiere des Cassius verbrennete, um nicht bey Durchlesung derselben Anlaß zu bekommen, jemanden zu hassen. Wiewol einige vorgeben, Martius Verus habe dieses schon vorher aus eigenem Triebe gethan; weil er wohl gewußt, daß es dem Kaiser angenehm seyn würde. Man nehme es, wie man wolle: so ist dieses ein seltenes Exempel der Liebe des Nächsten an einem Heiden oder an einem Höflinge; aller Gelegenheit vorzubeugen, seinen Nächsten zu hassen, und mit seiner eigenen Gefahr anderer Wohlfahrt in Sicherheit zu setzen. Hätte Martius Verus den Antoninus nicht gekannt, oder auch geheimen Befehl zu dieser That gehabt: so hätte er sein eigenes Leben in Gefahr setzen können, indem er durch

Ver:

Verbrennung dieser Briefschaften sich bemühete, seines Nächsten Leben zu erhalten. [26]

Das schmerzlichste aber, was Antoninus wiederfahren konnte, war der Verlust seiner Gemahlinn Faustine, die nicht weit von dem Berge Taurus schleunig starb. Weil sich nun der römische Rath einbildete, das Gemüth des Kaisers sey wider die rebellische Partey des Cassius, durch das Zureden eines unversöhnlichen Weibes, sehr gereizet worden: so vermeynten sie, die Bitterkeit seiner Betrübniß durch ein hartes Verfahren wider alle, die es mit dem Cassius gehalten hatten, zu lindern. Allein, der großmüthige Kaiser hatte diese Entschliessung kaum vernommen: so ließ er der Rathsversammlung wissen, daß seine Betrübniß dadurch nicht sowol könne vermindert, als vermehret werden. Er bat auch, seinetwegen niemanden zu verurtheilen, und schloß sein Schreiben mit diesen Worten: Im Falle, daß ihr nicht dem ganzen Anhange des Cassius das Leben schenket, werdet ihr verursachen, daß ich mir den Tod wünsche. [27]

Damit aber aller Unruhe und allem Aufstande vorgebeuget werden möchte: so verordnete der Kaiser, daß künftig keiner die Statthalterschaft in derjenigen Provinz verwalten sollte, darinn er geboren sey. Denn eben dieses hatte dem Cassius Anlaß zu Neuerungen gegeben; weil er sich von

Ee 5

seinem

---

26 Xiphilinus ex Dione, pag. 279.
27 Capitolinus, cap. 26. & Xiphilinus l. c.

seinem Vaterlande, darinn er die Regierung führete, gewissen Beystand versprach.

Unter allen Kindern des Cassius kam nur allein das älteste, Mecianus, um das Leben, der, als Commandant von Alexandria, an einem Tage mit seinem Vater ermordet wurde. - Heliodorus wurde in eine Insel geschickt; die übrigen wurden verwiesen, ohne etwas von ihren Gütern zu verlieren. Der Alexandra, seiner Tochter, samt Druncianus, ihrem Manne, wurde die Freyheit gelassen, sich aufzuhalten, wo sie wollten; und weil sie Rom erwähleten: so wurden ihnen ihre vorigen Gerechtigkeiten ungekränkt gelassen. Wie dann Antoninus selber Sorge trug, daß in einem schweren Proceß, den diese vor Gericht hatten, von ihrem Gegner nichts von ihres Vaters Verbrechen erwähnet werden möchte. Und als eine gewisse Person sich erkühnete, ihnen das Unglück ihrer Familie aufzurücken: so wurde dieselbe mit einer Geldstrafe beleget. [28]

Weil nun der Rath zu Rom sahe, daß man durch Strenge die Gunst des Kaisers nicht gewinnen konnte: so war er darauf bedacht, dieselbe durch Erfindung neuer Ehrenbezeigungen gegen die verstorbene Faustine zu verdienen. Und da war es nicht genug, derselben einen Tempel aufzurichten; sondern er ließ ihr Bild aus Gold verfertigen, mit dem Befehle, daß dasselbe, so oft der Kaiser den Schauspielen beywohnete, auch dahin getragen und

an

---

[28] Vulcatius in Cassio, cap. 7.

an den Ort gestellet werden sollte, den die Kaiserinn
bey Lebzeiten einzunehmen gewohnt gewesen; im=
gleichen, daß alle römische Matronen um diese Seule
her ihren Sitz nehmen sollten.   Doch diese Schmei=
cheley wurde von einer noch weit größeren über=
troffen; indem der Rath des Antoninus und der
Faustine silberne Bildseulen in der Venus Tempel
zu stellen befahl, auch ihnen einen Altar aufrichtete,
auf dem alle verlobte Römerinnen an dem Tage
ihrer Hochzeit, eine jede mit ihrem Bräutigam,
opfern sollten.

Antoninus dankte dem Rathe für alle diese sei=
ner Gemahlinn erwiesene Ehre; stiftete auch für seine
Person derselben zu Ehren eine Gesellschaft von
Jungfern, die er nach ihrem Namen die Fausti=
nerinnen nennete, und auf seine Unkosten erziehen
ließ.   Ferner errichtete er seiner Gemahlinn in dem
Flecken, da sie gestorben war, einen Tempel, der
(wie diese so unreine Göttinn verdienete) nachmals
dem Kaiser Heliogabalus, als dem rechten Gott
aller Unreinigkeiten, gewidmet wurde. [29]

So bald Antoninus die morgenländischen Un=
ruhen gestillet hatte: so war er auf seine Rückreise
nach Rom bedacht.   Zuvor aber verweilte er eine
Zeitlang zu Smyrna; und als ihm daselbst jeder=
mann aufwartete: so erinnerte er sich, daß er den
Aristides noch nicht gesehen habe; denn es war
seine Gewohnheit, der Tugend die gebührende Ehre
wiederfahren zu lassen, und einen jeglichen nach

Ver=

____

[29] Capitolinus in Marco, cap. 26.

Verdienſt anzuſehen.   Er bezeigte hierüber ſeine Unruhe gegen ſeine Hofbedienten, vornehmlich aber gegen die Quintilianer, die damals Statthalter in Griechenland waren.   ³⁰ Dieſe verſicherten, Ariſtides ſey noch nicht da, ſonſt würde man ihn leicht unter der Menge erblicken, und vor den Kaiſer bringen können; wie ſie dann auch folgendes Tages dieſen Mann zu ihm führeten.

So bald ihn Antoninus ſahe; ſo fragte er ihn: Wie kommt es, Ariſtides, daß du ſo lange aufgeſchoben haſt, uns zu ſehen? Ich arbeite, antwortete Ariſtides; und ſie wiſſen, daß das menſchliche Gemüth die Unterbrechung ſeiner guten Gedanken ungerne erträget. Dem Kaiſer gefiel dieſe freye Antwort ſo wohl, daß er fortfuhr, ihn zu fragen: Wann ſollen wir euch denn hören? Sie können mir nur, verſetzte Ariſtides mit gleicher Freyheit, heute eine Materie aufgeben: ſo ſollen ſie mich morgen hören; denn ich bin nicht von denen, die reden, was ihnen in den Mund kommt, ſondern, die ſich Zeit nehmen zu denken, was ſie ſagen wollen.   Doch wollte ich gerne, daß meine Bekannten und guten Freunde mit dabey ſeyn möchten.   Das will ich gerne verſtatten, antwortete der Kaiſer. Aber mit dem Bedinge, fuhr Ariſtides fort, daß ſie, ungeachtet dero hohen Gegenwart, mit den Händen klatſchen und ſo frey ſchreyen mögen, als wenn ſie nicht zugegen wären.   Ey! antwor-

³⁰ *Philoſtratus in Ariſtide.*

antwortete der Kaiser mit lachendem Munde, das
kommt auf dich an. Hierauf hielte Aristides
an dem folgenden Tage, mit besonderer Zufrieden=
heit seiner Zuhörer, die Lobrede von der Stadt
Smyrna, die wir noch unter seinen Werken le=
sen. [31]

Von Smyrna gieng der Kaiser nach Athen,
da er nach seinem Wunsche in die großen Geheim=
nissen der Göttinn Ceres eingeweihet wurde, die
die allerheiligsten von dem ganzen Gottesdienste
der Heiden waren. Denn wer dazu gelassen wer=
den wollte, der mußte ein ganz unschuldiges und
von allen Lastern unbeflecktes Leben geführet ha=
ben. Ja, man mußte sich vorher einer genauen
Untersuchung seines ganzen Wandels unterwerfen,
die von einem dazu verordneten Priester angestellet
wurde: um zu urtheilen, ob die sich angebenden
Personen dieser Geheimnisse würdig seyen.

Und hier ließ Antoninus abermals die ganze
Stadt Athen den Vortheil seiner Gegenwart ge=
niessen; indem er daselbst verschiedene öffentliche
Lehrer in allerhand Wissenschaften bestellete, ihnen
ansehnliche Besoldungen beylegte, reiche Geschenke
unter die Athenienser austheilete, und sie mit aller=
hand Freyheiten begnadigte. Er gieng von da zur
See weiter, und lief wegen entstehenden Ungewit=
ters Gefahr seines Lebens. So bald er zu Brun=
dusium angelanget war: so legte er, samt seinen

bey

---

[31] Aristides Tom. 1. Orat. 15.

bey sich habenden Völkern, die Soldatenkleider ab, als die während seiner Regierung niemals in dergleichen Kleidern in Italien erschienen. [32]

Ganz Rom nahm seinen Kaiser mit Freuden auf, der, weil er ganze acht Jahre lang mehrentheils in fremden Ländern zugebracht hatte, bey dieser seiner Ankunft einem jeden Bürger acht Goldstücke reichen ließ. Dabey erließ er der ganzen Bürgerschaft alles, was sie in sechszig Jahren der Kammer schuldig geblieben war; befahl auch, ihre Handschriften auf öffentlichem Markte zu verbrennen. Sein Sohn **Commodus** mußte den männlichen Rock anlegen, und wurde mit dem Titel eines Prinzen der Jugend beehret. Der Vater erwählete ihn zum Mitregenten; ließ ihn zugleich mit sich triumphiren; ernennete ihn zum Bürgermeister auf das folgende Jahr; und folgte in Person dessen Wagen in den circensischen Spielen zu Fuße, um auf solche Weise dessen Bürgermeisteramt desto ansehnlicher und geehrter zu machen. [33]

Nach diesem gehaltenen Triumphe begab sich der Kaiser nach **Lavinium**, um daselbst, nach so langen und großen Beschwerlichkeiten vieler Kriege, sich in den Armen seiner angenehmsten Mutter zu erquiken. Verwundere dich nicht, geneigter Leser, daß ich des **Antoninus** Mutter gedenke, die doch bereits vor vielen Jahren gestorben war. Denn unser Kaiser

[32] Capitolinus in Marco, cap. 27. Philostratus in Vita Adriani. Xiphilinus l. c.

[33] Capitolinus in Marco, c. 27. & in Commodo, c. 6.

Kaiser pflegte mit diesem angenehmen Namen das Liebste, das er auf der Welt hatte, zu belegen, und die Philosophie, oder Liebe zur Weisheit, seine Mutter, das Hofleben aber seine Stiefmutter zu nennen. Und ob ihm gleich sein hohes Amt die letztere verehren hieß: so hieng er doch mit seinem Herzen und seiner ganzen Neigung dergestalt der ersteren an, daß er des Plato Worte öfters im Munde führete: daß alsdann die Völker glücklich seyn würden, wann entweder die Weisen im Lande Könige, oder die Könige weise Leute seyen. [34]

Es wußte auch der kluge Antoninus wohl, daß ein siegreiches Volk, wann es die Waffen niedergelegt hat, einige Ergötzungen vonnöthen habe, sich damit zu beschäfftigen, um alle unruhige Gedanken durch unschuldige Lustbarkeiten zu vertreiben. Daher stellete er allerhand Schauspiele an, nicht, als ob er für seine Person in dergleichen Eitelkeiten ein Vergnügen suchte; sondern, damit er durch allerhand kostbare Aufzüge dem Pöbel die Neigung zu schädlichen Neuerungen benehmen möchte.

Indem nun Rom sich solchergestalt an der Gegenwart seines Kaisers ergötzete, der, nach vielen überstandenen Beschwerlichkeiten, Friede und Ruhe mit sich gebracht hatte: so lief die Zeitung ein, daß die Stadt Smyrna durch eine heftige Feuersbrunst in die Asche geleget, und durch ein dazu gekommenes Erdbeben der Rest der

A. C. 177.

Ein-

---

34 *Antoninus,* lib. 7. § 3.

Einwohner jämmerlich verschlungen worden sey. Aristides schrieb deswegen aus eigenem Triebe einen so kläglichen Brief an den Kaiser, daß er sich bey Lesung desselben der Thränen nicht enthalten konnte; daher er auch von Stund an den Befehl ergehen ließ, gedachte Stadt solchergestalt wieder aufzubauen, daß der Verlust ihrer vorigen Pracht nicht merklich seyn möchte.

Die Einwohner von Smyrna wußten ihr dankbares Gemüth dem Aristides nicht genug zu erkennen zu geben. Daher richteten sie ihm zu Ehren mitten auf dem Markte eine eherne Seule auf; welches um so viel mehr als ein Merkmaal der Glückseligkeit der damaligen Zeiten anzusehen ist, weil sie sich nicht scheueten, die Ehre, die eigentlich der Freygebigkeit ihres Kaisers gebührete, der Beredtsamkeit ihres Aristides beyzulegen.

So wohl bezahlete Antoninus der Stadt Smyrna ihre Treue! Denn als bey dem parthischen Aufstande der römische General Atidius Cornelianus von den Barbarn geschlagen war: so nahm Smyrna diesen verwundeten Heerführer willig auf, und die Bürger in der Stadt bemüheten sich gleichsam um die Wette, wer die zerstreuten Römer am besten bewirthen, und mit Lebensunterhalte, Kleidern und Gewehr versehen möchte; wie ehemals Venusium die Zuflucht derer gewesen, die aus der Niederlage bey Cannas entkommen waren. Doch war Smyrna nicht die erste Stadt, die

die dergleichen kaiserliche Gnade genoß; denn Car=
thago, Ephesus und Nicomedien hatten bey
gleichen Unglücksfällen schon vorher ein gleiches
kaiserliches Erbarmen erfahren. [35]

Die Kosten, die dieser Kaiser auf die Schauspiele
wendete; die ansehnlichen Verehrungen, damit er
das Volk beschenkte; die unendlichen Summen,
die er zur Wiederaufbauung vieler durch Feuer
und Erdbeben eingeäscherten Städte herschoß, nebst
der Nachlassung der Auflagen und Schulden, damit
er die Unterthanen, auch bey der größesten Noth=
wendigkeit seiner Ausgaben, erleichterte: widerlegen
sattsam alles, was sich einige unterstanden haben,
wider seine Freygebigkeit einzuwenden.

Es ist wahr, daß er sparsam gewesen, und, nach
dem Exempel seines Vaters **Antoninus Pius**, seine
Einkünfte sehr zu Rathe gehalten hat. Aber er
war dabey bis zur Verschwendung freygebig, wann
es auf des Reichs Ehre oder Wohlfahrt ankam, und
so bald die Unterthanen durch solche Freygebigkeiten
eine Erleichterung erlangen konnten; denn er stand
in den Gedanken, daß die Verschwendung alsdann
einem Fürsten anständiger, als die Sparsamkeit, sey,
wann die Wohlfahrt des gemeinen Wesens dadurch
vergrößert werden könne. Er pflegte auch zu sagen:
daß die Unterthanen die gewöhnlichen Auflagen mit
größerer Lust entrichteten, wann sie sähen, daß ihr
Landesherr

<hr>

35 Xiphilinus, p. 281. Philostratus in Aristide, Aristides Tom. I.
Orat. 20. 21.

F f

Landesheer ihren Schweiß und Blut nicht sowol auf sein eigenes Wohlleben, als vielmehr auf das gemeine Beste, verwende; weil sie alsdann überzeuget würden, daß seine durch Sparsamkeit anwachsenden Schäze dereinst die Quelle ihres Ueberflusses und ihrer Glückseligkeit seyn würden.

Und wie wenig Antoninus sich in diesem Urtheile betrogen habe, das bezeuget das öffentliche Geständniß des römischen Volks, das, seinem so freygebigen Monarchen zu Ehren, in diesem ein hundert sieben und siebenzigsten Jahre, durch eine öffentliche Münze bewiesen hat, daß die wohlgemäßigte Sparsamkeit ihrem Kaiser das Vermögen zu anderweiten großen Freygebigkeiten, und den Unterthanen die Gelegenheit zu allem Ueberflusse und aller Sicherheit, gegeben habe.

Die Hauptseite davon stellet, wie sonst, des Kaisers Brustbild vor, mit der Umschrift: M. ANTONINUS, AUG. GERM. SARM. TRIB. POT. XXXI. IMP. VIII. COS. III. P. P.

Auf der Gegenseite stehet, wie es scheinet, der bekränzte Friede (wenn es nicht der Kaiser selbst seyn soll), der in der rechten Hand eine Fackel hält, damit nicht sowol die feindliche Beute, als die Handschriften der verschuldeten Unterthanen, auf Befehl dieses freygebigen Kaisers, öffentlich verbrennet wurden, wie wir bey dem vorigen Jahre gemeldet haben. Auch zeiget das von der linken Hand herabhängende

abhängende Horn des Ueberflusses, samt den im Abschnitte befindlichen Worten: PAX AUG. den glückseligen und gesegneten Zustand an, darinn das römische Wesen durch den damals neulich erfolgten Frieden, und durch die freygebigen Anstalten seines Kaisers, versetzet worden ist.

Daß es also zu verwundern ist, wann einige auf des **Antoninus** Sparsamkeit etwas zu sagen gefunden haben. Wiewol, des Pöbels Weise ist, die unzeitigen Außgaben eines Fürsten mit dem Namen der Freygebigkeit zu belegen; und hingegen seine vernünftige Sparsamkeit als einen Geiz auszuschreyen. Denn weil solche Gemüther nicht begreifen, was für ein Unterschied zwischen geben und verlieren ist: so messen sie die Geschenke der Fürsten nach ihren unersättlichen Begierden ab.

Gewiß, Rom hatte noch keinen so gutthätigen Kaiser gehabt, als **Antoninus** war; wie er dann auch der erste gewesen, der der **Freygebigkeit**, als Göttinn, einen Tempel aufgerichtet hat, die vielleicht unter allen Tugenden allein von den Römern auf diese Art noch niemals verehret worden war. Und wer wäre auch geschickter gewesen, dieser Vollkommenheit einen Gottesdienst anzurichten, als ein Kaiser, der dieselbe in so hohem Grade besaß, und mit solcher Freudigkeit ausübete?

Fabia, deren wir oben gedacht, hatte ehemals mit dem **Verus** heimliche Liebe gepflogen; itzo aber

trieb

trieb der unverschämte Ehrgeiz dieselbe an, sich den letzten Dienst von ihrer sterbenden Schönheit zu verschaffen, indem sie nichts anzuwenden unterließ, was den Antoninus, sie zu ehelichen, reizen könnte. Der Kaiser aber kannte sie viel zu wohl, und sein Alter verbot ihm auch, auf dergleichen Veränderungen zu denken. Man schreibet, daß er sich eine Beyschläferinn zugeleget habe, um seinen Kindern keine Stiefmutter zu geben.

Nun ist es zwar an dem, daß die Thaten der Menschen nicht allezeit nach ihren eigenen Worten beurtheilet werden können; denn es findet sich oft ein großer Unterschied zwischen dem, was man saget, und dem, was man thut. Allein, da das ganze Leben Antoninus in allen Stücken mit seinen Betrachtungen übereinkommt: so muß man billig an diesem Vorgeben zweifeln, und man hat keine andere Zeugnisse nöthig, dieses zu widerlegen, als die unvergleichliche Danksagung, die er in seinem ersten Buche den Göttern abstattet, daß er nicht zu lange in seiner Jugend bey der Beyschläferinn seines Großvaters auferzogen worden sey. Wie sollte er denn seinen Kindern mit einer That vorgegangen seyn, davon er sich freuet, daß er sie nicht lange in dem Hause eines andern angesehen habe? [36]

Der damalige Friede dauerte nicht völlig zwey Jahre. Die Scythen, nebst andern nordischen Völkern, ergriffen die Waffen,

A. C.
173.

schlugen

---

[36] Antoninus lib. I. § 17.

schlugen die kaiserlichen Generale, und nöthigten Antoninus, abermals an seine Abreise zu denken; da er dann in den Rath gieng, demselben dieses vorzustellen, und itzo zum allerersten mal zu dem bevorstehenden Kriegeszuge Geld aus dem öffentlichen Schatze zu begehren.

Es war zwar alles Geld in seiner Gewalt, wenn er sich seines Ansehns hätte bedienen wollen. Allein, er pflegte zu sagen: daß die Kaiser nichts eigenes hätten; ja, daß zum mindesten der Palast, darinn sie wohneten, dem Rathe und dem Volke zugehörete. Inzwischen verehlichte er seinen Sohn mit der Crispine, des Brutius Valens Tochter, und begab sich nach vollzogenem Beylager in der Bellone Tempel, um die Ceremonie des Wurfspieses daselbst zu verrichten.

Diese Gewohnheit war sehr alt und gebräuchlich, so oft man den Krieg in entfernten Ländern führen wollte. Alsdann gieng der Kaiser in den Tempel, ergriff den daselbst verwahrten blutigen Spies, und warf ihn über eine Seule, auf dem flaminischen Rennplatze, nach der Gegend des feindlichen Landes zu. [37]

Die Römer sahen die Reisefertigkeit ihres betagten Kaisers mit betrübten Augen an. Sie fürchteten, sein graues Alter sey zu schwach, die Gefährlichkeiten und Beschwerlichkeiten eines

Ff 3   neuen

[37] Xiphilinus, p. 281. Capitolinus in Marco, cap. 27.

neuen Krieges auszudauern.　Damit sie nun nicht zugleich mit ihrem Kaiser der großen Weisheit beraubet würden, die in seiner Person allein ihren Wohnplatz hatte: so versammelten sie sich einmüthig vor den kaiserlichen Palaste, mit Bitte, der Kaiser möchte vor seiner Abreise ihnen noch einen kurzen Entwurf von vernünftigen Lebensregeln aufgezeichnet hinterlassen, nach denen sie ihre Pflichten gegen Gott und Menschen einrichten, und in den Tugendschranken ferner fortlaufen möchten, die er ihnen mit seinem Exempel gleichsam geöffnet habe.　Dieses ihr vernünftiges Begehren gefiel dem Antoninus dergestalt, daß er drey ganze Tage zubrachte, ihnen die nothwendigsten Pflichten der Menschlichkeit zu erklären, und ihnen durch kurzverfaßte Regeln Anleitung zur Ausübung derselben zu geben.

A. C. 179.　Hierauf begab sich der Kaiser mit seinem Sohne Commodus, zu Anfange des Augustmonats, auf die Reise, und ernennete den Paternus zum General seines Kriegesheeres. Der Feldzug wurde beschleuniget, die Feinde wurden aufgesucht, und die Scythen verloren ihre beste Mannschaft gleich in dem ersten Treffen, welches so heftig war, daß es von dem Morgen bis an den Abend dauerte.　Nach befochtenem abermalligen Siege wurde Antoninus zum zehenten mal als Imperator von dem Kriegesvolke ausgerufen,

und,

und, zum Andenken seiner Tapferkeit, ein nach so
vielen Kriegen ruhig sitzender Mars auf die Mün=
zen gepräget, mit der Umschrift: Die Tapferkeit
des Kaisers.

Es wäre zu wünschen, daß wir eine genaue Be=
schreibung von diesen letzten Feldzügen unseres Kai=
sers hätten, die demselben eben so viel Ruhm, als
die erstern, erworben haben. Da aber keine um=
ständliche Beschreibung derselben übrig ist: so müs=
sen wir uns daran begnügen, zu bedenken, daß die=
ser Krieg nicht weniger beschwerlich, als alle die
vorigen, gewesen sey. Der scythische König war
ein streitbarer und kluger Mann, der seine Bedien=
ten gleich hinrichten ließ, so bald er nur den Arg=
wohn eines Verständnisses mit den Römern auf
sie warf.

Diesem hat Antoninus verschiedene sehr blutige
Treffen geliefert, deren siegreicher Ausgang alle=
zeit die Klugheit desselben zur Ursache hatte. Sei=
ne Tapferkeit war dem ganzen Heere ein Muster.
Er war allenthalben vorne an, und da die Ge=
fahr am größten schien, da half er dieselbe durch
seine Gegenwart vertreiben. Er nahm den Fein=
den viele feste Plätze ab, und versahe dieselben als=
dann mit starken Besatzungen, um die Einwohner
desto besser im Zaume zu halten; bis er endlich

Ff 4

im

C. A.
180.

im Jahre nach der Geburt Christi ein hundert und achtzig, zu Anfange des Märzes, da er eben den dritten Feldzug wider die Barbarn öffnen wollte, von einer heftigen Krankheit zu Wien in Oesterreich, oder, wie andere schreiben, zu Syrmium, überfallen wurde, die auch in wenigen Tagen den Garaus mit ihm machte. [38]

Wollen wir, wie es dann billig ist, einer noch übrigen silbernen Münze trauen, die zwischen dem Jahre Christi hundert neun und siebenzig bis achtzig, und also kurz vor dem Tode Antoninus, ist gepräget worden: so müssen wir glauben, daß der Kaiser diesen beschwerlichen Krieg noch bey Lebzeiten völlig geendiget, und also das Vergnügen gehabt habe, vor seinem Ende abermals durch seine kluge Regierung das römische Reich in einen ruhigen und gesegneten Wohlstand zu versetzen. Denn dahin zielet eben das auf der Gegenseite dieser Münze sitzende Friedensbild, in der Rechten ein Steuerruder, und in der Linken ein Horn des Ueberflusses haltend, mit dem in dem Abschnitte stehenden Worte PAX; als damit das römische Reich den durch viele Siege erworbenen Frieden, samt allem daraus entstehenden Ueberfluß vieles Guten, seinem klugen und tapfern Kaiser zu guter Letzte zuschreibet.

Doch

---

[38] Xiphilinus pag. 281.

Doch endlich ſtarb dieſer große Kaiſer, der nicht mächtiger in Ueberwindung der Feinde, als ſeiner ſelbſt, war; ja, der liebreichſte Monarch entſchlief, nachdem er mit Sieges- und Friedenszeichen bekrän-zet worden war. Es wird vorgegeben, daß die tückiſchen Aerzte des Kranken Tod hätten beſchleu-nigen helfen, um ſich dadurch des **Commodus** Gunſt zu erwerben. Iſt dieſes Vorgeben des Dions wahr: ſo hätte Antoninus mehr Urſache, als er ſelber wußte, zu dieſen ſeinen Gedanken: Wie viele Dinge ſind, die andere Leute unſern Tod wünſchen machen! Diejenigen, die ich am aufrichtigſten geliebet habe, wünſchen am meiſten, daß ich ſterben möge; in Hoffnung, daß ihnen mein Tod eine Vergnügung zuwege bringen werde. Jedoch hat er die Verdrießlich-keit dieſer Vorſtellungen durch ſeine gewöhnliche Leutſeligkeit verſüſſet: Allein, ſcheide nicht mit Unwillen gegen ſolche Leute aus dieſem Leben; ſondern erweiſe ihnen vielmehr nach deiner Gewohnheit allerhand Freundlichkeit, Sanft-muth und Liebe. [39] Denn eben dieſer Dion berichtet, daß er ſelber die Urſache ſeines Todes mit großer Sorgfalt verborgen gehalten; daß er ſeinen Sohn dem Kriegesheere auf das nachdrücklichſte empfohlen, und daß er zu dem Tribunus, der das Wort zu holen zu ihm gekommen, geſagt habe: Gehe hin zu der aufgehenden Sonne; denn

Ff 5

mit

---

39 Antoninus, lib. X. 530.

mit mir neiget es sich nunmehr zum Untergange.

Die Jugend des **Commodus** hatte zu dieser
Zeit dergleichen lasterhafte Neigungen noch nicht
von sich blicken lassen. Dieses macht die gedachte Er-
zählung um desto mehr verdächtig, weil ihr ausdrücklich von dem **Herodianus** widersprochen wird; indem dieser versichert, daß **Commodus** sich erst
nach Absterben seines Vaters den Lastern ergeben
habe. Vielleicht hat der Haß, den er sich in kurzem durch seine Grausamkeiten zuzog, Gelegenheit
gegeben, ihm einen Vatermord anzudichten; weil
der Pöbel einen lasterhaften Regenten aller Bosheit fähig achtet, und aus dessen letztern Thaten
muthmaßet, was er sich zu unterfangen jemals
erkühnen können. [40]

Der sterbende **Antoninus** bewies auch an dem
Ende seines Lebens, die Erkenntniß der Wahrheit
habe in seinem Herzen solche tiefe Wurzeln geschlagen, daß dieselbe weder durch die Zufälle seines Lebens, noch durch die Noth des herannahenden Todes, beweget werden könne. Daher erwartete er
seinen Abschied mit einer stillen Gelassenheit, und
war froh, sich hierinn, wie in allem, dem Willen
Gottes zu unterwerfen.

Nur

---

[40] Xiphilinus ex Dione, loco citato; Herodianus, in Commodo, cap. 7.

Nur dieses einzige bekümmerte seine treue Seele, daß er seinen lieben Unterthanen einen Regenten hinterlassen sollte, von dessen Tugenden er nicht so gewiß, als von seiner Nachfolge, versichert war. Diese gerechte Sorgfalt nahm mit dem abnehmenden Leben zu, und sein letzter Tag wurde diesfalls von einiger Unruhe gekränket. Bald stellete er sich vor, wie schwer es einem jungen Fürsten sey, der Herrschaft seiner lasterhaften Neigungen, der Bosheit vieler Schmeichler, und der Größe seines eigenen Glücks zu widerstehen? Bald fielen ihm die Zeiten des Nero und Domitianus ein, und er besorgte, sein Sohn möchte, nach seinem Hintritte, seine gute Erziehung vergessen, und, anstatt eines Vaters und Beschirmers vieler Völker, der Unterthanen Scorpion und Geißel werden.

Nächst diesem sahe er seine jüngsten Siege wider die nordischen Völker als eine Gelegenheit zu ferneren Kriegen an; weil diese Barbarn künftig nur desto mehr würden zu fürchten seyn, je öfter sie letzthin überwunden worden seyen. Er dachte, die Nachricht von seinem Tode könne dieselben abermals anreizen, sich zu vereinigen; da es dann leicht möglich sey, daß die unerfahrne Jugend des Commodus solchen Feinden nicht gewachsen wäre. Von dergleichen Vorstellungen wurde Antoninus zwischen Furcht und Hoffnung gewieget, bis er endlich seine bey sich habenden Freunde und

vornehm=

vornehmsten Bedienten zu sich rufen ließ, und ihnen seinen Sohn Commodus, der bey seinem
Bette stund, mit folgender Rede anvertrauete:

" Ich verwundere mich nicht, euch allerseits
" über meinen gegenwärtigen Zustand traurig zu
" sehen.   Es ist menschlich, Mitleiden mit den
" Menschen zu haben, und ein gutes Herz wird
" gerühret, wann seine Augen des Nächsten Jam-
" mer sehen.   Seyd ihr gegen mich gesinnet, wie
" ich gegen euch allezeit gewesen bin: so habt ihr
" noch mehr Ursache, euch zu betrüben.   Nun-
" mehr ist es Zeit, daß ich erfahre, ob meine Sor-
" ge für eure Wohlfahrt angeleget gewesen ist;
" und daß ihr beweiset, ob ihr gegen meine Wohl-
" thaten erkenntlich seyd.

" Da stehet mein Sohn, den ihr selber aufer-
" zogen habt, vor euren Augen.   Seine Jugend
" ist eures Beystandes bedürftig.   Vertretet
" künftig an ihm meine Stelle, und werdet wie
" viele Väter, anstatt des einzigen, den er itzt
" verlieren soll.   Habt Acht auf seine Jugend.
" Haltet ihn durch euren Rath von den Lastern
" dieses schlüpfrigen Alters ab.

" Saget ihm, daß die Reichthümer der ganzen
" Welt zu wenig für die Verschwendung eines
                              " Tyran-

„ Tyrannen seyen, und daß ihn keine Trabanten
„ gegen den Haß der Unterthanen schützen können.
„ Die Sicherheit der Regenten wird nicht sowol
„ durch Macht, als durch Liebe, befestiget; und
„ die Völker werden mehr durch gelinde Freyheit,
„ als durch Gewalt und Zwang, gezähmet.

„ Wird Commodus die Regierung mit Be-
„ herrschung seiner selbst antreten, und werdet
„ ihr nicht unterlassen, ihn dessen, was er itzo sel-
„ ber höret, zu erinnern: so könnet ihr euch einen
„ guten Kaiser zubereiten, und mein Anden-
„ ken wird durch seine Glückseligkeit befestiget
„ werden. 41 „

Die Schwachheit zwang den Antoninus zum
Stillschweigen; denn so bald er dieses geredet
hatte: so sank er auf das Bette nieder, bis er endlich am folgenden Tage, nämlich am sechsten
März des hundert und achtzigsten Jahres
nach der Geburt Christi, zum großen Leidwe-
sen des ganzen Reichs, den Geist aufgab.

Die Zeitung von seinem Tode erfüllete Rom
und Italien mit Traurigkeit.   Die Bestürzung
war

---

41 Herodianus in Commodo, cap. 34. à quo tamen paulo
diversus est Capitolinus in Marco, cap. 27.

war so allgemein, und das Klagen so wehmüthig,
als wenn die Glückseligkeit des ganzen Kaiser-
thums mit Antoninus gestorben wäre.   Etliche
bejammerten ihn als einen Vater, andere als einen erblaßten Freund; einige nenneten ihn den
tapfern Helden; andere den frommen Kaiser; den
klugen Fürsten; den weisen Regenten; das Muster
aller Tugenden: und das Sonderbarste bey dieser
Klage war, daß unter so vielen tausend Lobsprüchen ihm kein einziger unverdient beygele-
get wurde.

Der Rath und das Volk erwiesen ihm
noch vor seiner Leichbegängniß göttliche Ehre.
Es wurde ihm eine güldene Seule aufgerichtet, und
derjenige wurde für keinen guten Patrioten
angesehen, der Antoninus Bildniß nicht in
seinem Hause hatte.

Die Nachwelt heget noch itzo die gebührende Ehrerbietung gegen diesen frommen
Fürsten; ja, so lange die Erde stehet, wird ein
solcher Menschenfreund allen Menschenkindern
werth und ehrwürdig seyn.   Wir Christen sehen diesen Heiden als den Inbegriff aller natürlichen Vollkommenheiten an; ja wir wünschen, daß seine unverstellten Tugenden in den
Seelen unserer Fürsten wohnen möchten.   Er
starb

starb im sechszigsten Jahre seines Alters, nachdem er neun Jahre gemeinschaftlich mit seinem Bruder, und zehen Jahre allein regieret
hatte; und war darinn glücklich, daß er starb,
ehe er noch den Ausbruch der lasterhaften
Neigungen seines Sohnes gesehen hatte.

www.ingramcontent.com/pod-product-compliance
Lightning Source LLC
LaVergne TN
LVHW051358190726
843642LV00008B/2652